谨以此书纪念
五四运动一百周年

陈平原　夏晓虹　主编

触摸历史

五四人物与现代中国

增订本

2019年·北京
商务印书馆
The Commercial Press

图书在版编目（CIP）数据

触摸历史：五四人物与现代中国 / 陈平原，夏晓虹主编. —
增订本. —北京：商务印书馆，2019
ISBN 978 – 7 – 100 – 17292 – 9

Ⅰ.①触…　Ⅱ.①陈…②夏…　Ⅲ.①五四运动—历史人物—
人物研究 Ⅳ.①K820.6

中国版本图书馆 CIP 数据核字（2019）第062928号

权利保留，侵权必究。

触摸历史：五四人物与现代中国
（增订本）
陈平原　夏晓虹　主编

商务印书馆出版
（北京王府井大街36号　邮政编码 100710）
商务印书馆发行
苏州市越洋印刷有限公司印刷
ISBN 978 – 7 – 100 – 17292 – 9

2019年8月第1版	开本 640×960　1/16
2019年8月第1次印刷	印张 35¼

定价：118.00元

触摸历史：五四人物与现代中国
（增订本）

主　　编：陈平原　夏晓虹

初版撰稿：陈平原　苏生文　王　风　夏晓虹
　　　　　颜　浩　杨　早　赵　爽　郑　勇

增订撰稿：季剑青　李彦东　林分份　刘开普
　　　　　倪咏娟　彭春凌　汤　莉　卫　纯
　　　　　袁一丹　张广海　张丽华

目　录

总　说　触摸历史与进入"五四"

关于五四运动　/3

纷纭复杂的五四运动，固然并非三言两语就能打发；可"百科全书"出现如此多的错漏，毕竟出人意料。看来，纪念了几十年的"五四"，对于大众与学界来说，未必真的"耳熟能详""了如指掌"。

五月四日那一天　/12

没有无数细节的充实，五四运动的"具体印象"，难保不"一年比一年更趋淡忘了"。没有"具体印象"的"五四"，只剩下口号和旗帜，也很难让一代代年轻人真正记忆。提供足以帮助读者"回到现场"的细节与画面，对于"五四"研究来说，并非可有可无。

如何进入历史　/50

众多当事人及旁观者的回忆录，为我们进入历史深处——"回到现场"，提供了绝好的线索。可几十年后的追忆，难保不因时光流逝而"遗忘"，更无法回避意识形态的"污染"。对于风光无限的"回忆史"，必须既欣赏，又质疑。

为人师表

蔡元培 在"读书"与"救国"之间 /59

蔡元培"循思想自由原则,取兼容并包主义",把北大从"官僚养成所"变成名副其实的中国最高学府。他于"五四"后提出的"读书不忘救国,救国不忘读书",无疑开创了北大"读书"与"救国"并重的传统。

陈独秀 "直接行动"和"牺牲精神" /70

在"五四"时期,以学者身份而亲自散发传单,并因此身陷囹圄、饱受98天的铁窗之苦的新文化运动的发端者陈独秀,以其特殊的参与运动的方式,在"五四"众多的学者中可谓绝无仅有;同时,他也借此实践了自己所宣扬的"直接行动"和"牺牲精神"。

李大钊 从图书馆到广场 /76

与他的犀利文风和激进思想不同,李大钊的生活和为人确是毫无张扬的:平顶头,椭圆脸,浓密的八字胡须,穿一件爱国布灰色的长夹袍。所以在鲁迅笔下,他"既像文士,也像官吏,也有些像商人"。更有人说:"李大钊是燕赵间豪侠之士,是今人中的古人,忠诚信实,使人永远爱戴。"

胡 适 不在场的参与者 /84

说过"单用罢课作武器是最不经济的方法",是"下下策"及"五四"后与李大钊有过"问题"与"主义"之争的胡适,在50年代受到大批判。但在"五四"时期,他却是新文化运动的主将,更在言论上为学运张目。

钱玄同 在疑古与革新之间 /92

在新文化运动期间,钱玄同的言行是最为激进的,是他最先举起了批判"桐城谬种""选学妖孽"的大旗,他那些偏激且不无草率的言论也的确是那个时代所需要的。劝说鲁迅加入自己的行列,是他为文学启蒙运动做的另一个贡献。

刘半农　从才子到战士　/98

他本是一个江南才子,欣赏的是"红袖添香夜读书",北上任教使他变成了新文化运动的一名战士。在文学革命的过程中,他发明了"她"和"它"的用法,写了白话诗《叫我如何不想她》,尤其在"双簧信"一役中功不可没。

周作人　在理想与现实的岔路口　/104

五四运动爆发的时候,他在日本;五四运动后不久,他又回到了日本。从姗姗来迟,到急急退去,周作人尽管站在"五四"大舞台的前排,在强聚光灯的照射下,他却不是一个好演员。他只能彷徨在理想与现实的十字路口。

马寅初　永远的"五四青年"　/110

在"五四"期间,作为北京大学教务长的马寅初,并没有特别突出的表现。不过,作为"五四"所形成的知识分子关心国事的传统,却影响了马寅初的一生,使他成为在国难当头的时刻不顾一切挺身而出的民主人士。

马叙伦　四入四出北大缘　/116

有"挂冠教授"之称的马叙伦,在"五四"期间,同时是北大和北京教职联的书记。他说:"我们不是要奋斗?奋斗要在黑暗里的。"这位曾被大总统徐世昌诉上法庭的北大人,在被迫离开北大后沉痛地说,北大再也不是"五四"时代的北大了……

刘师培　闭关谢客　抱疾著述　/122

……后来他来到北大,同在国文系里任课,可是一直没有见过面;总计只有一次,即是上面所说的文科教授会里,远远的望见他,那时大约他的肺病已经很是严重，所以身体瘦弱，简单的说了几句话，声音也很低微，完全是个病夫模样，其后也就没有再见到他了。
——周作人《知堂回想录》

梁漱溟　来自北大的另类　/132

在赵家楼的大火烧过之后，身为北大哲学教授的梁漱溟竟与主流舆论唱起了反调。在一片赞扬声中，只有他想到了学生们的举动侵犯了他人的公民权，是毫无疑问的违法行为。不怕逆流而上的独立品格使他成为一个来自北大的另类。

横空出世

傅斯年　这不是他要的"五四"　/141

北京大学学生领袖傅斯年等早就策划好，要使示威成为"有纪律的抗议"，现在岂能任它酿成暴力的风潮？所以大会主席团成员兼游行总指挥傅斯年立刻站出来，劝同学们不要去，但他根本控制不住当时那种喧闹冲动的形势。

罗家伦　一笔写出"五四"潮　/145

北京大学外文系学生罗家伦刚从城外北京高等师范学校回到北京大学新潮社，准备和大家一道去天安门游行，同学狄福鼎推门进来，说："今天的运动不能没有宣言，北京八校同学推我们北大起稿，你来执笔罢！"罗家伦见时间紧迫，也不推辞，就站在一张长桌旁，匆匆起草了《北京学界全体宣言》。

段锡朋　"学生自治"的"段总理"　/150

1919年6月16日，来自各省市的30多名学生代表在上海成立了中华民国学生联合会；6月18日，段锡朋当选为会长，任期一年。此时段锡朋在学生运动中的声望，如日中天，被人称为"段总理"。五四运动的中心也就随之转移到上海。

许德珩　学运中的社会活动家　/154

"五四"被捕的32位勇士之一、有"大炮"之称的许德珩，为寻求社会各界的声援，化装离开北京，踏上天津、济南、武汉、南京、上海等城市的串联之路，一路演讲宣传，对扩大运动声势、促进"三罢"可说起到了很大作用。他发起成立的九三学社，仍然是"五四"精神——民主与科学的体现。

张国焘　急速"左"倾的学运领袖　/161

在因五四运动而急速"左"倾，从而改变了人生道路的人群中，张国焘无疑属于特别典型的一个。这位中共一大的全国13位代表之一，却曾经在"五四"前夜的讲演中紧张得双腿发抖，其浓重的乡音成为大家的笑柄……

邓中夏　脱下西装换上工装　/167

邓中夏兼有"秀才"和"牧师"的两种风格，或许正是这个原因，他成为北大活跃的学生社团——平民教育讲演团的总务干事。五四运动趋于平静后，邓中夏的思想却日趋激进：脱下西装换上工装，从学运到工运，年仅39岁就被杀害于南京雨花台。

罗章龙　亢慕义斋里的译者　/173

在"山雨欲来风满楼"的时代大潮中，已是新民学会和辅社两个组织成员的罗章龙，进入北大后，又加入了毛泽东、陈公博等加盟的新闻学会。"五四"后，作为马克思学说研究会和中国共产主义早期组织的活跃分子，他在"亢慕义斋"里翻译起《资本论》和《共产党宣言》……

杨振声　从文化观点看"五四"　/177

他认为"五四"在文化上，是"一古脑地反对中国旧文化，而又盲目地崇拜西洋新文化。换句话说，便是无批判地反对中国文化，而又无批判地接受西洋文化"，"当时对自己的文化，凡风俗、礼教、哲学、艺术、文学等只要是中国的旧东西，就不加分别，一概反对"。

匡互生　打进赵家楼的第一人　/181

"匡互生发现曹宅有个窗户，他就利用从小练就的一身功夫，在同学们的帮托下，一拳打开了窗子，跃身而下"，一名警察冲过来将他抱住，被匡"踣击于地"，然后匡互生"奋力拔开大门杠，大门一开，外边同学就在警察的刺刀下像潮水一样涌了进来"。

闻一多　终身维护"五四"传统　/186

昨晚才从进城的同学那里听说天安门前掀起风潮的清华学生，惊奇地发现：食堂门口贴出了一张大红纸，上面用工楷整整齐齐地抄着岳飞的《满江红》。这一下，平静的清华园也沸腾起来了。贴这张《满江红》的，是高等科二年级学生闻一多。

梁实秋　五四运动的"局外人"　/191

"我深深感觉'群众心理'是可怕的，组织的力量如果滥用也是很可怕的。我们在短短期间内驱逐的三位校长……人多势众的时候往往是不讲理的。学生会每逢到了五六月的时候，总要闹罢课的勾当，如果有人提出罢课的主张，不管理由是否充分，只要激昂慷慨一番，总会通过。"

郑振铎　风雷中的新探索　/195

像许多亲历过"五四"的人一样，从一个学工科的普通学生，到一名优秀的学者和文化活动家，对于郑振铎而言，这迥然不同的人生选择的转折点，正是发生在1919年的五四运动。他全身心地投入到这场运动中，不但完全改变了自己生活的方向，还为以后的事业开辟了全新的天地。

冰　心　被"震"上文坛的奇迹　/201

　　从某种意义上说，冰心是中国现代文坛的一个奇迹。以一个十几岁的少女初执文笔，竟能开一时风气，而且她的创作竟然绵绵不绝，持续了近一个世纪。这个奇迹的产生，正有赖那场轰轰烈烈的五四运动，她是被"五四运动的一声惊雷'震'上了写作的道路"。

横空出世（续）

毛子水　于章、胡间觅明师　/211

　　受到胡适器重、与傅斯年这样的学生领袖过从甚密，再加上聆听过章太炎反"孔教"的教诲，毛子水也就顺理成章地投身于"新文化运动"中。

顾颉刚　"寂寞孤征"中"拓地万里"　/221

　　顾颉刚因妻丧、续娶、生病而休学在家，错过了"五四"学生运动。蛰伏期间，他读《诗经》、搜"吴歌"，为后来的歌谣研究、孟姜女故事研究及古史辨伪工作，埋下伏笔。他掀起的经学革命，成为新文化运动中，最为"激进"的学术实践。从行动力的果决及坚韧讲，顾颉刚丝毫不亚于参与政治运动的朋侪。寂寞孤征中拓地万里，顾颉刚身上正有将"革命"诉诸行动这一"五四"的特质。

张申府　书斋中的"革命者"　/231

　　张申府埋首学术的同时，对外部世界同样倾注热情，并且针对外在的不完满，希图以一种极致的方式来得以解决。

孙伏园　对新思想和新人格的追求　/239

　　孙伏园自少年时代便获鲁迅和周作人兄弟亲炙，后来还把握到北大最后一次旁听生转正的机会，可谓时代幸运儿。北大读书学习，为他打开了施展个人能力的空间,让他逐渐博得"副刊大王"的美誉。其实,他不仅组织能力一流,读书思考也颇见功夫。

康白情　"少年中国"的新诗人兼社交家　/247

康白情在新文化运动中扮演的角色,不是新诗人这个身份所能笼括的。"五四"时期,他作为少年中国学会的核心成员,"南北奔驰为国忙",称得上是社会活动家。康白情作为社交手段的送别诗,扩展了我们对新诗的想象。新诗人不一定是游离于现实社会之外的零余者,也可以是在文学与政治之间游刃有余的活动家。

李小峰　从"五四"青年到书局老板　/258

纵观新潮社的发展,若说罗家伦、傅斯年享有激情创设与成就辉煌的首倡之功,则李小峰在某种程度上承担了稳固发展的守成之责。甚至放在"五四"大语境中,李小峰也有其特殊的意义——正是这些也许并未亲临"五四"游行现场的"五四青年",在其后来的经历与选择中,承担了出版、传播"五四"的职责,成为传承五四精神的一分子。

朱自清　"塑我自己的像"　/267

曾经在风暴中心,被"大伙儿蓬蓬勃勃的朝气"紧逼着的"年轻的学生",在"五四"退潮的时候,走上了社会。身处校园的朱自清首先感受到的是风潮迭起,只不过在后"五四"时代,自己也从学生变成了先生,这时看到的风潮,似乎有了更多的层次。路在何方?

杨晦　"五四"的讲述者　/276

"五四"那天究竟谁是第一个跃进曹宅的人,以及那把火到底是谁先点的,众说纷纭。是杨晦还是匡互生?杨晦曾做过北大中文系主任,总在各种场合被要求回忆"五四"。他更愿意把自己描述为一个"默默地参加各种活动","受到了新思想和新文学的强烈影响"的人。一个"默默",一个"强烈",刻画出了他外表与内心的两种状态。

罗常培　半工半读不废学　/287

罗常培读书时家境困难，需要打工维持生活，因为挣国会的钱，他觉得羞耻，但好在打工是做速记，他因此锻炼了辨音能力，为日后从事语言学研究打下基础。北大读书时，他经常请假打工，但很少旷课。他深深服膺蔡元培的办学理念和人格，对北大感情深厚。

陶希圣　十八年后的激动　/296

作为"五四"的旁观者，陶希圣受用的是其时兼容并包的思想氛围，这为日后他创办《食货》引领学术潮流埋下伏笔；作为"五四"的纪念者，陶希圣厌烦的是新一代学生群体非此即彼的阵营意识，离开讲台、投身政治成为时代点滴也属情理中事。

朱谦之　革命与再生　/305

在"五四"一代青年学生中，朱谦之是特别引人注目的一个。他好学深思，又常有惊人和极端的言论与行动；一面以虚无主义者自居，一面又热烈地投身于汹涌的学生运动；他曾在校内发起"废考运动"，因为参加革命行动而坐过牢，又因为思想的彻底和绝望而自过杀，出过家，最终仍不免以兀兀穷年的书斋学者的身份而终其身。

王　兰　在新文化运动中成为北大女生　/315

1920年2月17日，江苏省的王兰女士获准进入北京大学哲学系一年级旁听。王兰入学北大，成为推倒大学"男女共校"这一多米诺骨牌的第一张骨牌，也堪称一桩典型的五四"新文化"事件。"五四"前后，主张"男女共校"的呼声日高，甘肃女生邓春兰的投书更是被炒得沸沸扬扬。那么，何以成为北大"第一个女学生"的殊荣，会历史性地落在了王兰身上呢？

川　岛　"某籍某系"的小人物　/327

川岛是精确意义上的"五四"之子，也是根正苗红的"某籍"后进，是自觉"预流"却不曾弄潮的小人物，也是浅度参与却处处留影的真

"标本"。"五四"来时,川岛入世;"五四"去时,川岛复归时代本身。

魏建功　脚踏实地创造新学术与新文艺　/337

魏建功在1919年秋天考入北大。1921年,就吴县歌谣的方言字如何写定,魏建功与老师沈兼士论争。1922年底,围绕俄国盲诗人爱罗先珂批评北大实验戏剧,魏建功因辩护文章中有"看""盲从"等用语,又受到鲁迅、周作人的严词谴责。这两场分别关乎学术与文艺的争论,并未妨碍老师和学生之后的真情交往。"大家在尊重个人自由的空气里,摸索新的道理","五四"奠定了北大校园文化之魂。

冯省三　"讲义风潮"的替罪羊　/347

查1948年版《国立北京大学历届同学录》,有关冯省三的记录如下:山东平原人,1920—1921年在校,文科预科生。此外再无其他信息。冯省三在北京大学的时间如此之短,与其卷入1922年10月北大的"讲义风潮"有关。这场风潮,使得信仰无政府主义的他成为校方处置"暴动"的替罪羊,其人生轨迹也由此改变。

冯　至　自我的歌者　/355

冯至16岁进北大,经六年历练,内向敏感的他成长为一名优秀的抒情诗人。在北大,他读唐宋诗词和德国浪漫派的作品,兼修国文系和德文系的课程,和同学结社办刊交流诗艺,接受艺术熏陶,逐渐形成个人独特的创作风格。

内外交困

徐世昌　调和各派关系的大总统　/367

"五四"时的大总统徐世昌,虽然对学生的态度随着事态的变化而变化,但总的来说,这位前清翰林出身的文治总统,对学生和知识界的态度还是比较温和的。实际上,新文化运动和五四运动之所以能够蓬勃地展开，还是有赖徐世昌"偃武修文"的治国策略所营造的宽松的政治环境。

段祺瑞　被忽视的罪魁祸首　/373

当举国上下的矛头都对准曹、陆、章三个卖国贼的时候，也许人们忽略了一个事实：罪责难逃的曹、陆、章实际上只是对日大举借款的具体执行者，其背后还有一位指使者，那就是原国务总理段祺瑞。段祺瑞不但逃避了公众的谴责，而且为他的老下属曹汝霖大鸣不平，体现了他的枭雄本色。

曹汝霖　"千夫所指曹阿瞒"　/379

"五四"那天下午，曹汝霖在赵家楼的住宅被愤怒的学生包围，不久又被点着。受惊之后的曹汝霖虽然受到北洋政府的多方保护，但他在任交通总长期间以出卖中国主权为代价，大规模举借外债的事实，却难逃公众和历史的谴责。

章宗祥　饱尝老拳为哪般　/385

"火烧赵家楼"的时候，寄居曹宅的驻日公使章宗祥代曹受过，饱尝了学生的一顿老拳，一度不省人事。那么，章宗祥的挨打冤不冤枉呢？只要看一看这位亲日的驻日公使多年的卖国"成绩"，就可知道这不过是罪有应得罢了。

陆宗舆　江东父老羞于认　/390

"五四"学生"火烧赵家楼"之后，没有找到陆宗舆的住所，陆宗舆因此免受宅毁人伤的惊吓。不过，在大总统通电罢免曹、陆、章不久，陆宗舆的家乡海宁却举行了一次特殊的万民公决大会，把这个令桑梓蒙羞的卖国贼，"开除"出了海宁籍。

陆徵祥　难胜重任的首席专使　/394

在巴黎和会上，面对外交阵容强大的列强各国，要尽力维护国家主权的中国代表团本来就显得人单势孤，偏偏负责领队的首席专使陆徵祥，在关键时刻一再"失踪"乃至托病不出，使中国在和会上的外交处境更为不利。

顾维钧　临危受命的外交家　/400

在北洋政府态度暧昧多变、中国代表团内部钩心斗角之时，年轻的外交家顾维钧受命于危难之际，为和约问题进行了种种艰苦的努力。当所有的努力失败之后，又是以顾维钧为首的中国代表，在没有接到政府明确指令的情况下，毅然拒绝在不平等的和约上签字，维护了国家的尊严。

傅增湘　突然失踪的教育总长　/406

在各高校校长纷纷辞职、五四运动形势日见复杂的情况下，原来支持学生的教育总长傅增湘，由于不堪来自政府和学生的双重压力，在"大不得已"之下，挂冠而走，一时间又在社会上和学界中引起了一场轩然大波。

吴佩孚　"军人卫国，责无旁贷"　/411

虽然在"五四"时仅仅是北洋军的一个中级军官，第三师师长吴佩孚为支持学生而发的通电，却表现出不同于其他军阀的儒将风采，从而引起了自上而下的关注，吴本人也借此奠定了扩张其影响力的基础。

众声喧哗

梁启超　来自巴黎的警报　/417

远赴欧洲的梁启超，作为巴黎和会会场外的中国国民代表，"痛陈疾呼""鼓吹舆论"：既积极开展民间外交，向世界申诉中国国民的愿望；也自觉监督政府，不断致电国内，传递警报，由此为五四运动的爆发提供了一条导火线。

林长民　从留日到抗日　/426

出入朝野、一身二任的林长民，巧妙地以民间外交推动政府外交，并在多数场合，更自觉地定位于民间，代表国民向政府抗争。其维护国权、反对和约的鲜明立场，招致亲日派与日本政府的嫉恨，被视为"五四"游行的煽动者。

汪大燮　外交元老的投袂而起　/436

身为设于总统府内的外交事务委员会委员长，汪大燮在提供决策意见的同时，也不断与政府的妥协外交发生冲突。而其于"五四"前一日，将当局有意在和约签字的消息透露给蔡元培，终于经由民众的力量，完成了救国的心愿。

刘崇佑　抗辩政府的大律师　/441

在1919年的"五四"风潮中，以律师为职业的刘崇佑曾两次出庭，为政府控告的报人与学生辩护。虽然就结局而言，政府一方胜诉，但刘崇佑机智、有力的反驳，大大消解了官方的权威，体现了正义与民气的不可摧抑。

康有为　向后拉车的"文圣人"　/454

中国政府在巴黎和会上的外交失败，使两年前参与"张勋复辟"失败的康有为，又一次找到了攻击共和体制的借口。于是，以"文圣人"自诩的康有为又振作精神，发表了一篇长篇通电，从曹、陆、章卖国借题发挥，攻击民国政府，也许，他本人也借此找到了一点点心理平衡。

孙中山　革命新力量的发现　/458

发生在北京的学生运动，逐渐扩展到了上海乃至全国，也引起了正在上海闭门著书的孙中山的关注。在这一运动中，孙中山敏感地发现了一种新的革命力量的存在。在随后的岁月里，孙中山逐渐把这批经受了"五四"洗礼的青年，引为革命同志。

章太炎　行万四千里之后　/466

休言麟定说公孙，鲁语能污帝阙尊。蜡泪满前君莫笑，沛公如厕在鸿门。民国八年，章太炎先生寓沪上也是庐，予《洪宪纪事诗》成，呈稿请序。先生谓有故事一则，属予撰诗，佳则序之，不佳则无有也。……诗成，走呈先生，先生曰："毛厕诗甚佳！坐片刻，为子序之。"疾书一小时，成本诗诗序。今春，在吴会祝先生寿，先生尚曰："毛厕诗甚好！"——刘成禺《洪宪纪事诗本事注》

严　复　书牍里的中国　/472

此番英使朱尔典返国，仆往送之，与为半日晤谈。抚今感昔，不觉老泪如绠，朱见慰曰："严君，中国四千余年蒂固根深之教化，不至归于无效。天之待国犹人，眼前颠沛流离，即复甚苦，然放开眼孔看去，未必非所以玉成也，君其勿悲。"复闻其言，稍为破涕也。——1916年12月25日严复《与熊纯如书》

林　纾　拼我残年　极力卫道　/481

蠡叟者，性既迂腐，又老而不死之人也。一日，至正志学校，召诸生而诏曰：呜呼。世变屹矣！怨悖昌矣！圣斥为盗矣！弑父母者诵言为公道矣！……呜呼。余将据道而直之耶？抑将守吾拙坐而听之耶？将息吾躬而逃之穷山耶？将泯吾喙而容其诋谰耶？将和光同尘偶彼斯滥耶？将虞吾决胆洞腹而与彼同其背诞耶？——林纾《腐解》

邵飘萍　必使政府听民意　/494

1919年5月3日晚，北京大学及北京各校代表在北大法科大礼堂集会，首先由《京报》社长邵飘萍发表演说。他大声疾呼："现在民族危机系于一发，如果我们再缄默等待，民族就无从挽救而只有沦亡了。北大是全国最高学府，应当挺身而出，把各校同学发动起来，救亡图存，奋起抗争。"

王光祈　工读互助的梦想　/498

王光祈是五四运动后最早尝试将"五四"精神运用到实践中去的人之一。他对英美的资本主义制度表示怀疑，也不相信苏俄式的社会主义，他理想的社会是"在个人自由主义之下，为一种互助的、自由的、快乐的结合"。

鲁　迅　"待死堂"与"呐喊"　/502

他在十年的沉默中固守着他的"待死堂"，是"金心异"的劝说暂时击退了他的"铁屋子"论。《狂人日记》凝聚了他石破天惊的第一声呐喊。但"待死堂"的阴影仍在他心中，哪怕在最热烈时，他也没有失去冷静。事实证明了他的预测。

余　论

设议院与开学堂　/511

爱国学生的"外争主权，内除国贼"大获全胜，这固然值得庆贺；可也暴露出代表民意的"国会"关键时刻不起作用。百年中国，学潮连绵不断，成了推动政治变革的主要动力，这其实不是件好事——起码证明我们的民主制度建设有待完善。

人物简介　/525

参考资料　/535

后　记　/543

2009年版后记　/547

2019年增订本后记　/549

总 说

触摸历史与进入『五四』

关于五四运动

> 纷纭复杂的五四运动，固然并非三言两语就能打发；可"百科全书"出现如此多的错漏，毕竟出人意料。看来，纪念了几十年的"五四"，对于大众与学界来说，未必真的"耳熟能详""了如指掌"。

在20世纪的中国，五四运动是个使用频率极高的专有名词，老百姓耳熟能详，学界更是了如指掌。作为一门新崛起的显学（相对于四书五经或唐诗宋词），关于"五四"的研究著作，确实称得上"车载斗量"。近百年来，当事人、反对者、先驱、后学，无不激扬文字，留下各自心目中的"五四"。仔细分梳这些色彩斑斓而又互相抵牾的图景，那是专家学者的工作；至于一般读者，只需要对这场影响极为深远、不断被后人挂在嘴边的群众运动，有个大致的了解。

于是，我选择了权威的《简明不列颠百科全书》（北京·上海：中国大百科全书出版社，1986），希望能得到一个简明扼要的答案。因为，与"成一家之言"的专家著述不同，辞书讲究准确、简要、平实。谁都知道，若想尽快进入某一特定语境，没有比借助辞书更合适的了。可不看不知道，一看吓一跳。纷纭复杂的"五四"，固然并非三言两语就能打发；可《百科全书》出现如此多的错漏，毕竟出人意料。看来，"耳熟能详""了如指掌"云云，需要打点折扣。

以下抄录《简明不列颠百科全书》中"五四运动"这一词条，然后略做补充、辨析。文中*号为笔者所加，目的是为读者提供对照阅读的线索。

五四运动（May Fourth Movement）1919年5月4日中国发生的一次群众运动，其宗旨在反对帝国主义和北洋军阀政府。一般认为，这次运动是现代中国的一场文化和思想上的启蒙运动*。1919年1月，各协约国谈判对德和约，消息传到中国，中国人得悉和会决定将原德国在中国山东省的特权转交给日本，同时日本政府对以军阀袁世凯为首的北京政府发出最后通牒，提出二十一条要求，企图独自支配全中国*。当北洋政府即将签订和约并答应二十一条要求的消息传开时，北京13所大专院校的3000余名学生举行罢课*，提出"外争国权，内惩国贼""取消二十一条""拒绝和约签字"等口号，同时举行游行示威。政府军警对运动实行镇压，逮捕学生32人，这立即引起北京各校学生举行总罢课，随后全国各地学生纷纷走上街头，举行示威游行，召开宣传大会，并实行抵制日货。6月3—4日，北洋政府进行了大规模逮捕，仅北京一地，即有千名学生被捕。运动声势波及各大城市，上海、南京、天津及其他各地的工人举行罢工，上海各家商店举行罢市，以声援学生和工人，全国文化界也表达了对这次群众性斗争的同情，斗争随即发展成为全国性的革命运动。北洋政府最后被迫释放全部被捕学生，将三名亲日的内阁总长撤职*，并答应将不签订和约及二十一条要求*。

五四运动前夕，一些激进的知识分子如李大钊、陈独秀、毛泽东开始创办刊物、发表文章，提倡民主和科学，批判中国传统文化，传播马克思主义思想，推动新文化*。温和派知识分子以胡适为代表，

胶州湾德国总督署

反对马克思主义,却强烈支持文学改革,主张用白话文代替古文;提倡婚姻自由,反对父母包办;主张取缔娼妓;并以实用主义代替儒家学说*。五四运动既加速了国民党的改组,也为共产党的建立提供了理论上和组织上的基础。

——录自《简明不列颠百科全书》

关于"五四运动",不同政治立场及思想倾向的论者,会有相去甚远的解释。注重思想启蒙的,会突出《新青年》的创办、北京大学的改革以及新文化运动的勃兴对"五四事件"的决定性影响,因此,论述的时间跨度,大约是1917—1921;表彰爱国主义的,则强调学生及市民之反对北洋军阀统治,抵制列强霸权,尽量淡化甚至割裂5月4日的政治抗议与此前的新文化运动的联系。但不论哪一种,都不会只讲"文化和思想",而不涉及"政治和社会"。承认5月4日天安门前的集

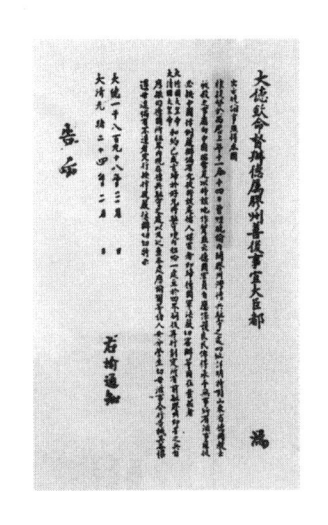

1898年德国强租胶州湾后发布的告示

驻扎在胶州湾的德国占领军

会游行具有标志性意义，那么，所论当不只是"思想启蒙"，更应该包括"政治革命"。

"二十一条"乃日本帝国主义妄图灭亡中国的秘密条款，由日驻华公使于1915年1月当面向袁世凯提出。同年5月7日，日本提出最后通牒，要袁世凯在48小时内答复。两天后，袁除对五号条款声明"容日后商议"外，基本接受日本要求。1919年1月，中国代表在巴黎和会上，要争取的是废除"二十一条"，归还山东，取消列强在华特权等，而不是是否答应"二十一条"。另外，袁世凯死于1916年6月6日，"同时"一说，令人误会1919年的中国，仍由袁执政。其时，中华民国的总统乃徐世昌，总理为钱能训，外交部部长则是率团出席巴黎和会的陆徵祥。

"北京13所大专院校的3000余名学生"举行的不是"罢课"，而是示威游行——事件发生在1919年的5月4日。由于政府采取高压政策，逮捕了32名学生，第二天才有各专门以上学校的学生代表集会，决议自即日起一律罢课，同时通电全国并上书大总统。而"上大总统书"上签字的北京专门以上学校有23所，代表9860名学生。

北洋政府被迫释放全部被捕学生，是在6月7日。免去曹汝霖、章宗祥、陆宗舆的职务，则是在6月10日。不过，三位亲日派，并非如文中所说都是"内阁总长"——曹时任交通总长，章乃驻日公使，陆则是币制局总裁。

德国修建的胶济铁路青岛车站

德国在胶州湾留下的"纪功"石刻

罢免亲日派曹、章、陆后，北洋政府仍然准备对列强屈服：17日电令和谈代表签字，23日改为让代表"相机行事"。因国内压力日益增大，徐世昌总统25日才通知在巴黎的中国代表团，可以拒绝签字。根据当时的通信条件，政府的电报6月28日夜里才送达，而和约则定在当天上午签字。据陆徵祥、顾维钧日后撰写的回忆录，他们的拒绝签字纯属"自作主张"。另据《时事新报》和《民国日报》大同小异的报道，28日那一天，众多旅法华工和学生包围了专使寓所，"以致专使等不能赴会签字"。

《晨报》1919年7月5日发表《我国拒绝签字之经过》，介绍7月3日晚收到的陆徵祥等6月28日所发电文，至此，国人对于拒签经过才有比较详细的了解。陆等称，"不料大会专横至此，竟不稍顾我国几微体面，曷胜愤慨"，"不得已当时不往签字"；作为和谈代表，未能尽职，只好辞职并准备接受惩戒。7月11日《晨报》刊出《政府训电专使之内容》："某方面消息云，政府前日（9日）电巴黎专使转各国云：中国之不签字，系国民反对甚烈，政府愿全民意，是以拒绝签字。惟中国极希望于得满意之妥协后，当即行补签。望和会延长期限，俾得从容讨论云云。"不难想象，此则被公开曝光的"训令"，激起了极大的公愤。5月15日《晨报》又发《政府对外态度之近讯》，称国际上确有要求中国政府"补签"的巨大压力，日本舆论表现得尤其露骨，"惟政府方面对于训令补签之说，仍极力否认；据云，政府本无签字之成心"——如果说前者真假难辨，后者则是公开撒谎。

谈论影响五四运动之得以形成与展开的"知识分子"，李、陈、毛的排列顺序令人费解。就算排除"温和派"的蔡元培与胡适，影响最大的"激进派"，也仍非陈独秀莫属。尤其是谈论"创办刊物"，还有比陈之主编《新青年》更值得夸耀的吗？至于毛泽东在湖南主办的学联刊物《湘江评论》，总共只出版了五册（1—4号，加上临时增刊1号，刊行于1919年7—8月），文章质量再高，也无法挤进"五四"时期重要刊物的前三名。更值得注意的是，《湘江评论》创刊号出版于1919年7月14日，将其放在

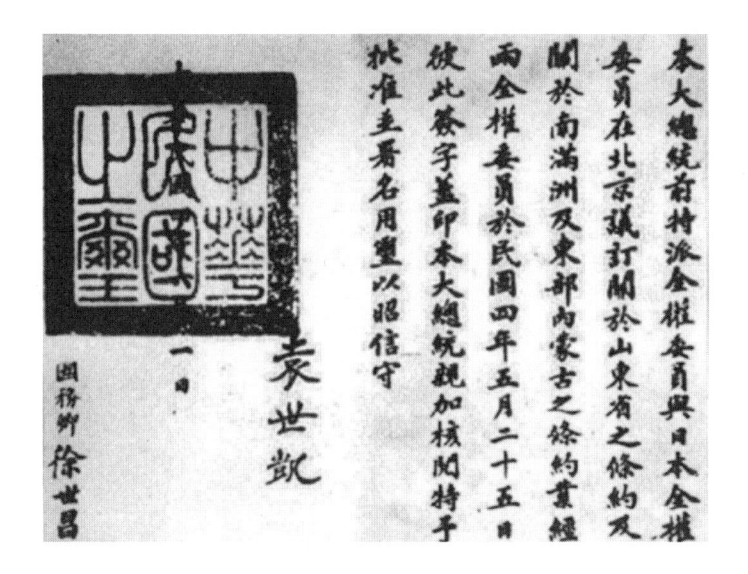

1915年6月1日袁世凯批准"二十一条"文告

1915年5月25日"二十一条"草约签字现场及代表签名
(左中为袁世凯政府外交总长陆徵祥,右中为日本驻华公使日置益)

集中在青岛准备出发参战的华工

派往西伯利亚的中国参战军

"五四运动前夕"论述,无论如何都不恰当。

作为一种思想方法的"实用主义",与作为一种价值体系的"儒家学说",二者并不完全对等。"五四"时期,批判"儒家学说"的,远不止胡适一派;而胡适之接受西学,也不局限于"实用主义"。谈"问题与主义"之争,"实用主义"可以派上很大用场;可新文化人之"打倒孔家店",从终极目标到理论武器,均与"实用主义"没有多大关系。将"五四"时期的思想潮流,简化为以李大钊为代表的马克思主义与以胡适为代表的实用

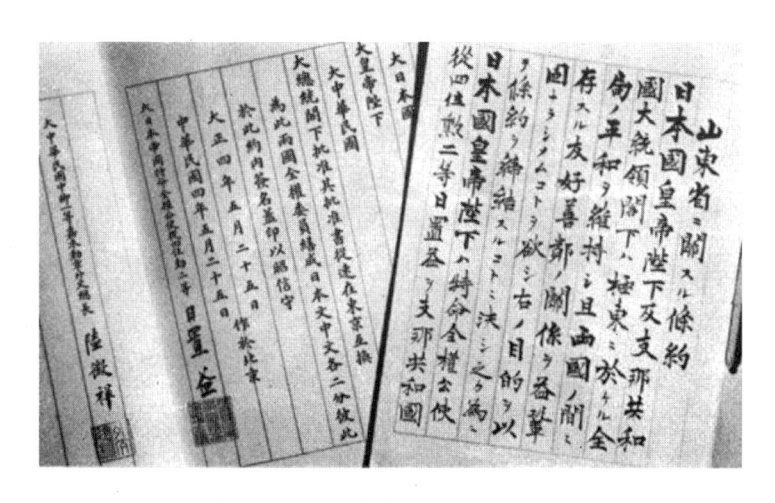

1915年5月25日签订的"二十一条"中日文约本

主义两大流派的斗争,此乃50年代全国上下批胡适留下的后遗症。

这里仅就史实考辨而言;至于意识形态与解释框架如何制约着五四运动的意义阐发,牵涉的问题更多,暂不涉及。

其实,以上所述,没有任何"惊世骇俗"的意味,也谈不上什么"独创性"。之所以选择具有权威性而又代表一般知识体系的"百科全书",目的只是说明一点:纪念了近百年的"五四",未必真的为大众与学界所了解。

那么,五四运动到底是如何展开,又如何被后世纪念与诠释的呢?

(陈平原)

五月四日那一天

没有无数细节的充实，五四运动的"具体印象"，难保不"一年比一年更趋淡忘了"。没有"具体印象"的"五四"，只剩下口号和旗帜，也很难让一代代年轻人真正记忆。提供足以帮助读者"回到现场"的细节与画面，对于"五四"研究来说，并非可有可无。

谈论影响整个20世纪中国人精神生活与社会变迁的五四运动，思路及策略千变万化：可以长时段研究，也可以瞬间描述；可以全景透视，也可以私人叙述；可以理性分析，也可以感性复原。鉴于有关"五四"的研究成果多偏于前者，本文希望拾遗补阙，关注"瞬间""私人"与"感性"，希望从具体而微的角度，展现那不大为今人关注的另一种"五四"风貌。

本文假定读者对五四运动的产生与发展已有总体印象，需要了解的是，5月4日那天发生在北京天安门前的政治抗议的具体细节。在众多关于五四运动的描述中，我选中《晨报》1919年5月5日题为"山东问题中之学生界行动"的文章，作为基本的叙事线索。因其系记者的"现场报道"，虽也有明显的倾向性，但比起日后各路人马越来越丰富的追忆，显然更接近"真相"——假如承认有"真相"一说的话。以下的叙述，先引一段上述《晨报》文字，而后才是我的考辨与发挥。希望如此古今重叠，能帮助我们穿越历史时空，重睹当年情景。

花开春日

> 昨日为星期天，天气晴朗，记者驱车赴中央公园游览。至天安门，见有大队学生，个个手持白旗，颁布传单，群众环集如堵，天安门至中华门沿路，几为学生团体占满。记者忙即下车，近前一看……

1919年的5月4日乃"星期天"，这点至关重要。因为，学生之所以游行至东交民巷，目的是向美、英等国公使递交说帖，表明誓死收回山东权益的民意，并"请求贵公使转达此意于贵国政府、于和平会议，予吾中国以同情之援助"。寄希望于美、英等国主持公道，是否过于天真，这且不

1919年5月4日北京大学的游行队伍

巴黎和会美、英、法、意四巨头

论。倘若并非星期天，起码美国公使可以出面接纳说帖，若如是，学生之激愤将得到很大缓解，事件很可能不会进一步激化。无论是当时文件，还是日后追忆，都表明学潮的组织者事先并无"火烧赵家楼"的计划。

历史本来就是"万花筒"，充满各种偶然因素。当初事态紧急，群情激昂，没人顾及星期天是否有人接受说帖这样的细节，后人更无另做假设的权利。相对于无可争辩的"星期天"，伸缩度很大的"天气晴朗"，更值得留意。一心救国的青年学生，不会分心考虑阴晴冷暖；可游行当天的天气情况，切实制约着大规模群众集会的效果。尤其是集会天安门前、受气东交民巷、火烧赵家楼等戏剧性场面，实际上都与天气状况不无关系。

更何况，对于后人之进入"五四"的规定情境，需要虚拟的，第一便是此并非无关紧要的"天气晴朗"。

"五四"那天的天气，不受时人及史家的关注。不像6月3日——那天北京学生大规模上街演讲，军警包围北大三院，将其作为临时监狱——竟以"狂风怒号""黑云遮天"进入史册。军警捕人与狂风怒号，二者刚好配对，很容易大做文章。先是6月5日《晨报》发表的"时评"《咳！这是什么景象》：

巴黎和会会场

　　前天下午，北京的天气，忽然间大变起来，狂风怒号，阴云密布，继之以打雷，闪电，下雨，一时天地如晦。本馆的电话也坏了，电灯也灭了。记者这个时候，不禁发了悲天悯人的感想。何以故呢？因为当老天大怒的时候，正是那几百位青年学生被围的时候。记者此时想到北河（沿）一带的光景，不觉于电光闪闪之中，发了一声长叹，说道：咳！这是什么景象。

接着，6月8日出版的《每周评论》25号，又有陈独秀的《六月三日的北京》，提及政府派军警抓捕上街演说的学生：

　　这时候陡打大雷刮大风，黑云遮天，灰尘满目，对面不见人，是何等阴惨暗淡！

这既是写实，也属象征，特别适合表达某种政治倾向。故史家在论及"六三"时，均喜欢引用陈等颇带文学色彩的描述。6月3日那天确有风雨，但似乎不像《晨报》记者和陈独秀说的那么严重。《鲁迅日记》对

1919年5月5日《新申报》号外报道"五四"游行情况　　五四运动时制造的纪念章

天气的记载，历来很仔细。那天的日记是：

晴，下午昙。同徐吉轩往护国寺一带看屋。晚大风一阵后小雨。

同样依据《鲁迅日记》，我们可以大致复原1919年5月初的天气：1日有雨，2日放晴，3日夜里起风，4日"昙"（即多云）。这样的天气，无疑很适合室外活动。1919年的5月4日，农历四月初五，立夏前两天，气候宜人。旧京风俗，四月初一至十五，妙峰山举行庙会，据称"香火之盛，实可甲于天下矣"（《燕京岁时记》）；另一盛事则是四月初八的浴佛会，"街衢寺院搭苫棚座，施茶水盐豆，以黄布帛为悬旌，书曰普结良缘"（《帝京岁时纪胜》）。"五四"时期的中国，古都北京的气候及习俗，与清代没有多大变异。春夏之交，依然最值得留恋，最适合于郊游。

就像郁达夫所说的，北国的春天，来得迟，去得早："春来也无信，春去也无踪，眼睛一眨，在北平市内，春光就会同飞马似的溜过。屋内的炉子，刚拆去不久，说不定你就马上得去叫盖凉棚的才行。"（《北平的四季》）正因为北京的"春光"稍纵即逝，"踏青"成了雅俗共赏的游戏。称"妙峰山虽热闹，尚无暇瞻仰"（《北平的春天》）的周作人，对北京人之热心于游春,颇为欣赏。

只是1919年的5月,国难当头,绝非表达文人雅兴的恰当时刻。可有趣的是,日后回忆,时常会带出春天的芬芳。"五四"当天被捕的学生之一杨振声,日后撰写文章,称:"五月四日是个无风的晴天,却总觉得头上是一天风云。"(《回忆五四》)这"一天风云"的说法,大概属于象征,与鲁迅日记中的"多云"没有多大关系。另一个北大学生范云,风云之外,终于注意到周围环境:"一九一九年的五月初,在北京是春暖花香的日子,人们的爱国热情也在一天天地高涨。"(《五四那天》)还是不满足于写实,非要将"春暖花开"作为"爱国热情"的起兴不可。

大概也只有文学家,才会如此关注这些日常生活细节。冰心四十年后追忆,念念不忘的是"那天窗外刮着大风,槐花的浓香熏得头痛"(《回忆五四》)。王统照的描述更仔细:

> 天安门前,正阳门里大道两旁的槐柳,被一阵阵和风吹过摇曳动荡,而从西面中山公园(那时叫中央公园)的红墙里飘散出来各种花卉的芬芳,如在人稀风小的时候,也还可以闻到。(《回忆北京学生五四爱国运动》)

当然,就像王统照补充说明的,那天学生们并没有赏花的"闲情逸致",一心想着的是"国亡了,同胞起来呀"。可对于复原历史事件的现场气氛,红墙里飘散出来的芬芳,并非可有可无的闲笔。清末民初的北京城,"本来就是一个只见树木不见屋顶的绿色的都会",春天里,最让郁达夫难以忘怀的,就是"城厢内外的那一层新绿,同洪水似的新绿"(《北平的四季》)。对于代表着春天的花木之鉴赏,北京人历来十分敏感。所谓"花名玫瑰,色分真紫鹅黄;树长娑罗,品重香山卧佛"(《帝京岁时纪胜》);或者"四月花开时,沿街唤卖,其韵悠扬;晨起听之,最为有味"（《燕京岁时记》）。而据《中央公园廿五周年纪念刊》所列"本园花信表"，自4月中旬至5月中旬，该公园依次有下列花开迎宾：紫丁香、山芝兰、杏花、白丁香、紫荆、海棠、榆叶梅、月季、黄刺梅、藤萝、白牡丹、各色牡丹、蔷薇、芍药、玫瑰等。"纪念刊"出版于十多年后，可"花信"不会有多大改变。

五四运动中的传单

可惜的是，1919年的春天，却被北京人普遍冷落。迫在眉睫的亡国危机，使得世人的目光，转而投向天安门前呐喊的青年学生。

以红墙为背景而又无意于观花赏木的三千青年学生，手举白旗，列队示威，除了记录在案的标语口号，其衣着如何，是我们复原现场的另一重要因素。五四运动15年后，钱玄同曾对孙伏园说："你穿着夏布大褂，戴着蒙古式毛绒帽子，我记得清清楚楚的。"孙当时没有反应，事后想想不对，很明显，5月初"还不会穿夏布大褂"（《回忆五四当年》）。可春夏之交北京的气候，实在说不准。用周作人的话来说，在北京，"春天似不曾独立存在，如不算他是夏的头，亦不妨称为冬的尾，总之风和日暖让我们着了单夹可以随意徜徉的时候真是极少，刚觉得不冷就要热了起来了"（《北平的春天》）。"一清早虽还有点微凉之感，午间却已烦热"，你爱穿什么衣服，其实无所谓。根据王统照的回忆，

巴黎和会中国代表不签字通告

学生中"穿长袍的占大多数，也有穿短黑制服的"（《回忆北京学生五四爱国运动》）。而上述那篇《晨报》的报道，提及步军统领李长泰出现在天安门红墙旁时，"身穿旧式天鹅绒织花马褂，褐色呢袍"。从现存照片看，确实是春夏衣着夹杂。

如果说考证衣着，只是为了视觉形象；那么衣着与天气配合，却关系游行者的心境。不少回忆文章都提到，那天中午以后，天气渐热——大热天里，在东交民巷等候将近两个小时，这对于"酝酿情绪"，不无帮助。用蔡晓舟、杨量工编《五四》（同文印书局，1919）一书的说法，便是："此一心一德三千学生同曝于烈日之下，虽无厌倦之容，难免忿恨之态。"

集会天安门前

记者到时，学生不过六七百人。少顷，各大队学生手持白旗，纷纷由东西南各方云集而来。……（法政专门学校代表称）等大家到齐，我们便要游街示众，叫我们国民也都知道有这种事体。游街后再到东交民巷英、美、法、意各国使馆提出说帖，表示我们的意思。完后还要转到这里，开会商议善后办法。……（教育部某司长劝说无效、步军统领李长泰出现在天安门红墙旁）学生代表又向李统领婉言曰：我们今天到公使馆，不过是表现我们爱国的意思，一切的行动定要谨慎，老前辈可以放心的。各学生大呼走走。李统领亦无言，旋取下眼镜，细读传单，半晌后对群众曰：那么，任凭汝们走么。可是，千万必要谨慎，别弄起国际交涉来了。言毕，嘱咐警吏数语，即乘汽车而去。学生全体亦向南出发。

以天安门红墙为背景举行集会，学生自然只能来自"东西南"三个方向，而不可能从北边的故宫冲杀出来。看来，记者的用词还是蛮讲究的，比起日后众多"四面八方"之类的概说，报道中之"找不着北"更为准确。可这不能理解为当年北京的专门以上学校均集中在天安门的东西南三个方向。恰恰相反，当天参加游行的13所学校，处在东西长安街以北的就有8所。这13所学校当年的校址以及学生数，见列表如下：

北京大学	北沙滩、景山东街、北河沿	3000/2400 人
北京高等师范学校	和平门外厂甸	925/700 人
北京法政专门学校	西城太仆寺街	/700 人
北京工业专门学校	西四牌北祖家街	200/150 人
北京农业专门学校	阜成门外罗道庄	200/150 人
北京医学专门学校	前门外后孙公园	200/130 人
铁路管理学校	西单李阁老胡同	200/ 人
高等警官学校	北新桥以西	/300 人
北京税务学校	朝阳门内大雅宝胡同	/320 人
中国大学	前门内西城根	1400/1450 人
汇文大学	崇文门内盔甲厂	/80 人
民国大学	宣武门外储库营	300/300 人
朝阳大学	东四海运仓	200/350 人

表中学生数目有二，均为略数（如"三百余人"以300人计），前者见静观《北京专门以上学校新调查》（《申报》1919年7月12日），后者依据1919年5月5日学生所呈《上大总统书》上的签署。至于校址，根据各种资料综合而成。

为了让读者对当年天安门前游行学生的"来龙去脉"有感性的了解，这里引录侯仁之先生主编《北京历史地图集》（北京出版社，1988）中1917年的北京城示意图。除了农业专门学校地处阜成门外，不在此图之内；民国大学1917年方才正式招生，未来得及补上，余者均不难"按图索骥"。锁定各校位置，对于今人之想象学生如何走向天安门，会有很大帮助。

《晨报》文章提及参加集会的若干学校，可就是没有唱主角的北京大

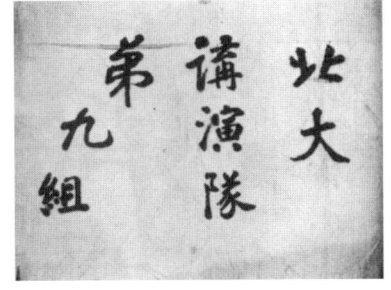

上海学生联合会张贴在商店门前的告示　　　　北京大学讲演队第九组队旗

学。这反而证实了记者确系"有闻必录",忠实于自己的眼睛。北大学生因与前来劝说的教育部代表辩论,耽误了不少时间,故最后一个到达天安门前。

记者所录法政专门学校代表的谈话,并未歪曲学生的意愿,最早的设计,确实就只是提交说帖,表达民意。这一点,从北大学生罗家伦所拟的《北京全体学界通告》,可以看得很清楚。罗不愧为胡适的高足,用白话文草拟群众集会的传单,显然更适合于传播。这份沿途散发的传单,"最简单明白"(《晨报》记者全文引录时所加的评判),故流传也最为广泛。

现在日本在万国和会要求吞并青岛,管理山东一切权利,就要成功了!他们的外交大胜利了!我们的外交大失败了!山东大势一去,就是破坏中国的领土!中国的领土破坏,中国就亡了!所以我们学界今天排队到各公使馆去要求各国出来维持公理。务望全国工商各界一律起来设法开国民大会,外争主权,内除国贼。中国存亡,就在此一举了!今与全国同胞立两个信条道:

中国的土地可以征服而不可以断送!

中国的人民可以杀戮而不可以低头!

国亡了,同胞起来呀!

1913年的天安门

此通告虽慷慨激昂，其实没有采取激烈行动的想法，只是呼吁国民起来关注青岛问题。所谓"外争主权，内除国贼"，也只是寄希望于"国民大会"之召开。相比之下，另一位北大学生许德珩所拟的《北京学生界宣言》，可就激进得多了。

> 我同胞有不忍于奴隶牛马之苦，极欲奔救之者乎？则开国民大会，露天演说，通电坚持，为今日之要着。至有甘心卖国，肆意通奸者，则最后之对付，手枪炸弹是赖矣。危机一发，幸共图之！

虽然只是字面上的暴力除奸，游行学生并没真正准备"手枪炸弹"（据高师的匡互生称，他们有此设想，可并没弄到手）。晚清之侠风高扬，暗杀成风，国人记忆犹新。民国建立后，政府严禁会党活动，谴责政治暗杀（起码表面上如此），而"宣言"之放言"手枪炸弹"，与其时之流行无政府主义思潮，不无关系。两份主要文件的微妙差别，隐约可见学潮中的不同声音。

从步军统领李长泰的劝说来看，当局最担心的是引起国际纠纷。显然，政府并未意识到即将到来的学潮的巨大能量，以及可能引发的严重的社会后果。也不是学生使用计谋蒙骗当局，游行一开始确实显得比较平

聚集在天安门前的八国联军

和。如果不是被激怒的学生临时转向赵家楼，"五四"那天的游行，大概也不会出什么大事。可所有自发的群众运动，无不充满各种变数，随时可能改变方向。更何况，学生中还有温和派与激进派的区别。不只李统领预料不到事态的严重性，政府及军警也都没想到会如此急转直下。这才能解释何以曹汝霖已经知道街上学生的游行口号，仍没感觉到危险，参加完总统的午宴后照样回家。

学生之所以集会天安门前，因此处及西侧的中央公园，乃民初最为重要的公共活动空间。天安门附近，明清两代均为禁地。民国肇兴，方才对外开放，东西长街顿成通衢。"遂不得不亟营公园为都人士女游息之所。社稷坛位于端门右侧，地望清华，景物钜丽，乃于民国三年十月十日开放为公园。"（朱启钤《中央公园记》）民国初年，京城里文人雅集，往往选择中央公园；至于大型群众集会，则非天安门前莫属。

天安门原名承天门，始建于明永乐十五年（1417），是皇城的正门。清顺治八年（1651）重建，并改用现名。此后三百多年，城楼的基本格局没有大的改变。从天安门到与之相对的中华门（即原大明门、大清门）之间，即为御道，两旁为明清两代的中央政府机关。即便进入民国，户部街、兵部街、司法部街等地名，依旧提醒你此处乃无可替代的政治中心。从皇帝举行颁诏仪式的神圣禁地，变为青年学生表达民意的公共场所，天

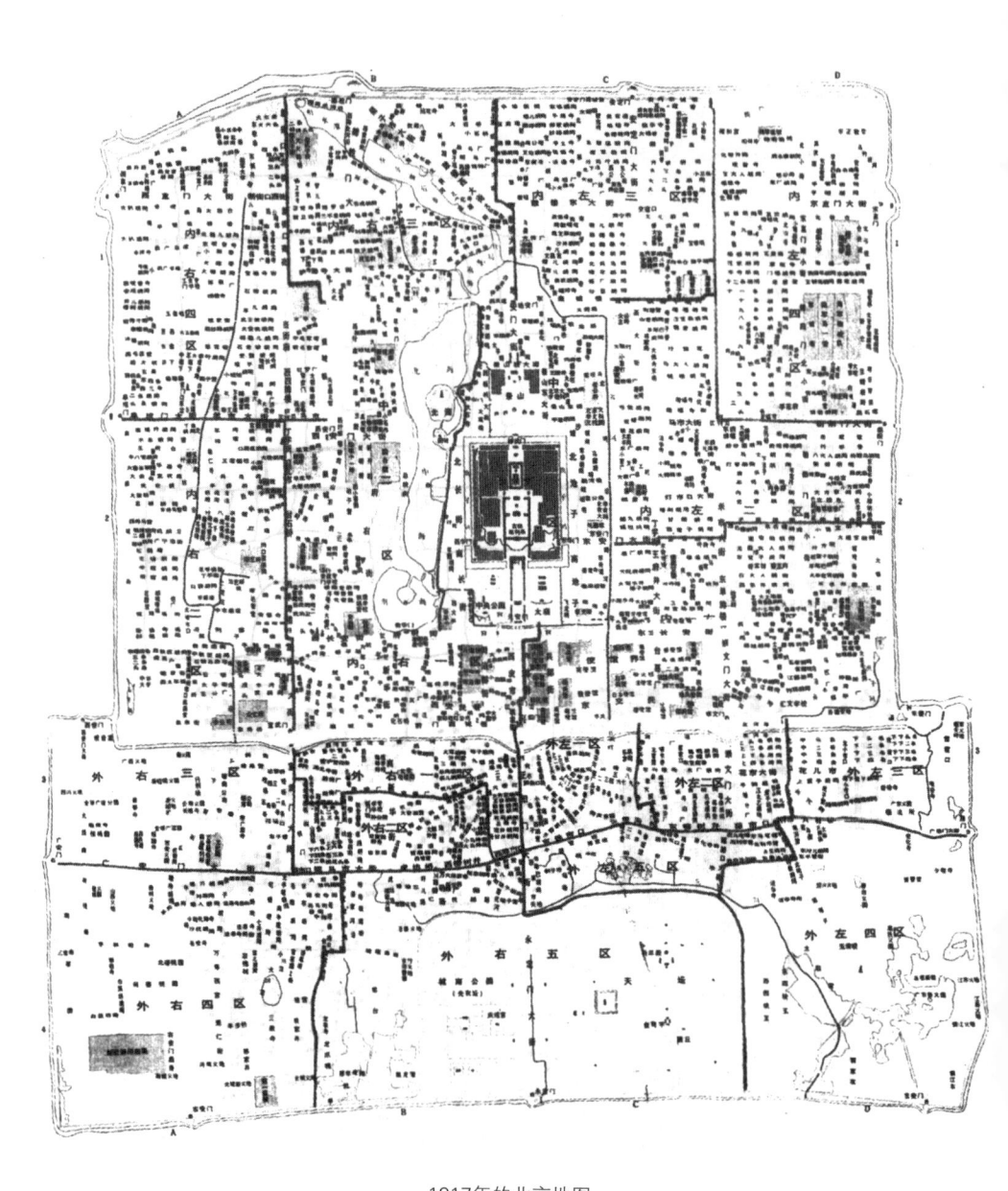

1917年的北京地图

参加1919年5月4日天安门集会游行的
北京13所学校位置示意图：
1. 北京大学（北沙滩、景山东街、北河沿）
2. 北京高等师范学校（和平门外厂甸）
3. 北京法政专门学校（西城太仆寺街）
4. 北京工业专门学校（西四牌北祖家街）
5. 北京农业专门学校（阜成门外罗道庄）
6. 北京医学专门学校（前门外后孙公园）
7. 铁路管理学校（西单李阁老胡同）
8. 高等警官学校（北新桥以西）
9. 北京税务学校（朝阳门内大雅宝胡同）
10. 中国大学（前门内西城根）
11. 汇文大学（崇文门内盔甲厂）
12. 民国大学（宣武门外储库营）
13. 朝阳大学（东四海运仓）

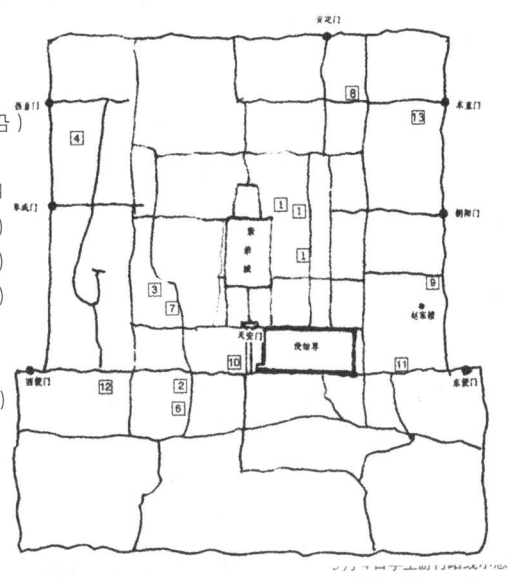

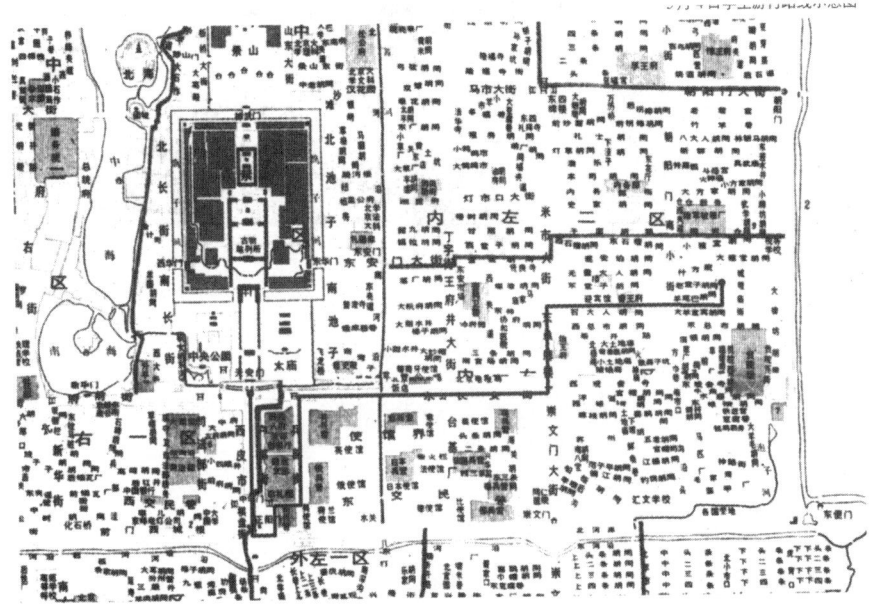

1919年5月4日北京学生游行示威路线图

中央公园（1928年改名中山公园）大门

中山公园前的"公理战胜"牌坊（约1928年）

中山公园内的"公理战胜"石坊（1919年建）

5月4日天安门前的集会游行

安门的意义变了，可作为政治符号的功能没变。集会、演讲、示威于天安门前，必能产生巨大的社会影响，这几乎成了20世纪中国政治运作的一大诀窍。地方宽敞当然不无关系，可更重要的，还是因其象征着政治权力。

　　天安门前的那对精美绝伦的华表，见识过多少激动人心的政治场面！远的不说，自"五四"上溯，19年前八国联军的炮火，七八年前隆裕太后之颁布溥仪退位诏，还有半年前北京六十多所大、中、小学校三万余名学生为庆祝协约国胜利举行盛大集会游行，都可由天安门前的华表作证。1918年的11月15—16日两天，也就是集会游行后的第二、三天下午，北京大学还在天安门前举行针对民众的演讲大会，由蔡元培、陈独秀、胡适、陶孟和、马寅初、陈启修、丁文江等轮流登台讲演。

　　这一回的集会可大不一样，组织者既不是政府，也不是学校，是学生们自己。走上街头的学生，其抗议游行，既指向列强，也指向当局。集会上，最引人注目的标语，一是北大法科学生谢绍敏前一天晚上咬破中指撕下衣襟血书的"还我青岛"四个大字；另一则是高师学生张润芝（参见《五四运动与北京高师》第64页）所撰挽联：

卖国求荣，早知曹瞒遗种碑无字；
倾心媚外，不期章惇余孽死有头。

北京学界同挽。卖国贼曹汝霖、章宗祥遗臭千古

而这，恰好对应了"外争主权，内除国贼"的学界宣言及游行口号。

1919年7月出版的《五四》(蔡晓舟、杨量工编)一书，不只记载了上述宣言、传单、标语、挽联等，还用简洁的语言，渲染集会氛围：

> 最先至者为高师、汇文两校，北大因整队出发时，有教育部代表及军警长官来劝阻，理论多时，故到天安门最迟。凡先到者辄欢迎后来者以掌声，而后来者则应和之以摇旗，步法整齐，仪容严肃，西人见者，莫不啧啧称赞。

报以掌声、和以摇旗，以及"步法整齐，仪容严肃"等，作为一种政治抗议的示威游行，其仪式已经基本确立。不同于一般"骚乱"，学生游行并不妨碍"治安"，故被作为文明社会的表征，得到相当广泛的同情。

至于偌大广场，没有扩音设备，三千学生如何集会？有称站在天安门前石狮子头上作演讲的（夏明钢《五四运动亲历记》），但我更倾向于王统照的说法，演讲者是站在方桌上的；而且，现场大部分人实际上听不清演讲内容，只是因为有很多标语，加上不时呼口号，知道大致意思（《回忆北京学生五四爱国运动》）。但这已经足够了，读过宣言，呼过口号，队伍开始向南、向东、向北移动。

受气东交民巷

学生欲通过（东）交民巷往东而行，该处警察竟然不许通行。学生颇受激刺，不得已折而往北，出王府井大街，经东单牌楼，向赵堂子胡同，入赵家楼曹汝霖之住宅。

5月4日天安门前的集会

关于5月4日学生游行的路线，众多事后追忆，差别不是很大。起码东交民巷受阻，而后才转向赵家楼这一强烈印象，保证了所有回忆文章的大致方向不会有误。差别只在于转折的路口，以及经过的具体街巷。相对来说，记者的现场报道比较可靠；但比起原北洋政府陆军驻署京师宪兵排长白岐昌的报告，还是小巫见大巫：

> 该学生团于午后二时三十分整队出天安门，折东进东交民巷西口，至美国使馆门首，遂被阻止。该代表等从事交涉，仍未允通行。后即转北往富贵街，东行过御河桥，经东长安街南行，经米市大街进石大人胡同，往南小街进大羊宜宾胡同，出东口北行，向东至赵家楼曹宅门首。(《五四爱国运动史料》，《历史教学》1951年6月号）

职务所在，当年跟踪学生队伍的宪兵排长，其所提供的报告，应该说是"最具权威性"的。两点半方才起行，四点左右已到达赵家楼（这点为不少回忆文章所证实），那么，东交民巷耽搁的时间，就不可能像许多回忆录所说的"足足有两小时"。

1918年11月北京庆祝世界和平举行的游行，
图为中华门前的牌楼

1918年11月北京庆祝世界和平举行的游行，
图为中华门外游行的男学生

1918年11月北京庆祝世界和平举行的游行，
图为中华门外游行的女学生与小学生

即便如此，受阻于东交民巷，依旧是事件发生逆转的关键所在。宪兵排长只说学生代表交涉而未获允许，自是不如《晨报》之注意到"学生颇受激刺"。《五四》一书，更将游行队伍之转向赵家楼，直接归因于使馆界口的等待：

> 学生既在使馆界口鹄立两小时之久，而市民之加入者亦甚众，当时群众义愤填膺，急欲得卖国贼而一泄之。于是议定先寻曹氏，次寻章、陆。

为何由使馆界口受挫，便"急欲得卖国贼而一泄之"？除了此次运动"外争主权，内惩国贼"的宗旨，更因东交民巷这种"国中之国"，本身就是主权丧失的表征。恳求列强"维护公理"说帖没被接收，反而目睹使馆区骄横的巡捕、狰狞的兵营，更强化了中国人的耻辱感。

罗家伦等四位学生代表前往美国使馆交涉，公使不在，只是留下言辞恳切的"说帖"。其时国人对于美利坚合众国及其总统威尔逊大有好感，故"直率陈词"，"请求贵公使转达此意于本国政府，于和平会议予吾中国以同情之援助"。英、法、意诸国使馆也有学生代表前往交涉，可都只是答应代为转呈说帖。至于申请穿越使馆区游行，始终未得到允许。学生们之所以希望"往东"而不是"向北"，明显是冲着仅有一街之隔的日本使馆的。三千热血沸腾的青年学生，被堵在狭隘的东交民巷西口，这景象，与半年前三万大、中、小学生集会天安门前庆祝协约国胜利时，美、英、法等国公使相继登台演说，形成了鲜明对比。这里有技术性的原因，各使馆确实星期天不办公，美国公使等并非故意回避；但巴黎和会上中国人合理权益之被出卖，也凸显了国际关系中的"弱肉强食"。而正是这一点，使得国人的民族主义情绪日渐高涨。

至于具体到东交民巷之不让游行队伍通过，有中国政府的关照，也有

《辛丑条约》的限制。东交民巷最初叫东江米巷，明、清两代属于天安门前"五部六府"范围。乾嘉年间，出现供外国使臣临时居住的"迎宾馆"；鸦片战争以后，更陆续设立英、俄、德、法等国使馆。庚子事变中，那拉氏纵容甚至怂恿义和团围攻东交民巷使馆区，导致八国联军入侵北京。第二年（1901），清廷被迫与八国联军签订丧权辱国的《辛丑条约》，此后，东交民巷就成了变相的"租界"。清末仲芳氏《庚子记事》辛丑年五月十五日记曰：

> 东交民巷一带，东至崇文大街，西至棋盘街，南至城墙，北至东单头条，遵照条约，俱划归洋人地界，不许华人在附近居住。各国大兴工作，修建兵营、使馆，洋楼高接云霄。四面修筑炮台以防匪乱，比前时未毁之先雄壮百倍，而我国若许祠堂、衙署、仓库、民房，俱被占去拆毁矣。伤心何可言欤！

1918年11月北京庆祝世界和平举行的游行，图为学生队伍由东交民巷进入中华门

除了"四面修筑炮台",还在使馆区内建立了一整套独立于中国政府的行政、司法、经济、文化管理机构,再加上东西两端由外国军警日夜把守的铁门,这里成了道地的"国中之国"。不但中国官员、百姓不能随意进入,连人力车都得有特殊牌照才允许通行。在这个意义上,巡捕及警察之阻止学生队伍通过,并非故意刁难。

可对于青年学生来说,"和约"是一回事,"公理"又是一回事。没有大总统令以及外交照会就不准进入使馆区游行,此说依据的是"和约";学生们要追问的是,如此不平等的"和约"符合"公理"吗?经过新文化运动的熏陶,新一代读书人已经学会独立思考:"从来如此,就对吗?"东交民巷西口巡捕及警察的"合法"阻拦,不只没有平息学生的抗议活动,反而激起强烈反弹。据《五四》一书称:"学生已觉刺激不浅,以为国犹未亡,自家土地已不许我通行,果至亡后屈辱痛苦又将何如?"四十年后,杨晦在《五四运动与北京大学》中,再次强调游行队伍无法通过使馆区时学生们愤怒的心境:

东交民巷的外国巡逻兵

1917年的英国公使馆

  青年学生的热血沸腾,但是摆在眼前的,却是一个铁一般的冷酷事实:使馆界,不准队伍通过!气炸了肺,也是无济于事的呀!为什么我们自己的国土,不准我们的队伍通过?使馆界!什么是使馆界?是我们的耻辱!

  正当"大家都十分气愤,也十分泄气"的时候,听说"还去赵家楼,情绪就又振奋了一下"。杨晦的这一描述,与"急欲得卖国贼而一泄之"的说法,不谋而合。

  根据匡互生的回忆,长时间受阻于东交民巷的游行队伍,决定直扑曹汝霖家时,"负总指挥的责任的傅斯年,虽恐发生意外,极力劝阻勿去,却亦毫无效力了"(《五四运动纪实》)。傅斯年、罗家伦等"新潮社"同人,关注的主要是思想文化革新,对实际政治运动兴趣不太大,也不主张采取激烈的手段,其劝阻直扑赵家楼,自在意料之中。问题在于,学生之转向曹宅并采取暴力行动,是群情激奋呢,还是有人暗中策划?

20世纪初的美国公使馆

曾为北京学联代表的高师学生熊梦飞，30年代初撰文纪念匡互生，提及天安门前集会时，有往总统府、往外交部，还是往英、美使馆之争（此说不太可信。学生游行之目的，"说帖"和"通告"都已表白无遗，直奔使馆区早在计划之中，无待天安门前表决），"互生是时，意固别有所在，集其死党为前驱"。到了东交民巷游行受阻，"前驱者大呼'直奔曹宅'！群情愤慨，和之，声震屋瓦"（《忆亡友匡互生》）。言下之意，将学生队伍引向赵家楼的，是匡互生及其"死党"，而且是蓄意谋划的。另一位高师同学俞劲，在《对火烧赵家楼的一点回忆》中，提及游行队伍本该向总统府请愿，"但走在队伍前面的人（有些是参加五四前夕秘密会议的），却有目的地引导队伍浩浩荡荡向赵家楼曹汝霖公馆走去"。

然而，当时与匡互生同行的周予同和张石樵，都没提及匡转移游行队伍的努力。据周称，游行的前一天晚上，他们的小组织有过秘密集会，希望采取激烈手段而不是和平请愿。可游行当天，匡等并无到曹家的计划。"但当游行队伍经过东交民巷口以后，有人突然高呼要到赵家楼曹汝霖的住宅去示威。在群情激愤的时候，这响亮的口号得到了群众一致的拥护。"（《五四回忆片断》）而张石樵作为同窗好友，与匡互生一路同行，听说直奔曹家，认为有理，"也正合我们早就商量好的"惩罚卖国贼的计划（《怀念五四壮士匡互生》）。这两位当事人，只是强调转赴赵家楼的提议符合自家意愿，并没提及匡所发挥的作用。

手举标语的游行队伍，上书"杀千刀的曹汝霖还我青岛来""卖国贼曹汝霖、章宗祥、陆宗舆还我青岛"

依我看，此等"神来之笔"，正是群众运动特有的魅力。说不清是谁的主意，你一言，我一语，群情互相激荡，一不小心，便可能出现"创举"。匡互生说得对，"这时候群众的各个分子都没有个性的存在，只是大家同样唱着，同样走着"（《五四运动纪实》），很难确定谁影响谁。日后追根溯源，非要分出彼此，弄清是哪一个首先喊出"直奔曹宅"的口号，其实不太可能，也没必要。作为一个基本上是自发的群众运动，"五四"与日后众多由党派策动的学潮的最大区别，正在于其"著作权"的不明晰。

火烧赵家楼

时正下午四钟，且见火焰腾腾，从曹宅屋顶而出。起火原因如何，言人人殊，尚难确悉。……至六时许，火光始息，学生仍将整列散归，而警察乃下手拿人。学生被执者，闻有数十人之多。

游行队伍向北、向东、再向北、再向东……浩浩荡荡，扬起一路灰尘。"北京的街道在那时本来就是泥沙很多，正是春末夏初，阵风一起，加上这几千人的步行蹴踏，自然有一片滚滚的尘雾，直向鼻孔口腔中钻来。"（王统照《回忆北京学生五四爱国运动》）只是群情激昂之际，没人顾及此等小事，学生们照样高呼口号，散发事先印好的传单。

下午四点半左右，据说仍然排列整齐的游行队伍，终于来到离外交部不远的赵家楼2号曹汝霖的住宅。这是一幢两层的西式洋房，所有门窗紧闭，周围有二百军警把守，按理说，不该出现如下戏剧性的场面：赤手空拳的学生破窗入室、打开大门，殴打章宗祥并火烧赵家楼。事后大总统徐世昌发布命令，责备警察"防范无方，有负责守"；曹汝霖则认定是警察总监吴炳湘与他作对，纵容学生放手表现。将警察之"防范无方"，归咎于上司示意放水，或者像众多回忆录所说的，被学生的爱国热情所感化，恐怕均非事实。持枪的警察，面对如此果敢的学生，仓促之间，确实不知如何处置。

"赵家楼"这场戏，乃"五四"抗议游行的高潮，从事发当天到现在，出现无数版本，实在耐人寻味。其中有两个关键性的情节，历来众说纷纭，需要进一步确认。一是何人冒险破窗，二是何以放火烧房。

匡互生撰于1925年的《五四运动纪实》，只是说"那些预备牺牲的几个热烈同学，却乘着大家狂呼的时候，早已猛力地跳上围墙上的窗洞上，把铁窗冲毁，滚入曹汝霖的住宅里去"。30年代初匡逝世时，同学熊梦飞撰写纪念文章，称"互生纵身跃窗户，以拳碎其铁网而入"（《忆亡友匡互生》）。到了50年代，匡的另一位高师同学周予同进一步证实："他首先用拳头将玻璃窗打碎，从窗口爬进入，再将大门从里面打开。"理由是，游行当晚，周回学校时，见匡满手鲜血，说是敲玻璃敲的（《五四回忆片断》）。后来，关于匡击破铁窗的故事，便越传越玄，几乎可与武侠小说相媲美。

60年代初，高师学生俞劲在《对火烧赵家楼的一点回忆》中称："突然有领队某君（参加五四前夕秘密会人员之一，湖南人，高师数理部学生，曾习武术，膂力过人）奋不顾身，纵步跳上右边小窗户。"接下来，便是警察拉后腿，众学生帮忙解脱；"某君头向里面一望，内面还有数十名警察，正枪口对着他"，于是开始演说，终于警察良心发现，把枪放下。

冲向赵家楼的游行队伍

70年代末，另一位高师学生夏明钢（原名夏秀峰）在《五四运动亲历记》中的描述更精彩：

> 匡济从西院窗口将铁栅扭弯了两根（匡在少年时就练就了一手好内功，他只要用手一捏，就能够把弯的铁门扣捏直，其气力之大有如此者），打开了一个缺口，他从缺口爬进去，摔开守卫的警察，将大门打开，群众便蜂拥而入。

80年代中，又出现新的版本，开始注意曹宅院子的高墙。写作者仍是高师同学，名叫张石樵，在《怀念五四壮士匡互生》中称："匡互生发现曹宅有个窗户，他就利用从小练就的一身功夫，在同学们的帮托下，一拳打开了窗子，跃身而下。"

但是，擅长武功的匡互生第一个跳进曹家院子的故事，受到另外两条材料的挑战。以下两篇文章的作者，也都是"五四"那天的活跃人物，而且均于当天被捕。一是匡的高师同学陈荩民（原名陈宏勋），在撰于1979年的《回忆我在五四运动的战斗行列里》中，有这么一段：

> 我身材较高，就踩在高师同学匡互生的肩上，爬上墙头，打破天窗，第一批跳入曹贼院内。我和同学把大门门锁砸碎，打开大门，于是，外面的同学一拥而入。

另一个称踩在匡君肩上爬上墙头的，是北大学生许德珩。在《五四运动六十周年》中，许称匡日休个子高，站在曹宅向外的两个窗户以下：

> 我们趁军警不备之际，踩上匡日休的肩膀，登上窗台把临街的窗户打开跳进去，接着打开了两扇大门，众多的学生蜂拥而入。

陈自称"第一批"跳入曹家院里，而许所说登上窗台的是"我们"，都没有一口咬定是自己独自一人首开纪录。问题是，如果陈、许的说法属实，"甘当人梯"的匡互生，便不可能第一个跳进院里。可谁又能保证陈、许六十年后的回忆准确无误？

高师另一被捕学生初大告，大概意识到两种说法互相矛盾，于是兵分两路，互不干涉："高师同学匡日休奋勇踏着人肩从门房（传达室）后窗爬进，打开大门，另外一个高师同学陈荩民越墙而入，学生们一拥而入，发现曹汝霖等已经听到风声从后门逃走。"（《五四运动纪实》）本意是弥合矛盾，没想到这下子更乱了，小小院子，能否如此迂回包抄？再说，如果墙上无窗，自是不难攀越；窗下无墙，似乎也很容易打开。聚集于曹宅门外的大批学生，何必徘徊再三？让匡、陈分开突破，表面上解决了高师内部说法的矛盾，可还有北大学生许德珩的脚下到底何人，有待进一步考证。

曹汝霖住宅门口

被捣毁的曹汝霖家中器具

　　比打开窗子更具有戏剧性，也更扑朔迷离的，是"火烧赵家楼"。1919年7、8月间出版的《五四》和《青岛潮》（龚振黄编），都反对学生放火一说。前者列举曹宅起火原因共四说，结论是："四说皆有理由，究竟如何起火，至今尚无人能证明之者。"后者更将电线走火与曹家放火捏合在一起，创作出如下绝妙画面："时正酉正，电灯已燃。未几，火起，众大愤，始知曹将烧死学子，以为泄怨计。"40年后，杨晦还是一口咬定曹家自己放的火，理由很简单："这些无耻政客，国都可以卖，还有什么事做不出来？一放火，造成学生的刑事犯罪，岂不就可以逮捕法办了吗？"（《五四运动与北京大学》）杨文"政治正确"，但没提供任何新证据，曹家自己放火一说，很难坐实。

　　当年警察厅关于曹宅起火原因的调查，并无一定结论。因为，若断学生点火（不管是把曹宅床上的罗帐点着，还是将汽油倒在地毯上烧），势必要追究学生的刑事责任；若说曹的家人点的火，准备趁火打劫，或曹授意家人纵火，以便烧死冲入曹宅的学生，则必须谴责甚至惩罚曹家或家人。既然两头都不能得罪，可供选择的最佳方案，便是"电线走火"。这么一来，谁都没有责任，而且，所有取证、起诉、审判等麻烦手续，均可一笔勾销。英文《字林西报周刊》（1919年5月10日）的描述最为精彩："当时与警察争执之际，竟将电灯打碎，电线走火，遂肇焚如。"该报还称，教育部为了息事宁人，也"答应以曹家着火乃因电线走火的说法以争取释放被捕学生"。5月7日，政府被迫释放学生，不再追问曹宅起火原因，似乎利用了这一绝妙的台阶（参见1919年7月出版的《上海罢市救亡史》，以及周策纵《五四运动：现代中国的思想革命》第五章）。

可正像当年就读北京工业专门学校的尹明德所说的，谁都明白，火确实是学生放的，只是不能承认。"当时在黑暗专制反动时期，学生不敢承认放火，恐贻反动派以口实，伪称系曹宅自行放火，借此驱散群众。军警机关既未在学生身上搜出火柴，也不敢贸然加以学生放火之罪。"（《北京五四运动回忆》）当年为了政治斗争的需要，抵死不能承认学生放火；等到时过境迁，"火烧赵家楼"成了名扬四海的壮举，可又说不清到底是谁、用什么方式点的火了。

有说是学生们"搜索到下房，有人发现半桶煤油，就起了'烧这些杂种'的念头"（杨振声《回忆五四》）；也有人说是"群众找不着曹汝霖更加气愤，有人在汽车房里找到一桶汽油，大家高喊'烧掉这个贼窝'。汽油泼在小火炉上，当时火就烧起来了"（范云《五四那天》）；还有说是"有一个同学抽烟，身上带有火柴，看到卧室太华丽，又有日本女人，十分气愤，就用火柴把绿色的罗纱帐点燃了，顿时室内大火，房子也就燃起来了"（许德珩《五四运动六十周年》）。以上三家，均为在场的北大学生，既然都没指定具体的纵火者，可见闻见尚虚。

5月7日警察总监吴炳湘致直隶帮办军务王怀庆密电，报告捣毁曹宅、逮捕学生各情

根据现有资料推断，纵火者大概非北京高师学生莫属。如此巨大的光荣，似乎没有其他学校的学生前来争领。历来自居老大的北京大学，对此事也只能含糊其辞；甚至还出现了北大中国文学门学生萧劳也都站出来作证，将"放火"的光荣拱手相让：

> 我行至曹家门外，看见穿着长衫的两个学生，在身边取出一只洋铁偏壶，内装煤油，低声说"放火"。然后进入四合院内北房，将地毯揭起，折叠在方桌上面，泼上煤油，便用火柴燃着，霎时浓烟冒起。我跟在他们后面，亲眼看见。大家认得他俩是北京高等师范的学生。(《火烧赵家楼的片断回忆》)

至于高师的学生，早就不客气地将此壮举收归名下。差别只在于，到底是哪一位高师学生放的火。

高师学生张石樵自称："亲眼看到北京高师一同学用煤油把房子点着了，我还添了一把火，赵家楼顿时火起。……至今仍有不少人误把匡互生说成是烧国贼的放火者，这应该加以更正，真正放火者为俞劲（又名慎初）。我们不能为此而改写历史。"(《怀念五四壮士匡互生》)可俞劲本人，70年代末撰写《对火烧赵家楼的一点回忆》时，却将此光荣归诸匡互生。匡互生呢？1925年写作《五四运动纪实》时，只提学生放火是"以泄一时之忿怒"，而没说火是谁点的。

倒是1957年《近代史资料》重刊此文时，附有老同学周为群所作补充材料，确认曹宅的火确系匡互生所点；而且，还加了如下意味深长的一段话：

> 学生群众走进曹宅，先要找卖国贼论理，遍找不到。匡互生遂取出预先携带的火柴，决定放火。事为段锡朋所发现，阻止匡互生说："我负不了责任！"匡互生毅然回答："谁要你负责任！你也确实负不了责任。"结果仍旧放了火。

军警逮捕学生

段锡朋是北大的学生领袖,而北大又是学运中坚(当年即有"罢不罢,看北大"的说法),因而,段和游行总指挥傅斯年一样,自认是要对此次活动"负责任"的。可群众运动就是这么回事,总是有"组织者""领导者"控制不了的时候。理由很简单,既然敢于起来反抗权威,就不会将"临时指挥"的命令奉若神明。该自己做决定的时候,傅斯年也罢,段锡朋也罢,其实是左右不了局面的。那么,谁能左右局面?准确地说:没有。但最激进的口号和举动,在群众运动中最有诱惑力,在这个意义上,所谓的"局面",容易受相对激进而不是温和的学生的影响。

当年对放火曹宅不以为然的,不只是段锡朋一人,据周予同回忆,"这一举动没有得到所有在场同学的赞同"。"有些同学,尤其是法政专门学校的学生,他们认为放火殴人是超出理性的行动,是违反大会决议案的精神,颇有些非议。"(《五四回忆片断》)可倘若不是这一把"超出理性"的无名之火,军警无法"理直气壮"地抓人,学生以及市民的抗议也就不会如火如荼地展开。那样,五四运动将是另一种结局。

在这个意义上,北大、法政等校学生的讲究"文明"与"理性",反倒不及匡互生们不计一切后果的反抗来得痛快淋漓,而且效果显著。

夜囚警察厅

> 学生被执者，闻有数十人之多。但所执者，未必即为打人毁物之人。昨夕，已有人为之向警厅取释，以免再激动群情云……

就像匿互生所说的，等到军警正式捕人时，"那些攻打曹宅用力过多的人，这时多半也已经筋疲力尽地跑回学校休息去了"（《五四运动纪实》）。剩下少数维持秩序、零星掉队或围观的，在大批因警察总监及步军统领的督阵而变得积极起来的警察包围下，只好束手就擒。32名被捕的学生中，北大20名、高师8名、工业学校2名，中国大学和汇文大学各1名。

当晚七点，游行学生被捕的消息传遍九城内外，各校学生纷纷举行集会，紧急商议营救策略——因传说被捕学生将被"军法从事"（见1919年9月出版的訾盦《学界风潮纪》上编第二节）。其中北大三院的集会气氛最为热烈，更因蔡元培校长出席讲话，对学生的爱国动机表示同情，而得到广泛的报道与追忆。

至于当晚的若干秘密会议，若曹汝霖与其党羽如何在六国饭店窥测时势并确定反攻战略，钱能训总理又如何在家中与内阁成员商议惩戒大学处理学生，还有上述报道提及的保释被捕学生的努力——后者很可能指的是汪大燮、林长民等。因《晨报》乃梁启超这派政治文人所办，对"鼓动学潮"的国民外交协会之内情了解较多；而报道所提的保释理由，如"以免再激动群情""所执者未必即为打人毁物之人"等，与汪等第二天具呈警厅要求保释之文大致相同。

比起政界诸多说不清道不明的秘密活动，被捕学生的命运，更牵动时人及后世读者的心。狱中学生备受虐待，但依旧抗争——此类想当然的戏剧化描写，很难满足读者了解具体细节的欲望。当事人的回忆，让我们有身临其境的感觉，可未必准确。

被捕的高师学生陈荩民,在《回忆我在五四运动的战斗行列里》中,谈到被捕后关进步军统领衙门,当晚押解到警察厅。被捕学生分数间关押,"我和高师同学向大光及其他学校学生共七人关在一间牢房内,共用一盆洗脸水,待遇虽十分恶劣,但大家精神抖擞,毫不畏惧"。而北大学生许德珩则称:

> 我们三十二人被囚禁在步军统领衙门的一间监房里,极其拥挤肮脏,只有一个大炕,东西两边各摆着一个大尿桶,臭气满屋。每半小时还要听他们的命令抬一下头,翻一个身,以证明"犯人"还活着。(《五四运动六十周年》)

两相比较,自是许说更为精彩。其实,二说均有纰漏,合起来,方才是完整的图景。因为,"五四"那天被捕的学生初分两处(步军统领衙门12人,

5月7日北京各界欢迎被释放的学生

北京大学师生与被捕归校的学生合影

警察厅20人），到了深夜，方才全部集中到警厅。32人共一屋，那是第一夜的情况；六七人关在一间牢房，则是翌日的调整。至于待遇恶劣，也在情理之中。只是以此前此后监狱里之动辄刑讯拷打，想象"五四"被捕学生之悲惨命运，实多有差谬。

5月6日的《晨报》上，刊有《学生界事件昨闻》，共分九个小标题：昨日各校之罢课、被捕学生之姓名、学生被捕后之况状、各校长之会议、北京社会之不平、汪王林等请保释、教育厅长之辞职、六国饭店之会议、章宗祥之伤势。其中"学生被捕后之况状"一则，对我们了解被捕学生在狱中的生活状况，有直接的帮助：

> 各学生被捕入警厅后，前夕即由该厅略加讯问，未有结果。闻厅中对于学生尚不苛待，前夕共腾出房子三间，使三十二人者分居之。而学生则不愿分居，仍在一处住。昨日由该厅备饭，每餐分为五桌，每桌坐六人或七人。有前往看视者，学生皆告以我辈在此尚未所苦，惟外交问题如何则极为关念。中有托人带信，勉励同学仍以国家为重者，并谓在厅阅报等尚颇自由云。

是否《晨报》记者刻意美化当局，修饰血腥的监狱生活？恐怕未必。在整个五四运动期间，《晨报》始终旗帜鲜明地支持学生、抨击政府，即便屡被警厅告诫，也仍不改初衷。更何况，这篇报道的基本情节，可在陈独秀主编的《每周评论》上得到印证。

1919年5月11日的《每周评论》上，发表亿万的《一周中北京的公民大活动》，其中述及被捕学生在狱中的遭遇，与《晨报》所言大同小异：

> 游缉队捕几个人到步军统领衙门去，很虐待的，曾把他们放在站笼里登了几点钟。当晚十二点钟送到警察厅去了。巡警、宪兵捕去的稍好些。但是被捕之时，也不免挨几下打。到警察厅的第一天，很受罪，行动言语都不自由。第二天早晨吴炳湘去看，待遇就好些，可以在院子里自由活动。第三天给了一份《益世报》。从他们警厅方面看来，也算优待……

牢房不比旅店，自是诸多不便。但我想说的是，步军统领衙门与警察厅，在对待学生的问题上，有相当明显的差别。孙伏园在《回忆五四当年》中称，被移送警厅后，学生们的情绪开始稳定，"这时同学有一个普遍的心情是：在步军统领衙门随时可以被枪毙或杀头，到京师警察厅以后可能要文明些了"。

学生及传媒为何对警厅颇有恕辞？除了当天在现场，警察厅总监吴炳湘本不想捕人，在曹汝霖的压力下方才下令镇压，第二天吴又亲自前往探监，并迅速改善学生待遇（移住较宽大之室、解除谈话禁例、赠送报纸以供消遣，以及伙食按警厅科员标准每人每餐费洋一毛有零等——参见《五四》第二章）；还有一点，后人一般不察，即清末民初的"警厅"其实也属"新学"。倘若不是长官强令弹压，警察未必愿与学生为敌。

据报称，吴炳湘之所以主张"优待"被捕学生，是因深知"事体重大"，被捕学生"与寻常罪犯不同"。当然，还必须考虑到，政府对如何处理学潮举棋不定，社会各界又对滥捕爱国学生纷纷表示抗议，作为警察

北京高等师范学校师生欢迎被捕学生归来

总监,自然有所忌惮。可为何步军统领衙门就没有此等顾忌,可以大打出手?其实,这涉及作为"新学"的警察厅之特殊地位。

民初京城的社会治安,一如清末,由步军统领衙门和警察厅共同管理。后者乃晚清新政的产物,创设于庚子事变之后,"乃效法近代文明国家而组织之警察机关"。1907年,时任京师大学堂正教习的文学博士服部宇之吉,主编出版了囊括"有关北京的一切事项"的《北京史》。其中提到中国之公堂积弊丛生,而巡警厅的创立,"一扫贿赂之弊端"。强调新设立的"巡警厅"之不同于源远流长的"刑部"及"步军统领衙门",在于其"能精勤其事务,洗雪冤枉,伸理屈辱",或许太理想化了。但这种依靠"法律条文"——而不是诉诸行政长官的"贤明"或幕友书吏之"智慧"——来管理社会治安的思路及实践,毕竟透露了强烈的近代气息。故服部等人对此评价甚高,认为"此乃清国司法事务之可喜现象"。

对待"五四"游行的学生,步军统领衙门的虐待与警察厅的相对宽容,并非偶然现象,而是与这两个暴力机关的不同渊源大有关系。5月8日的《晨报》上,有一则小文,题为"北京警察之爱国",其中有云:"此次逮捕学生一事,警厅举动极为文明,待遇亦佳,逮诸人释放后,北京全体学生联合会特派代表一人,持函前往致谢。"这大概不是"黑色幽默"。如果考虑到参加游行的13所学校中,还包括内务部直属的高等警官学校,更不敢将民初的警察说得一无是处。不过,《晨报》记者的社会设计,显然还是过于理想化。强调警察与学生之互相理解,似乎想表达这么一种信念:维持秩序与表达民意,各有各的道理,也各有各的权限。果真如此,双方的举动,确实"极为文明"。

可惜,北洋政府没有这种"雅量",绝不允许年轻的学生挑战其权威,一开始就决定采取高压政策,因而激起日益强烈的反弹。于是,学生的思想越来越激进,政府的手段越来越卑鄙,二者互相激荡,最明显的后果,就是此后入狱的学生,不再像"五四"那次一样受到"特别优待"了。不只"斯文扫地",而且"知识越多越反动",在很长时间里,学界成了警厅的重点防范对象。对于一个正常运转的社会来说,如此强烈的警学对立,无疑是十分可悲的。

不满足于只是"纪实报道",在《山东问题中之学生界行动》(《晨报》1919年5月5日)的结尾部分,热情洋溢的记者终于跳出现场,纵论起天下大势:

> 综观以上消息,学生举动诚不免有过激之处,但此事动机出于外交问题,与寻常骚扰不同。群众集合,往往有逸轨之事,此在东西各国数见不鲜。政府宜有特别眼光,为平情近理之处置,一面努力外交,巩固国权,谋根本上之解决,则原因既去,必不至再生问题矣。

不幸的是,此后的事实证明,记者以及无数平民百姓的善良愿望彻底落空。政府未尝"谋根本上之解决",学生举动也就"不免有过激之处"。需要有一种"特别眼光","平情近理"地看待"五四"那天的示威游行以及此后的无数学潮,《晨报》记者的呼吁,自有其道理。

(陈平原)

如何进入历史

众多当事人及旁观者的回忆录,为我们进入历史深处——"回到现场",提供了绝好的线索。可几十年后的追忆,难保不因时光流逝而"遗忘",更无法回避意识形态的"污染"。对于风光无限的"回忆史",必须既欣赏,又质疑。

1919年5月20日的《晨报》,以"学界风潮越闹越大"为题,报道"北京学生联合会日前开会决议,从昨日起一律罢课,以为最后的力争",并载录学生的《罢课宣言》和《上大总统书》。我感兴趣的是,上述两份文件已经正式使用"五四运动"这一概念。前者将五四运动的性质,定义为"外争国权,内除国贼";后者则称曹、章、陆之卖国与攘权,"舆论不足以除奸,法律不足以绝罪",故"五四运动实国民义愤所趋"。这两份文件的作者不详,倒是5月26日出版的《每周评论》上,罗家伦以笔名"毅"发表《五四运动的精神》,开篇即是"什么叫做'五四运动'呢"。罗文着力表彰学生"奋空拳,扬白手,和黑暗势力相斗"的"牺牲精神",并且预言,"这样的牺牲精神不磨灭,真是再造中国之元素"。

对于这场刚刚兴起的运动，国人投入极大的热情，报刊上的文章几乎一边倒，全都认定学生不但无罪，而且有功。而《上海罢市实录》(6月)、《民潮七日记》(6月)、《上海罢市救亡史》(7月)、《五四》(7月)、《青岛潮》(8月)、《学界风潮记》(9月)等书的出版，更令人惊讶出版界立场之坚定、反应之敏捷。

一个正在进行中的群众运动，竟然得到如此广泛的支持，而且被迅速"命名"和"定位"，实在罕见。从一开始就被作为"正面人物"塑造的五四运动，80年来，被无数立场观点迥异的政客与文人所谈论，可从来未被全盘否定过。在现实斗争中，如何塑造"五四"形象，往往牵涉能否得民心、承正统，各家各派全都不敢掉以轻心。五四运动的"接受史"，本身就是一门莫测高深的大学问。面对如此扑朔迷离的八卦阵，没有相当功力，实在不敢轻举妄动。

于是，退而求其次，不谈大道理，只做小文章。希望"回到现场"，"触摸历史"，借考掘"五四人物"，理解百年中国。相对于高举经过自家渲染与诠释的"五四旗帜"，若本书之"小打小闹"，只能自居边缘。

边缘有边缘的好处，那就是不必承担全面介绍、评价、反省五四运动的重任，而可以仅就兴趣所及，选取若干值得评说的人物与场面，随意挥洒笔墨。举个例子，谈论"五四"游行对于中国社会的巨大冲击，历来关注的是学生、市民、工人等群体的反应，而我更看重个体的感觉。众多当事人及旁观者的回忆录，为我们进入历史深处——"回到现场"，提供了绝好的线索。可几十年后的追忆，难保不因时光流逝而"遗忘"，更无法回避意识形态的"污染"。将其与当年的新闻报道以及档案资料相对照，往往能有意料之外的好收获。比如，梁启超等"研究系"同人在五四运动中的积极表现，便常为史家所忽视；而蔡元培作为中国最高学府北京大学的校长，面对激进学生与腐败政府的冲突，其内心感受，绝非是否"鼓动学潮"四字所能涵盖。

至于"五四"那天下午，在东交民巷的德国医院里陪二弟的冰心，从

军警逮捕在街头演讲的北京大学学生

前来送换洗衣服的女工口中,知道街上有好多学生正打着白旗游行,"路旁看的人挤得水泄不通"(《回忆五四》);而住在赵家楼附近的郑振铎午睡刚起,便听见有人喊失火,紧接着又看见警察在追赶一个穿着蓝布大褂的学生(《前事不忘》);从什刹海会贤堂面湖的楼上吃茶归来的沈尹默,走在回家路上,"看见满街都是水流,街上人说道是消防队在救赵家楼曹宅的火,这火是北大学生们放的"(《五四对我的影响》);学生游行的消息传到北京西郊的清华园,闻一多写了一张岳飞的《满江红》,当晚偷偷贴在食堂门口(《五四历史座谈》)……诸如此类生动有趣的细节,在为"五四"那天的游行提供证词的同时,也在引导我们进入"观察者"的位置。这些小文章,对于帮助我们"回到现场",比起从新文化运动或巴黎和会讲起的高头讲章,一点也不逊色。

正如孙伏园所说的,"五四运动的历史意义,一年比一年更趋明显;五四运动的具体印象,却一年比一年更趋淡忘了"(《回忆五四当年》)。没有无数细节的充实,五四运动的"具体印象",就难保不"一年比一年更趋淡忘了"。没有"具体印象"的"五四",只剩下口号和旗帜,也就

北京学生向群众讲演

北京大学学生讲演团第十五组在街头演讲

1919年6月16日中华全国学生联合会在上海召开成立大会摄影

很难让一代代年轻人真正记忆。这么说来,提供足以帮助读者"回到现场"的细节与画面,对于"五四"研究来说,并非可有可无。因而,本书之选择图像与文字相配合的表述方式,不全是为了愉悦读者——也包括对历史研究方法的反省。

  古希腊的哲人早就说过,人们无法两次进入同一条河流。所谓"回到现场",只能是借助于各种可能采取的手段,努力创造一个"模拟现场"。而创造的"过程"本身,很可能比不尽如人意的"结果"更为迷人。听学者们如数家珍,娓娓而谈,不只告诉你哪些历史疑案已经揭开,而且坦承好多细节众说纷纭,暂时难辨真伪。提供如此"开放性的文本",并非不负责任,而是对风光无限的"回忆史"既欣赏,又质疑。对于五四运动的当事人来说,"追忆逝水年华"时所面临的陷阱,其实不是"遗忘",而是"创造"。事件本身知名度极高,大量情节"众所周知",回忆者于是容易对号入座。一次次的追忆、一遍遍的复述、一回回的修订,不知不觉中创作了一个个似是而非的精彩故事。先是浮想联翩,继而移步变形,最终连作者自己也都坚信不疑。面对大量此类半真半假的"五四故事",丢弃了太可惜,引录呢,又不可靠。能考订清楚,那再好不过;可问题在于,有些重要细节，根本就无法复原。"并置"不同说法，既保留丰富的史料，又提醒读者注意，并非所有的"第一手资料"都可靠。

本书选择与五四运动关系密切的61位人物，将其分为四组："为人师表"介绍北京大学的师长，正是他们的启蒙教育直接导致了新一代的崛起；"横空出世"包含学潮中不同政治倾向的活跃分子；"内外交困"描述政府官员的尴尬处境及其选择；"众声喧哗"则是各社会贤达对于五四运动的介入或反应。入口处是一个个具体人物，着眼点却是历史与社会。"五四"是个绝好的舞台，电光一闪，既展现了错综复杂的社会图景（除了常被提及的学生之爱国与政府之卖国，还有政治家的谋断、教育家的气节、外交官的苦恼、大律师的机智、特立独行之士出人意料的表态等），也照亮了中国此后将近一个世纪的道路。

对于师长，主要着眼于其"走向五四"；对于学生，则希望兼及其"从五四出发"。"五四"的登台，对于许多青年学生来说，至关重要，影响其整个一生，故不能不有所交代。但"五四"时期活跃的学生领袖，日后政治上有很大的分化，不少成为国共两党的重要人物，为了避免因日后的发展而篡改昔日形象，本书尽量将话题集中在"五四"时期。

五四运动无疑是全国性的，但为了集中笔墨，本书对于人物的选择，学生限于当时在京的活跃分子，政治人物方才略有变通，取其社会影响与类型特征。

全书以北大校长蔡元培先生开头，以其时虽尚未到北大兼课但已是《新青年》中坚的鲁迅先生结尾，既是体例所需，也颇具象征意味。北京大学以及《新青年》杂志对于"五四"学潮的酝酿与推动，其巨大的作用无论如何不该低估。至于"在读书与救国"之间徘徊，以及走出铁屋"呐喊"，更可看作一种政治寓言，其所指涉的，不仅仅是发生在1919年的五四运动。

（陈平原）

为人师表

蔡元培
在"读书"与"救国"之间

蔡元培"循思想自由原则,取兼容并包主义",把北大从"官僚养成所"变成名副其实的中国最高学府。他于"五四"后提出的"读书不忘救国,救国不忘读书",无疑开创了北大"读书"与"救国"并重的传统。

在旁观者看来,蔡元培的一生,可备称述的事件不少:少为才子,以"怪八股"科试联捷,成进士,点翰林;戊戌政变后,在上海加盟光复会、同盟会,成为双料革命党,名列"民国四老";作为民国第一位教育总长,他是孙中山临时政府的内阁成员;中国第一个国家科研机构中央研究院成立,他是第一任院长……但所有这一切,若比起出任北京大学校长期间的辉煌来,似乎陡然显得暗淡无色——也正是在这个意义上,梁漱溟于40年代即说:"蔡先生一生的成就不在学问,不在事功,而只在开出一种风气,酿成一大潮流,影响到全国,收果于后世。"(《纪念蔡元培先生》)换言之,正因为蔡元培执掌北大的成就非同寻常,对于中国现代社会与文化产生了深远影响,才使得他其他方面的工作变得微不足道。将近半个世纪以

1918年6月蔡元培（前排中坐者）与北京大学国文门毕业班合影

后，梁氏依然持此论，不过在论及蔡元培在北大的一段历史意义时，更说出了这样有些骇人听闻的断言：

> 今天的新中国必以新民主主义革命为其造端，而新民主主义革命则肇启于五四运动。但若没有当时的北京大学，就不会有五四运动的出现；而若非蔡先生长校，亦即不可能有当时的北京大学。（《五四运动前后的北京大学》）

如此将蔡元培与"新中国"直接挂起钩来，多少给人以共和国的缔造者的印象，结论自然突兀，但其中的蔡元培——北大——五四运动三者关系论断，却大致可信。较为准确的描述，还是五四运动中的学生领袖之一许德珩的话："发动五四运动的主力是北京大学，而其精神上的指导者是蔡元培。"（《吊吾师蔡孑民》）

不管怎么说，谈论"五四"绕不开北大，谈论北大又绕不开蔡元培，这个事实本身就说明蔡元培与"五四"有着千丝万缕的关系。

蔡元培于民国五年冬到了北京大学。1917年,蔡元培正式走马上任。此时的北京大学,虽然早已由原来的京师大学堂改名,但本质并无什么改变,学校像个衙门,教师中有些本来就是北洋政府的官僚,不学无术或思想保守者大有人在。而学生中也不乏带听差、打麻将、吃花酒、捧名角,独对读书无兴趣者。因为不少师生常到"八大胡同"的妓院去寻芳猎艳,与参议院、众议院齐名,所以被称为"两院一堂"——都是"八大胡同"的常客。对于北大这种乌烟瘴气的腐败氛围,蔡元培当然不会不知。上海的许多朋友,也力劝他不可就职,恐整顿不了腐败,反而毁掉自己的名誉。最终,他还是选择了知难而进的险途。这多少有点"我不入地狱,谁入地狱"的佛陀精神。

蔡元培"仿世界各大学通例,循思想自由原则,取兼容并包主义",并以此为不二法门改造北京大学,在极短的时间内,奇迹般地将这所"官僚养成所"式的半衙门机构,变成了名副其实的中国最高学府,这在当年与当下,谈论的人与文章都很多,似乎已成了共识。由于兼容各路人才,并包各种学说,保守派、维新派与激进派在北大都同样有机会争一日之短长,很像中国先秦时代,或者古希腊苏格拉底和亚里士多德时代的重演。所以蒋梦麟说,蔡元培就是古代老哲人苏格拉底,有了蔡元培的北大是北京知识沙漠上的绿洲。罗家伦也说,北大精神以及"师生间问难质疑,坐而论道的学风"(《蔡元培先生与北京大学》),实多受益于蔡元培——其实,早在"五四"当年,黄右昌教授就在蔡元培回校复职的欢迎会上点明,"校风往往随校长为转移。北京大学现

蔡元培在北京大学时期

1916年12月26日黎元洪总统任命蔡元培为北大校长　　蔡元培1920年为《新青年》题词

有博大纯毅之校长,故博大纯毅之校风,已见端倪"。可以说,延续至今的北大之传统与精神,乃是在老校长手里得以铸塑并确立的。

蔡元培改造北大的业绩在在存人耳目,这是事实;但在"五四"之前与"五四"期间,他既无激进举动,也无鼓动学生运动的言行,也是事实。那么为什么众多的回忆文章还会不约而同地将他与"五四"挂上钩呢?撇开巴黎和会这一导火索事件不论,新文化运动的影响可说是关键。梁漱溟在前面提到的文章里还说到,在推动五四运动的诸多人事因素中,陈独秀、胡适、李大钊、周树人四人和《新青年》所起的作用最大。虽然诸位先生的任何一项工作,蔡元培皆未必能做,但如果没有蔡元培,他们可能压根就没有机会聚拢在北大,因而也就没有发抒的机会。同时还必须注意的是,蔡元培的"兼容并包"虽"无所不包",但却有少为人知的倾向,亦即偏袒新派的特点。这从他一方面态度决绝地回击林纾的指责,一方面为胡适的《中国古代哲学史大纲》作序的破旧与立新中不难看出。陈独秀细行不检,常予人以口实,在校内与校外都有人嫉恨,但蔡元培却多方为之辩护。

蔡元培在北大支持甚至亲自发起参与各种社团与组织活动,包括进德

1919年夏蔡元培（第三排中）与北大技击会合影

会、书法研究会、画法研究会、平民教育讲演团、新闻学会等，这也多有人言及。虽然如讲演团、新潮社、新闻学会等组织里不乏社会活动与政治运动的活跃分子——更不要说"五四"后的马克思学说研究会，但若据此即说蔡元培对"五四"有直接作用，仍属牵强：蔡的原初用意，本在体现其"以美育代宗教"的思路，并借以改变师生"奔竞及游荡的旧习"，至于后来的事态发展，只能说是"无心插柳"——如果把目光放得更远些，可说北大至今仍保持社团林立的活跃氛围，依然是蔡先生开创局面的延续。

欧战结束，蔡元培的兴奋和激动与知识界并无二致，在天安门的庆祝大会上，蔡元培演讲了"黑暗与光明的消长"（11月15日）和"劳工神圣"（11月16日）。此时的蔡元培，无疑是当时无数陶醉在对中国前途充满幻想的人群中的一员，期望既殷，失望愈烈，自在情理之中。这可以说明"五四"前他站在爱国学生一边的原因。

据当时供职于外交委员会的叶景莘说，无力对抗并改变准备在和约签字的政府时，时任外委会委员长的汪大燮亲自坐马车赴东堂子胡同的蔡宅，把密电内情告知蔡元培。蔡随即电招学生代表于家中会议。原定于

1912年1月5日，孙中山主持召开第一次国务会议，蔡元培（左三）时为教育总长

5月7日（国耻日）举行的游行，这才改为提前到5月4日——否则，五四运动将可能以"五七运动"载入史册。

但随后事态的急转直下，显然超出了蔡元培的意料。基于爱国热情的"五四"游行示威活动因火烧赵家楼、痛殴章宗祥和32名学生被捕，迅速演变成学生与政府的对抗。这种结果大概既出乎蔡元培的意料，也使他陷入双重的两难处境：同情并理解学生的放弃"读书"，全力投入"救国"的选择，随后也采取了全力营救、保护学生的积极行动。但无论就其"性近于学术而不宜于政治"的个人性情气质而言，还是依其至死不易的"学术救国""道德救国"（蔡临终遗言）之理念来说，他都不赞成，甚至反对学校与学生直接介入政治斗争。这种借助文化启蒙和教育救国以实现其经世济民理想的理念，来源于对晚清以降的中国历史积弊的理解。在《告北大学生暨全国学生书》中有这样概括性的描述："我国输入欧化，60年矣，始而造兵，继而练军，继而变法，最后乃始知教育之必要。"故主张学生"不能不以研究学问为第一责任"——此意早在戊戌变法失败后的反思结论中有过表述："康党所以失败，由于不先培养人才，而欲以少数人弋取政权，排斥顽旧，不能不情见势绌。"（高平叔编《蔡元培年谱》）正是由于这种思路，我们说蔡元培属于严复、张元济、张謇一类从文化和实业着手的人物，而区别于康、梁和孙中山这样看重政治行动的人物。因此，很难说蔡元培如同康、梁领导了戊戌变法，孙中山领导了辛亥革命一样，策划或领导了五四运动。

在应对政府一方时，蔡元培也面临着两难之境："五四"后，政府发布了口气强硬的训令，"通令各校对于学生当严尽管理之责，其有不遵约束者，应即立予开除，不得姑宽"（教育部183号训令），作为国立大学校长，理应遵守执行；而另一方面，蔡元培一向"痛恶官僚"，对应付官场文牍、仰人鼻息的苦役早已不堪忍受，加之此次学生运动虽然"激而为骚扰之举动"，但毕竟出于"爱国热诚"，于情于理都无法采取政府明令的高压举措。所以，处于政府与学生的对峙之间，"学生尚抱再接再厉的决心，政府亦且持不做不休的态度"（《我在北京大学的经历》），陷入进退两难处境的蔡元培，实在也没有比辞职更好的选择。

但在辞职之前，营救被捕的32名学生出狱，不仅是运动得以继续和社会各界加盟的重要原因，也是校长的分内要务。据曹建说，蔡元培于"五四"当晚，在三院大礼堂安慰了束手无策的学生后，径赴段祺瑞平日敬重的一位孙宝琦老前辈家中，见其面有难色，"先生就呆坐他的会客室里，从下午九时左右起一直过了十二时以后不走"（《蔡孑民先生的风骨》）。张国焘在其《我的回忆》里也说："蔡先生事先虽曾劝阻学生的示威行动，但事后却完全站在学生方面，抗拒摧残学生的压力。对于释放学生一事，奔走尤力。"5月7日，蔡元培和各校校长答应警察总监吴炳湘所提出的不参加国耻日群众大会和立即复课两项要求后，被捕学生被保释出狱。

比起向大总统和教育总长的辞职呈来，蔡元培离京前留下的一纸启事——"我倦矣！'杀君马者道旁儿'，'民亦劳止，汔可小休'，我欲小休矣。北京大学校长之职，已正式辞去；其他向有关系之各学校，各集会，自五月九日起，一切脱离关系。特此声明，惟知我者谅之。"（刊于5月10日《北京大学日刊》，12日同刊有文科教授程演生答学生常惠问的通信，对其出处和文义做了解释）因其中流露出深痛的"自伤之情"，产生了更为巨大的震撼力，加上蔡元培近乎完美的人格魅力和备于一身的新旧资望，所以在北京学界的罢课要求中，于拒绝和约签字，惩处曹、陆、章，亦即"外争主权、内除国贼"之条款外，又多了一项挽留蔡元培的内容——挽蔡因而也成了五四运动的一个组成部分。这也是在6月10日罢免曹、陆、章，6月28日拒绝和约签字后，学生运动仍难以平息的一个原因。

但挽蔡运动遇到的最大阻力倒不是来自政府方面，而是"好容易逃到故乡的西湖、鉴湖"的蔡元培，立意像戊戌变法后一样出京就不再回头。深知众怨难犯的当局巴不得蔡元培早日返校，以求弥平风波，所以一再慰留电请，并派专人南下诚邀。

蔡元培一生出言、行事皆不喜走极端，性情温和，致有"好好先生"之称，但熟悉他的人却知道，在其谦冲和蔼的背后，自有一种坚毅的风骨，所以，蒋梦麟说他是"白刃可蹈之中庸"（《试为蔡先生写一笔简照》），陈西滢说他"处小事以圆，而处大事以方"，实乃"当代最有风骨的一个人"（《关于蔡先生的回忆》）。这一点在他一生数十次的辞职中不难看出。与1912年联合同盟会成员退出袁世凯的北京政府内阁，1922年为抗议财政总长罗文干遭非法逮捕辞去北大校长之职，1928年坚辞国民党政府委员、监察院院长、大学院院长之职等著名事件相比，"五四"事件后的辞职无疑产生了更大的社会影响和后果。出京南下后，蔡曾于6月15日拟有《不肯再任北大校长宣言》，读来掷地有声："我绝对不能再作那政府任命的校长""我绝对不能再作不自由的大学校长""我绝对不能再到北京的学校任校长"——对这三句斩钉截铁的誓言，蔡元培分别解释其理由

1982年10月15日，蔡元培铜像在北大未名湖畔落成

说，"我是个痛恶官僚的人""思想自由是世界大学的通例""北京是个臭虫窠"。明乎此，便不难理解他先是拒绝接见各方代表，随后又推荐蒋梦麟自代，最后又称病拖延行程的一系列策略。

一般而言，五四运动的胜利标志是拒绝和约签字与罢免曹、章、陆；但对于北大来说，释放被捕学生，挽留蔡元培校长，乃是更贴身的事。所以，北大学生会及教职联在暑假间的一项要务，就是多方设法以促成蔡元培的复职。遭遇如此强大的挽蔡运动，打定主意想从此息影江湖的蔡元培，最终也只好重出茅庐。9月20日的开学仪式，本就是喜庆的日子，加上蔡元培的回校，整个北大都似乎焕然一新。除了开学典礼，马叙伦和张国焘还分别主持了教职员和学生的欢迎蔡校长大会。

在学生大会上，另一位五四运动中的活跃分子方豪致辞，开首即曰："当此秋光宜人之际，吾人得会集一堂，重睹我校长慈蔼之容涌现于讲座之前，实抱无量之欢情与莫大之感兴。"可说代表了广大学生的心情，这让人想起黄炎培所描述的南洋公学时期"师生于于焉，喁喁焉，若群雏之围绕于其母，共晨夕，共食宿"的感人情景。方豪演说的收尾再次印证了这种感情："回忆返里之日，人争走相问曰：'蔡校长返校乎？'生等叹大学前途，每悲不能答，今先生返矣，大学新纪元作矣！生等新生命诞矣！生等于以有无穷之欢乐、无限之兴奋，敬祝先生健康！大学万岁！中华民国万岁！"

与这些溢于言表的深情相比，方豪欢迎词中间部分更值得回味，它总结性地阐述了五四运动与蔡元培教育理念之间的某种错位：

> 昔者，先生之治大学者以兼收并容，训学生者以力学报国，生等亦深信大学生之贡献，在增进世界文化，以谋人类之幸福；而对于国家社会之现象，惟负观察批评之责。奈何生居中国，感于国难，遂迫而牺牲研究神圣学术之光阴，以从事爱国运动。

由此可见，学生并非不理解蔡校长的良苦用心，也并非不能接受蔡校长的教育理念，只是国难当头，热血青年不可能"两耳不闻窗外事"。这其实揭示了国弱政弊情境下教育的困境，或者说，"读书"与"救国"之间的某种难以把握的平衡。蔡元培"救国不忘读书"虽是针对"五四"救国无暇读书之弊的矫正，但也只有在"五四"已经告一段落的情势下，才可能为更多学子所接受——即使如此，"救国"与"读书"在许多人心头也依然是一个问题，如同川岛所困惑并追问的：是"读书不忘救国"还是"救国不忘读书"？是"回到图书馆、实验室里去"呢？还是"到民间去"？（《五四回忆》）

罗家伦回忆说，蔡元培常说"官可以不做，国不可以不救"，但是，"到五四以后学生运动发现流弊的时候，他又发表'读书不忘救国，救国不忘读书'的名言"（《蔡元培先生与北京大学》）。"读书"与"救国"看似并置兼重，但在蔡元培的思路中无疑有所侧重：如果说"五四"前他更看重上句的话，那么，"五四"后他显然更强调下半句——这种认知可说此后持之以奉终生。比如，"五四"一周年，他专门撰文称，"人人都知道罢工、罢市损失很大，但是罢课的损失还要大"，希望学生"打定主义，无论何等问题，决不再用自杀的罢课政策"(《去年五月四日以来的回顾与今后的希望》)；1922年的讲义风潮中，面对汹涌的人群，他愤怒地说："我和你们决斗。"即使在正式辞去北大校长一职，不再担当具体管理之责后，蔡元培也没有改变其主张：1928年，在西湖国立艺术院开学仪式上的讲演题目就是"学校是为研究学术而设"；同年，在全国教育会议上，针对"五四运动以来，各地学生竟为爱国运动"之现状，再次呼吁"救国之道，非止一端；根本要图，还在学术"；1931年，更发表了题为"牺牲学业损失与失土相等"的报告，把"读书"远远高置于"救国"之上……

离开北大的蔡元培，依然关注着北大，为北大学生写荐书，营救被捕的许德珩、侯外庐；北大也依然惦记着自己的老校长，每逢周年出纪念刊，总给他留下题词与序言的位置。冯友兰曾转述一位外国人感到迷惑的话：北大的学生都很高傲，但到了蔡先生面前，似乎都一下子成了小学生。蔡元培"居北京大学校长之名义，十年有半；而实际在校办事，不过五年有半"，任期如此之短，本当形同过客，但事实上于北大，于蔡元培，这段经历都非同小可：蔡元培因北大而使其教育家生涯倍显荣耀，北大因蔡元培而步入辉煌，确立其现代传统与校格——回顾百廿校史，"救国"与"读书"一直是北大精神的两根主线。

（郑　勇）

陈独秀
"直接行动"和"牺牲精神"

在"五四"时期,以学者身份而亲自散发传单,并因此身陷囹圄、饱受98天的铁窗之苦的新文化运动的发端者陈独秀,以其特殊的参与运动的方式,在"五四"众多的学者中可谓绝无仅有;同时,他也借此实践了自己所宣扬的"直接行动"和"牺牲精神"。

1919年6月11日晚,一位身着白帽西装的中年男子一出现在北京前门外香厂"新世界"的屋顶花园,就引起了在场暗探的注意,因其"上下楼甚频,且其衣服兜中膨满"。果然,当晚十时许,正当下层露台放映露天电影之际,此人掏出怀中的传单,从楼顶撒向人群,引起了骚动,散发者也当场被捕。经审问,警方得知这位散发者竟是北京大学的前文科学长、"新文化运动"中最具影响力的刊物《新青年》的主编——陈独秀。

虽然陈独秀在回答警方审问时称,传单是他几天前返京路上,得自"上海学生联合会友人徐姓",并已将其中的大部分转交一"不知姓名高等师范学生收讫"(《五四时期陈独秀被捕档案汇编》);但实际上,这些传单却是陈本人在前两天亲自起草的《北京市民宣言》(6月9日)。据参与印刷和散发传单的高一涵回忆，传单印好的第二天清晨，陈独秀不顾疲劳，和他一起到中央公园的茶座，把传单一份一份地放在空茶桌上，用茶杯压好。后来陈独秀觉得这个办法收效太慢，于是第二天晚上又和另外几名北大教职员分别到各娱乐场所散发传单，也因此在新世界被捕（高一涵《李大钊护送陈独秀脱险》）。

以一位学者而如此直接地参与五四运动，大概在当时算得是绝无仅有的。不过就陈独秀本人来讲，这样的行为倒也不算特别意外。一个月以前，学生火烧赵家楼、痛打章宗祥的行为，就曾令这位一向以激进著称的北大教授兴奋不已。当时，陈独秀就盛称这次行动具有前所未有的"特有的精神"，那就是"直接行动"和"牺牲精神"。他后来解释说，所谓"直接行动"，就是"对于社会国家的黑暗，由人民直接行动，加以制裁，不诉诸法律，不利用特殊势力，不依赖代表。因为法律是强权的护符，特殊势力是民权的仇敌，代议员是欺骗者，决不能代表公众的意见"（《五四运动的精神是什么？》）。所谓"牺牲精神"，则是"出了研究室就入监狱，出了监狱就入研究室"的精神（《每周评论》25号）。在五四运动中，陈独秀本人的确也以上述的实际行动，成为所谓"直接行动"和"牺牲精神"的身体力行者。同时，这种身体力行又是他在新文化运动中表现的延续。

在"五四"前的数年时间里，陈独秀一直是北大新派教授中的激进者，是所谓"新中之新"。一般论者都认为，"五四"思想来源于新文化运动，而新文化运动则以1915年陈独秀创办《青年杂志》（第二期改为《新青年》）为嚆矢。在《青年杂志》的创刊号里，陈独秀撰写的《敬告青年》一文，率先擂起了新文化运动的隆隆战鼓：

> 青年如初春，如朝日，如百卉之萌动，如利刃之新发于硎，……青年之于社会，犹如新鲜活泼细胞之在人身。新陈代谢，陈腐朽败者无时不在天然淘汰之途，与新鲜活泼者以空间之位置及时间之生命。

陈独秀创办的《青年杂志》

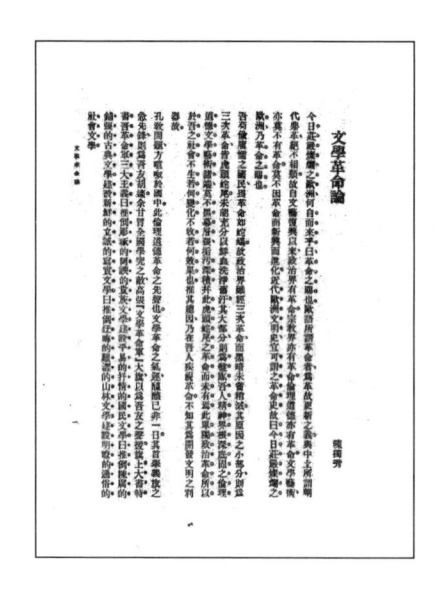

陈独秀在《新青年》上发表《文学革命论》

因此，他希望青年人"自觉其新鲜活泼之价值与责任……奋其智能，力排陈腐朽败者以去"。

《新青年》"惊醒了整个时代的青年。他们首先发现自己是青年，又粗略地认识了自己的时代，再来看旧道德，旧文学，心中就生出了叛逆的种子。一些青年逐渐地以至于突然地，打碎了身上的枷锁，歌唱着冲出了封建的堡垒"（杨振声《回忆五四》）。作为《新青年》主编的陈独秀，也成为新青年的导师和崇拜偶像。1917年，蔡元培破格任命陈独秀为北大文科学长时，"青年学生无不热烈欢迎，奔走相告"（罗章龙《陈独秀先生在红楼的日子》），即是其影响力的一个明证。

而由于陈独秀任文科学长后，配合校长蔡元培进行了大刀阔斧的改革，文科也成为北大最有活力的一科。

欧战刚结束的时候，陈独秀也和当时的多数人一样，对即将召开的巴黎和会抱有幻想。欧战结束后的1918年底，陈独秀在继续主编《新青年》的基础上，又另外创办了周刊《每周评论》。在该刊的发刊词上，陈独秀天真地写道："美国大总统威尔逊屡次的演说，都是光明正大，可得现在世界上第一好人"，对威尔逊鼓吹的所谓"公理人道"寄予厚望。然而，次年4月底巴黎和会中国外交失败的消息，使陈独秀的幻想破灭了。从5月4日至6月8日，他连续在《每周评论》上发表了7篇文章和33篇《随感录》，痛斥强权政治，为学生摇笔呐喊，擂鼓助威。

5月4日，陈独秀在《每周评论》上发表了《两个和会都无用》一文，一针见血地指出了国际的巴黎和会和国内的南北议和一样，都是骗人的把戏：

> 各国都重在本国的权利，什么公理、什么永久和平，什么威尔逊总统十四条宣言，都成了一文不值的空话。……我看这两个分赃会议，与世界永久和平，人类真正幸福，隔得不止十万八千里，非全世界的人民都站起来直接解决不可。……那几个政治家、外交家，在那里关门弄鬼，定然没有好结果。

在《为山东问题敬告各方面》和《山东问题与国民觉悟》两文中，陈独秀则大声疾呼："呵，现在还是强盗世界！现在还是公理不敌强权时代！""公理是不能够自己发挥，是要靠强力拥护的。"因此，他公开提出要对日本进行全民族的自卫，即使发生战争也在所不惜：

> 无论是学界、政客、商人、劳工、农夫、警察、当兵的、做官的、议员、乞丐、新闻记者，都出来反对日本及亲日派才是。……（若是有人）帮着日本人说学生不该干涉政治，不该暴动……（那简直是）下等无血动物。（《每周评论》1919年5月18日）

陈独秀同时认为，为了达到"全民自卫"的目的，光靠几个政治家是远远不够的，而必须要由平民代替政府：

> 由多数的平民——学界、商会、农民团体、劳工团体——用强力发挥民主政治的精神……叫那少数的政府当局和国会议员，都低下头来听多数平民的命令。无论内政、外交，政府、国会，都不能违背平民团体的多数意思。……应该抱定两大宗旨，就是：强力拥护公理，平民征服政府。（《每周评论》1919年5月26日）

可以说，"五四"学生采取了"火烧赵家楼""痛打章宗祥"等暴力行动，并在"六三"以后动员商界和工界起来罢市罢工，这些都与陈独秀提倡的"直接行动"和"强力拥护公理，平民征服政府"等主张不谋而合。

同时，当学生们把愤怒一股脑儿地发泄到曹、陆、章三个卖国贼身上的时候，陈独秀也表现出超出当时大多数人的把握事情本质的能力。今天从史实来看，曹、陆、章的一系列卖国行为都是在前国务总理段祺瑞指使下进行的，不过由于段某在当时人眼中"再造共和"和"参战英雄"的双重身份，使其得以逃脱了万众切齿的命运。而陈独秀却在当时就能够一针见血地指出，曹、陆、章固然有罪，但"根本罪恶"还不在这三个人，"拿军事协定和济顺、高徐的合同，去换军械军费杀南方的百姓"，"参战借款和济顺、高徐的垫款，都不过因为区区日金二千万……这是什么勾当？"（《对日外交的根本罪恶——造成这根本罪恶的人是谁？》）

1919年9月16日下午四时，被关押了98天的陈独秀在各界的营救下，终于获释出狱。虽然在获释后的一段时间里仍然受到警方的监视，陈独秀却不顾警方"受豫戒令"的约束，很快就恢复了社会活动。正如李大钊在为欢迎陈独秀出狱所写的白话诗中所说，"什么监狱什么死，都不能屈服了你"（李大钊《欢迎独秀出狱》）。

陈独秀影响了"五四"，"五四"又对陈独秀产生了深远的影响。在"五四"以后出现的形形色色的社会思潮中，有一种思潮开始引起陈独秀的注意,那就是社会主义,而作为五四运动重要组成部分的"六三"运动,也使他初步认识到了中国工人阶级的力量。在当年12月,他就发表了《告北京劳动界》一文,号召学生"恳恳切切"做"无产的劳动阶级"的"朋友"(《晨报》1919年12月1日)。次年年初,陈独秀在李大钊的掩护下离开北京南下上海,拉开了"南陈北李,携手建党"的序幕。1921年7月中国共产党建立时,陈独秀以其在五四运动中的声望以及首创中国共产主义早期组织之功,被选为中共第一届中央局书记。

(苏生文)

李大钊
从图书馆到广场

与他的犀利文风和激进思想不同，李大钊的生活和为人确是毫无张扬的：平顶头，椭圆脸，浓密的八字胡须，穿一件爱国布灰色的长夹袍。所以在鲁迅笔下，他"既像文士，也像官吏，也有些像商人"。更有人说："李大钊是燕赵间豪侠之士，是今人中的古人，忠诚信实，使人永远爱戴。"

五四运动中的活跃分子，大致可以分成两部分：先知先觉者与后知后觉者，即启蒙者和受启蒙者。前者多为教师，如陈独秀、李大钊等新文化运动的发起与组织者；后者主要指学生，如傅斯年、罗家伦、段锡朋、许德珩、张国焘等运动中坚。

由于与《甲寅》杂志的关系，1918年1月，李大钊经章士钊推荐进入北大；2月，接替章为图书馆主任；1920年7月，又兼职任政治、经济学教授。俄国十月革命胜利后，李大钊较早观察、歌颂十月革命，进而研究、介绍马克思主义学说，但这些仍主要表现为学术和思想层面的介绍、研究，至少在"五四"以前，还很难说是有意识地宣扬或信奉马克思主义——这也与蔡元培任校长时对于各家学说"循思想自由原则，取兼容并包主义"的主张不相悖。观其所开设课程，在史学系的"唯物史观"，在政治、经济两系的"现代政治"和"社会主义与社会运动"，都不可避免地要涉及俄国革命与马克思主义。北师大学生回忆，五四运动后，李大钊在该校兼课讲授了"社会学""女权运动史"，使学生"初步接触到马列主义的理论，了解俄国十月革命的情况，世界劳动妇女争取自由平等的动态"。学期结束时，他给学生布置的论文题是"论妇女解放"（程俊英、罗静轩《五四运动的回忆点滴》）。

李大钊有没有参加"五四"当日的游行示威活动，说法并不一致。高一涵坚持说他"是一位亲身参与者"，但值得怀疑——没有足够的证据说明他像"三一八"事件那样出现在队伍中。事实上，"五四"游行队伍中虽然有群众参加，但基本没有教师。李大钊参与五四运动，一方面表现在行动上，如支持新潮社，拨出图书馆的房间作为其工作室；积极投入后来成立的教职联活动，为之出谋划策；把他的办公室作为学生集会的场所。另一方面，也是更主要的，李还以其言论与文章参与五四运动的全过程。他在庆祝欧战胜利的集会上，两次演讲"庶民的胜利"，此文与《Bolshevism（布尔什维主义）的胜利》同刊于《新青年》（5卷5号，1918年11月）。刊于1919年6卷5、6号《新青年》上的《我的马克思主义观》，则系统地介绍了马克思的三大学说。

由于《新青年》主要偏重于思想文化方面，所以，陈独秀和李大钊另外开

1914年李大钊摄于东京的和服像

辟一块政治评论的言论空间，这就是1918年12月21日创刊，直接批判政府的《每周评论》。如果说《新青年》是新文化运动的阵地，对五四运动的爆发起到间接的促进作用的话，那么，《每周评论》则对五四运动期间的宣传以至推波助澜，起到更直接的作用。《每周评论》在"五四"前，重点提出山东危机和曹、章、陆卖国的问题，无疑对"五四"确立的方向和目标有指导和影响作用。5月18日，李大钊发表《秘密外交与强盗世界》，分别抨击和会、威尔逊、日本、三个卖国贼之后，发出三大信誓："改造强盗世界，不认秘密外交，实行民族自决"，提出了更高的目标。

6月28日，巴黎和约签字之日，李大钊又写了《新华门前的血泪》和《哭的笑的》发表在《随感录》上。文中说："这样炎天酷日，大家又跑到新华门前，一滴血一滴泪的哭，哎！可怜，这斑斑的血泪，只是空湿了新华门的一片壁土。""巴黎的欢声必能送入全世界人的耳鼓，可是我们应该常纪念着今年今日新华门的哭声。"表达了"五四"目标实现后，对列强所谓"公理战胜强权"的失望而痛心的清醒认识。

因陈独秀6月11日在新世界游艺场散发传单被警厅拘捕，直到9月16日才出狱，所以，《每周评论》的工作就主要落在李大钊身上。这样一直坚持到8月30日被勒令停刊为止，共出了36期。周作人6月5日记述军警追捕演讲学生的《前门遇马队记》一文，就是直接交给李大钊而发表于《每周评论》的。

"五四"后，随着外界压力的陡然减弱，自新文化运动以来松散地联合起来的新知识分子阵营开始出现分化。受"五四"洗礼的学生中，傅斯年、罗家伦与张国焘、邓中夏选择了不同的人生之路；老一代新文化运动的主将，更加温和的自由主义者如蔡元培、胡适也与日渐激进的陈独秀、李大钊逐渐分道扬镳。1919年7月，胡适发表了《多研究些问题，少谈些主义》(《每周评论》31号)，对共产主义和无政府主义表示不满，不屑地说，空谈主义"是阿猫阿狗都能做的事，是鹦鹉和留声机

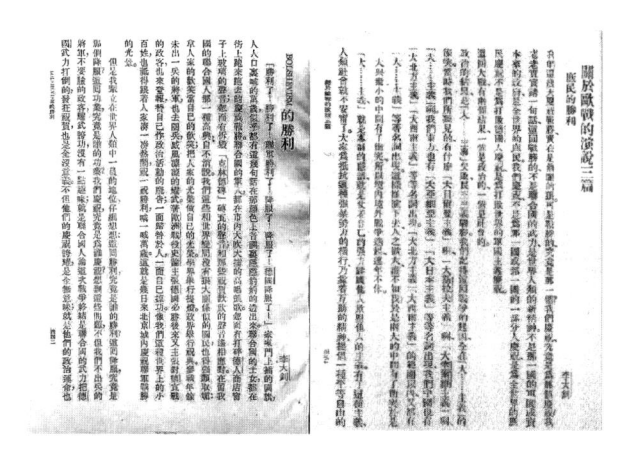

1919年《新青年》5卷5号上发表李大钊《庶民的胜利》
和《Bolshevism（布尔什维主义）的胜利》

都能做的事"。李大钊随即写了《再论问题与主义》(《每周评论》35号，1919年8月17日)，坦言道："我可以自白，我是喜欢谈谈布尔什维主义的。……我们应该研究他，介绍他，把他的实象昭布在人类社会，不可一味听信人家为他们造的谣言，就拿凶暴残忍的话抹杀他们的一切。"如果把《每周评论》上的胡、李之争放置于"五四"后的中国思想界，可说极具代表性。蔡元培较有影响地呼吁"读书不忘救国，救国不忘读书"，其实也揭示出"读书"与"救国"之间的矛盾，和"问题"与"主义"的冲突相近。参加过五四运动的北大学生川岛，于"五四"后的困惑正可代表许多人的想法："是'读书不忘救国'还是'救国不忘读书'？……当真谈主义的是鹦鹉，是留声机，谈问题的才是博士？怎么博士自己也谈'实验主义'呢？究竟是'实验主义'呢还是布尔什维主义？"(《五四回忆》)

现在的沙滩红楼已经不属于北大，但在一楼东端，依然保留着"李大钊先生纪念堂"。在"五四"之前、之后与期间，李大钊都以其截然不同于陈独秀的平易而质朴的个人魅力，集聚了一批青年，新潮社、国民杂志

1922年李大钊（后排右三）与北京女高师毕业班合影

社、少年中国学会、平民教育讲演团、马克思学说研究会的成员，都经常选择这里为聚会、座谈、讨论的中心场所。这里的阅览室和办公室成为课堂与讲坛之外交流思想、探讨社会的公共空间。由此，在李大钊的影响下，红楼的图书馆隐隐铺设起一条通向广场的通道。1918年进入图书馆任助理员的毛泽东，后来在接受斯诺的访问时，说自己在这里的八个月，"在李大钊领导之下，我就很快地发展，走上马克思主义之路"（埃德加·斯诺《西行漫记》第四章）。

陈独秀离开北京后，在北方传播马克思主义的任务，主要落在李大钊身上，从而形成人们所说的"南陈北李"之局。1920年3月，北大发起组织"马克斯学说研究会"——当时北京有报纸称之为"马神庙某大学牛克斯研究会"，加以嘲讽。虽然公开的名单上只有19名学生，但李大钊无疑是其精神导师和组织者，张国焘、朱务善都说是在他那里借阅马克思学说书籍，如布哈林的《共产主义ABC》、列宁的宣传册子及日本河上肇的著述，从而走上信仰共产主义的道路。在此基础上，1920年9月，北大建立了共产主义早期组织。平时生活俭朴，常常自节以济人的李大钊，每月捐出80元作为活动经费。

1921年9月，李大钊辞去图书馆主任，就任校长室秘书。此时，热衷于传播马克思主义，并投身于学会和组织活动中的李大钊，并没有像一般人想象的那样，单纯鼓吹革命与运动。相反，在适逢北大25周年的1922年，他在《本校成立第二十五年记念感言》一文中，明确提出："只有学术上的发展值得作大学的记念。只有学术上的建树值得'北京大学万万岁！'的欢呼。"显示其区别对待学术与政治、大学功能与革命运动的卓见。在此意义层面上，日本园田一龟氏所撰《分省新中国人物志》对李大钊的评价，确非虚美之辞："河北之地，与朔方相接，天燥雨少，风物索寞，无江南山河之美，故其所产人材，多限于头脑简单之武人；至于著名之学者文人，则甚少。……惟当代之思想家，以学者著称之李大钊先生，于武人天下之河北，崛然杰出，确为例外也。"

1949年以后，回头重新打量和评估五四运动，胡适、陈独秀与蔡元培的作用，逐渐被有意淡化，李大钊的地位渐显突出。类似张申府所说的"李大钊是马克思主义的传播者，北大红楼是五四运动的策源地"，以及高一涵所言"运动的组织者和领导者"，在众多的回忆与研究文章中，成为主流话语，无形中也重新建构了"五四"神话。倒是出自同一信仰阵营中的陈独秀，在回顾"五四"时，更实事求是地秉笔直书："蔡先生、适之和我，乃是当时在思想言论上负主要责任的人"（《蔡孑民先生逝世后感言》），没有故意拔高战友的形象。

与他的犀利文风和激进思想不同，李大钊的生活和为人确是毫无

这一联可视为李大钊的写照

李大钊在1927年就义前的留影

张扬的：平顶头，椭圆脸，浓密的八字胡须，穿一件爱国布灰色的长夹袍——这是许多亲身与他交往过的同事和学生留下的共同印象。在鲁迅笔下，李大钊"有些儒雅，有些朴质，也有些凡俗。所以既像文士，也像官吏，也有些像商人"（《〈守常全集〉题记》）。正是这些不起眼处，在护送陈独秀和"三一八"惨案等危机时刻帮了他不少忙。

陈独秀被保释后，李大钊写了一首诗，引用陈独秀的一句话"出了研究室就入监狱，出了监狱就入研究室"，赞扬他不畏"强权和威力"与"拥护真理"的精神。陈独秀违反保释不得出京的规定，私自到武汉演讲，警方知道后，在其寓所前布下警察，准备再次逮捕。李大钊得知消息，派人去车站把陈独秀接到别处，然后又设计偷偷地把他护送出北京。为了安全起见，不能坐火车，改由公路赴天津。李大钊冒着危险，亲自伴随。二人化装成商人，带上账簿，雇一辆骡车，由李大钊坐在外面，让陈独秀坐在里面，约定一路遇事都由李应付，南方口音的陈则默不作声。如此居然顺利地逃到天津，然后再转赴上海租界。对他的这种大智大勇，湖南的易白沙说："李大钊是燕赵间豪侠之士，是今人中的古人，忠诚信实，使人永远爱戴。"

1933年，鲁迅给《守常文集》作序，讲到1926年"三一八"请愿事件中的轶事："他也在群众中，给一个兵抓住了，问他是何等样人？答说是做买卖的。兵说，那末，到这里来干什么，滚你的罢！一推，他总算保住了性命。"惨案发生后，段祺瑞政府以"假借共产学说，啸聚群众，屡肇事端"为由，通缉他和徐谦、李石曾、易培基、顾兆熊。

1925年8月，李大钊正式脱离北大，成为职业政治家，主要负责中共北方区委的领导工作——此前，因一直主张并热心促成俄共、国共合作，他于1924年在国民党一大上，被选为中央执委。离开北大的李大钊，可说从此由幕后走到台前，从图书馆走到广场，从借助文字进行思想启蒙、批评政治，走向社会与政治革命，著名的"三一八"请愿事件，他就直接参与领导。人送其一联"铁肩担道义，妙手著文章"，确能概括其生平风神。

逃过多次劫难的李大钊，终于没能躲过1927年4月9日奉系军阀的大搜捕。4月28日，他与北大学生张挹兰等被送上绞刑架；死后遗棺，寄厝萧寺，一放就是七年。1933年，蒋梦麟应李夫人之请，发起募捐，购置墓地，安葬于西山万安公墓。众多挽联中，有一条格外令人难忘："南陈已囚，空教前贤笑后死；北李如在，那用我辈哭先生。"（王森然《李大钊先生评传》）

（郑　勇）

胡 适
不在场的参与者

说过"单用罢课作武器是最不经济的方法",是"下下策"及"五四"后与李大钊有过"问题"与"主义"之争的胡适,在50年代受到大批判。但在"五四"时期,他却是新文化运动的主将,更在言论上为学运张目。

五四运动爆发时,胡适并不在北京——他正与蒋梦麟等人在上海忙于接待来华讲学的自己的导师杜威博士。直到5月6日,他才获知北京所发生的事件。

在当时一般人眼中,胡适和陈独秀不仅是文学改良运动的始作俑者,而且是新文化运动的领袖。所以,在"五四"前夕,卫道守旧的林纾作小说《荆生》和《妖梦》,影射攻击的对象便是他们二人,外加上蔡元培和钱玄同;而陈独秀写于40年代纪念蔡元培的文章中,在回顾"五四"时,也实事求是地说:"蔡先生,适之和我,乃是当时在思想言论上负主要责任的人"(《蔡孑民先生逝世后感言》)——李大钊和鲁迅的影响和作用尚在其次。

1919年胡适（后排左一）与杜威夫妇（前排右一、右二）、
蒋梦麟（后排左二）、陶行知（后排左三）摄于上海

5月29日，胡适陪同杜威到达北京。对依然如火如荼的学生运动颇不以为然，属于和罢课派唱反调的复课派。马叙伦、沈尹默等人后来的回忆文章，多提及他怂恿傅斯年、罗家伦出面，鼓动北大南迁至上海的事情，且细节生动。此事倒非尽是捕风捉影或者落井下石。尽管如此，胡适在事实上还是改变自己1917年回国时所许下的"二十年不谈政治"的誓言，通过言论和办刊，对五四运动的一些爱国与正义行动表示支持。在陈独秀因于监牢之际，他和李大钊主持政论性的《每周评论》，由"不能不谈政治"，变为主动抨击时政。

在6月29日的《每周评论》（28号）上，胡适写了一组《随感录》，一反平生作文温柔敦厚的风格，每篇虽只有寥寥数十字，却极尽讽刺与挖苦之能事。《爱情与痛苦》对被幽囚于警察厅的陈独秀表示敬意："我们对他要说的话是：'爱国爱公理的报酬是痛苦，爱国爱公理的条件是要忍受得住痛苦。'"《研究室与监狱》为了向读者评述"陈独秀的人格"，直接援引了陈独秀的名言："我们青年要立志出了研究室就入监狱，出了监狱就入研究室，这才是人生最高尚优美的生活。"自"五四"以后，社会上颇

胡适在1919年7月的《每周评论》上发表《多研究些问题，少谈些主义》

多不实之流言与恶意之谣言，其中就有所谓"新潮社社员傅斯年、罗家伦被安福俱乐部收买"的传闻，胡适对此甚至不屑申辩，只是在《他也配》中轻蔑地说："安福部是个什么东西？他也配收买得动这两个高洁的青年！"值得一提的还有同日的《数目作怪》，列举出五四运动以来"今天一个呈子，是某某等几百几十几人欢迎胡仁源作大学校长。明天一个呈子，是某某等几百几十几人请惩办熊希龄、林长民等。后天又一个传单，是北京大学本预各科一千三百五十八人'揭破教员之阴谋'"的"数目大作怪"现象后，冷静地引出希腊哲学家毕达哥拉斯的"万物皆数也"语，说毕氏"真了不得，直料到二千五百年后数目作怪的奇闻"，大有冷面幽默之风。

综观胡适这一时期的时论文字，虽然平和而不失其一贯推崇的英美绅士风度，但在批判政府决策失误和别有用心的舆论，褒扬学生和社会各界的爱国行动这两方面，可说基本与五四运动所代表的在野知识分子阵营的声音和策略保持一致。在"五四"与新文化运动鼓动之下，白话报刊大

1920年3月14日胡适（右二）与李大钊（右一）、
蔡元培（右三）于北京西山卧佛寺合影

量涌现，与较有影响的《每周评论》和《星期评论》（上海）相近的，就有长沙的《湘江评论》、成都的《星期日》。胡适于8月24日的《每周评论》——停刊前的最后一期上，特别介绍这"两个小兄弟"，称许毛泽东主办的《湘江评论》"长处是在议论的一方面"，"第二、三、四期的《民众的大联合》一篇大文章，眼光很远大，议论也很痛快，确是现今的重要文字"。

五四运动渐趋平静以后，胡适与李大钊之间产生了一场"问题"与"主义"的论战。7月，胡适于《每周评论》31号上发表了《多研究些问题，少谈些主义》一文，呼吁"多研究些问题，少谈些主义"——并非不谈主义，而是像他于1922年在《我的歧路》一文中老实道出的，只是因为自己"是一个实验主义的信徒"，所以不满于别人"高谈什么无政府主义与马克思主义"，转而宣扬实验主义；李大钊随即在同刊第35号上以《再论问题与主义》抗辩，力证"问题"与"主义"势难两分，"研究问题"无法回避"主义";胡适接着写了《三论问题与主义》《四论问题与主义》,但"四论"正在印刷时,《每周评论》即遭政府查封,因而未及面世。

胡适的这些文章,成为1952年全国"批胡"运动中的一大罪状,因而其知名度几乎凌驾于他的所有其他著述之上。李、胡之争被看作共产主义革命家李大钊与资产阶级学者胡适的激烈思想交锋。抛开这一定性结论的是非不论,"问题"与"主义"之争倒是可以视为知识分子的联合阵营在"五四"后的解体标志,当然也可以由此看出胡适对学生运动以及"五四"的态度和观点。与其激进的文学改良观念不同,胡适对社会和政治运动的温和态度,早在其留学期间就有鲜明表现:1915年,日本和袁世凯谈判"二十一条"之际,留学生纷纷声讨,而胡适却写了《致留学界公函》,主张留学生关心国事的上策,乃是"认真地、安静地、不受干扰地和毫不动摇地专心致力于学习"。不用说,这等"教育救国"论当然招来一片嘘声。但胡适依然坚持己见,认为"今日造因(不亡国之因)之道,首在树人;树人之道,端在教育"。这种论理,或许使人很容易想起蔡元培在戊戌变法以后的诸多类似言论。事实上,"五四"以后的胡适与蔡元培在对待学运等许多问题上,的确言行和步调趋于一致。比如,上面所提到的"多研究些问题,少谈些主义",就与蔡元培著名的口号"读书不忘救国,救国不忘读书"用意相近,都是有鉴于"五四"后人心浮动,"能动而不能静"的倾向,有意纠偏矫枉之举。

胡适对于"五四"的态度,可由"五四"周年之际,他和蒋梦麟合写的《我们对于学生的希望》一文看出。有"历史癖"的胡适,看出五四运动的历史与现实必然性:与"汉末的太学生,宋代的太学生,明末的结社,戊戌政变以前的公车上书,辛亥以前的留学生革命党,俄国从前的革命党,德国革命前学生运动,印度和朝鲜现在的独立运动"一样,都是因为"在变态的社会国家里面,政府太卑劣腐败了,国民又没有正式的纠正机关",所以青年学生被迫投入干预政治的运动。虽然持此理解之词,但

年轻的北大教授胡适

并不代表胡适认同学运这种"非常的""救急办法"。基于"这一年以来，教育界的风潮几乎没有一个月平静的，整整一年光阴就在这风潮扰攘里过去了"，"未成年的学生抛弃学业，荒废光阴"的事实，他认为：

> 单用罢课作武器是最不经济的方法，是下下策。屡用不已，是学生运动破产的表现。罢课于敌人无损，于自己却有大损失。

进而，胡适表示了尤其不满意社会演讲中那些诸如"同胞快醒，国要亡了""杀卖国贼""爱国是人生的义务"的"空话"，而主张"学生从今以后要注重课堂里，自修室里，操场上，课余时间里的学生活动。只有这种学生活动是能持久又最有功效的学生运动"。这种呼吁，如果与蔡元培后来"牺牲学业损失与失土相等"的认识参照，不难看出二人相近的"教育救国"理念。

类似的观点表达，还见于胡适此后于"五四"纪念、北大校庆以及学运高扬之际的讲演或文章。1922年，在讲义风潮引发蔡元培校长和各科主

胡适与他的塑像

任辞职事件之后，胡适在其《努力周报》上发表时评，援引古训"暴得大名，不祥"，认为北大由"官僚养成所"骤然博得"新文化中心"之誉，也是名不副实的不祥大名。针对"五四"以后的三年间，北大"疲于索薪，疲于罢课，日日自己毁坏自己"的现象，他"希望北京大学的同人们能痛痛快快的忘记了这几年得来的虚名，彻底觉悟过来，努力向实质上做去，洗一洗这几年'名不副实'的大耻辱"。

直到晚年，在哥伦比亚大学录制口述自传，胡适依然坚持说，五四运动"实是这整个文化运动中的，一项历史性的政治干扰。它把一个文化运动转变成一个政治运动"，亦即不无遗憾地流露出对五四运动的惋惜——

虽然他同时也承认，五四运动"完成了两项伟大的政治收获"：罢免三名亲日高官，巴黎和约拒绝签字，但他无疑更希望新文化运动沿着思想与文化的方向深入发展，而不愿看到它向社会和政治运动层面拓展。这也正是书生或者学者本色的胡适，在本质上与政治和思想家型的陈独秀、李大钊不同的地方。

（郑　勇）

钱玄同
在疑古与革新之间

在新文化运动期间,钱玄同的言行是最为激进的,是他最先举起了批判"桐城谬种""选学妖孽"的大旗,他那些偏激且不无草率的言论也的确是那个时代所需要的。劝说鲁迅加入自己的行列,是他为文学启蒙运动做的另一个贡献。

"五四"新文化运动的倡导中心,《新青年》杂志之外就是北京大学。北大之所以能成为推动新文化运动的大本营,蔡元培出任校长,无疑是关键。正是由于大力推行"兼容并包"的办学宗旨,才使得北大校风为之一变,一时之间群贤毕至,钱玄同正是其中十分突出的一位。

出身于书香世家的钱玄同,从小就接受了严格的传统教育。他的父亲曾担任过苏州、绍兴等地的书院山长,他4岁发蒙,5岁入塾,饱读经史诸书。少年时因得见刘逢禄的《左氏春秋考证》,佩服刘氏之说,遂信公羊而疑《左传》。稍后,由于受梁启超主办的《新民丛报》等改良主义刊物的影响,政治上曾一度赞同过保皇派的主张。1903年冬,16岁的钱玄同读了章太炎的《驳康有为论革命书》、邹容的《革命军》以及其他一些传播革命思想的刊物，大为震动，逐渐有了反清的意识，并毅然剪掉辫子，以示"义不帝清"（《三十年来我对于满清的态度底变迁》）。当时他还与友人合办了《湖州白话报》，不再用光绪年号，只书"甲辰"字样。同时，他又在梁启超《论中国学术思想变迁之大势》一文中得知清初音韵学家刘继庄造新字的学说，兴趣甚浓，于是矢志将语言文字学的研究发扬光大。

1906年，他的哥哥钱恂出任留日学生监督，钱玄同随同兄长东去日本，进入早稻田大学师范科学习。当时章太炎正在东京任《民报》主笔，钱玄同曾往谒就教。他还与鲁迅、周作人兄弟、黄侃、龚宝铨等人一起在《民报》社听章太炎先生讲《说文》，"治声音训诂之学"。那时钱玄同就十分活跃，经常当着先生的面，打开他的"话匣子"，在榻榻米上忽东忽西、口若悬河，因此被赠予了"爬来爬去"的雅号。有时，他和太炎先生谈论文字复古的问题，在大家散了之后仍旧不走，谈得晚了便在《民报》社里住宿，接着谈论。这一段从学的经历，对他以后的治学有非常重要的影响。

此后不久，钱玄同回到国内。辛亥革命后，他一度认为推翻清朝的统治就是光复汉族，一切都应回复到中国古代的情形。他参照《礼记》《尚书》《仪礼》等古籍，写了《深衣冠服说》，并且穿戴着深衣玄冠去办公，意在提倡，但无人效法，成为一时笑谈。

1913年，钱恂出任袁世凯总统府顾问，钱玄同也来到北京，在国

1936年钱玄同在北京双辇胡同住所

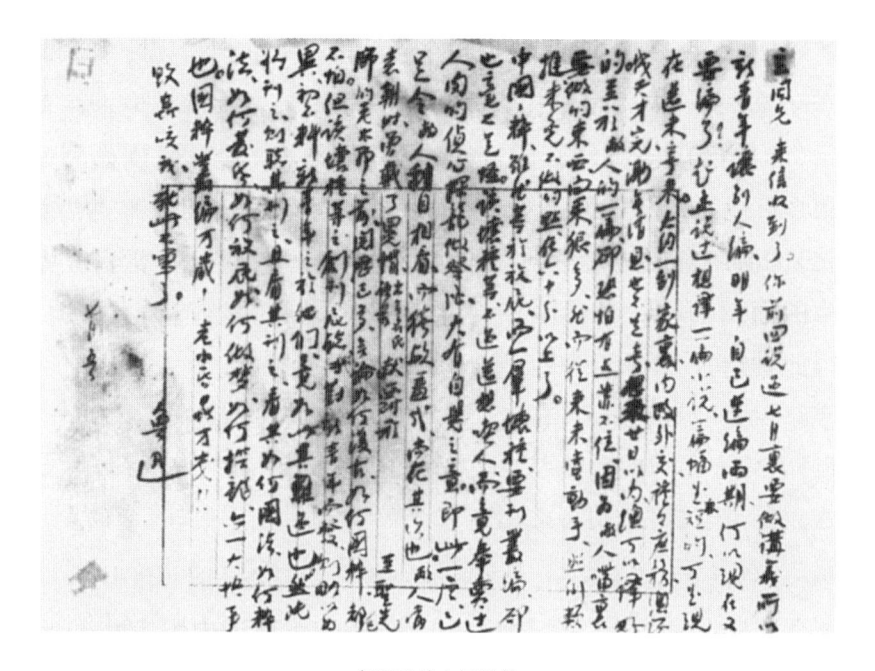

鲁迅致钱玄同的信

立北京高等师范学校附中担任国文教员，兼任北京大学教授。事实上，钱玄同是新知识分子群中较早进入北大的，陈独秀出任北大文科学长一职也正有赖他和沈尹默的推荐。他与周作人、刘半农更是终生不渝的好友。从表面上看，三人性格颇为不同，但在实质上有很多共同之处。正如周作人所说，钱玄同尽管言辞激烈，但"若是和他商量现实问题，却又是最通人情世故，了解事情的中道的人"（周作人《钱玄同的复古与反复古》）。

正是由于与新文化群体的密切联系，当陈独秀、胡适等人发起文学革新时，钱玄同不但很快表示赞同，而且积极加入了这一行列。他写了不少文章、随笔、通信等，大力鼓吹白话文，主张文言一致，反对用典，提倡小说、新诗、新戏等。在《中国今后之文字问题》一文中，他甚至提出"欲使中国不亡，欲使中国民族为20世纪文明之民族，必以废孔学，灭道教为根本之解决，而废记载孔门学说及道教妖言之汉文，尤为根本解决之根本解决"这样的惊人之论。他还以《寄陈独秀》和《寄胡适之》两文参与到"文学革命"的讨论中，显示了"敢为天下先"的理论勇气。

在新文化运动期间，钱玄同的言行十分激进，他甚至认为当时的中国没有一件是可以不改革的。他多次激烈地批驳保存国粹和宣扬灵学等言论荒诞悖谬，"五四"时盛行一时的"桐城谬种""选学妖孽"的口号也是由他最先提出的。他还是"打倒孔家店"的积极拥护者，虽然他的主张不无粗疏草率之处，而且还有"人过四十，皆该枪毙"的哗众之论贻笑后人；但在当时，他这些偏激的言论确有振聋发聩的作用，对痛恨黑暗、渴盼新知的年轻人尤其具有极大的吸引力，因此受到了学生们的热烈欢迎。

钱玄同矛头所指的保守派的反应却十分冷淡。1917年初，他在《新青年》上撰文支持胡适的文学改良建议，并对当时的文坛领袖林纾直接加以攻击，但林纾的回应很是平淡，令他顿感失望。轰轰烈烈的"文学革命"在对方的漠然中显得颇有些尴尬，而新文学的发难者们也在没有对手的辩论中感到了几分寂寞。为了改变这种处境，钱玄同和好友刘半农想到了一个奇特的办法，这就是历史上十分著名的"双簧信"。由于对旧式文人的熟悉，钱玄同化名"王敬轩"所写的那封信在内容和风格上都足以乱真。他不但忠实地模仿了守旧派对新文学的种种误解与歪曲，而且使之显得十分荒谬可笑。而刘半农的复信逐一加以批驳，毫不留情，一针见血，更是痛快淋漓，尤其对林纾进行了指名道姓的批评。新知识分子这种主动出击的态度显示了他们充分的自信，引发了读者浓厚的兴趣，同时也激起旧派文人的恼怒，他们加强了对新文化运动的反击。1919年2月和3月，林纾在上海的《新申报》上发表了两篇短篇

钱玄同52岁时留影

小说《荆生》和《妖梦》，讽刺文学革命的领导人；以虚构的名字影射蔡元培、陈独秀、胡适、钱玄同等人，语言十分刻薄。他以金心异影射钱玄同，大骂他"伤天害理"，百般丑化。林纾这种非君子的应战方式引发了《新青年》大规模的讨伐，在论辩中，新文学的声势也逐步壮大。在这一役中，钱、刘二人功不可没。

对钱玄同而言，他对新文化运动还有另一个不容忽视的贡献。因为在《民报》社共同听讲的渊源，钱玄同与周氏兄弟交情颇深。因此他经常到二人当时在北京的居所绍兴会馆，与他们同桌共食，或抵足畅谈。他通常是午后四时来，吃过晚饭，谈到十一二点钟，再回师大的宿舍去。鲁迅曾这样描写他来访的情景："将手提的大皮夹放在破桌上，脱下长衫，对面坐下了，因为怕狗，似乎心房还在怦怦的跳动。"（鲁迅《呐喊·自序》）聊天的内容自然十分广泛，包括对时局的看法以及由此引发的思考。周作人说，这正是钱玄同由"复古"往"反复古"方向更坚定地前进的一个转折关口（《钱玄同的复古与反复古》）。钱玄同自己也曾回忆，与周氏兄弟"在绍兴会馆的某院子中槐树底下谈过许多偏激话"（致周作人书，1923年7月9日）。当时周作人已是北大的教授，鲁迅还在教育部任职，但由于以往的经历，两人对新文化运动的态度并不积极。尤其是鲁迅，心情十分消沉，整日埋首屋中抄古碑、看佛经、读墓志。钱玄同的不时来访为僻静的补树书屋增添了些许生气。来的次数多了，他不由得对鲁迅这种一成不变的生活产生了怀疑，在他看来，鲁迅此时摆弄这些"古董"是毫无意义的。留学日本期间，鲁迅展露的文学才华是他所深知的，于是，作为《新青年》的编委之一，他开始建议鲁迅写写文章，向《新青年》投稿，加入新文学的阵营。虽然鲁迅并没有立即赞同他的意见，但他的话不久还是产生了作用。到1918年，鲁迅终于受钱玄同和陈独秀的怂恿，开始向《新青年》投稿。先是小说，再是诗，接着是杂文和长论，从此一发不可收拾。虽然爬出"待死"的深坑是鲁迅思想发展的必然结果，但钱玄同的极力劝说，无疑为他垂下了一根救援的绳梯。而三人在槐树下的长谈，也为此后他们在新文化运动中各自的辉煌做好了准备。对这一幕，鲁迅在《呐喊·自序》中有过生动的描述，二人关于"铁屋子"的对话也成为新文学史上一段不朽的经典。

文学革命为"五四"积聚了深厚的基础，钱玄同等人也正是由于在新文化运动中的积极表现而为青年学生所崇敬和瞩目。因此，当五四运动爆发之后，他们也就理所当然地成为学生运动最热情的支持者。但五四运动的发展很快偏离了他们预期的方向。这种运动从形式到内容都是他们所陌生的，无休止的游行与斗争也使他们厌倦。于是，和周作人一样，钱玄同很快也感到了"小河"的忧虑。"五四"后不久，他写信给周作人，以他特有的直率，表示了自己"近一年来时怀"的"杞忧"，他害怕"这条'小河'一旦'洪水横流，泛滥于两岸'，则我等'栗树''小草们'实在不免胆战心惊"。他还在信中直截了当地提出了"各人自扫门前雪"主义，对"五四"时期自己激进的态度也表示了反省（致周作人函，1922年4月8日）。这实际上是在一定程度上否定了"五四"思想启蒙运动中某些至关重要的东西。此后钱玄同也如周作人一样，对过去的辉煌不愿再多置一词，而将主要的精力转移到学术研究之中了。

事实上，"出世"和"入世"是以钱玄同、周作人为代表的自由主义知识分子不能回避的共同矛盾。他们在"五四"后尽管抛弃了当时的一些信仰与追求，却不能完全忘怀历史与现实。到1934年，在和周作人的《五十自寿诗》时，尽管钱玄同依旧保留了一些"五四"时期的锋芒，但在回首"腐心桐选诛厉鬼，切齿纲伦打毒蛇；读史敢言无舜禹，谈音尚欲析遮麻"的所向披靡之后，再反顾"老去无端玩古董，闲来随分种胡麻"的近况时，心中剩下的，恐怕就只有自嘲与无奈了。

（颜　浩）

刘半农
从才子到战士

他本是一个江南才子，欣赏的是"红袖添香夜读书"，北上任教使他变成了新文化运动的一名战士。在文学革命的过程中，他发明了"她"和"它"的用法，写了白话诗《叫我如何不想她》，尤其在"双簧信"一役中功不可没。

1917年，刘半农应北京大学文科学长陈独秀之邀，从上海赶赴北京，担任北大预科的教员。这是北京大学不拘一格选拔人才的又一范例。正是这一次看起来很平常的聘用，为"五四"新文化运动增添了一位不可多得的干将。

早在辛亥革命爆发之时，在常州府中学读书的刘半农便和弟弟刘天华一起，参加了当地青年团起义革命军的抗清活动。他在家乡积极排演文明戏，筹款支援革命，"北走靖江，以书牍翻译之事佐戎幕"（《书亡弟天华遗影后》）。他还与吴研因共同编辑《江阴杂志》，鼓吹革命，启迪民智。这时，他在文学创作方面的才华已可略窥一斑。

辛亥革命之后，刘半农离开故土，远走上海。他先是在《中华新报》担任特约编辑，不久又转到中华书局出任编辑。居沪期间，刘半农在创作和翻译上都可谓丰产。而当时的上海，正是鸳鸯蝴蝶派的领地，二十出头的刘半农很快就被那些或缠绵悱恻，或任侠慷慨的情节所深深吸引。他写了许多类似的小说，如《玉簪花》《髯侠复仇记》等，其内容从书名上就可以想见。他也因此被看成"礼拜六"派的人物，当然他自己是不承认的；但必有"红袖添香夜读书"的艳福方可称其为才子的想法却由此而来，以致在北上之后，不但使"学者"皱眉，更大为好友们所讥。周作人就曾开玩笑地将他的号改为"半伦"，以示劝讽。但刘半农并未生气，在朋友们的攻击下也就逐渐放弃了"才子佳人"的旧理想。而他的江南才子气却一直为大家所推重，周作人第一次见到他时就对他的《灵霞馆笔记》大为赞赏，并注意到这位新同事"头大，眼有芒角"，以为遇到了一位"奇才"（《知堂回想录·卯字号名人（三）》）。

刘半农到北京来得正是时候。就在这一年，《新青年》从上海迁到北京，陈独秀和胡适等人发起了革新旧文学、推广新文学，提倡白话文、反对文言文的运动，并得到了较为广泛的响应，北京正是"山雨欲来风满楼"。刘半农适逢其时，也迅速地融入这种氛围中。

1917年夏，继胡适的《文学改良刍议》和陈独秀的《文学革命论》之后，刘半农在《新青年》上发表了《我之文学改良观》及《诗与小说精神上之革新》两文，综合阐述了他对改革散文、韵文、诗歌、小说、戏曲等诸多方面的看法。总的说来，他赞成以白话文为正宗，但与一些激进者有所不同的是，他同时也主张在白话中应吸收文言的优点，不用不通的文字，并提出了破坏旧韵重造新韵、增多诗体、提高戏曲在文学中的地位、注意分段、采用标点符号等许多建设性的意见。他尤其强调，"非将古人作文之死格式推翻，新文学决不能脱离老文学之窠臼"（《我之文学改良观》）。他在北大教授应用文，讲中国文法等课，就十分重视实用，反对八股程式。此外，刘半农认为诗与小说是文学中的两大主脑，写小说要有

钱玄同与刘半农（右）

"根据真理立言自造一理想世界"或"就所见世界为绘一惟妙惟肖之小影"的本领；作诗"只须将思想中最真的一点用自然音响节奏写将出来，便算了事，便算极好"（《诗与小说精神上之革新》）。他斥责那些专讲声调格律、拘执平仄的诗为假诗、虚伪文学，与虚伪道德相互推波助澜，在文学与社会上都起了很恶劣的作用。他自己还身体力行地创作了一批白话诗，如《相隔一层纸》《学徒苦》《铁匠》《敲冰》《叫我如何不想她》等都是一时名篇，一度广为流传，后来都收在《扬鞭集》和《瓦釜集》中。他还在征集民间歌谣上做了很多努力，数年之内乐此不疲，收集了几千首，经他亲自整理发表了140多首，开创了研究民间文艺的先河。他还是统一国语的积极倡导者。1919年4月，国语统一筹备会在北京成立，刘半农作为北大的代表出席了会议。会上还通过了由他起草的《国语统一进行方法案》，提出改国文为国语及编撰辞典等建议。他还创造性地发明了"她""它"两字的用法，解决了一个困扰已久的大难题，很得鲁迅先生的称赞。终其

1929年北京大学国文学会欢送毕业同学，前排左四为刘半农

一生，他始终保持了对语言学的浓厚兴趣。

刘半农和他的同路者汲汲于对旧文化的批判和新文化的普及，得到了越来越多学生们的支持，逐步以《新青年》和北大为中心形成新知识分子的联合体。与《新青年》的红火相比，保守派的出版物由于充斥了冷僻生硬的典故而缺乏可读性，对中国的年轻人没有什么吸引力，结果《国故》只出了四期便告夭折，这不由得让新文化的发难者们产生苦无对手的寂寞感。另外，以旧文化势力为主流的大多数中国人对"文学革命"的主张抱着冷漠观望，甚至是不屑一顾的态度，新文化运动的激流在思想禁锢的"无声的中国"一时还没有引起广泛的社会反响。于是，便有了刘半农与钱玄同合演的"双簧信"。

作为新文学革命的主将之一，五四运动爆发后，刘半农立即成为学生们最热情的支持者。由于散发传单，陈独秀在6月11日被逮捕，被监禁了98天。这一事件激起了新知识分子群的极大愤怒，加之蔡元培校长此前的

周作人撰、魏建功1935年书的刘半农墓志铭

愤而辞职，使得他们空前地团结起来，五四运动逐步由学生运动演变成了大多数知识分子的统一行动。他们的决心与愤慨在为庆祝陈独秀9月出狱所写的文章中可以清楚地看出来。在五四运动之后出版的第一期《新青年》上，新文化运动主要人物发表了相关的白话诗。胡适那首广为人知的《权威》即是其中之一；刘半农也写了一首类似的长诗《D——！》，以示同仇敌忾之心。当时他还主持北京专门以上学校教职联合会的日常事务，工作很是勤勉。

但此时的刘半农已与以往有了一些不同。他从上海携带来的才子气使得一些所谓的"正人君子"对他颇有微词，他的学历在学者云集的北大是那么不起眼，也使他为某些人看不起，甚至被批评为"浅薄"，有时投到《新青年》的稿件也被拒斥。这些事情使刘半农很受刺激，也使他不由得生出几分倦怠。1918年他写作了《作揖主义》一文，流露出听其自然的消极倾向。而旁人的轻视也激起了他的愤怒，他决定去挣一个博士头衔来，

以出心头的一股闷气。

1920年，刘半农经北京政府教育部委派出国留学，并于1925年获得了法国国家文学博士学位。不久，他就回国担任北大中国文学系的教授及研究所国学门的导师。今非昔比，也许是悔其少年意气，刘半农此后将主要的精力专注于学术研究之上，他的思想也日渐趋于保守和平庸。

正如鲁迅先生所评价的那样，虽然刘半农"有时颇近于草率，勇敢也有失之无谋的地方，但是，要商量袭击敌人的时候，他还是好伙伴，进行之际，心口并不相应，或者暗暗的给你一刀，他是决不会的"，"他活泼，勇敢，很打了几次大仗"，总的说来，他"是《新青年》里的一个战士"（《忆刘半农君》）。周作人也称他"不装假，肯说话，不投机，不怕骂，一方面却是天真浪漫，对什么人都无恶意"（见《知堂回想录·北大感旧录（八）》）。这些的确都是知人之论。

（颜　浩）

周作人
在理想与现实的岔路口

五四运动爆发的时候,他在日本;五四运动后不久,他又回到了日本。从姗姗来迟,到急急退去,周作人尽管站在"五四"大舞台的前排,在强聚光灯的照射下,他却不是一个好演员。他只能彷徨在理想与现实的十字路口。

"四日,晴。下午寄北京函半农函,信子同诸儿及重久至上野游动物园。"1919年5月4日,日本东京。周作人像以往一样结束了夜读,写下了这则简短的日记。对他而言,这是很普通的一天。他于4月中旬请假离开北大,先赶回绍兴,然后偕妻子和孩子一共4人,东渡日本省亲。这是1911年他学成归国之后第一次重返他熟悉和喜爱的日本。这几年来,他做了一些自己喜欢的事情,可谓小有成就;不但进入了北京文坛,得到了出乎意料的强烈反响,而且使他在智识超群的北大同人中站住了脚,在社会上也一举成名。更重要的是,他似乎由此获得了信心和勇气,看到了自己未来事业的前景。而今,旧地重游,在岳父母整洁的家中随意地翻着书,耳边是亲人的细语和孩子的笑声，他的心情是平静而满足的。他并不知道，就在这一天，一场猛烈的政治风暴席卷了整个北京城。然而，颇有意味的是，当这个撼动了整个社会基石的地震突然爆发时，周作人却并不在地震的中心。

当然，他很快就从报纸上知道了这个消息。把在东京的事情略作安置之后，他便取道朝鲜、天津，匆匆赶回了北京。这已是5月18日了，但运动还在继续发展，那种激昂的情绪和热烈的气氛依然随处可以强烈地感觉到。6月3日，运动进一步扩大，许多声援的学生被北洋政府拘捕起来，一部分就关在北大第三院的法科。周作人很快听说了这件事，当即和陈伯年、刘半农、王星拱一起前往法科，自称是北大代表，要求进去慰问被捕学生，结果自然是被拒绝了。他们只好站在门前交涉。正在这时，又有一批批学生被军警押着送进来，有的还是十三四岁的初中学生。每进来一批，被押在里面的学生便拍手相迎，在外看热闹的群众则鼓掌相送，几乎所有的人都毫无惧色。这一幕在周作人的心中留下了深刻的印象，以至于在半个世纪之后撰写《知堂回想录》时，这些场景仍栩栩如生地浮现于他的笔端。这一天他一直交涉到晚上七点半，仍无结果，只得回家。第二天，他又赶赴北大第二院理科参加下午的教职员大会，讨论营救被捕学生的方案。待回到文科时，门外已驻兵五棚，形势一触即发。5日下午三时半，他从学校出来，步行到前门内警察所门前，看到有几队拿着国旗的学生站在街心准备讲演，大队军警封锁了路面。周作人正上前和一个士兵讲理，忽听一声"往北走"的粗野的大喝，然后是一阵急促的马蹄声，右肩仿佛有一个

1910年周作人在日本

黄的马头撞了上来。他一时不知如何是好，只得随着惊慌失措的人群往北直奔。等他回过神来，转头看时，已经站在"履中"两个字的牌楼底下，而衣袋中原有的十几枚铜元也在逃命中不翼而飞……

这是周作人有生以来第一次亲身经历一场真正的革命，第一次置身于普通的群众和学生之中，为他们的狂热与激情所感染；同时，这也是他第一次目睹伸手可及的凶残和无道，亲耳听见了勇敢和愤怒的正义之声。他既新奇又兴奋，沉浸在一种于他是罕有的热烈激动的情绪之中。回到会馆的当天晚上，他就将白天的遭遇写成了一篇半是抗议、半是讥讽的《前门遇马队记》，交给李大钊，发表在《每周评论》25号上。与该文同时面世的，还有那首一气呵成的《偶成》，诗中表达了对被捕学生的敬意，甚至还有对十月革命之后的俄国的向往之情。这些诗文，周作人自己一直是极为得意的，几十年后也还一再声明喜欢这种写法，只是以后却再也写不来了。

几天以后的6月11日，陈独秀在新世界游艺场散发传单时被捕入狱。周作人知道此事后，立即和李辛白、王抚五等人以北大代表的名义前去探监，不得见而返。9月17日陈独秀出狱后，周作人立即于次日前去慰问，殷殷之情，溢于言表。

20年代周作人在北京苦雨斋前

这是一种完全可以相信的真诚。不论他的初衷如何，也不管他后来的态度怎样，在当时，周作人的确是以一个知识分子与生俱来的责任感和良知投入这场开20世纪学生运动之先河的革命之中的，并且以他深刻的思想、典范的作品以及积极投身于一系列社会活动的姿态，给人们留下了一个先驱者的形

1935年6月周作人（前排左一）与北大外文系日文组毕业生合影

象。与当时站在远处冷静旁观的鲁迅相比，他似乎更像一个"战士"。他完全可以在课堂上看出年轻人眼中的崇拜与敬仰。事实上，周作人正是因为"五四"时代意气风发、锋芒毕露的击楫高歌，而在青年学生中享有崇高的威信。

然而，对于周作人而言，这种革命运动从形式到内容毕竟都是十分陌生的，虽然一时间能为其所感染，但仍无法毫无保留地感同身受。由于个性的缺乏主动性和"少情热"，也由于那种与生俱来的精英情怀，以往他总是自觉地与群众运动保持适度距离。但到北京之后，他所处的那个集体因为渊博的学识和激进的态度而成为新兴力量的中心和革命运动的前驱，民众主动地聚集在他们周围，而他们也身不由己地被簇拥着向一个他们也许并不了解的方向前进。周作人正是在这样的亲身体验中深切地感到了群众力量的强大推动力，及其后面那种非理性的巨大危机。他本能地希望新文化运动能与暴力擦肩而过；但他也清醒地意识到，这或许仅仅是个一厢情愿的希望而已。革命运动的发展方向似乎也证明了他"五四"前夕敏感到的"小河"的忧虑仍然没有过时。太阳底下无新事,周作人再度证实了自己一贯的观点。他不愿跟随着为他所轻视的民众去重复走早已被历史否定的老路,也不愿披荆斩棘去开辟新的道路。因此,一旦新文化运动的发展偏离了他的主观愿望,"五四"也就迅速地在周作人心中退潮了。

1919年7月2日,五四运动余波未尽,周作人再度离京,重返日本,直至8月4日才挈妇将雏回到祖国。

"五四"之后不久,西山养病归来的周作人就在《胜业》一文中宣称自己"既非天生的讽刺家,又非预言的道德家",从此要去专修自己的胜业,"停止制造而实做行贩"。这是周作人为自己确立的新的处世位置与方式:既然无力"治国平天下",不如退守"自己的园地",寻求"生活的艺术",闭门读书,修身养性,经营个人的学术"胜业",努力塑造他通达博雅、闲逸出尘的学者姿态,并以此改变在五四运动中被"破坏"了的形象。

事实上,在以后的日子里,周作人对于五四运动以及他在"五四"中的"历史功绩"的态度是十分复杂的。这段"振臂一呼,应者如云"的英雄时光既树立了他的声名,也必然长久地积淀在他的记忆中。但"启蒙"的两难境地以及同人集团的分崩离析,也引发了他对于"五四"新文化运动的全面反思和自身生存方式的思考。现实使他清醒,与鲁迅一样,他无法摆脱由此而来的内心强烈的幻灭感和极度的虚无感。周作人对他曾积极参与并勠力为之的那场运动逐渐不愿也不能再多说些什么了,甚至在此后漫长的岁月中,在他卷帙浩繁的著作里,不再有"五四"时期那些曾经激荡人心的文字的影子。这种"悔其少作"无疑就是一种沉默然而坚定的态度。

从姗姗来迟,到急急退去,在"五四"这个社会大舞台上,周作人尽管站在前排,在强聚光灯的照射下,他的表演仍然十分短暂而匆忙。也许他注定就不是一个好演员,他或是演砸了自己的角色,或是满脸不屑又满腹疑虑地看着别人的演出。或许,这也是历史的一种刻意安排吧。

(颜　浩)

马寅初
永远的"五四青年"

在"五四"期间,作为北京大学教务长的马寅初,并没有特别突出的表现。不过,作为"五四"所形成的知识分子关心国事的传统,却影响了马寅初的一生,使他成为在国难当头的时刻不顾一切挺身而出的民主人士。

1919年5月4日那天,刚刚当选为北大教务长的马寅初没有参加游行。5月9日,发生了北大校长蔡元培愤然辞职离京的事件,马寅初和马叙伦、李大钊、康宝忠等作为北大教职员代表到教育部面见总长傅增湘,要求挽留蔡校长。除此之外,在五四运动中,马寅初没有更多的领导潮流的事迹。但在"五四"时所形成的知识分子关心社会、参与社会和勇于抨击时弊的传统,却对马寅初后来的人生影响甚大。实际上,马寅初是在"五四"之后才开始走出书斋的。

1915年,马寅初取得了哥伦比亚大学经济学博士学位,回国后在北洋政府财政部当一名高级职员。以马寅初的留洋博士头衔,是很容易在财政部里升官发财的，但他在读书时就立下志愿：一不做官，二不发财。于是不久，他辞去财政部的职务，应聘到北大法科任经济学教授。北大自1916年底蔡元培任校长后，局面焕然一新，马寅初也成为北大新派教员中著名的一员，并在1919年4月当选为北大第一任教务长。但是教务长有许多行政性的事务缠身，马寅初不愿为之，次年就辞去这一职务，专心钻研他的学问。

马寅初的从教经过和他对教务长一职的态度说明，"五四"期间，马寅初更多的是一位颇具清高品性、埋头著述的学者。不过在他的内心中也存在着某些激越的思想成分，这从他参加庆祝一战胜利演讲大会的事实可以得到一定的验证。1918年11月28、29、30日三天，北大师生在天安门旁的中央公园举行演讲大会，心情激动的马寅初也参加了演讲，题目是"中国的希望在于劳动者"。他说：

> 人人徒独于目前之进乐，而不计终身之准备，是则社会最大之危险也……欲求生产之发达，则贪婪跋扈之武人，在所必去。断无与劳动者并存之理。苟武力能除，则生产于贮蓄之障碍已去，而劳动者，自有从容从事之机缘，吾故曰：中国之希望，在于劳动者。(《北京大学月刊》1919年3月)

可以说，是五四运动唤起了书斋中的马寅初关心时政的热情。此后，他经常性地在各种集会上发表演讲。矛头所及，往往引起当局者的不快。

1925年8月，马寅初在上海学生联合会的集会上发表演讲，抨击当时的军阀政治："中国贫穷之根本，实起于军阀，吾人努力合作所要打倒者，乃军阀也！"之后，马寅初又在山西大学等高校发表"不平等条约与中国经济的关系"，用经济学的学术论点揭露列强的侵略对中国经济造成的不良影响。这些演讲都是和"五四"思潮一脉相承的。

1927年，北大被合并到所谓的"北京大学校"后，马寅初离开了北京。

"五四"时北洋大学（马寅初母校）的游行队伍

他虽然离开了北大，但时刻不忘北大，并且把北大和"五四"紧紧地连在一起。1927年12月，在杭州纪念北大29周年校庆的集会上，马寅初发表了"北大之精神"的演说，对北大精神和五四运动给予了高度的评价：

> 回忆母校自蔡先生执掌校务以来，力图改革，五四运动，打倒卖国贼，作人民思想之先导。此种虽斧钺加身毫无顾忌之精神，国家可灭亡，而此精神当永久不死。

次年2月，他又在上海北大同学会上重复了这一观点：

> "北大"二字，从何而来，不可不知，我们须知在五四运动以前，北京大学为社会所不注意，自五四运动发生，打倒曹、章、陆三卖国贼以后，北大二字，乃名满中外，故五四运动之精神不但在校时不可丧失，就在社会服务，仍须保存，随时运用出来。五四时的精神，就是为国牺牲，就是牺牲精神。（《马寅初演讲集》）

"五四"时的马寅初　　　　　抗战时期马寅初在重庆

正是这种"北大精神",在马寅初后来的生涯中发挥了极大的作用。他一直保持着"五四青年"那股不向强力屈服的可贵品质,在国难当头或他认为有责任对国事提出自己看法的时候,总是要站出来说话的。

1931年"九一八"事变到1937年"七七"事变这一时期,马寅初在南京政府立法院任职,并兼中央大学和上海交大教授。他经常站出来批评政府的财经政策,不时与当权的孔祥熙、宋子文唱反调。全面抗战时期,他随政府退到"陪都"重庆,担任重庆大学商学院院长一职。在战时经济极度困难的情况下,"四大家族"利用垄断的机会,大发国难财。作为经济学家的马寅初对这一点看得一清二楚,他再也忍不住了,不顾国民党宪兵的威胁,在报刊上发表文章,在集会上讲演,痛斥这种不义行为,并提出要对发国难财者征收"临时财产税"。他的主张,在社会上引起很大的反响,并直接触动了蒋介石。蒋对他又是威胁,又是利诱,马寅初始终不为所动,继续到处发表他的演讲。

1940年11月,马寅初在重庆实验剧院演讲时说:"有人说委员长领导抗战,可以说是民族英雄,但是照我看来,只能说是家族英雄,因为他

1951年马寅初出任北大校长时发表就职演说

包庇他的亲戚家族，危害国家民族啊！"（杨勋《马寅初传》）蒋介石再也不能容忍马寅初了，12月的一天，马寅初终于被宪兵软禁起来。随后以派他赴前方调查战区经济的名义，秘密押解至贵州息烽的集中营里，几个月后又解往上饶集中营，后又转到广西桂林。1941年春，马寅初六十寿辰，重庆的师生自发组织起来，为身陷囹圄的马寅初举行了没有本人参加的特殊的祝寿会，会后还建立了"寅初亭"，以示纪念。

抗战结束后，马寅初继续参加反内战、争民主的运动。在1946年2月发生的重庆"较场口血案"中，马寅初也被国民党特务打伤。但是，在当年6月一个闷热的下午，年过花甲的马寅初和杭州万余学生又冒雨进行了反内战的集会和游行，并一直高呼口号，走在游行队伍的最前列，时杭州报纸以"马寅初作狮子吼"为题做了报道。游行后，马寅初对人说："我这次回杭州是想读书，可是这一次游行胜读十年书。以后凡是杭州市学生为正义而游行，我一定参加。"有一次，马寅初正在郭沫若家里吃饭，忽然听见外面马路上传来游行队伍的口号声，他立即把筷子一放，飞也似的跑入游行队伍中去。

由于一直同蒋介石政权唱对台戏，马寅初一度被国民党特务盯梢。1948年下半年，国民党政权处于崩溃的边缘，共产党为了保证马寅初等民主人士的安全，秘密地把他们护送到香港，再由香港转到已经解放的北平。到达北平之后，马寅初参加了筹备全国政治协商会议的工作。1949年

10月1日，马寅初被请上天安门城楼，参加了开国大典。

　　1951年，阔别北大二十几年的马寅初作为北大校长回到了母校。对此，他激动地说："北京大学是我娘家，回到了娘家，见了红楼，心中有一种说不出的感情。"（杨勋《马寅初传》）

　　在北大的这一段时间里，马寅初除了管好校务之外，他主要的学术研究活动是调查研究中国日益严重的人口膨胀问题。1957年7月，《人民日报》全文发表了马寅初的《新人口论》，系统阐述了他的人口理论，主张有计划地控制人口的增长。众所周知，这一篇文章引来了全国范围的批判运动。在铺天盖地的批判下，马寅初没有屈服，继续坚持他的控制人口的思想。1960年，马寅初被迫辞去北大校长一职。

　　在被"打倒"的岁月里，马寅初坚持他自创的冷热水浴锻炼法，顽强地活了下来。1979年，马寅初恢复了北大校长（名誉校长）之职。1982年5月，已过完百岁生日的马寅初在北京一家医院平静地逝去。

（苏生文）

马叙伦
四入四出北大缘

有"挂冠教授"之称的马叙伦,在"五四"期间,同时是北大和北京教职联的书记。他说:"我们不是要奋斗?奋斗要在黑暗里的。"这位曾被大总统徐世昌诉上法庭的北大人,在被迫离开北大后沉痛地说,北大再也不是"五四"时代的北大了……

谈论北大旧人逸事,"兔子党"和"三沈二马"自然是一个话题。常有人把马叙伦也列入"二马"之列,其实因发明"马先生汤"而在饭馆里大大出名的马叙伦(夷初)乃是杭县人,与鄞县的马幼渔(裕藻)、马叔平(衡)、马隅卿(廉)等兄弟无法通谱。

沈尹默有一个说法:蔡元培的书生气很重,一生受人包围。民元教育部时代,受商务印书馆张元济等人包围;北大时期,受陈源所说的"某籍某系",即马幼渔、叔平兄弟,周树人、作人兄弟,沈尹默、兼士兄弟,以及钱玄同、刘半农等人的包围;以后直至中央研究院时代,受胡适之、傅斯年等人包围,死而后已(《我和北大》)。浙籍哲学系的马叙伦无疑也是一位"包围"蔡元培的人物。

其实，在蔡元培自国外回来入主北大的过程中，马叙伦便起过重要作用。胡仁源担任北大校长很不得人心，马叙伦与医专校长汤尔和建议，不妨邀请蔡元培回国，替代胡仁源。同时布置陈独秀做文学院院长，夏元瑮做理学院院长，另外请沈尹默实际帮忙，以便为蔡元培做好铺垫。汤尔和连声说好，第二天就去游说时任教育部总长的范源濂。范曾于民元应蔡元培之邀出任教育部次长，与蔡有过很好的合作，所以在说服大总统黎元洪后，电请蔡元培回国。

蔡元培于1917年出任北大校长后，循思想自由原则、取兼容并包主义办学，广搜天下英才而聘入北大，马叙伦也在包容之列。接到蔡元培的电邀之后，马叙伦辞去浙江财政厅秘书职务，任北大哲学系教授。关键的文科学长职位，也果然由接受了蔡元培邀请的陈独秀出任——不过，据沈尹默在60年代的回忆，是他向蔡元培力荐陈独秀，并经过汤尔和的劝说，最终定局的。

马叙伦这次入北大可说是"二进宫"：民国四年（1915）下半年，他就曾应聘在北大文学院任教，不过为时甚短，因不愿在袁"皇帝"的"辇毂之下"混事，赶在他"登极"之前，乘放寒假之机，便与汤尔和一起辞职南下——因此而被称为"挂冠教授"的马叙伦，也经常"以辞职为抗议"，得到在袁世凯专制时代就曾辞去教育部总长之职的蔡元培的好感。

这次重入北大，马叙伦本来发愿取"教书不问别事的态度"，决心只做学术研究，一心撰写《说文解字六书疏证》。但"树欲静而风不止"，"平地一声雷"的五四运动在他埋头写书的时候爆发，事情又找上了他。与前次大不一样的是，马叙伦教学更为顺心，参与校事也更积极。但在轰轰烈烈的新文化运动中，马叙伦却大致属于黄侃、刘师培等旧学阵营。学生中的《新潮》与《新青年》相呼应，影响也大，与之对立——更多是"道不同，不相与谋"，而非论战——的是《国故》月刊，虽然它"纯由学生"发起和编辑，但正如《新潮》后面有主张新文化的陈独秀、胡适、李大钊等人的支持一样，《国故》月刊也有刘师培、马叙伦等教员和国史编

1915年马叙伦因不愿在袁世凯统治下谋生,辞去北大教职南下,图为北大学生与之合影,前排右六为马叙伦

1918年6月北大文科哲学门第二届毕业生与教师合影,前排左四为马叙伦,左五为蔡元培,左六为陈独秀

纂处旧学之士的支持。

为了抵抗当局的压迫,各校校长组织起校长会议,以医专汤尔和为代表;教职员则组织起教职员联合会。因为当时各校唯北大马首是瞻,所以,北京教职联也如同北京学联,以北大所选出领袖为领袖,这样,马叙伦就同时是北大和北京教职联的书记,而主席则是康宝忠。后来康因心脏病去世,马继任其职,书记一职改由沈尹默之兄沈士远担任。也就是说,五四

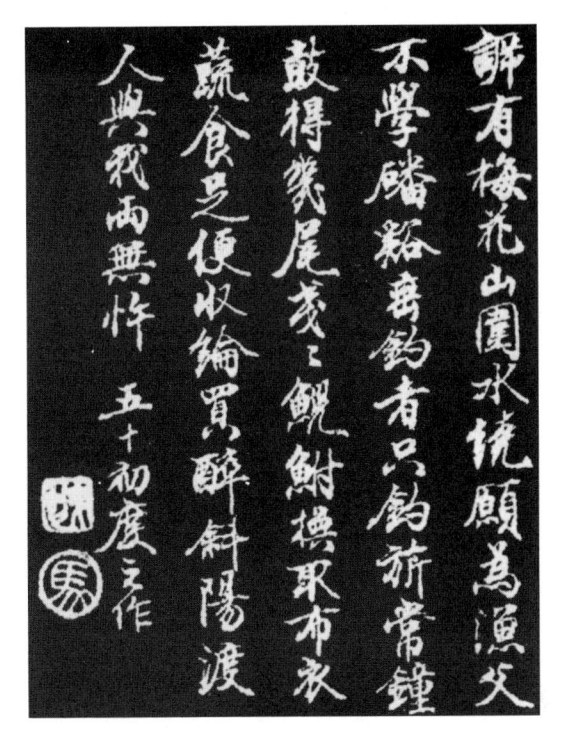

马叙伦对其书法颇为自负，写有《论书绝句》，图为其五十初度之作手迹

运动从开始到结束，教联会都是他主持的。在风潮高涨的时期，每天从早晨八点到晚上六点，他都在北大一院（文学院）三楼的一间教员休息室里守候，以便与各方面保持接触。也正因此，蔡元培在8月9日给他的回信中说："五四以后，承公维持，北大得以保存，众口同声，弟闻之不胜钦佩。"

五四运动期间曾发生过一起迁校事件的插曲。傅斯年、罗家伦等人设立一本签名簿，组织同意北大迁往上海的师生签名。马叙伦知道后告诉刘文典说："我们不是要奋斗？奋斗要在黑暗里的。"（《我在六十岁以前》）刘把此事告诉了陈独秀，陈同意马叙伦的观点，还把傅、罗叫去训了一顿，迁校一事遂就此平息。马叙伦与沈士远等领导的教联会常与学联接触，互通声气，密切配合，共同主张挽留蔡元培，反对加害陈独秀与爱国学生。

40年代的马叙伦

5月19日，北京各校宣布联合罢课，学生们纷纷走上街头，三五成群地组成演讲队。6月3日起，军警开始大肆搜捕，当天就有千余人一批批被押解到北河沿北大第三院——法学院的学生越来越多，三座校舍的外面，都有士兵把守，校舍外的帐篷排列成阵。关在第三院的学生，最初水不到口，饭不入肚，教联会的各校代表得到消息后，设法送水送饭，均未获准入内——周作人曾会同刘半农等要求以北大代表身份进去慰问，结果自然也被拒绝。教联会推举了包括马叙伦在内的8名代表，要求进去看望这些被幽禁的"大小朋友"，起初照例不许。不想惹恼了汇文大学（燕大前身）的代表美国人博晨光，他竟大踏步地直闯进去，马叙伦乘机跟进去，不敢得罪"洋大人"的武装军警，只拦阻了余下的6位。学生们不愿听马叙伦的安慰话，却起哄要求他演说。在军警监视下，通风报信或者言语煽动自然不方便。马叙伦灵机一动，欺负军警来自田间，目不识丁，遂采用"咬文嚼字"的方式，很安详而慷慨地把外边消息隐约告诉他们，再鼓励一番，赢得一片掌声。

经过北京以至全国各界的共同奋斗，五四运动最终取得胜利；北大也迎来了第22年的开学日，教职员为归校的蔡元培开了一个欢迎会，由马叙伦主持，致欢迎词。

五四运动后安稳不到一年，北京大小各校教职员因挨不起饿，发起了一次"索薪"运动——因为欠薪，已经引发大量教员外流。马叙伦是几十个学校组织起的"北京小学以上各校教职员会联合会"的主席，以罢课、请愿等"五四"式手段与政府周旋，最后引发了1921年的"六三事件"：

数千名请愿师生在新华门总统府遭到军警镇压，率队走在前面的马叙伦和李大钊、沈士远等被打得"头青脸肿"。据蒋梦麟回忆说，当时马叙伦尽管已被打得额头肿起一大块，鼻孔流血，还依然与宪兵理论："你们只会打自己中国人，你们为什么不去打日本人？"（《西潮》第十六章）——正应了那句话，"秀才遇着兵，有理说不清"。马叙伦最后住进了医院，还被总统徐世昌诉上法院。官司因马叙伦住进东交民巷的法国医院，法院无法传案，最后倒是不了了之，但马叙伦却也因此又一次离开北大。为此影响到学业，自是难免。所以，胡适在日记里这样评述一年多的"饭碗风潮"："马夷初带着大家乱跑，跑向地狱里去。"

1931年，马叙伦四入北大，赶上"九一八"事变，这时虽感郁闷，还是按住不动。"一二·九"运动前后，在"华北之大，已经放不下一张平静的书桌"的时局下，再也坐不住的马叙伦走出书斋，与许德珩、尚仲衣教授一起被推举为北大的联系人，冒着风险为抗敌救国频繁奔忙。当时，北京组织了北平文化界抗日救国会，马叙伦被推做主席，而上海的救国会由百岁老人马良领导，因而被戏称为"南北救国，'惟马首是瞻'"。由于校长蒋梦麟、文学院院长胡适、法学院院长周炳琳都倾向政府，所以马叙伦的抗日主张在校内遇到许多分歧意见，大受牵掣，感到"北大已不是当年的北大——五四运动时代的北大"（《我在六十岁以前》），加上与胡适的冲突和结怨，马叙伦最终谢绝了蒋梦麟的挽留，坚决辞职。这是1936年。自1915年结缘北大，十余年间进进出出了数次的马叙伦，从此再也没有回到北大这所为他提供了讲坛和社会活动的舞台的大学。

永别北大后的马叙伦，仍以学者身份从事政治活动：1946年在上海参与发起组织中国民主促进会，1949年以后，一度出任政府教育部部长、民进中央主席……

（郑　勇）

刘师培
闭关谢客　抱疾著述

……后来他来到北大，同在国文系里任课，可是一直没有见过面：总计只有一次，即是上面所说的文科教授会里，远远的望见他，那时大约他的肺病已经很是严重，所以身体瘦弱，简单的说了几句话，声音也很低微，完全是个病夫模样，其后也就没有再见到他了。

——周作人《知堂回想录》

1919年刘师培36岁，但已病入膏肓，垂垂待毙。少年得志者不祥，这句话在他身上应验得毫发不爽。世纪之初，刘师培二十出头，便有大师之誉，际会风云，笑傲江湖，而后迭经世变，数度转向，其声名气节渐至于国人侧目。1916年蔡元培任校长后，念及旧谊学识，延之讲席，但已不复当年雄姿英发之概，唯自励于学术，可谓与世无争了。

是年3月18日，北京《公言报》刊发林纾那封著名的《致蔡鹤卿书》，同时附发了一篇《请看北京学界思潮变迁之近状》，将此前及当时北大教

1919年初创刊的《国故》杂志

员分门别派为三，牵扯到了刘师培：

> 国立北京大学自蔡子民氏任校长后，气象为之一变，尤以文科为甚。文科学长陈独秀氏以新派首领自居，平昔主张新文学甚力，教员中与陈氏沆瀣气者有胡适、钱玄同、刘半农、沈尹默等，学生闻风兴起，服膺师说张大其辞者亦不乏人……近又由其同派之学生组织一种杂志曰《新潮》者，以张皇其学说……顾同时与之对峙者有旧文学一派，旧派中以刘师培氏为之首，其他如黄侃、马叙伦等则与刘氏结合，互为声援者也。加以国史馆之耆老先生如屠敬山、张相文之流，亦复而深表同情于刘黄，刘黄……文章重视八代而轻唐宋，目介甫、子瞻为浅陋寡闻，尤其清代所谓桐城派则深致不满。从前大学讲坛为桐城派古文家所占领者，迨入民国，章太炎学派代之以兴，在姚叔节、林琴南辈目击刘黄诸后生之坐拥皋比，已不免有文艺衰微之感，然若视新文学派之所主张，更当认为怪诞不经，似为其祸之及于人群，直无异于洪水猛兽，转顾太炎新派，反若涂轨之犹能接近矣。顷者刘黄诸氏以陈胡等与学生结合，有种种印刷物发行也，乃亦组织一

种杂志曰国故，组织之名义出于学生，而主笔政之健将教员实居其多数。盖学生中固亦分新旧两派，而各主其师说也……介于二派者则有海盐朱希祖氏……

这里虽大肆描述陈独秀、刘师培两大首领，各率一批教员学生，以杂志为阵地相对抗，但与刘师培关系不算太大，此时正是林、蔡斗争之际，主角是林纾和蔡元培。附发此文的目的是为当时林纾《致蔡鹤卿书》提供背景资料，叙述中偶有的不准确处，无伤于大体上的符合事实。有趣的是，当时战成一团的林、蔡、陈、胡诸人对此不置可否，被连类带及的刘师培却急于出来剖白。3月21日《北京大学日刊》发表蔡元培《答林君琴南函》，22日《公言报》就刊出《刘师培致公言报函》：

《公言报》主笔大鉴：阅十八日贵报北京学界思潮变迁一则，多与事实不符。鄙人虽主大学讲席，然抱疾岁余，闭关谢客，于彼〔敝〕校教员，素鲜接洽，安有结合之事。又《国故》月刊由文科学员发起，虽以保存国粹为宗旨，亦非与《新潮》诸杂志，互相争辩也。祈即查照更正，是为至荷。（刘师培启　十九日）

到24日，这则文字又出现在《北京大学日刊》上，显然是为了校中诸公能尽数看到。同时还刊出《〈国故〉月刊致〈公言报〉函》：

《国故》月刊纯由学生发起……嗣以社中尽属同学，于稿件之去取，未便决定。又因同学才识简陋，恐贻陨越，笺规纠正，端赖师资。故敦请本校教员，及国史馆职员，为总编辑，及特别编辑。而社中编辑数十人，则全为学生。由此以观，则学生为主体，教员亦不过负赞助之职务耳。

这一天《公言报》的重头戏是林纾的《林琴南再答蔡鹤卿书》,按语中也顺便致意刘师培:"本报前登学界思潮之变迁一则,采访传闻绝非无据。唯其间《国故》月刊杂志之内容或稍有舛误。前日刘师培氏已有来函,自行声明矣。"语气间仍不肯吃亏。而《〈国故〉月刊致〈公言报〉函》也送到了报社,篇幅比《北京大学日刊》上发的多出五六倍,并且啰里啰嗦,开头说:"主笔先生大鉴:阅本校日刊,得悉十八日贵报有北京大学新旧学派

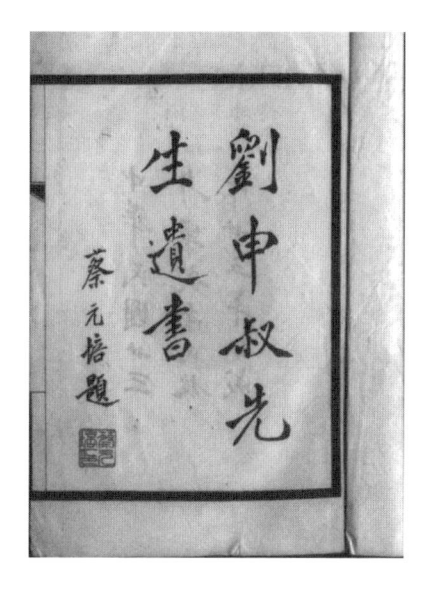

蔡元培为刘师培著作题名

一条,所云《国故》月刊情形与真相不符。特将敝社经过事实略为陈述,请详览焉。"接着把创刊宗旨等全搬上去,最后还来了些诛心之论。

这班学生是有点夹缠不清,几句声明自脱干系就完了,此时唱大轴的是林、蔡,他们跑龙套的却瞎掺和。报社大概又好气又好笑,全文照发之后另做点评:

> 至《国故》月刊之出现,本报诚至为赞成。当时仅撷拾传闻,以为刘申叔主持其事,当必有可观。不意刘氏既有声明。而本报昨接该社更正来缄一通,累数百言,既酸且冗。其实本报不过对于该社内部组织不甚明了,何至谓为荧惑观听。且诸君既以昌明国学自任,而寻常启事,已拖沓如此,何以发挥新义,刮垢磨光?诚恐非《新青年》《每周评论》之敌手。本报厚爱《国故》月刊,故不觉谆切言之,想秉笔诸公必能相谅。

《公言报》"主笔"笔下硬是了得,既打屁股又摸脑袋,不知"秉笔诸公"做何感想。"不意刘氏既有声明"前后不搭,大概是后加的,提醒刘师培并非冲他而去,打狗和看主人面同时兼顾,真可谓老江湖了。

写得不好是另一回事,但《〈国故〉月刊致〈公言报〉函》很可能就出于刘师培的授意。不过,今天回头来看,申叔固然不愿多生是非,年轻气盛的学生却并不见得如此怕事,而且未始没有自己的主张。

说《国故》以"学生为主体",这是对的,组织这一杂志并非为与《新潮》对抗,看来也是事实。《国故》创刊确是晚于《新潮》,但本年初《新潮》面世之时,《国故》的动议也已提出。该刊第一期"本社记事录"云:"岁初俞士镇、薛祥绥、杨湜生、张煊慨然于国学沦丧,欲发起学报以图挽救……"接着,"一月二十六号开成立大会于刘申叔先生宅内,教员至者六人,同学至者数十人,当即提出章程讨论修改"。两天后《北京大学日刊》就登出《国故月刊社成立会纪事》。但不知什么原因,创刊号迟至3月20日才出版;而不巧的是,此时林、蔡之争硝烟甫起,《国故》降世前两天就被《公言报》拿来做了材料。

《国故》以刘师培和黄侃为总编辑,特别编辑有陈汉章、马叙伦、康宝忠、吴梅、黄节、屠孝寔、林损、陈钟凡八人,但杂志的具体事务全由身为编辑的10名学生负责,刘师培等人是被拉来写文章的作者和作虎皮的大旗。在刘宅开成立大会并不说明申叔定夺一切,当时文科国文学研究所的学术讨论会都在他家里举行,3月20、24、25日的《北京大学日刊》上就有此类启事,这可能是由于刘师培身体欠佳,艰于出门,同时也反映了他在北大隐然头牌教授的学术威望。

刘师培在《国故》上发表了大量著述,但全是纯学术性的文章,确实不曾介入与新派的任何争论。不只于他,除了黄侃为创刊号写了一篇《〈国故〉月刊题辞》外,所有总编辑和特别编辑都没有在这份刊物上登载过议论文字。而主事的学生并不受约束,老师们的大作刊在"专著"栏,另有"通论"可供他们纵谈天下,这反而在某种程度上坐实了《公言报》的预言。

《刘申叔先生遗书》书影

张煊在《国故》第一期上发表《言文合一平议》，尽管出语平和，主张却与《新潮》相对，第二期的《论难与进步》隐约也有所指。对方当然不能放过，5月，同为学生的毛子水在《新潮》第一卷第五号刊出《国故和科学的精神》，正式发难。此时的张煊哪能想起刘师培曾说过《国故》"非与《新潮》诸杂志，互相争辩"，几天里草出《驳〈新潮国故和科学的精神〉篇》，发在同月出版的《国故》第三期上，新旧之争正式由校外波及校内。

但在此时的北大，这件事根本无足轻重，五四运动已是水漫金山，而且一直延到期末。暑假两刊同时停出，到9月双方重开笔仗，本月《国故》第四期有张煊的《中国文学改良论》，接着是10月《新潮》第二卷第一号毛子水的《〈驳新潮国故和科学的精神篇〉订误》，一来一往，煞是热闹。可正在这愈争愈烈之际，《国故》停刊，辩难戛然而止。

停刊很可能与两位总编辑的状况有关。这学期黄侃离开北大，南下武昌任教，而刘师培已近垂危，入住医院。刘、黄是当时校内最有影响力的旧派学者，台柱子一撤，这一路人马也就排不成阵了。

11月18日，刘师培病逝于北京，远在武昌的黄侃作《始闻刘先生凶

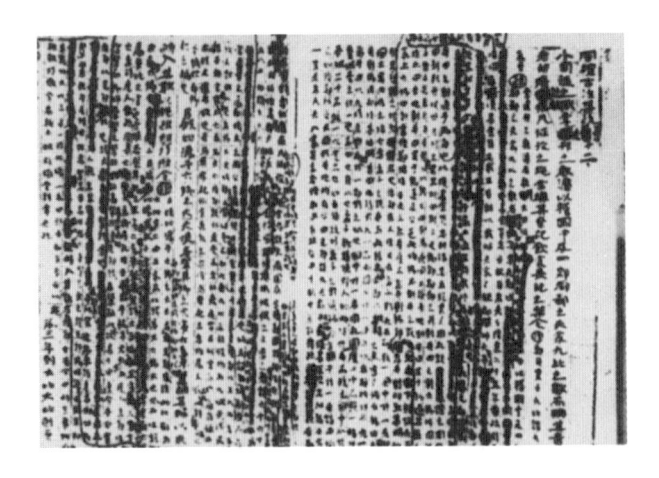

刘师培《周礼古注集疏》手迹

信，为位而哭，表哀以诗》遥祭。一年后，又写了《先师刘君小祥会奠文》，文曰："庚申年壬申朔越六日戊寅，弟子楚人黄侃自武昌为文奠我先师刘君。呜呼！岁序一周，师恩没世，泪洒山阿，魂销江澨……我滞幽都，数得相见，敬佩之深，改从北面。夙好文字，经术诚疏，自值夫子，始辨津涂……周孔虽圣，岂必长生，聊将此语，解我悲情。呜呼哀哉！"真可谓伤痛至深。

黄侃师事刘师培是民国学术史上一则著名的佳话。黄侃早年从学于章太炎，虽说章、刘平辈论交，但黄仅比刘小一年零三个月，所以与他年龄相若的章门弟子如钱玄同只称申叔为友。至刘、黄同任教于北京大学，黄侃早有大名于天下，精研音韵，举国罕有其匹，此时拜师，形同传奇，以至连章太炎都觉得奇怪。故而辗转记载，愈加详尽。如刘赜在《简园日记存抄·独学记》中说：

戊午己未之际，仪征刘申叔先生亦应北庠之聘，与先师旧交也。一日，惨然语先师："余奕代传经，不意及身而斩。"先师伤其无胤息，强慰之曰："君今授业于此，勿虑无传人。"仪征曰："诸生何足以当此!"曰:"然则谁足继君之志?"曰:"必如吾子而后可。"先师蹶然起曰:"愿安承教。"即相约,翌日往执贽为弟子。至则扶服叩头,仪征立而受之,并请申君中美为赞,一时传为佳话。

钱玄同与刘、黄同在北大任教,算是当事人,30年代中期他编《刘申叔先生遗书》,其所撰序也提到此节:"四年之冬,二君复在北平晤面,申叔出其关于左传之著作示季刚,季刚读之而大悦,其后遂北面称弟子,以绍述申叔之学自任。"

但《遗书》的出版也带出了一段公案,其所收《周礼古注集疏》后有申叔弟子陈钟凡的一则跋语,里面提到:

中华建国之八年秋九月,钟凡北旋故都,谒先师仪征刘君于寓庐。君以肺病沉绵,势将不起,不禁愀然怅触,涕零被面,慨然曰:"余平生述造无虑数百卷……精力所萃,实在三礼,既广征两汉经师之说,成《礼经旧说考略》四卷,又援据五经异谊所引古周礼说、古左氏春秋说及先郑杜子春诸家之注,为《周礼古注集疏》四十卷,堪称信心之作。尝移写净本,交季刚制序。待梓世,有论定予书者,斯为嚆矢矣。钟凡谨识之不敢忘。季刚蕲春黄氏侃字也,于其年七月辞大学讲席,南返武昌。越时两月,君亦逝世。同门诸子检君遗文,独缺斯编,仅著其卷帙于遗书总目而已……所识有至鄂者,托求清藁于季刚,久不得报。十七年春季刚自辽宁南来,相见于扈上,亟以两藁为询,谓藏诸簏衍,容谋刊布,不任湮晦也。廿三年冬,郑子友渔函征左盦遗著,适钟凡于役广州,告以季刚在京寓所,属其函索,芒无端绪。明年秋,钟凡亲抵京邑,季刚又以瘵疫遽尔逝世,原著遂不可复得矣。"

全书后的刘师颖跋也说:"惟《周礼古注集疏》《礼经旧说》二种,其全稿

刘师培夫妇（前排左一、二）
与苏曼殊（后排左一）、柳亚子等合影

为季刚假借以去。黄君去岁物故，迄于不可访求。今所刊行，已非全豹，后之览者，同滋惋惜。"两文虽无正面指责之语，不满之情仍溢于言表。《周礼古注集疏》用手稿残编付排，整理者郑裕孚谓"涂乙凌乱，辨识綦难"，为了表明对此书和此事的重视，还影印了一页手迹，这是《遗书》中唯一一份申叔手书，确实潦草，而且也当得起《知堂回想录》中"恶札第一"的评价。其叔父刘富曾甚至在《亡侄师培墓志铭》中说他"书法枯槁无润气，均非寿征"。

陈钟凡跋被埋藏在卷帙浩繁的《遗书》中，未入目录，而钱玄同在《刘申叔先生遗书总目》后记谈及两书时虽引陈跋"钩乙涂改，迹如乱丝，几令人不可识别"等语，对钟凡他言却不曾置一词。以致此后几乎无人提及此事，直到几十年后的1981年，黄侃侄黄焯才在《记先从父季刚先生师事余杭仪征两先生事·附记先从父藏刘君遗稿事》里讲他"阅之不胜骇异"，并解释说"凡先从父所藏书稿，经焯数度清理，从未见有四十卷与四卷之清稿，亦无所谓全稿。忆先从父祭刘君文有《春秋》《周礼》纂述未竟之语，是《周礼古注集疏》本为未完成之作。又据钱玄同序，知《礼经旧说》亦不全"。

"《礼经旧说》亦不全"是在《总目》而非钱序里，但玄同只是说明所据稿,不能证明就没有清稿。至于《先师刘君小祥会奠文》,确实言及"君之绝业,《春秋》《周礼》,纂述未竟",可接下来一句就是"以属顽鄙",看来还是交给黄侃了,只是完成没完成的说法不同而已。但无论怎样,被陈钟凡认为是刘师培扛鼎之作的这部《周礼古注集疏》大概早已交付于天了。

刘师培身后极为萧条。11月20日《北京大学日刊》"本校纪事"栏发了一则《刘师培教授在京病故》的消息:

> 本校刘师培教授于前日在京寓病故。刘教授字申叔,江苏仪征人,现年三十五岁。系于民国六年到校,在国文学系担任中国文学史等课程。

12月1、2两日又连续刊出《刘申叔先生出殡定期广告》:

> 本校已故教授刘申叔先生柩定于本星期三(十二月三号)出殡于妙光阁,即于是日公祭,特此广告。

本年北大还有几位教员去世,都有治丧组织和纪念活动。甚至教授父母过世,还会有人出面征集赙仪。而刘师培的故去,除了这两条启事外,再没有任何消息了。

仪征刘氏四世传经,从曾祖到祖父到伯父到申叔,一代比一代活得短。父亲也在他少年时弃世。1910年生有一女,同年夭折。他死后,夫人何震随即精神失常,不久出家为尼,法名小器,不知所终。78岁的老母伤心失度,一个多月后随之而去。所谓家破人亡,在刘师培身上真是字字落到实处了。

(王 风)

梁漱溟
来自北大的另类

在赵家楼的大火烧过之后,身为北大哲学教授的梁漱溟竟与主流舆论唱起了反调。在一片赞扬声中,只有他想到了学生们的举动侵犯了他人的公民权,是毫无疑问的违法行为。不怕逆流而上的独立品格使他成为一个来自北大的另类。

1917年,因为一篇哲学论文《究元决疑论》得到了蔡元培校长的激赏,梁漱溟应聘来到北京大学教授印度哲学。这一年他只有24岁,不但比他的许多同事年轻,甚至他的一些学生,如冯友兰、顾颉刚、傅斯年等也与他年纪相若。尽管性格孤僻,但他还是迅速地融入北大的氛围之中,胡适、陈独秀、李大钊等当时大名鼎鼎的人物也很快成了他的朋友。

梁漱溟的父亲巨川先生是一个与众不同的人。他在清末做过内阁中书,主要工作是为皇室抄录皇家档案。巨川先生为人忠厚,做事认真,讲求实效,厌弃虚文,同时又重侠义,关心大局,崇尚维新。他坚信中国的积弱全是由于读书人舞文弄墨、脱离实际所致,因此虽然身为清代旧臣,他却并不要求子女读四书五经,而将梁漱溟送进了洋学堂。他因为家贫亲老,自己很遗憾没有机会出国看看,因而一再谆谆告诫子弟"务必以出洋当一件正当要紧之事,勿惜费,勿惮劳,即使竭尽大半家资亦不为过"(《桂林梁先生遗书·年谱》)。他少年时很以母亲的严厉为苦,因此很少责打自己的孩子,对于孩子们的事情,哪怕关系极大,他也仅以表明自己的意见为止,从不横加干涉。在他那一辈人中,巨川先生这种开明的态度是十分罕见的。梁漱溟以后曾有过这样的回忆:"吾父是一秉性笃实的人,而不是一天资高明的人。他做学问没有过人的才思,他做事情更不以才略见长。""他心里相当精明,但很少见之于行事。他最不可及处,是意趣超俗,不肯随俗流转,而有一腔热肠,一身侠骨。"(《我的父亲梁巨川》)他的这些言传身教自然予他的后辈以极大的影响,梁漱溟最初的思想与做人,和他的父亲几乎纯出一路。

正是由于父亲的信任与宽容,梁漱溟很早就养成了自学的习惯,小小年纪就自承"天生德于予",鄙视只谋求一人一家衣食的平庸生活。这种向上心,促使梁漱溟从就读于顺天中学堂时起,就孜孜于人生和社会问题的探求。十几岁时,他就"留心时事,向志事功",埋头于《新民丛报》《德育鉴》《国风报》等书报之中,还写日记不断勉励自己。他读《三名臣书牍》《三星使书牍》时,非常仰慕胡文忠和郭筠仙,常常称道他们。他这种看轻书本学问而有志于事功的行径很得巨川先生的欣赏,因此还为他取字"肖吾"(《桂林梁先生遗书·思亲记》),足见爱惜之深。父子俩经常于晚饭后谈论时事,评点人物,气氛十分热烈。虽然两人时常因为想法不同而争执

1916年梁漱溟与沈钧儒(左)合影

得不可开交，以致声传户外，但谁也不强迫对方接受自己的观点，反而以此为喜。直至晚年，梁漱溟仍很怀念这种父子相得的氛围，同时这也埋下了他一生顽强追求平等自由的种子。

但随着年岁渐长，梁漱溟对人生与社会的态度也有几次重要的变化，逐步与他的父亲拉开了距离。最初他秉承家学，倾向于变法维新。此后不久，他又转向了革命，并且于中学毕业前参加了同盟会京津支部，积极从事推翻清朝的秘密活动。这引起了他父亲的不满。辛亥革命爆发之后，梁漱溟就在同盟会的《民国报》任外勤记者，并因此得以目睹当时政坛上的种种丑行，内心非常苦闷。巨川先生对愈演愈烈的党派丑剧更是深为反感，但梁漱溟为了维护西方政制，事事加以辩护，父子之间经常爆发剧烈的争吵，而且都言辞尖刻，大伤感情。正如梁漱溟以后回忆的那样，他们经常因为争执，"当午或为之废食，入夜或致晏寝。既寝矣，或又就榻前语不休"。但在巨川先生辞世后，梁漱溟曾为自己"词气暴慢""悖逆无人子礼"（《桂林梁先生遗书·思亲记》）而痛悔不已。这时梁漱溟又读到了日本人幸德秋水所著的《社会主义神髓》一书，被书中反对私有制的主张深深吸引，转而热心于宣传社会主义理想。他写了一本名为《社会主义粹言》的小册子，大力提倡废除财产私有制，还把它油印分送给了许多朋友。这些自然都大违他父亲的心意，父子之间的裂缝越来越深。

1913年，由于对辛亥革命后的社会现状深感失望和沮丧，梁漱溟脱离了同盟会，退出了《民国报》。正当其时，中国出现了一个复兴和改革佛学的高潮，梁漱溟立即投身其中。他居家潜心研究佛典，由醉心社会主义而转为倾向出世。他甚至许愿从今以

梁漱溟中年留影（约1937—1938年）

1919年春，梁漱溟（右二）与李大钊（左二）、张申府（右一）等于北京中央公园

后不吃肉、不饮酒、不娶妻生子，过和尚式的生活。当时他的大哥结婚很久仍没有孩子，而梁漱溟又不肯成家，巨川先生对此既着急，又无奈，但对于梁漱溟的"越轨行为"依旧没有加以禁止，这种宽放的态度令梁漱溟本人都很吃惊。他无暇顾及父亲的不满，全身心地投入到他喜爱的事业中。1916年，他在上海《东方杂志》上发表了《究元决疑论》，文中批评古今中外诸子百家，独独推崇佛法。他以此文当面就教于蔡元培先生，遂被先生引入北大任教。延请一位既没读过大学，又未出国深造的年轻人执教北大，固然可以看出蔡先生的胸襟与气度，由此也可知道，梁漱溟已经建立起了自己的学术领地，进入了学术研究的核心地带。出乎意料的是，这篇文章的发表不但改变了他的认识道路，而且使他更深地介入了世俗生活。

然而，梁漱溟更不曾想到，1918年，他进入北大的第二年，他的心中会留下永生难忘的伤心记忆。这一年的11月，他的父亲梁巨川先生，自沉

晚年梁漱溟

于北京静业湖。像他自己所期望的那样,梁巨川的死对社会造成的影响远远超过了他一生的努力。重要的报纸都刊发了他自杀的消息,许多重要人物,包括前清的遗老遗少和陈独秀这样的新式知识分子,都对此事发表了各式的看法。在许多人看来,梁巨川是为清朝和君主制度而死的。只有梁漱溟清楚地知道,父亲绝不是殉清,也不是反对共和,他是为了个人的纯洁理想和正直品质而献身的,"不惜以一死以瘖世人"(《桂林梁先生遗书·思亲记》)。梁漱溟被父亲的勇敢举动深深震撼了。他不但深深忏悔以往对父亲的误解与伤害,更下定决心,要像父亲一样,无论在何种情况下,都要怀抱着坚定的理想,为原则不惜牺牲自己,坚决维护自身思想的独立与人格的完整。

五四运动爆发的时候,梁漱溟所在的北大立即成为运动的中心,许多相熟的朋友和同事也成了"振臂一呼,应者如云"的领袖人物。曾和他讨论过佛教与科学的学生傅斯年,不但创办了颇具影响的《新潮》杂志,而且被推举为"五四"示威游行的总指挥。以"火烧赵家楼、痛打章宗祥"为契机,"五四"得到了各地的响应,迅速扩展为一个全国性的运动。人们愤怒谴责北洋政府,同情支持学生的行动。

唯有梁漱溟不然。作为一个佛教徒,他自觉地与那些激进的同事保持着适度的距离,对于游行示威等活动,也只是站在远处,静静地旁观。然而,赵家楼的大火烧过之后,梁漱溟再也无法保持冷静了。5月18日,梁漱溟在《每周评论》上公开发表了《论学生事件》一文,对五四运动提出了自己的看法。他在文章中指出,"五四"学生大游行及火烧赵家楼,痛打卖国贼章宗祥,不论其动机正义与否,其行动本身无疑触犯了现行法律,是毫无疑问的违法行为。因此,对于那些被捕的爱国学生,梁漱溟不主张保释,而提议将学潮交付法庭进行办理,由检察厅提起公诉,审判厅审理判罪,学生遵判服罪。如果审判厅因学生人多检查得不清楚,不好办理,那么,学生尽可以一一自首,情愿牺牲,"心甘情愿地接受给予他们的任何惩罚"。梁漱溟强调,如果不如此,中国民族的损失将更大。因为从道理上讲,纵然曹汝霖、章宗祥罪大恶极,但在罪名未成立之时,他们仍然有他们的自由和权利,受国家法律的保护。学生纵然是爱国行为,也不能借此侵犯他人的个人自由,对他人施暴。他虽然同情学生和他们的动机,但他仍反复强调,如果中国要想获得永远的安定,那么每个人都必须遵守法律,不可以任何理由超越于法律之上。只有起码的公民权有所保证,方可谈进步与发展。

梁漱溟这些令人震惊的言论再一次表现出他与众不同的思维方式。从总体上而言，他的观点实际上也反映了他一生的态度：他只赞成和实践那些与他自己的准则相一致的主张，这样才是一个有良知的知识分子。虽然梁漱溟的看法不乏因不了解具体国情而导致的幼稚与偏激，他的一生也常常因此而犯下各种错误，但这种独立思考的精神和不怕逆流而上的风骨始终贯穿于他的一生，成为他最可宝贵的精神财富。

"五四"之后不久，由于深感新思潮对古典学术的无形压力，梁漱溟开始了东西文化的比较研究，并整理出版了《东西文化及其哲学》一书。他在书中提出了人类生活的基本方式可分为三大路向的见解，同时在人生的思想上归结到中国儒家人生，并指出世界未来将是中国文化的复兴。这些见解反映到自家身上，便促使他放弃了出家之念，遂于出版此书的1921年宣布结婚。这或许也可以算是"五四"对梁漱溟的另外一个贡献了。

（颜　浩）

横空出世

傅斯年
这不是他要的"五四"

北京大学学生领袖傅斯年等早就策划好,要使示威成为"有纪律的抗议",现在岂能任它酿成暴力的风潮?所以大会主席团成员兼游行总指挥傅斯年立刻站出来,劝同学们不要去,但他根本控制不住当时那种喧闹冲动的形势。

1919年5月4日下午,浩浩荡荡的游行队伍在东交民巷前受阻,外国巡捕和中国警察以安全为由拒绝他们入内。这更加激发了群众(学生和中途加入的市民)对本国政府外交屡弱的不满,他们开始高呼"到外交部去""到卖国贼家去",于是整个队伍开始转向。

这与游行组织者的初衷是不相合的。"当主席团在天安门前开露天大会决定游行程序时,只说先到总统府要求拒绝在巴黎和约上签字,并惩办曹、陆、章三卖国贼,再到东交民巷英、美、法、意等公使馆,表示外交的声势,并没有决议要到曹、陆、章的住宅去的。"(周予同《五四回忆片断》)而且,北京大学学生领袖傅斯年和段锡朋早就策划好,要使示威成为"有纪律的抗议",现在岂能任它酿成暴力的风潮?所以大会主席团成员兼游行总指挥傅斯年立刻站出来,劝同学们不要去,但他根本控制不住当时那种喧闹冲动的形势。

下午四点半左右,游行队伍来到即将被他们烧毁的赵家楼。直到这时,因为傅斯年等人的维持,群众还没有真正失去控制。据外国报纸报道:"学生们排着整齐的队伍来到曹汝霖的住宅,很配称作文明国家的学生。"(《字林西报周刊》1919年5月10日)他们要求曹汝霖出来解释与日本签订秘密协定的原因。但驻守在曹宅门前的警察和宪兵毫不理会,并试图强迫游行队伍退走。人们被激怒了,纷纷将手中的小旗和石头抛入院内,接着就有人翻过院墙(据说其中有傅斯年的弟弟傅斯严),打开了大门。愤怒的群众冲了进去,这次游行的性质彻底变了。

这也可以看作傅斯年对学生运动看法的一个转折点。新潮社中诸人,往往有一个从激进主义者向保守主义者过渡的历程,傅斯年也不例外。他在1919年《新潮》创刊号上发表过《社会革命——俄国式革命》,对"俄国式革命"表示乐观:"我认为这是现代应当有的事,将来无穷的希望都要靠着他做引子。"并且肯定地指出:"吾则谓俄之兼并世界,将不在土地国权而在思想也","俄国式的革命——社会革命——要到处散布了!"

具体到中国,傅斯年对通过"批判之精神"造成青年学生"战胜社会之人格"抱有极大兴趣,他认为"观察情实,乃觉今日最危险者,无过于青年学生。迩者恶人模型,思想厉鬼,遍于国中,有心人

青年时代的傅斯年

深以为忧。然但能不传谬种,则此辈相将就木之日,即中国福利之年。无如若辈专意鼓簧,制造无量恶魔子;子又生孙,孙又生子;长此不匮,真是殷忧"(《新潮发刊旨趣书》)。傅斯年与《新潮》同人在"五四"前是不排斥中国有发生俄国式暴力革命的可能的,如《新潮》1卷4期上发表易君左来信,认为中国不应发生俄国式的"社会革命",而应是美国式的"思想革命";罗家伦的回信则反驳说,思想革命不过是所有革命的总因,社会革命仍不可避免。

留学归国后的傅斯年

然而他们的对策,却并非像李大钊们那样的欢呼,而是希望在暴力革命到来之前,通过合法的社会改造,使民众的不满情绪得到宣泄和纾解,"为适应这事实上不能免的潮流起见,我们不能不实行社会民主主义的政治,以免他日有真正社会革命时,发生他种意外的危险"(《罗家伦答易君左》,《新潮》第一卷第四期"通信")。所以,傅斯年等虽然也积极筹备学生的游行示威,力图通过"有纪律的抗议"对政府的政策产生影响,但他们认为的最终解决方法,仍然是傅斯年在《新潮发刊旨趣书》中指出的:"不曾研诣学问之人恒昧于因果之关系;审理不瞭而后有苟且之行。又,学术者深入其中,自能率意而行,不为情牵。对于学术负责任,则外物不足萦惑……彼能于真理真知灼见,故不为社会所征服;又以有学业鼓舞其气,故能称心而行,一往不返。"

所以,学生运动真正如火如荼地开展起来后,傅斯年反而很少再抛头露面。5月底,胡适返京,大谈"用罢课作武器",是"下下策","是学生运动破产的表现"，这正和傅斯年的主张是一致的。于是，胡适、傅斯年、罗家伦联名向北大教授评议会提出，将北大迁往上海租界，不受政府控制。这实质上是要脱离北京的政治环境。傅斯年甚至还提出："搬上海，要选择哪些教员、哪些学生可以去，哪些不要他们去。"这种意见被沈尹默等人认为是"拆伙的打算"（沈尹默《我和北大》）。可见，傅斯年等与北大激进的教师、学生间的对立已经到了何等尖锐的地步！

《新潮》在青年学生中的影响非常之大，甚或超过《新青年》。如施存统曾来信称："自从你们的杂志出版以来，唤起多少同学的觉悟，这真是你们莫大之功了！"（《新潮》第二卷第二期）后来如《湘江评论》《浙江新潮》的出版，都受之直接或间接的影响。但当傅斯年1919年10月去英国留学前发表《〈新潮〉的回顾与前瞻》时，他一方面肯定了《新潮》有"勇猛的精神"，一方面又指出"同时有个武断的毛病"，"发泄太早太猛，或者于将来无益有损"，因此他在文末向"同社诸君"提出三点希望：一是切实的求学，二是毕业后再到国外读书去，三是非到三十岁不在社会服务。这与人们通常认为的"五四精神"已经相去很远了。1919年发生的"五四"，的确不是傅斯年想要的那个"五四"。

（杨　早）

罗家伦
一笔写出"五四"潮

北京大学外文系学生罗家伦刚从城外北京高等师范学校回到北京大学新潮社,准备和大家一道去天安门游行,同学狄福鼎推门进来,说:"今天的运动不能没有宣言,北京八校同学推我们北大起稿,你来执笔罢!"罗家伦见时间紧迫,也不推辞,就站在一张长桌旁,匆匆起草了《北京学界全体宣言》。

1919年5月4日上午十点钟,北京大学外文系学生罗家伦刚从城外北京高等师范学校回到北京大学新潮社,准备和大家一道去天安门游行,同学狄福鼎推门进来,说:"今天的运动不能没有宣言,北京八校同学推我们北大起稿,你来执笔罢!"罗家伦见时间紧迫,也不推辞,就站在一张长桌旁,匆匆起草了《北京学界全体宣言》。罗家伦后来回忆,起草宣言时,"像面临紧急事件,心情万分紧张,但注意力非常集中,虽然社里人来人往,很是嘈杂,我却好像完全没有留意。写成后也没修改过"(罗家

罗家伦（右起第七人）与新潮社成员

伦《黑云暴雨的明霞》）。

宣言写成，立即交北大教员李辛白办的老百姓印刷所印刷，原计划印五万份，结果到下午一点，才印了两万份，马上拿到街头散发。这份宣言是这样写的：

> 现在日本在万国和会上要求并吞青岛，管理山东一切权利，就要成功了！他们的外交大胜利了！我们的外交大失败了！山东大势一去，就是破坏中国的领土！中国的领土破坏，中国就亡了！所以我们学界今天排队游行，到各公使馆去，要求各国出来维持公理。务望全国工商各界，一律起来，设法开国民大会，外争主权，内除国贼，中国存亡，就在此举了！今与全国同胞立两条信条道：
> 中国的土地可以征服不可以断送！
> 中国的人民可以杀戮不可以低头！
> 国亡了，同胞起来呀！

这是"五四"那天唯一的印刷品，"明白标出了'外争主权，内除国

罗家伦走在"五四"游行队伍的前列（头上有圈者为罗家伦）

贼'八个字的口号，这是最显著的爱国目标"（罗家伦《国立北京大学的精神》）。

当天学生游行到东交民巷时，被外国使馆的警察拦阻不许进入。于是学生推举出四名代表入内，向各国使馆递送声明书，罗家伦是代表之一。

第二天下午三点，学生全体大会在北大法科大礼堂举行，各学校三千多名代表参加，通过了上书大总统和教育部、同时通电罢课的决议。当时罗家伦在北大学联负责总务和文书，他在会上报告说，学生运动成功地争取到了商人和新闻界的支持。会上他被推为北京学生界代表，往南京、上海等地与当地的大学联络，并在上海参加全国学生联合会成立大会。

据胡适回忆，"五四运动"这个名词也是由罗家伦最早提出来的（胡适《纪念"五四"》），他在1919年5月26日的《每周评论》23号上用"毅"的笔名发表了一篇文章，题目就叫"五四运动的精神"，文章指出五四运动的精神是"学生牺牲的精神""社会制裁的精神""民众自决的精神"。

罗家伦虽然在五四运动中起了很大的作用，但他对运动的态度一直是很矛盾的。在1919年1月发行的《新潮》创刊号上，罗家伦发表了《今日世界之新潮》，一面热情地赞扬十月革命："这次的革命是民主战胜君主主义的革命，是平民战胜军阀的革命，是劳动者战胜资本家的革命！总而言之，以前法国式的革命是政治革命，以后俄国式的革命是社会革命。"同时又表示了对俄国式革命进入中国的忧虑："（这个潮流）若是传到中国来，恐怕就可虑得很；因为中国的普通人民一点知识没有，兵士更多土匪流氓，一旦莫名其妙的照他人榜样做起来，中国岂不成了生番的世界吗？"他的看法代表了当时一大批激进知识分子对十月革命和社会主义又期许又怀疑的心态。

五四运动以后，罗家伦渐渐接受了胡适的影响，认为学生谋求救国应以学术研究为途径，而不是大搞学生运动。当时胡适提出为避免受政府控制，将北京大学迁往上海，罗家伦也在志愿书上签了名。1919年10月，因"五四"而停刊的《新潮》复刊，罗家伦接替已出国留学的傅斯年任主编。当年12月1日，罗家伦在《近代西洋思想自由的进化》中否定了自己不到一年前的看法："我从前说法国的革命是政治革命，俄国的革命是社会革命，是错误的！"罗家伦这种转变看起来突然，实际上是他矛盾心态中一方战胜另一方的结果。1920年"五四"周年纪念，罗家伦在《新潮》第二卷第四号上发表《一年来我们学生运动的成功失败和将来应采取的方针》，全面检讨了五四运动的得失，肯定了五四运动的成功之处在于：（一）思想改革的促进，（二）社会组织的增加，（三）民众势力的发展；并说："总之五四以前的中国是气息奄奄的静的中国；五四以后的中国是天机活泼的动的中国。五四运动的功劳就在使中国'动'！"但总的来说，罗家伦认为五四运动是一次失败的运动，"罢课""三番五次的请愿""一回两回的游街"，都是"无聊的举动"，是在"毁坏学者"，"学生的优点固然是一律表现出来，但是弱点也一律暴露出来了"。他指出了如下三点弊病：（一）学生万能的观点，（二）学术的停顿，（三）落于形式的窠臼；并对去年积极参与"五四"表示懊悔：

好不容易，辛辛苦苦读了几年书，而去年一年以来，忽而暴徒化，忽而策士化，忽而监视，忽而被谤，忽而亡命……全数心血，费于不经济之地。设使我以这番心血，来完成我所想译的三、五部书，我对于中国的文明，比之现在何等贡献？偶一回头，为之心酸。

因此转而提倡"以思想革命为一切革命的基础"，"专门学者的培养，实当今刻不容缓之图"。

罗家伦后来屡任大学校长，其教育宗旨就是着力培养专门学者，极力反对学生运动。如他任清华大学校长时，就主张："要做到没有一个经过严格考试而进清华的学生；也没有一个不经过充分训练，不经过严格考试，而在清华毕业的学生。"在当时动荡的环境中，这种做法并不得人心。1930年5月，清华大学学生因为中原大战的爆发，发起"驱罗运动"，罗家伦被赶下了台。

（杨　早）

段锡朋
"学生自治"的"段总理"

1919年6月16日,来自各省市的30多名学生代表在上海成立了中华民国学生联合会;6月18日,段锡朋当选为会长,任期一年。此时段锡朋在学生运动中的声望,如日中天,被人称为"段总理"。五四运动的中心也就随之转移到上海。

据和匡互生一起参加五四运动的周为群回忆:"学生群众走进曹宅,先要找卖国贼论理,遍找不到。匡互生遂取出预先携带的火柴,决定放火。事为段锡朋所发觉,阻止匡互生说:'我负不了责任!'匡互生毅然回答:'谁要你负责任!你也确实负不了责任。'结果仍旧放了火。"(《〈五四运动纪实〉附录》)

虽然后来有材料证明当初放火的并非匡互生,但这段对话(无论真假)仍大可玩味。它不仅表现了"五四"的参与者对运动方向的不同意见,还间接说明了段锡朋在学生运动中的地位。正是"学生领袖"的身份,使段锡朋觉得自己要为运动的结果负责。

早在五四运动前一年,段锡朋就已作为北京学生的代表出现在中国

段锡朋（后排左二）与罗家伦（后排左一）、周炳琳（后排左三）、康白情（前排左一）、汪敬熙（前排左二）于出国留学前合影

的政治舞台。1918年5月，留日学生千余人为反对段祺瑞与日本秘密签订《中日共同防敌军事协定》，罢学归国，组成"留日学生救国团"，首领之一曾琦北上京师，策动北京学生声援。5月21日，北京大学、北京高师、北京法政专门学校、北京工业专门学校两千多名学生，列队来到新华门请愿，并推举13名代表面谒总统冯国璋，内中就有北京大学商科二年级学生段锡朋。这次运动的结果是11月1日国民杂志社的发起，段锡朋担任评议部部长。

很多回忆者往往因为段锡朋后来做了国民党的大员，即闻一多所说"靠五四起家的罗家伦、段锡朋之流，都堕落成反民主的人物了"，而绝口不提或轻描淡写段锡朋在五四运动中起的作用。其实段锡朋在当时学生中的影响，丝毫不亚于许德珩等辈，甚至尤有过之。正如周策纵在《五四运动：现代中国的思想革命》中指出的，谁是五四运动的实际领导者这个问题，由于各有关政治和社会集团出于党派的考虑而被弄得含混不清了。

五四运动起，1919年5月5日上午北大代表会议，成立北大学生联合会，段锡朋以北大学生干事会总务股主任的身份当选为学联代表。下午三时，在北大法科礼堂召开各校联合大会，有三千人参加，段锡朋担任会

北京各校学生在天安门广场集会

议主持者，并报告了上午各校代表会议关于要求释放被捕同学，惩办卖国贼，举行总罢课，拒签巴黎和约等决议。不久后，北京中等以上学校学生联合会成立，段锡朋当选为会长。学生联合会立刻成为运动的中枢，"几成为国民议事机关，握至大之大权威"（熊梦飞《五四壮举》）。

5月18日，北京学界几千人在北河沿北大法科大礼堂举行郭钦光（五四运动中忧国身亡的学生）追悼大会。段锡朋在会上回应了一些人对学生运动的偏见："现在一般人每有一点误会，谓舍求学外，不能救国。不知时有缓急，事有轻重，今日何时，尚有我们伏读寒窗的工夫么。我们若是只管念书，终无争回青岛的一天。若是群起力争，或有达到目的的一日。"（《民国日报》1919年5月21日）

5月底，段锡朋赴上海继续推动五四运动。6月2日，段锡朋在上海学联全体大会上介绍北京学生运动时，劝告上海同学发动商界："对于商业，吾人应负唤醒之责。如商人不能感动，亦系吾辈缺少诚心，吾辈必竭诚劝告商工界，使与吾人主张一致。"并说："今日乃惟一之时机，决不可放

过。"(《新闻报》1919年6月3日）

6月5日，上海商学工报联合会成立，参加者二三百人，段锡朋作为北京学生代表与会。会议通电："卖国贼存在一日，商工学界即辍业一日，誓不反顾。"

6月16日，来自各省市的30多名学生代表在上海成立了中华民国学生联合会，其他社会和经济团体二百多位著名人士参加。6月18日，段锡朋主持会议并发表演说，后来当选为会长，任期一年。此时，段锡朋在学生运动中的声望如日中天，被人称为"段总理"。五四运动的中心也就随之转移到上海。李剑农在《中国近百年政治史》中给予全国学联的作用以这样的评价："我敢大胆地说一句——此时候已经有了长久历史的国民党的组织，其和党员间的联络指挥，恐怕还不如这个新成立的全国学生联合会组织完密，运用得活泼灵敏。后来共产党和国民党在军阀势力压迫下的各省，大概是靠了学生联合会作宣传主义吸收青年党员的大本营。可知道所谓五四运动的意义了。"

五四运动后期，段锡朋和傅斯年、罗家伦一样，受到胡适很大的影响。胡适从上海回京后，要段锡朋劝学生们复课，说："国家的纷扰，外间的刺激，只应该增加你求学的热心和兴趣。"（高一涵《从五四运动中看究竟谁领导革命？》）6月，段锡朋从北大毕业留校，渐渐退出了运动的核心。

1919年下半年，北京大学接受上海纺织业巨商穆藕初的十多万元资助，送5名学生留美，即段锡朋、罗家伦、康白情、周炳琳、汪敬熙。当时教育界人士讥之为"五大臣出洋"，这当然带有很强的讽刺意味。不少人认为，这5人能够留美，胡适居间策划起了很大作用。段锡朋以前的战友许德珩干脆认为，段锡朋被收买了，"回国后甘心附逆，成为蒋介石的一条忠实走狗"（许德珩《五四运动六十周年》）。

（杨　早）

许德珩
学运中的社会活动家

"五四"被捕的32位勇士之一、有"大炮"之称的许德珩，为寻求社会各界的声援，化装离开北京，踏上天津、济南、武汉、南京、上海等城市的串联之路，一路演讲宣传，对扩大运动声势、促进"三罢"可说起到了很大作用。他发起成立的九三学社，仍然是"五四"精神——民主与科学的体现。

1918年5月，留日学生因抗议中日军事秘密协定举行集会，遭到日本的镇压。留学生为示反抗，罢课回国，其中的代表李达、龚德柏到北大讲述了事件经过，激起学界的极大愤慨。北大、高师、高工等校两千多人到总统府请愿，并从各校中推出八名代表与政府对话，其中的北大代表就有许德珩和易克嶷、段锡朋。但这次活动在递交请愿书后，便无声无息。不过，这毕竟是"中国学生第一次的游行请愿运动"（许德珩《五四运动六十周年》），可说为一年后的五四运动做了铺垫，积累了经验，培养了组织者——一年后的同一批学生领袖就显得成熟许多。

欢迎山东籍被捕学生出狱留念合影，前排左起第七人为许德珩

请愿后不久，许德珩与易克嶷代表北京的学生救国会，利用暑假南下联络，一路经天津、济南、武汉、九江、南京，最后到达上海，在这里除了会见各校学生代表外，还拜会了同情学生运动的孙中山、廖仲恺——由此看来，"文革"中的串联实在不能算是创举。费了一个多月的时间，组织起近乎全国性的学生团体——学生救国会。各地成员两百多人每人出大洋五元为基金，最后居然筹得一千多元，这在当时可是一个不小的数目。这样，会刊《国民杂志》得以在1919年1月顺利出版——刚好与《新潮》同日问世。李大钊被聘为导师，邵飘萍被聘为顾问。这些初步显示了年仅23岁的许德珩的过人的社会活动能力。

北大学生参加五四运动的组织和领导者，主要来自国民杂志社、平民教育讲演团和少年中国学会、新潮社，许德珩同时是前两个组织里的活跃分子。5月2日，许德珩从蔡元培那里听到了和会上中国外交大失败"这个晴天霹雳的消息"，便约集参加了国民杂志社的各校学生代表，当天下

许德珩参与编辑的《国民》杂志

午在北大西斋饭厅召开了一个紧急会议，讨论办法。会议决定5月3日晚七时在北河沿北大法科（后来的北大三院）大礼堂召开全体学生大会。北京13个中等以上学校的学生代表参加了这次大会，会上推定北大法科四年级学生廖书仓为临时会议主席（一说为易克嶷），推许德珩起草宣言。在学生中有"大炮"之称的许德珩也做了演讲。这个一千多人的大会，因谢绍敏的啮指血书"还我青岛"而呈现慷慨悲壮的氛围。最后，大会通过了包括次日"举行一次巨大的示威游行"在内的四项决议。

"五四"游行演变为殴打驻日公使章宗祥、火烧赵家楼曹汝霖住宅后，大批军警赶到现场，开始用武力驱散群众。少数想维持秩序、整队而行的学生因来不及撤退而被捕。许德珩与易克嶷被抓后，军警为了侮辱他们，故意把他们捆在拉猪的手推板车上，拉到步军统领衙门（前门内公安街，当年叫户部街）。在板车上，湖南硬汉易克嶷还说："二十年后又是一条英雄好汉。"（《五四运动六十周年》）这时已是下午五时，陆续被便衣侦缉队和警察拘捕到监狱的共有32名学生。他们都被囚禁在步军统领衙门的一间监房里，极其拥挤肮脏，只有一个大炕，东西两边各摆着一只大尿桶，臭气满屋。每半小时还要听看守的命令抬一下头，翻一个身，以证明还活着。到中午放风的时候才能大便，呼吸一点新鲜空气。看守的人每天提一桶开水，每人发一个大窝头。当晚，极为愤怒的许德珩"口占了两首诗以表心意"：

为雪心头恨，今日作楚囚。被拘三十二，无一怕杀头。
痛殴卖国贼，火烧赵家楼。锄奸不惜死，来把中国救。

"五四"时期北大平民教育讲演团的宣讲所

山东我国土，寸草何能让？工农兵学商，人民四万万。
为何寡欺众，散沙无力量；团结今日始，一往无前干。

(《五四运动六十周年》)

参照其他人的回忆，一些细节如关押地点和牢房情形等，与上面出自许德珩1979年著文的描述不尽一致。更多的回忆说他们被押送到六条胡同的侦缉队本部，然后又被押解至警察总厅，集中囚禁在一间屋子里，不准彼此交谈。当年一同被捕的北师大学生陈荩民（原名陈宏勋），在同样事隔六十年后，这样描述被捕后的情形：

我们被关进牢房后，被严加监视，不许交谈，不许走动，不给饭吃，不给水喝。直到当晚半夜，又把我们押解到警察厅。第二天（五月五日），又经过分别传讯，追查指使人，强迫我们承认打人放火是犯罪行为。我们异口同声、义正词严地回答："我们外争国权，内惩国贼，这是正义的爱国行为，你们能说我们爱国有罪吗？！"……当时，被捕的人分几间房间关押。我和高师同学向大光及其他学校学生

纪念黄埔军校建校60周年部分校友合影，前排左起第四人为许德珩

共七人关在一间牢房内，共用一盆洗脸水，待遇虽十分恶劣，但大家精神抖擞，毫不畏惧。(《回忆我在五四运动的战斗行列里》)

这就出现了有趣事：陈、许二人在同一年撰文，回忆当年二人同时经历的同一件事，竟出现了让后人疑惑的细节出入。毕竟隔了六十年的漫长岁月，记忆与自述都难免与曾经发生的事实有误差。在这些回忆文字中，许德珩说"五四"时胡适正在老家"丁忧"；又说梁漱溟考北大未被录取，反而被蔡元培聘为教师。其实这两条如同他的牢狱生活记述一样都与事实不尽相符。

在社会各界的强大压力下，被捕的32人于7日上午十一时许，由警察总监吴炳湘宣布获释。北大的20名学生，由校庶务主任接回。据许德珩说，汉花园红楼北面的广场（后来以民主广场著称）上放着五张方桌，"我们被捕的北大同学大约十二三人，都站在方桌上和同学们见面。蔡校长也在场。大家的情绪都万分激动，被捕同学没有一人说话，蔡元培校长讲了几句安慰并勉励的话，大家激动得热泪交流。……接着就参加《五七

许德珩（右二）于1982年在北京大学出席李大钊、蔡元培铜像落成仪式

周刊》的发行工作去了"（《五四运动六十周年》）。

当年站在迎接人群中的北大学生范云，这样描述"过了三十七年还深深地印在我的脑海中"的情景："蔡元培校长、许多教师和同学都在沙滩红楼大门外等候。汽车来了，同学们回来了，大家悲喜交集，拥上前，亲切慰问。在高呼口号声中，许多人都流出了眼泪。"（《五四那天》）

释放学生后，运动并没有结束。许德珩没有像陈独秀所说的"出了研究室就入监狱，出了监狱就入研究室"，而是立刻投入出版并上街出售《五七周刊》以及北京学联的其他活动。为寻求声援以扩大运动声势，许德珩和黄日葵受学联委派，化装离开北京，再次踏上往天津、济南、南京等城市的串联之路，一路演讲宣传北京的运动，最后到达上海。在5月31日为北大学生郭钦光举行的追悼大会上，许向上海各界约十万人做了激动人心的讲演。随后，北京发生"六三"大捕学生事件，上海各界联合起来，组织起一个工、商、报界与学生的永久性联合机构"全国各界联合会"，形成规模和影响极大的罢课、罢工、罢市行动。许德珩这门"大炮"对促进"三罢"可说起到了很大作用。

在这些运动大获成功的基础上，6月16日，来自京、津、宁、沪、杭等地的全国三十多名学生代表在上海先施公司东亚酒楼礼堂，成立了中华民国学生联合会，这就是全国学联。许德珩是北京学联的代表，会后选举北大段锡朋和复旦何葆仁为正副会长。

1919年12月，这位"自一九一八年春留日学生归国、直到五四运动告一段落，从事救国运动"（《五四运动六十周年》），学业荒芜近两年的卓越活动家，在上海搭上了开往马赛的法国邮轮，踏上勤工俭学的旅途。

30年代，已是名教授的许德珩积极投身抗日救亡运动，他和马叙伦、白鹏飞、尚仲衣等作为北大代表参加了"北平文化界抗日救国会"，可说本色不改。为此，他又一次入了监狱。

以发起、组织和领导九三学社而为今人熟知的许德珩，大概一生的道路早已由五四运动而决定。在1979年中国社会科学院举行的"五四时期老同志座谈会"上，当年与许德珩一起被捕的32人之一的初大告，讲到学社的一段逸闻："许老一九四五年约我发起九三学社，原定为民主科学社，一九四五年九月三日日本签字投降，才定为九三学社。"其原初动机仍是基于他奋斗不息的"五四"精神——民主与科学。

（郑　勇）

张国焘
急速"左"倾的学运领袖

在因五四运动而急速"左"倾,从而改变了人生道路的人群中,张国焘无疑属于特别典型的一个。这位中共一大的全国13位代表之一,却曾经在"五四"前夜的讲演中紧张得双腿发抖,其浓重的乡音成为大家的笑柄……

中国共产党的成立受到五四运动的影响,这是毫无疑问的。五四运动推动中国青年向"左"转,形成一种爱好社会主义的风气。中共的发起者们,大多为五四运动中活跃而激进的活动分子——难怪毛泽东说,五四运动"准备了舆论,准备了人心,准备了思想,准备了干部"。在因五四运动而急速"左"倾,从而改变了人生道路的人群中,张国焘无疑属于特别典型的一个。

出生于江西萍乡县的张国焘,于1916年10月第一次到达北京,进入北京大学,被编入理工预科一年级第三班,住在北河沿第三宿舍。正是这一年,蔡元培出任北大校长,守旧而腐败的北大开始风气渐变。次年春,陈

1919年5月4日天安门前的学生集会

独秀出任北大文科学长,随之从上海迁来的《新青年》先后发表了胡适和陈独秀的《文学改良刍议》《文学革命论》,拉开了新文化运动的序幕。1918年12月陈独秀主办的政治性刊物《每周评论》,1919年1月傅斯年、罗家伦等创办的《新潮》月刊,在当时被视为《新青年》的两个卫星,对新文化运动起到了推波助澜的作用。在这种的环境中,最初埋头于功课、成绩还算优良的张国焘,也成为北大学生中最先拥护新文化运动的一员。新思潮像洪流一样到处泛滥,新旧之争不仅在校园和社会之间展开,北大师生内部也在课堂与宿舍里到处辩难。张国焘与父亲之间的分歧也引起争论,家书往还成了父子两代人、新旧观念交锋的有趣方式。张国焘甚至最终说服父亲取消了家里代订的婚事。

作为五四运动的预演,1918年5月21日的总统府请愿事件虽然很不成功,而且影响范围也有限,但它却意义非凡。这次运动中的活跃分子,如许德珩、段锡朋、易克嶷、方豪等,大多是一年后的重要骨干;而且因为有了此次的失败经验,他们在五四运动的组织中,显得更加成熟。张国焘参加了这次以北大学生为主,反对签订中日协议的一千多位学生的请愿活动。请愿后,"救国第一"的结论为学生普遍接受,张国焘由此加入

位于原法租界贝勒路树德里的中共一大会址（现为兴业路76号），张国焘作为一大13名全国代表之一于1921年参加了这次会议

了不限于北大，但以北大学生为主体和核心的国民杂志社，并负责《国民杂志》月刊的发行工作。国民杂志社的一百多位社员基本都是狂热的爱国分子，后来成为五四运动的发动者和组织者，其中又可分为陈钟凡等保守派、易克嶷等调和派，以及张国焘和许德珩等激进派。除此之外，张国焘还与邓中夏（当时叫邓康）、罗章龙组织了一个平民教育会。在得到学校的支持后，该会改组为北大平民教育讲演团（成立于1919年3月23日，最初有39人），设有平民讲演所、平民夜校。《北京大学日刊》经常登载他们关于讲演人员、地点、题目等内容的启事。据此我们知道，1919年5月18日，张国焘讲演了"欧洲和会与世界和平"，邓康讲演了"青岛交涉失败史"，周炳琳（"五四"后留学美国，后成为北大法学院院长）讲演了"山东与全国之关系"。而25日，张国焘又讲演了"自卫""解放"二题，易克嶷则讲演了"抵抗强权"。

1918年11月11日，一战结束，中国似乎也成为一个对德宣战的战胜国，国人因之兴奋不已。在天安门举行的庆祝大会上，蔡元培和李大钊分别做了题为"劳工神圣"和"庶民的胜利"的演讲。象征八国联军入侵耻辱的克林德碑被拆毁，并被移置中央公园，改名为"公理战胜碑"，一时之间，

"公理战胜强权"成了公众的希望和舆论的话题。但不久传来的巴黎凡尔赛和会失利的消息,尤其是日本将接续德国在山东的权益的屈辱,陡然使对战后国家前途与命运寄予厚望的中国人震惊以至愤怒。而从袁世凯时代起即亲日卖国的财政总长曹汝霖(时任交通总长兼财政总长),前后驻日公使陆宗舆、章宗祥,也因而成了国民发泄怒火的对象。

据张国焘的《我的回忆》所言,是国民杂志社通告北大全体学生,于5月3日晚七时,在北大第三院大礼堂举行学生大会,并邀请高师、工专、农专、法专等校代表参加。易克嶷担任这个一千多人大会的主席,说明主旨后,张国焘登台发言。因为是第一次在重要的群众大会中发表演讲,张情绪不免有些紧张,加上他的萍乡口音很重,像"群众运动"这样的重要名词的发音,也不易被人听懂——但他的演讲还是博得了热烈的掌声。后来,"群众运动"也几乎成了他的诨名。有"大炮"之称的许德珩继张国焘之后演说,产生了更大的鼓动力量。在这种伴随着青春热情和政治狂热的集会氛围中,一位叫谢绍敏的学生当场啮破中指,血书"还我青岛"四字——第二天它成了与"废除二十一条""惩办卖国贼""拒绝签字和约"等同样备受关注的口号与旗帜。

5月4日的游行,由于教育部官员的劝阻,北大队伍成为最后抵达天安门者。当时流行着这样的说法:"罢不罢,看北大。北大要罢,不罢也要罢;北大不罢,罢也无从罢。"(周谷城《怀念蔡元培校长》)因为北大的迟到,唯北大马首是瞻的学生队伍出发时已是午后。

接下来的受阻于东交民巷外国使馆、转而火烧赵家楼、32人被捕等一系列事件,就广为人知了。5日上午,北大学生大会决定成立北大学生干事会,下午各校学生代表在北大又成立了北京学生联合会,素来重视平民教育、提倡演讲的张国焘担任讲演部长。学联所属各讲演团的提倡国货、抵制日货、发行传单报刊等工作,都由其领导。6月2日,沿东安市场、王府井大街到天安门一带中心地区,高举旗帜讲演的张国焘和其他6名同学一起被捕,平生第一次尝到铁窗的滋味。

政府的强硬立场进一步激怒了学界，这7名学生的被捕，引发了更大规模的学生讲演，这又招来更大规模的逮捕。双方如此一不做、二不休地针锋相对和升级，很快使被捕学生超过千名，监狱人满为患，北大第三院因而被就近辟作禁闭学生的拘留所。陈独秀说，6月3日"陡打大雷刮大风，黑云遮天，灰尘满目，对面不见人，是何等阴惨暗淡！"（《六月三日的北京》）

"六三"事件成为转折点，全国范围的罢课、罢市和罢工，使政府面对的不再仅仅是学生。迫于强大的压力，6月5日，学生被下令释放。10日，天怒人怨的曹、章、陆三人被免职。28日，中国出席和会的代表团宣布拒绝在和约上签字。至此，五四运动以胜利告一段落。

挽留蔡元培的努力，经过北京甚至全国范围的力争，也最终圆满结束。新学期伊始，蔡元培回到北大。学生欢迎蔡校长回校，会议由张国焘主持，曾任北京学生联合会的方豪致欢迎词。12月间，已被列入黑名单的张国焘与罗家伦一起潜逃到上海；1920年1月，张国焘与许德珩、康白情、刘清扬一起会见了孙中山，就新文化运动、学生运动、三民主义、中国革命的前途等问题，往复辩难。

经过四个多月的流亡，张国焘5月初重回北京。这时，五四运动中不少学生要角已踏上出国留学征途，如罗家伦、段锡朋、康白情、周炳琳赴美，而许德珩则搭上法国邮船。只有张国焘，还有两年的学程，留在国内。他辞去学生会和学联职务，预备安心读书。但7月，受局势紧张所迫，在李大钊的建议下，张国焘再次离京去沪，与更早被迫从北京到上海的陈独秀住到一起，经常讨论的话题是组建中国共产党。8月底，重返北京后，张国焘与李大钊、张申府共同发起中国共产主义早期组织，罗章龙、刘仁静与五位无政府主义者相继参加。9月中旬，北京共产主义早期组织第一次会议在李大钊办公室召开。11月底，正式命名为"中国共产党北京支部"，李大钊任书记，张国焘任组织工作，罗章龙任宣传工作。

由于李大钊校务繁忙，脱不开身，张国焘和刘仁静作为北京共产主义

中共一大会议因法租界巡捕的搜查而中断，张国焘与其他代表
分散转移到浙江嘉兴南湖，在一艘游船上结束会议

早期组织代表，出席了1921年7月在上海召开的中国共产党第一次全国代表大会，会议选出三人执委，陈独秀为书记，李达负责宣传，而张国焘则出任组织主任。会后成立了负责工运的中国劳动组合书记部，主任为张国焘（张特立，长辛店组织工运时化名）。中共二大，张国焘再次当选为组织部长。但在中共三大上，他的位置为毛泽东代替，直到中共四大才又成为中央委员。

此后，一直到中共六大，张国焘都是中共中央领导人之一。1931年，张进入鄂豫皖根据地，任中央分局书记兼军委主席。反"围剿"失败后，他率红四方面军长征，与红一方面军会师，任红军总执委。因与主张北上的毛泽东意见分歧，另立"临时中央"，与朱德率部西进。后又到达陕北，任陕甘宁边区政府副主席，逐渐淡出权力中心。心灰意懒的张国焘，借1938年4月前往祭黄陵之便，离开延安，到达武汉。

1949年，自知立身无地的张国焘避居香港，后又移居加拿大。1979年——"五四"后六十年，他黯然而寂寞地去世。

（郑　勇）

邓中夏
脱下西装换上工装

邓中夏兼有"秀才"和"牧师"的两种风格，或许正是这个原因，他成为北大活跃的学生社团——平民教育讲演团的总务干事。五四运动趋于平静后，邓中夏的思想却日趋激进：脱下西装换上工装，从学运到工运，年仅39岁就被杀害于南京雨花台。

在张国焘的笔下，1917年进入北大的邓中夏，带有浓厚的学究气味，"五四"后鼓吹社会改革的大道理，使人感觉到他兼有"秀才"和"牧师"两种风格（《我的回忆》）。或许正是这个原因，他成为北大活跃的学生社团——平民教育讲演团的团长。

成立于"五四"前夕——1919年3月23日的平民教育讲演团，既与新文化运动提倡白话文学、平民文学的精神一致，也体现了蔡元培长校后开办校役夜班与平民夜校的思路。因而，这种知识分子走向民众的潮流和努力，受到蔡元培的鼓励与支持。邓中夏一度出任讲演团的总务干事，五四运动中的活跃分子如许德珩、易克嶷、罗家伦、张国焘等也都是该团的骨干。根据章程规定，团员每月至少有两次外出讲演的义务。许德珩回忆他们当年的活动情形说："团员常到街道讲演，出发时两三个人或三五个人一组，事前拟好题目，选定地点，打着讲演团的白布小旗，有时仿照基督教救世军的宣传办法，携带一面小铜锣，到达一个人多适当的地方，主讲人站到高一点场所，另一个人打起锣来，这就讲起来了。"（《五四前的北大》）

如果说成立之初，讲演团的主旨尚在"增进平民智识，唤起平民之自觉心"（《北京大学平民教育讲演团简章》）；那么，在"五四"前夕与期间，讲演团大部分的讲演题目则集中于山东问题、日本的野心、爱国与救国，对五四运动的深入人心和唤起社会参与起到了重要作用——讲演团分成十几个小组，深入街道市井，有的远至京城之外的乡村和工厂，无形中也把"五四"的声音传播到这些地方，在对抗政府的压制中，争取到了更广泛的普通民众对学生运动的支持。正是由于政府大批逮捕讲演学生所造成的"六三"事件，才引发了全国范围的"三罢"，从而使五四运动转入一个新的阶段。

邓中夏讲过"家庭制度""国事真不可谈吗？"等题目，据《北京大学日刊》载，他在5月18日还讲演了"青岛交涉失败史"。在一次讲演过程中，遇到一百多名军警强令解散并占据讲台的干涉，在此情形下，邓中夏仍坚持讲完。后来，他还带领一个讲演小组定期到长辛店组织讲演，寻求工人群众对学生运动的支持。由于这种经历和基础，"五四"后倾向共产主义运动的邓中夏在那里开展了更激进的工人运动。

在五四运动中同样起到很大作用的组织是国民杂志社。作为其中的一个活跃社员，邓中夏参加了这份学生救国会刊物的编辑工作。许德珩回忆说，"五四"前夕，邓用"大壑"为笔名，每期都为杂志撰述"国内外大事"，介绍国际新闻，针对"南北议和""中日新交涉""国防军与日本"等时政多所鼓动（《五四前的北大》）。

在5月4日后成立的北大干事会里，邓中夏和黄日葵参加了文书股的工

1920年1月18日辅社聚会于陶然亭，左四为毛泽东，
左七为邓中夏，左六为罗章龙

作，负责编辑小报；在随后成立的北京学联中，邓中夏又担任了总务部干事。为发动全国各地的支持，学联向许多城市委派了学生代表，邓中夏回到故乡湖南，筹组起湖南学生联合会。

"五四"后，邓中夏组织起一个学生公寓式的新生活团体——曦园，以互助、学习、共同生活与亲身劳动（包括自己烧饭等具体要求）为宗旨，一起探讨社会问题和改革方案。据张国焘回忆，参加者有16人，多是湖南籍学生，除了邓、张外，还有易克嶷、罗章龙等。这个团体维持的时间似乎并不长，到1920年7月就因突然遭到暗探搜捕而解散。同时，邓中夏也参加了学术性质的政治团体少年中国学会，这个由李大钊和王光祈

邓中夏（前坐者）与黄日葵合影

发起、有108名会员的组织，曾被蔡元培视为"没有一点浮动与夸张的态度"，因而也"最有希望"（《工学互助团的大希望》）。学会的刊物《少年中国》由李大钊主编，晚出的另一份《少年世界》则由邓中夏负责。恽代英、张闻天、高君宇、郑伯奇都是其成员。分布全国各地的会员思想驳杂，由此导致后来的分歧以至分裂：邓中夏就因为与主张"国家主义"的曾琦、左舜生等人"道不同"，而最后退出学会。

1919年10月23日的《北京大学日刊》刊出了"邓康启事"："我的朋友

毛君泽东,从长沙寄来问题研究会章程十余张,在北京的朋友看了,都说很好,有研究的必要,各向我要了一份,要的人还不少,我就借本校日刊登出,以答关心现代问题的诸君的雅意。"章程共列出71大问题,10大主义,显见受到不久前胡适与李大钊"问题与主义"之争的影响。

五四运动趋于平静后,邓中夏的思想却日趋激进。在公开征求同道的马克思学说研究会的19位发起人中,就有中文系三年级的邓中夏(据《北京大学日刊》1921年11月17日)。从此,邓中夏踏上了一条义无反顾的新路。

当年和邓中夏有过亲密交往的"小妹妹"秦德君,后来这么回忆她所看到的邓中夏的"英俊"形象:"高高的身材,雪白的衬衫,酱红色的领结,笔挺的灰色西装,黄色皮鞋,横条花袜套"(《回忆李大钊、邓中夏、恽代英》)。而在另外一些场合,为了工作需要,他则穿着普通的学生装或工人服。和他一起在长辛店铁路工人中讲演,后来又一起组织劳动补习学校和工会性质的工人俱乐部的朱务善,说他"终日号召奔走,埋头苦干",以至于"每天吃两顿窝窝头或几个烧饼,用凉水送下,工作忙时,常常蓬

邓中夏走上社会的第一站——长辛店劳动补习学校旧址

1925年7月3日成立省港罢工委员会，图为邓中夏（左六）与部分委员合影

头垢面，不加修饰，晚间不能回北京时，则用几条板凳当床铺，摆在学校课堂里睡眠"(《星火燎原——回忆北京共产主义小组》)。如此深入民众，邓中夏可说是后来被毛泽东总结为"知识分子与工农运动相结合"的典范。

1922年10月，邓中夏接任张国焘的中国劳动组合书记处主任，草拟了一个劳动法大纲。在充分利用"五四"期间建立起来的良好群众基础上，邓中夏完成了他领导工人运动的"成名作"——长辛店铁路工人大罢工。随后，他又相继组织了开滦煤矿和京汉铁路工人大罢工，以及广为人知的1925年的省港大罢工——这一系列的运动似乎早在他面对民众的慷慨激昂的讲演中就埋下了伏笔。8年后，年仅39岁的邓中夏被杀害于南京雨花台。

（郑　勇）

罗章龙
亢慕义斋里的译者

在"山雨欲来风满楼"的时代大潮中,已是新民学会和辅社两个组织成员的罗章龙,进入北大后,又加入了毛泽东、陈公博等加盟的新闻学会。"五四"后,作为马克思学说研究会和中国共产主义早期组织的活跃分子,他在"亢慕义斋"里翻译起《资本论》和《共产党宣言》……

  1918年暑假,罗章龙与毛泽东和新民学会的一些会员,从湖南来到北京;9月,进入北大预科德文班学习。此时,中国动荡不安而又孕育着一场巨变的时局恰可以"山雨欲来风满楼"来形容——罗章龙正是用此语概括"五四"前夕的社会状况的。

  已是新民学会和辅社两个组织成员的罗章龙,在北大活跃的社团环境中,如鱼得水。入校不久,他又加入了10月份成立,由邵飘萍领导,有毛泽东、谭平山、陈公博等加盟的新闻学会。

  1920年3月成立的马克思学说研究会,标志着"五四"后急剧"左"

1921年罗章龙（前排左五）与马克思学说研究会其他会员在一起，后排左七为邓中夏

转的青年走向联合。名列19位马克斯（当时马克思译作"马克斯"或"马克司"）学说研究会发起人之中的罗章龙，亲笔撰写了启事，并找到蔡元培，请求校长批准刊载。1921年11月17日，《北京大学日刊》登出了公开招聘会员的启事，声明："本会叫做马克斯学说研究会，以研究关于马克斯派的著述为目的"，"对于马克斯学说研究有兴味的和愿意研究马氏学说的人，都可以做本会的会员"。在学会正式成立的大会上，蔡元培应邀出席并讲了话。

罗章龙还代研究会向蔡元培申请到两间房子，作为活动场所：一间做办公室，一间做图书室；他们取"communism"的译音命名为"亢慕义斋"。中间墙上贴有大家凑出、发起人之一宋天放书写的一副对联："出实验室入监狱；南方兼有北方强"——若说这是对联，不是糟蹋他们的修养，就是糟蹋对联艺术。或许应当说它是句口号：上联显然出自陈独秀的名言"出了研究室就入监狱，出了监狱就入研究室"；下联据说是李大钊概括的一句话，象征着"五湖四海的团结"。他们搜罗的藏书上就盖着"亢慕义斋藏书"的印章——直到现在，北大还保存着盖有这种印记的藏书。

研究会编译了马克思主义、列宁主义、康慕尼斯特等多套丛书。罗章龙是德文系的学生，能直接阅读黑格尔和马克思的德文原著，这项专长在学会里有了充分施展的机会——但动手翻译《资本论》与《共产党宣言》尚显力不从心。《共产党宣言》的第一句，他们译作："有一个幽灵，共产主义的幽灵，在欧洲徘徊。"其中"幽灵"和"徘徊"总觉不够达意，为了弥补直译的缺陷，又加了句说明："欧洲那时有一股思潮，像洪水在欧洲泛滥，这就是共产主义。"用张国焘的话说，此时醉心于俄国革命和马克思主义的罗章龙"具有谋而后动的素养"（《我的回忆》）。

1984年罗章龙在纪念邵飘萍的诗中，重提"五四"当年新闻学会和亢慕义斋的旧事

位于北大西斋学生宿舍的亢慕义斋，存放了很多外文版的马克思主义书籍

罗章龙进入北大前就加入过辅社，这个以湖南长沙第一联合中学学生为基础的不公开组织，和新民学会同时存在。1920年夏，北京共产主义早期组织成立，罗章龙与邓中夏、张国焘以及李大钊等为其成员。在"中国共产党北京支部"成立后，罗任宣传委员，负责主编北京党部的《工人周刊》，介绍国内外劳动消息，并鼓吹组织工会。由邓中夏和张国焘发动的长辛店工人俱乐部，经此宣传，产生较大影响。

罗章龙与邓中夏可说是北大中湖南学生的"双子星座"——在诸多社团组织中，留下他们共同的名字；许多活动中他们如同刘半农和钱玄同唱化名双簧戏一样默契配合；就连许多照片，他们也是同时出现的。1922年，罗协助邓中夏负责中共劳动组合书记部工作，并主编机关刊物《劳动》周刊。

1922年春，时任北大中共支部书记的罗章龙，组织发起非宗教运动，

1924年5月5日,国民党于上海庆祝孙中山就任非常大总统三周年,后排左二为毛泽东,左七为罗章龙,前排左一为邓中夏

出版了公开刊印马克思巨幅铜版像的《非宗教论》,除了陈独秀和李大钊等人的文章外,还收有蔡元培包括《美育代宗教》在内的7篇文章。

1923年6月,罗章龙离开北京到上海中共中央局工作,随后又奉命出国,出席共产国际第五次大会,会后转到巴黎、柏林、汉堡、荷兰等地工作。当时本应参加毕业考试,但不能赶回,于是写信给蔡元培,说明情况。蔡元培同意以后补考,所以,罗章龙推迟一年到1924年才毕业。

(郑　勇)

杨振声
从文化观点看"五四"

他认为"五四"在文化上,是"一古脑地反对中国旧文化,而又盲目地崇拜西洋新文化。换句话说,便是无批判地反对中国文化,而又无批判地接受西洋文化","当时对自己的文化,凡风俗、礼教、哲学、艺术、文学等只要是中国的旧东西,就不加分别,一概反对"。

1919年5月25日,在"五四"当日被捕、刚刚释放几天的北京大学国文系学生杨振声,受北京学生联合会委托,与其他三名代表一起,去向京师警察总厅办交涉,要求归还被扣留的《五七》日刊。

《五七》日刊是五四运动后,北京学生联合会为了便于继续奋斗,出版的一份小报(取名"五七",一是纪念5月7日被捕学生的释放,二来"5月7日"是日本向中国提出"二十一条"的国耻日)。学生在街头讲演时,可以用来分送路人。但刚出4期,就被警察扣留了。

警察当局拒绝了学生代表的要求。"警察总监吴炳湘又长又臭,夹软带硬地训了我们一顿，我们还是要他还我们的报。'你们煽动军警造反！'我们知道这是因为学生在街头讲演时，也有军警站在人群中听，而且在最近周刊上有一篇《告军警书》。他们有些惴惴不安起来。我们还是要他还我们的报。'怎么?'他的脸红涨得像灌肠。大叫：'给我扣下！'我们就被押送到一间阴湿发霉的小屋子里去了。"（杨振声《回忆五四》）

一星期后，杨振声被释放，同年11月便去了美国留学。但是作为五四运动前后的潮头人物之一，"五四"在杨振声身上留下的烙印是如此之深，他日后对"五四"的反思也就特别值得关注。

对于五四运动爱国和反封建的方面，杨振声一直是肯定的。《回忆五四》一开始就讲了"小时候的两件怪事"：嫁给牌位的新娘和横行霸道的日本兵船。"在他出狱后写的家信中，充满了对帝国主义和北洋军阀卖国贼的痛恨之情……当他在美国学成归国回蓬莱看望我们的祖父、祖母时，当地的美国传教士想见他，被他拒绝了，他对我们说，这些人到我们国家来传教、办学校、开医院，真正目的是为了侵略我们。"（杨起《怀念我的父亲》）

1918年，杨振声参与创始了新潮社，任《新潮》编辑部书记。从"五四"前发表的《渔家》《一个兵的家》到1920年的《贞女》，杨振声作品的特点是"极要描写民间疾苦"，如《贞女》写的就是一个姑娘因嫁给一个木头牌位而自杀的悲剧，正像鲁迅指出的，"每作一篇，都是'有所为'而发，是在用改革社会的器械"（《中国新文学大系·小说二集序言》）。

但在解放前后的著述中，杨振声开始对"五四"的文化意义进行怀

杨振声任书记的《新潮》杂志

两次逮捕杨振声的警察总监吴炳湘

疑和反思。在发表于1949年5月4日的《我蹩在时代的后面》中，杨振声将自己"五四"以来的表现概括为"我是闷在葫芦里了，这葫芦是以个人主义为表里的"，"我深感我的最大的敌人是我自己"，进而推衍到"五四时代的文艺"，认为"为人生而艺术的也好，为艺术而艺术的也好，都是以'小我'的兴趣为中心，以中产阶级的生活为内容的"。

在同日发表的《"五四"与新文学》一文中，杨振声指出了五四运动与新文学的关系："五四运动除了反帝反封建两层重要意义外，它还有一个附带的意义，那便是与新文学的关系。在根本上说，二者都是解放运动；在形式上说，五四运动是思想表现于行动的解放形式；新文学运动是思想表现于语言的解放形式。"他认为这个运动"主要是工具上的改变，就是以现代的语言来写现代的生活"，但它的内容是"以资产阶级为对象，以个人的兴趣为出发点的"，因此"自五四以来，三十年中的文学，在暴露帝国主义和封建社会方面最显出它的力量与成绩。换句话说，它还属于在破坏时代的产品,不是建设时代的产品"。

1950年,杨振声发表《从文化观点上回首"五四"》,全面地批判了"五四"在文化上的弊端,几乎达到了完全否定"五四"时期文化的地步。他认为"五四"在文化上,是"一古脑地反对中国旧文化,而又盲目地崇拜西洋新文化。换句话说,便是无批判地反对中国文化,而又无批判地接受西洋文化","当时对自己的文化,凡风俗、礼教、哲学、艺术、文学等只要是中国的旧东西,就不加分别,一概反对","再讲那时对西洋文化的态度罢,这是一物的阴阳两面。天哪,那真有点奴性的崇拜"。杨振声对"五四"后的文艺表示"惭愧",原因是"盲目地崇拜伟大与刻板地摹仿伟大,都不是伟大,也不可能创造伟大"。他觉得新文学对民间的东西吸收得不够,不是"土生土长的",因此不为老百姓喜闻乐见,导致了其"微弱的命运"。这些批判当然是受到了《在延安文艺座谈会上的讲话》的影响,但也不乏作者的亲身体会。

对于这种种弊端的起因,杨振声认为看似与反帝反封建的政治环境不一致,但实质上是相合的:"外抗强权,而又欲学其致强的原因,故一切吸收;内伤贫弱,而又欲消灭其贫弱的来源,故一切打倒。"他的结论是:"虽矫枉过正,势有必然;但到底是过正了。"

(杨 早)

匡互生
打进赵家楼的第一人

"匡互生发现曹宅有个窗户，他就利用从小练就的一身功夫，在同学们的帮托下，一拳打开了窗子，跃身而下"，一名警察冲过来将他抱住，被匡"蹲击于地"，然后匡互生"奋力拔开大门杠，大门一开，外边同学就在警察的刺刀下像潮水一样涌了进来"。

1919年5月3日晚，国民杂志社在北大法科大礼堂开会，做出了次日大游行的决议。与此同时，北京高等师范学校操场角北端的西花厅里，也正在举行一个秘密会议。

参加会议的都是刚刚成立的北京高师工学会的成员。5月1日，北京各专门学校已经决定在5月7日"国耻纪念日"举行市民大会，这次会议讨论的主题正是为了响应7日的大会，商讨4、5、6三日中联络各校学生的事项。

在讨论游行的方式时，会员中出现了辩论，"有些人只主张一种普

匡互生（第五排左起第六）与新民学会

通的示威游行，有些则主张非参加暴动不可"（名诚《匡互生先生的德行》），主张暴动最力的，是数理部学生匡互生。会后，匡互生和几名意气相投的会员又留下来密议，一直到4日天明。"大众都认为，血钟不响，民众是不能从酣梦中醒来对媚外的政府示威的"，于是决定"作一度流血大牺牲"。

其实，匡互生等人对借游行之机实施暴动早有准备。自巴黎和会消息吃紧以来，匡就和校内外的易克嶷、熊梦飞、罗汉、罗章龙等二三十人时常集会，讨论政治。在5月2日的会上，匡互生被公推为负责人，组成秘密行动小组，准备暴动或暗杀曹汝霖、章宗祥、陆宗舆等卖国贼（俞劲《对火烧赵家楼的一点回忆》）。小组有专人负责"探查卖国贼的住宅，查明行动的门路，进出的路线"，如曹汝霖的住宅，就是从高师附小曹汝霖儿子处探听到的。为了认识曹、章、陆等人，"大家想了一个办法，北京有个廊房头条胡同，是几家照相馆的集中地，当时政府的一些官员为了显耀

1919年5月7日北京高师师生欢迎被捕学生释放返校

自己，将各人的照片都陈列出来，我们就到照相馆去对认"（罗章龙《回忆"五四"运动和北京大学马克思学说研究会》）。据说，当时有位同盟会的老会员答允为小组提供一把手枪，但终于没有搞到。

哪知事情有变，各校准备7日开会的消息，被警方知悉，预备于当日禁止。于是北大学生会议决定将行动时间提前到4日下午，并于4日晨将改动通知了北京高师。匡互生等也就改变计划，派人联络各校的激烈分子，准备"伴大队游行至曹、章、陆等的住宅时候，实行大暴动"（匡互生《五四运动纪实》）。由此可见，冲击赵家楼是有所预谋的，并非像有人说的是示威学生一时冲动的结果，只不过这一预谋是小团体的秘密活动，"大多数学生是没料到会演出火烧赵家楼曹汝霖住宅和殴伤章宗祥等暴动事件的"（周予同《五四和六三》）。

由于事起仓促，小组成员只带了些火柴、小瓶火油，以便相机利用。

5月4日下午，游行队伍在天安门受阻，回师到赵家楼，发现有约一

1924年匡互生（前排右一）与朱自清（前排右二）等浙江上虞县白马湖春晖中学师生合影

连的警察在守卫。许多学生向曹宅投掷白旗后渐渐走散。就在这时，"匡互生发现曹宅有个窗户，他就利用从小练就的一身功夫，在同学们的帮托下，一拳打开了窗子，跃身而下"，一名警察冲过来将他抱住，被匡"踣击于地"，然后匡互生"奋力拔开大门杠，大门一开，外边同学就在警察的刺刀下像潮水一样涌了进来"（张石樵《怀念五四壮士匡互生》）。

至于谁点了赵家楼第一把火，很多回忆（如熊梦飞的）都说是匡互生。有的还绘声绘色地记述匡放火时被段锡朋阻止，说："我负不了责任！"匡互生毅然回答："谁要你负责任！你也确实负不了责任。"但据张石樵说，他亲眼看见，放火者是北京高师同学俞劲。

是日，军警捕去32名学生，匡互生不在其中。他本来准备去自首，"决以一身任其罪，毋使大众牺牲"（熊梦飞《五四壮举》）——他受无政府主义思潮的影响是很深的，后经同学劝阻而罢。

5月23日后，政府态度渐趋强硬，严令禁止集会讲演，步兵统领王怀庆还故意将十余名盗匪绑赴刑场，绕道经过各校门口，以此示威。这种形势下，一般群众多有退缩之意，匡互生对此很担忧，对同学说："如此下去，以壮烈始，而以畏怯终，于国事无益，宜冲破网罗，继续运动，与军警决斗，获最后之成功！不成，则以死继之。"（张石樵《怀念五四壮士匡互生》）于是联络各校同学，共同促成了"六三"游行的爆发。

6月以后，匡互生离京南下，任教于湖南第一高等师范，但仍关注北京的学生运动。他对运动后期的发展有些失望："七月后纯洁之民群运动，渐为投机者借以出风头，失却大众信仰，而政府亦颇知应付之方，旧调不可复弹矣！"

（杨　早）

闻一多
终身维护"五四"传统

昨晚才从进城的同学那里听说天安门前掀起风潮的清华学生,惊奇地发现:食堂门口贴出了一张大红纸,上面用工楷整整齐齐地抄着岳飞的《满江红》。这一下,平静的清华园也沸腾起来了。贴这张《满江红》的,是高等科二年级学生闻一多。

1919年5月5日清早,僻处城郊的清华大学。前一天晚上才从进城的同学那里听说天安门前掀起风潮的清华学生,惊奇地发现:食堂门口贴出了一张大红纸,上面用工楷整整齐齐地抄着岳飞的《满江红》。这一下,平静的清华园也沸腾起来了。

贴这张《满江红》的,是高等科二年级学生闻一多。

当时的闻一多,在旁人眼中并不是个激进的人。他少年时被人称为"书痴",本来就不大关心外界事物,加上又进了清华,所以到了"五四"前夕,他还在读《清诗别裁》,写《明城考》,对《清华学报》准备改用白话文仍然持保留意见(《闻一多年谱长编》)。这样一个人,居然会率先响应学潮，实在是件出人意料的事。

其实也不意外，闻一多在爱国的问题上是从不含糊的。1917年段祺瑞政府参加一战后，英国招工局来招收华工译员，清华学生视此为报国之途，钱宗堡、吴泽霖等报名被录取，但临行事泄，钱、吴被学校强制带回，并拟给予记大过处分。闻一多为之大呼："爱国无罪"，"爱国的权利，不容剥夺"！这句话被同学认为"十分精辟"，传扬一时（吴泽霖《老友一多二三事》）。

所以，5月4日清华召开57人会议，讨论是否参加"五四"时，闻一多说："清华住在北京，北京学生救国，清华不去参加。清华，清华，难道你真的不算是中国人的学校了吗？"（闻立鹏《血土》）此次会上，闻一多当选为学生代表。7日，学生代表团正式成立，闻一多任职于秘书部。

闻一多在5月17日的家信中，向父母叙述了自己对五四运动的看法："国家至此地步，神人交怨，有强权，无公理，全国懵然如梦，或则敢怒而不敢言。卖国贼罪大恶极，横行无忌，国人明知其恶，而视若无睹，独一般学生取冒不韪，起而抗之。虽于事无大济，然而其心可悲，其志可嘉，其勇可佩。"同时，闻一多对清华大学在运动中的表现感到十分骄傲："此次北京二十七校中，大学（指北京大学）虽为首领，而一切进行之完密、敏捷，终推清华。……清华作事，有秩序，有精神，此次成效卓著，亦素所习练使然也。"他对自己在代表团中的作用也颇感自豪："男与八哥均在秘书部，而男责任尤重，万难分身。"并告诉父母，他决定暑假不回家，

闻一多出国前与父亲合影

1945年闻一多游石林时留影

在学校参加爱国活动:"男在此为国作事,非谓有男国即不亡,乃国家育养学生,岁靡巨万,一旦有事,学生尚不出力,更待何人?"

他的一位同学这样记述了闻一多在运动中的表现:"闻一多则埋头苦干,撰通电、写宣言、制标语,做的是文书的工作。他不善演说,因为他易于激动,在情绪紧张的时候满脸涨得通红,反倒说不出话。"(梁实秋《谈闻一多》)

最能体现闻一多的热情和勇气的是6月4日的游行。前一天(3日),北京学生恢复了一度中断的街头演讲,立刻遭到政府的严厉镇压,清华大学进城的百余名学生全部被捕。但第二天仍然有160多名清华学生进城,执行市学联上街演讲的决议。闻一多本来被分配做文书工作,一向不参加演讲,但这天也和大家一起出发了,而且行前也带备了水壶干粮和洗漱用具,做好了坐牢的准备。

6月16日,全国学生联合会在上海成立。闻一多作为清华代表,参加了旋即召开的学联常会。6月27日,全国学联第一次临时干事会讨论了日刊出版问题,闻一多正式担任学生联合会日刊编辑。

8月5日,全国学联举行闭幕式,孙中山在会上演讲,给闻一多留下了极深刻的印象。孙中山在演讲中指出:"惟学界此次举动,差强人意。盖以革命经验而言,其弊亦复在乎不统一。"闻一多对"五四"的看法明显受此影响,直到1945年,闻一多还认为,因为当时工人没有起来,所以五四运动算不得成功。他的看法是:"当初五四运动是一个零碎的青年运动,没有组织,慢慢才出现群众的运动,那时由于国民党的加强,这运动转成了一个具体的政治运动：由于一个党派，有组织的集团的接受和领导，于是这运动有了结果。当时我们感激国民党，感激孙中山先生的领导。"（1945年5月3日闻一多在"五四青年运动座谈会"上的发言）所以，他一度拥护国民党，拥护蒋介石的"一个领袖，一个党派，一个政府"。

而他对国民党产生怀疑，并最终分道扬镳，也与"五四"有关。1944年，国民党政府将原来定在5月4日的青年节改成了3月29日，这

闻一多为清华年刊绘的插图

引起了素崇"五四"传统的西南联大师生的强烈不满，到了蒋介石在《中国之命运》一书中正式提出要"恢复儒家的伟大传统"，闻一多简直忍无可忍了。他在《八年的回忆与感想》中写道：

<blockquote>
《中国之命运》一书的出版，在我一个人是一个很重要的关键，我简直被那里面的义和团精神吓一跳，我们的英明领袖原来是这样想法的吗？"五四"给我的影响太深，《中国之命运》公开的向"五四"宣战，我是无论如何受不了的。
</blockquote>

闻一多一度拥护国民党是因为他"爱国"，他后来反对国民党是为了要求"民主"和"进步"。这种种态度无不与"五四"精神息息相关。闻一多曾严厉抨击西南联大当局"胆小怕事，还要逢迎"。他在1944年5月3日的"五四"晚会上说："在一个没有民主的国家，埋头搞学问有什么用？学生是国家的主人，有权过问国家大事，如果认为一个国家要学生耽误学

业来过问政治就是不幸,那么,造成这种不幸的原因,还不是因为没有民主?""五四的人物是没有完成五四的任务的。五四要科学,要民主,而靠五四起家的罗家伦、段锡朋之流,都堕落成反民主的人物了。"(萧荻《我们应当写闻一多颂》)做出这一切的批评,闻一多依据的都是"五四"的标准。

从这里我们可以明白,闻一多虽然在很长时间内专心治古典,以致足不出户,被戏称为"何妨一下楼主人",但由"五四"点燃的尊尚爱国、民主、科学的火焰,从未在他胸中熄灭。他虽然有很好的古文功底,但却"愈读中国书愈觉得他是要不得的"。罗隆基曾说闻一多从拥护国民党到反对国民党是"变",其实只不过是他一直遵奉着五四精神罢了!闻一多政治上的识见可能不见得高明,但他却是一个坚持自己信念的人,在青岛大学时劝阻学生运动时如此,在昆明时支援学生运动亦复如此。用他自己的话说,就是:

> 我是幼稚的,但要不是幼稚的话,当时也不会有五四运动了。青年人是幼稚的,重感情的,便是青年人的幼稚病,有时也并不是可耻的,尤其是在一个启蒙的时期,幼稚是感情的先导,感情一冲动,才能发出力量。(《五四历史座谈》)

(杨 早)

梁实秋
五四运动的"局外人"

"我深深感觉'群众心理'是可怕的,组织的力量如果滥用也是很可怕的。我们在短短期间内驱逐的三位校长……人多势众的时候往往是不讲理的。学生会每逢到了五六月的时候,总要闹罢课的勾当,如果有人提出罢课的主张,不管理由是否充分,只要激昂慷慨一番,总会通过。"

1919年在北京读书,后来又成为新文学健将的人物,"五四"时大多是热情的参与者,但梁实秋是个例外。他在"五四"时并没有足以为后人提及的个人行为,后来关于"五四"的评论也颇有批判的意味。从这里我们似乎已可以窥见梁实秋作为"新人文主义者"的轨迹。

梁实秋于1915年考入清华,当时的清华还只是"留美预备学堂",僻处城郊的海淀,纪律严明而且重外轻中,"回家的手续是在星期六晚办妥的,领一个写着姓名的黑木牌,第二天交到看守大门的一位张姓老头儿手里,才得出门。平常是不准越大门一步的","大部分学生轻视中文的课程,这是清华在教育上最大的缺点"(《清华八年》)。在这样的环境中,

少年时代的梁实秋

清华学生和外界，和城内学校的联系都不太多。因此"五四"当天，并没有清华学生参与游行。

但是清华并非就是世外桃源，即使是被同学认为"不太问时事"的梁实秋，对清华内部的状况，也同样表现出了反抗的一面。梁实秋自小家庭规范极严，他对清华严厉的纪律倒能安之若素，数十年后还坚持认为，"至少我个人觉得我的个性没有受到压抑以至于以后不能充分发展"。但梁实秋对充斥清华的对中文的轻视不能无所感触。清华当时上午上用英文讲授的课，下午上用中文讲授的课，极不重视中文课，不尊重中文教师。"这在学生的心理上有不寻常的影响，一方面使学生蔑视本国的文化，崇拜外人，另一方面激起反感，对于外人偏偏不肯低头。"梁实秋的反应属于后者，"我下午上课从来不和先生捣乱，上午在课堂里就常不驯顺。而且我一想起母校，我就不能不联想起庚子赔款，义和团，吃教的洋人，昏聩的官吏……这一连串的联想使我惭愧愤怒"。

所以5月19日北京学生开始街头演讲后，梁实秋也随着大队进城了。在前门外珠市口，梁实秋所在的小队从店铺里搬来几条木凳横排在街道上，开始讲演。人越聚越多，讲演的情绪越来越激昂，这时有三两部汽车因不得通过而乱按喇叭，顿时激怒了群众，不知什么人一声喝打，七手八脚地捣毁了一部汽车。这件事使梁实秋对五四运动有所反思："我当时感觉到大家只是一股愤怒不知向谁发泄，恨政府无能，恨官吏卖国，这股恨只能在街上如醉如狂地发泄了。在这股洪流中没有人能保持冷静，此之谓群众心理。"

接下来的一件事让梁实秋开始反感"五四"的做法了：章宗祥的儿子和梁实秋同一宿舍，五四运动开始后，章子就悄悄走避了。但是还是有许多人不依不饶地涌进了寝室，把他的床铺捣烂，衣箱里的东西也扔得狼藉满地。这让从小在守礼不移的旧家庭长大的梁实秋非常不满。

正如梁实秋所说："五四运动原是一个短暂的爱国运动，热烈的，自发的，纯洁的，很快就过去了。可是年轻的学生们经此刺激震动而突然觉醒了。""五四"之后，运动中建立起来的学生会开始向学校要求自治的权利，选举评议会过问学校事务。梁实秋在清华的最后几年一直担任评议员。他对这种经历的感想居然是："我深深感觉'群众心理'是可怕的，组织的力量如果滥用也是很可怕的。我们在短短期间内驱逐的三位校长，其中有一位根本未曾到校，他的名字是罗忠诒，不知什么人传出了消息说他吸食鸦片烟，于是喧嚷开来，舆论哗然，吓得他未敢到任。人多势众的时候往往是不讲理的。学生会每逢到了五六月的时候，总要闹罢课的勾当，如果有人提出罢课的主张，不管理由是否充分，只要激昂慷慨一番，总会通过。"对此梁实秋感叹道："罢课曾经是赢得伟大胜利的手段，到后来成了惹人厌恶的荒唐行为。"

梁实秋对五四运动总的评价是："五四往好处一变而为新文化运动，往坏处一变而为闹风潮。"他对闹风潮的反感自不必说，即便他肯定的新文化运动引发的"求知的狂热"，梁实秋在日后回忆起时也

1922年梁实秋赴美留学前留影

不无微词:"因为探求新知过于热心,对于学校的正常的功课反倒轻视疏忽了","追逐时尚,皇皇然不知其所届,这是五四以后一窝蜂的现象,表面上轰轰烈烈,如花团锦簇,实际上不能免于浅薄幼稚"。梁实秋的口气,倒好像他只是五四运动的一个观众,而并非身处其中的热血青年。

(杨　早)

郑振铎
风雷中的新探索

像许多亲历过"五四"的人一样，从一个学工科的普通学生，到一名优秀的学者和文化活动家，对于郑振铎而言，这迥然不同的人生选择的转折点，正是发生在1919年的五四运动。他全身心地投入到这场运动中，不但完全改变了自己生活的方向，还为以后的事业开辟了全新的天地。

1919年5月4日，是一个星期天。吃过午饭，郑振铎没有像以往那样到基督教青年会的图书馆去看书，他躺在床上，决定好好放松一下连日苦读而略有些疲惫的身心。自从他下定决心离开家乡到北京来求学，已是两年过去了。1918年，他顺利地考上了交通部铁路管理学校英文高等科。这所学校不但学费低，而且毕业后的工作也有保证，再加上三叔的极力推荐，他没有另加选择。入学后不久，他偶然发现了青年会的图书馆里有不少好书，尤以俄国文学名著的英译本为多，这使他欣喜若狂。以后，他就整天泡在那儿，埋首于那些大部头的著作中。在这个小小的阅览室中，他还结识了一些也经常来看书的年轻人，并且和俄文专修学校的学生瞿秋白、耿济之，汇文中学的学生瞿菊农成了无话不谈的好朋友。他们几乎天天见面，在一起阅读俄国文学，讨论《狂人日记》，评点国家大事，十分投机。那几天，正在巴黎召开的和会一直是他们谈话的重心。

郑振铎刚刚合眼睡了一小会，忽然被窗外的一片叫喊声惊醒了。他急忙翻身下床，跑到外面的一个空场上去看。只见东面赵家楼的上空正翻腾着浓黑的烟，夹着血红的火焰，突突地向上冒着。"是哪一家失火呢？"他正这么想着，忽然看见一个头上受了伤、裹着白纱布的巡警，由两个同伴搀扶着，走进了空场上的"警察格子"。没过多久，他又看见一个学生模样的人，穿着蓝布大褂，飞奔过来，几个巡警在后追着，追到空场上，把他捉住了。郑振铎十分惊讶地看着这一幕，不知道发生了什么事。

第二天一大早，他就匆匆赶到学校，正碰上几个同学在热烈地讨论前一天的事情。他旁听了一会，又急忙找来了当天的报纸，才知道那场大火是怎么回事，而他自己的学校因为不起眼，没有被通知参加活动。

郑振铎的情绪立即激动了起来。他一面为前一天近在咫尺却未能身临其境而遗憾，一面立即组织自己学校的活动。他首先赶到了马神庙的北京大学第二院，参加了当天组建的"北京中等以上学校学生联合会"的成立大会，他作为铁路管理学校的学生代表，在会上发表宣言，参与讨论，非常积极。他的发言给大家留下了很深的印象，以至于许多年后，当时还是协和女大一年级学生的冰心仍清晰地记得那个大个子慷慨激昂的形象。他们还打听到一些在天安门广场演讲的同学被关押在天安门的两个门洞里，郑振铎就和其他同学一起为这些勇士送去食物和铺盖，但全给军警毫不留情地拦住了。交涉了不少时间，软磨硬泡，最后几乎要破口大骂了，仍是没有结果，待到他愤愤地回到家中时，已是半夜了。

没睡多久，叔叔就把他叫了起来，责问他昨天的去向，并且再三告诫他不要多管闲事，这几天只能待在家里，不许外出。他一声不吭地听着叔

1923年郑振铎（中）与胡愈之（左）、王伯祥在无锡梅园

叔的唠叨，心中却在想着当天要做的事情。急急地吃完早饭，趁着叔叔婶婶不注意，他悄悄地溜出了家门，又赶往北大去了。

　　北京的事态愈加严重，北洋政府的态度居然十分强硬。5月9日，北大校长蔡元培辞职离京，引起学界一片震动。北京各大中院校立即宣布于5月11日一致罢课，以示抗议。各校的学生代表则天天聚在一起开会，商讨时局的进展与学界的对策。郑振铎在会上遇见了图书馆里的老朋友瞿秋白、耿济之和瞿菊农等人，他们也分别做了各自学校的代表，大家在这种场合重逢，自然十分高兴。然而，正如他以后所回忆的那样，在这样一场大运动中，虽然总的方向和口号是统一的，对外亦能同仇敌忾，但学生们的思想良莠不齐，态度自然也不会完全一致。辩论和斗争自是难免，但其中也显示出"封建性"的"门户"。像在"学生联合会"里，郑振铎等几个人代表的是小单位，非常不引人注目，也没有其他大学校的人主动与他们一起活动。他和瞿秋白等人比较熟悉，同病相怜，这群来自"俄专""汇文"和"铁路管理"的人便很自然地聚在一起，形成了一个小

1931年秋郑振铎（左二）与高梦旦（左一）、胡适（左三）等在北京西山

"集团"。成熟老练的瞿秋白当然地成了他们的"首领"，而郑振铎无疑是他们中热情最高、最热衷于组织工作的一个。

由于风声很紧，他们时常变更开会的地点，大多定在东城的汇文等几个教会学校，时间总是在晚上。一个个地溜进去，开完会后又一个个地溜出来，不敢成群结队地走，还得时时防备有人"盯"着。虽然很危险，但大家仍尽力地工作。郑振铎以后对此曾有过十分亲切的回忆："我们都是第一次从事于学生运动和组织工作，所以一切都很生疏。但是，议决了，便去做，谁也不推诿，谁也不躲避。虽然行动很谨慎小心，却绝对不故意的躲避危险。"（《前事不忘》）

但是，交通部和铁路管理学校当局却十分害怕学生闹事，先是下令全体学生于6月3日分赴京汉、京奉、京浦三路旅行参观；后来又宣布取消学期考试，提前放暑假，强令学生们在6月4日回家，还提供了免票乘车的优惠。北京的运动正开展得如火如荼，郑振铎根本不愿意在此时离京，但叔叔婶婶生怕他的"胡作非为"连累他们，极力劝他回温州，哪怕暂时离开也好，省得他们操心。郑振铎也已有两年因为没钱买票而没有回家了，心中十分牵挂母亲和祖母，难得有这么一次机会，他只得同意南下，回温州省亲。

让他喜出望外的是，北京的学生运动在全国已大有星火燎原之势，不但上海、广东纷起响应，即便僻处东南一隅的家乡小城，也已经感受到爱国巨浪的冲击。5月中旬，温州的学生就成立了自己的联合组织，上街游行、发布宣言、集体罢课，一样干得有声有色。他一回到家中，旧日的伙伴便围住了这位来自运动中心的大学生，要他讲讲北京的最新动态。看到以前的同学都能积极地投身爱国运动，郑振铎十分高兴。对所有的邀请他几乎来者不拒，频繁地出现在各种会议上，向家乡的同学宣讲他们在北京的情况，介绍北京学生的活动经验。对他而言，这不过是从一个战场转移到另一个战场。与此同时，他还应老同学之邀参与了《救国讲演周刊》的创办。这份售价仅为五枚铜板的小刊物面向温州的普通百姓，内容通俗易懂，文字深入浅出，形式生动活泼，文笔大胆深刻，针砭时局毫不留情。给该刊写稿的大多是温州各学校的老师和学生，郑振铎自然也是其中非常活跃的一个。虽然作者们多用笔名，我们如今已无法确知哪些文章是他所写，但可以肯定，这其中必有不少出自他的手笔。这个刊物只出了几期，便因为冒犯了当局，不但被禁止出版，而且编辑部也被查封了。这是郑振铎第一次参与编辑刊物，也是第一次尝到刊物被查封的味道；自然，他当时并没有想到，那些以后都将成为他生活的主旋律。

除了编辑周刊，郑振铎在家乡的另外一项重要活动，就是参与了温州第一个新文化团体——永嘉新学会的组建。这个学会的成员大多是追慕新思潮的年轻人，毕业或正就读于各地的大学，他们的思想虽不完全一致，但总的说来是力图更新墨守成规的思想界，"使新旧学术，融化为一炉"（《〈新学报〉发刊词》）。郑振铎虽然不是学会的主要成员，但奔走联络很是踊跃，并且首倡出版会刊《新学报》。8月中旬回到北京之后，他还为《新学报》撰写了一篇一万多字的长篇论文《中国妇女的解放问题》，从几个方面论述了妇女解放的必要性与方法。

这些在暑假前并没有预想到的实践活动为他以后的工作积累了许多宝贵的经验,也使他首次发现了自己在这一领域的才能和兴趣。之后不久,他就与瞿秋白等人创办了《新社会》旬刊,引起了广泛的关注。从撰稿到排版校对,事必躬亲,使他对编辑出版工作有了更加直观深入的了解。此后参与筹建文学研究会,主管会务;直至几年后被商务印书馆编译所看中,南下上海,他在出版和组织方面的杰出才华方得到更为充分的发挥。

像许多亲历过"五四"的人一样,从一个普通铁路站长的后备人选,到一名优秀的学者和文化活动家,对于郑振铎而言,这迥然不同的人生选择的转折点,正是发生在1919年的五四运动。他全身心地投入到这场运动之中,不但完全改变了自己生活的方向,更为以后的事业开辟了一片全新的天地。"五四"对于他的最大意义其实就在于此。

(颜　浩)

冰 心
被"震"上文坛的奇迹

从某种意义上说,冰心是中国现代文坛的一个奇迹。以一个十几岁的少女初执文笔,竟能开一时风气,而且她的创作竟然绵绵不绝,持续了近一个世纪。这个奇迹的产生,正有赖那场轰轰烈烈的五四运动,她是被"五四运动的一声惊雷'震'上了写作的道路"。

1918年8月,海军部军学司长谢葆璋18岁的长女婉莹,以全班最高分从北京贝满女子中学毕业了。这个温婉恬静、秀外慧中的女孩一直都是谢家的骄傲。在家中,她是父母的掌上明珠、三个弟弟贴心的好姐姐;在学校,她是勤奋严谨的好学生、老师和同学们公认的才女。这也实在是一个福泽深厚的女子:家境宽裕、父母开明、姊弟和睦,如今又能顺利地升入鼎鼎大名的协和女子大学,一偿当医生的夙愿。凭她的聪慧,也许不用多久,北京城里就要增加一位悬壶济世的名医了。当一年之后那场声势浩大的学生运动席卷整个中国大地时,婉莹正安静地在协和女大理预科修习她的学业。在此之前，她绝对不曾想到，这场运动竟会对她产生如此重大的影响，以至于完全改变了她人生的道路。

1919年5月4日，是星期天，婉莹没有去学校。几天以前，她就请了事假，住进了位于东交民巷东口的德国医院，照顾生病动手术的二弟为杰。这天下午，弟弟睡着了，室内很安静，婉莹坐在窗下，悠闲地翻着手中的书本。不一会儿，家里的女佣张妈轻手轻脚地走了进来。还没来得及放下手里的东西，她就兴奋地告诉婉莹一路上的情形。从谢家所在地铁狮子胡同到东单，再到东交民巷东口，这条平时安静的路上挤满了学生。他们手中举着纸旗，嘴里喊着口号，向沿街围观的人递送传单，马路两旁都是看热闹的群众。张妈费了很大的劲，才从人群中挤进医院。这真是从来没有见过的场面。

这是5月4日当天，婉莹第一次知道了关于这个运动的新闻，她觉得非常新奇。她突然想起陪为杰住院之前，曾经听说在巴黎和会上将有对中国代表团不利的决议，签署条约的驻日公使章宗祥回国的时候，数百名中国留学生赶到东京车站，大叫"卖国贼"，把写着"矿山铁路尽断送外人""祸国"等字样的白旗投掷进车中。今天的游行是不是与此有关？张妈说不清具体情况，更让婉莹坐立不安了。

好容易到了黄昏，在京汉医院任职的表兄来探望为杰。作为一个关心国事的知识分子，他对学生们的抗议活动知道得十分清楚，就将当天所发生事情的来龙去脉，以及血书明志、游行集会、火烧赵家楼这些令人热血沸腾的情景都原原本本地告诉了婉莹姐弟。

婉莹仔细地倾听着，她年轻的心也被一墙之外那些同龄人的热烈激昂而深深震动了。虽然身为养尊处优的大家闺秀，但婉莹并不是一个不问世事的旧式女子。童年时在烟台浩渺的大海边，父亲就向她讲述过他年轻时参加甲午海战、担任来远舰二副的亲身经历，还有随舰出访外国时的屈辱与难堪，当时父亲那种壮志难酬、忧国忧民的悲愤与无奈至今仍记忆犹新，父亲的爱国情怀也随之渗透到婉莹的血脉中。在贝满女中读书时，她

1918年冰心与母亲及三弟在北京

也曾和同学们一起,参加了反日讨袁的爱国集会,列队到中央公园去交爱国捐。当时贝满女中的领队李德全(后为冯玉祥夫人)还代表自己的学校,上台发表了慷慨激烈的演讲。婉莹虽然仅是随众行动,但平生第一次亲历的这种悲壮伟大的场面仍深深铭刻在她的心中。如今,这些记忆的种子都在她心里萌动起来。

婉莹再也坐不住了。第二天清晨,她就劝说二弟离开了医院。刚回到家里,略作安置,她又匆匆赶回了学校。才走到校门口,婉莹就发现以往幽静的校园完全变了样,昔日两耳不闻窗外事的同学们也一反常态,都聚集在院子中央,面红耳赤地大声地议论着时局的变化。

稍一打听，婉莹才知道，为了压制学生们的爱国热情，前一天下午，北洋政府总理钱能训命令警察和宪兵逮捕了许多游行的学生，并且在晚上的紧急会议上通过了关于严厉镇压学生运动、处置被捕学生、封闭北京大学、撤换北大校长蔡元培等多项决议。形势朝着始料不及的方向向前发展。

北京学生迅速做出了反应。5月6日，北京中等以上学校成立了学生联合会，女子大学和女校也成立了女学界联合会。协和女大虽是教会学校，也组成了自己的学生会，并且选出四位代表和北京各女校组织后援会。婉莹虽然只是预科一年级的学生，算不上骨干分子，但她雅擅文笔是众人皆知的，因而被推举为协和女大自治会的文书，成为女学界联合会宣传股的一员。

根据学生联合会的决定，婉莹和她的同学们纷纷涌上了街头，向广大市民宣讲抗日救国的大道理。同时协和女大的学生们还亲手制作了绣花手帕上街出卖，以坚定人们使用国货、抵制日货的决心。她们还三三两两地抱着大扑满，站在尘土飞扬的长安街上和灰暗破旧的天安门前，拦住过往的人力车募捐，以帮助那些被捕的同学。此外，婉莹还参加了女学界联合会的演出筹款活动，在协和女大排演的《威尼斯商人》中扮演了一个角色。当然，作为文书，婉莹所要做的主要工作，便是以手中的笔做武器，撰写反帝爱国的宣传文章，表达大学生们的见解与看法，许多在大街上散发的传单上都印着婉莹精心写就的文

1929年冰心、吴文藻夫妇
与冰心父母在上海

1929年冰心与吴文藻结婚时合影

字。但婉莹始终觉得这种方式宣传面太窄，不能达到唤起最大多数民众爱国热情的目的。婉莹想起了正在北京《晨报》当编辑的表兄刘道铿。

1919年8月25日，北京《晨报》"自由论坛"上，发表了一篇名为《二十一日听审的感想》的杂感，叙述了作者在审判厅听审爱国学生的种种情况，以及她当时的心情和感受。文章署名：女学生谢婉莹。这是我们目前所知的婉莹发表的第一篇文章。没过多久，婉莹的另一篇文章《"破坏与建设时代"的女学生》也刊发在《晨报》上了。

自己的作品接连被大报采用，又得到了父母的支持，再加上放园表哥的鼓励，婉莹潜藏在心底的文学天赋被迅速地激发了出来，创作的激情撞击着她的心扉。正如以后她在整理文集时所说的那样："放园表兄觉得我还能写，便不断地寄《新潮》《新青年》《改造》等，十几种新出的杂志给我看，这时我看课外书的兴味，又突然浓厚起来，我从书报上，知道了杜威和罗素，也知道了托尔斯泰和泰戈尔。"（《冰心全集·自序》）这些

"五四"时期风行一时的报刊，以及它们所宣传的民主科学和西方思潮，对年轻的婉莹产生了巨大的吸引力；像《狂人日记》这样的作品，其新颖的形式和深刻的哲理，更使她为之震撼。而父亲的一位留美学生因家庭问题弃世的不幸，正给此时的婉莹提供了一个可遇而不可求的极好契机。作为一个未经世事的年轻女子，婉莹自知她的笔还无法像鲁迅先生那样冷静深入地剖析中国社会，也不足以描述波澜壮阔的宏大场面，她只能将自己的目光投向熟悉的学校与家庭，尤其是中国女性的命运与人生更得到她的关注。对婉莹而言，这种选材也许是下意识的；但现在看来，这无疑是一个十分明智的选择。

1919年9月18—22日，婉莹的第一篇白话小说《两个家庭》在《晨报》连载。它的作者有一个好听又好记的名字——冰心女士。13年后，她对为什么取这两个字做了一番解释："一来是因为冰心两字，笔画简单好写，而且是莹字的含义。二来是我太胆小，怕人家笑话批评；冰心这两个字，是新的，人家看到的时候，不会想到这两个字和谢婉莹有什么关系。"（《冰心全集·自序》）从此以后，随着《斯人独憔悴》《是谁断送了你》《秋风秋雨愁煞人》《超人》等小说的接连问世和广受好评，"冰心女士"这个名字迅速地引起了社会的注目。她对于社会和人生的思索，尤其是她对母爱、童心和自然始终不渝的追寻，得到了同时代人的强烈共鸣；她独特的表达方式和取材角度也被许多作者争相仿效，在文坛掀起了"问题小说"的创作热潮。在纪念《晨报》创刊一周年的特刊上，冰心的名字居然与胡适的专稿、鲁迅的《一件小事》并列在一个版面上。19岁的婉莹就此正式登上了文坛。

1921年暑假，婉莹从协和女大理预科毕业了。她听从了一些朋友的建议，改行读了文本科，并且跳了一个年级。一年多以前，协和女大已并入了燕京大学，婉莹也因此成为燕大的一名新生。自此，她就完全放弃了当医生的理想，全心全意地投入到她所深爱的文学领域中。

从某种意义而言，冰心是中国现代文坛的一个奇迹。以一个十几岁的少女初执文笔，竟能开一时风气，无论是问题小说的写作，还是译介泰戈尔的小诗，她都堪称翘楚；而且她的创作竟然绵绵不绝，持续了近一个世纪。而这个奇迹的产生，正有赖那场轰轰烈烈的五四运动，正如冰心自己所说的那样，她是被"五四运动的一声惊雷'震'上了写作道路"（《从"五四"到"四五"》）。这种命运的转折看似带有很大的偶然性，实则是一个必然。"五四"对于中国的意义，不仅仅在于它改变或加快了现代社会的进程，更体现在它是现代启蒙思潮的开端。摈弃专制与愚昧，争取平等与自由，这是"五四"留给那一代知识分子最大的发现与启示。既具备传统的文化修养，又沐浴了近代西方思想的一批人，顺理成章地成为历史的最佳人选。冰心正是其中的代表。自然，她本人的不凡才华和成长道路的顺利又为她平添了别具一格的魅力，尤其是个人生活的完美幸福在同时代女作家中更为罕见。这或许也可以算是另外一种奇迹吧。

（颜　浩）

横空出世（续）

毛子水
于章、胡间觅明师

受到胡适器重、与傅斯年这样的学生领袖过从甚密，再加上聆听过章太炎反"孔教"的教诲，毛子水也就顺理成章地投身于"新文化运动"中。

1914年末，因有日本提出"二十一条"的传闻，京城一度盛传袁大总统"不惜背城一战"。虽然日后条约的签订，证明袁氏"已非原来的袁项城"，但当时谣言传到北大，还是人心惶惶，师生纷走以避兵燹。尚读预科的沈雁冰，急忙回到他那挤满"十来个床位"的宿舍，发现当初"抢先占去"室内"最好地位"的毛子水却"不曾走"，"照常读《段注许氏说文解字》"（茅盾《我走过的道路》）。

毛子水这一读书精神，日后顾颉刚提起也是"敬爱"有加，连连称赞其治学"严正"，"处处依了秩序而读书"——"每次到他斋舍里去，他的书桌上总只放着一种书，这一种书或是《毛诗》和《仪礼》的注疏，或是数学和物理的课本。"（顾颉刚《〈古史辨〉第一册自序》）毛子水阅读范围不仅有经学典籍，而且还有数理课本，这要缘于他报考北大预科时所填日后专业为"天算科"。出身读书世家的毛子水,在衢郡中学堂时"受了章太炎先生'学术万端,不如说经之乐'一句话的影响",本立志做个经学家。虽然"中学时对于所习功课,似最爱好几何一科",但"大部分中学的算学的功课"还是被"荒废"了。这倒并非单纯的重文轻理,归根到底还是出于少年毛子水对读书"门径"与"秩序"的秉持:他初入中学,就从《輶轩语》《书目答问》和《经解入门》中找到"读书门径"(毛子水《我与孟真的交往》);因此面对算学时,"校中用的教科书是《笔算数学》",而他"那时总想先得元朝朱世杰的《算学启蒙》一读,再从事近代人的算学书";得书未果,又"没有明师的指导","而有一知半解的目录学的知识,便免不了铸下大错"(毛子水《关于买书的一些回忆》)。读书从目录学入手,这一方法的优劣都在毛子水身上得到体现。

中学时虽在算学上未得"明师",但秉信章太炎"说经之乐"的毛子水,于1913年投考北大预科。当时"大学本部已没有经学一门",而在预科入学时,又须"填写将来进大学本部的科别"。毛子水并未选择"国文",填的却是"天算"。因为在他看来:"清代许多经学家都是通晓天算的;视天算为治经所必需。我于文字训诂虽略知门径,但天算则非有名师指授不可。"(《我与孟真的交往》)可知他选择"天算"还是为了"治经",而且希望寻得"名师"来成就经学家之理想,显然背后有过深思熟虑的自我设计。入学那年冬天,正是章太炎在"在化石桥共和党本部开国学会讲学"的时候,毛子水就拉着同学顾颉刚"冒了雪夜的寒风而去"听讲。这次国学会讲学,时间虽短,但章太炎"讲授时源源本本,如数家珍,贯串经史,融和新旧,阐明义理,剖析精要,多独到创见之处"(章太炎《癸丙之间言行轶录》),对受众影响极大,如顾颉刚就表示:

> 听了太炎先生的演讲,觉得他的话既是渊博,又有系统,又有宗旨和批评,我从来没有碰见过这样的教师,我佩服极了。……我自愿实心实愿地做他的学徒,从他的言论中认识学问的伟大。

而章太炎讲学的内容,虽然在毛子水看来"只是给初学的人说的,是最浅近的一个门径"(《〈古史辨〉第一册自序》),但国学会"专以开通智识、昌大国性为宗,与宗教绝对不能相混"的宗旨,力主"已入孔教会而复愿入本会者,须先脱离孔教会"的要求,以及对当时兴盛之孔教会"寄名孔子,所托至尊,又时时以道德沦丧,藉此拯救为说,足以委曲动人,顾不知其奸言莠行有若是者"的直接批评(章太炎《国学会讲学处通告》《反对以孔教为国教篇,示国学会诸生》),可能都对"新文化运动"前夜的毛子水、顾颉刚等人,影响深远。

讲学不到一个月,既是"明师"也是"名师"的章太炎,即遭软禁,毛子水聆教之福,也就此戛然而止。不过同学之中,"于国学同以章太炎先生为师"的傅斯年、顾颉刚,成为毛子水"最为志同道合的学友"(《毛子水先生行事著述简表》)。尤其是傅斯年,毛氏与他"常得于课余晤谈","从和他谈话里,知道他在没有进北大预科以前,对于'国学',已有很好的根柢了",而且"对于治'国学',非特能够利用乾嘉以后的学者所得的成果","时有很合理的新观念",更是成为毛氏"最佩服的"对象(《我与孟真的交往》)。傅斯年自己则继续勇猛精进,已颇养出些许学术领袖之气。或许是希望更多人能"对本国语言文学方面作些有用的贡献",1916年傅斯年预科毕业离开宿舍时,曾约毛子水"作一长谈",力劝毛氏"将来进本科时,改入国文系"。傅斯年"譬喻百端",仿佛毛氏"非专治国文必难有成就"。或因算学基础稍弱,或因未寻得"明师"将"天算"用于治经,再加上章太炎于他的昙花一现,此时的毛子水,即使一直依了秩序而读书,却也深知自己"已不能成天算专家,又不能成国文专家"了。不过他对此倒也安之若素,"自量只能做一个有健全常识的普通读书人",而"要做这样的读书人,似应该多知道一些逻辑,使自己在思辨事理时有较好的工具"。因此,毛子水1917年升大学本科时,"仍入数学系"(《我与孟真的交往》)。

1917年,正是"文学革命"如火如荼之时。留美归来的胡适,自信

"如今我们回来了，你们请看，要换个样子了！"(《胡适日记全编》1918年3月8日)，但同时上课中又如履薄冰，生怕自己旧学功底有限，招来笑话。1918年2月，他将自己一年前刊于《留美学生季报》的《尔汝篇》《吾我篇》，带有试探性地发表在《北京大学日刊》上。两篇文章的共同特点，都是胡适运用西方语法的概念，试图在"尔"与"汝"、"我"与"吾"之间，建立规律性区别(《北京大学日刊》1918年2月5至6日，2月19至21日)。文章出现后，引起了相当多的关注，虽然普遍赞许胡适"以新科学研究法研究吾国国学"(刘蘼和《书〈尔汝篇〉后》，《北京大学日刊》1918年2月9、2月18日)，但也依然对其中论断多有辩驳。毛子水"对文学革命这回事，感觉到并不重要"(毛子水《陈先生的文字学著作与最后的政治见解》)，但却主动与胡适这两篇文章进行对话。其实早在讲师刘蘼和最先发文提出异议时，胡适就在文末回复道："因日刊近又收到理科毛君准《书〈书尔汝篇后〉后》一文，故拟俟此文载完后一并答覆。"可见胡适对毛子水之文也给予着关注。毛氏在《书〈书尔汝篇后〉后》《〈书尔汝篇后〉后补》和《〈书吾我篇〉后》中，针对胡适、刘蘼和的观点，认为刘氏的指摘不免"深失之穿凿"，反倒是对胡适，"实不得不钦其读书之细心也"。不过对他的一些具体论述，毛氏同样不敢苟同——认为所谓的区别其实只是"用以调辞气者矣"。文章写得不卑不亢，能见出作者的自信与持重。(毛准《书〈书尔汝篇后〉后》《〈书尔汝篇后〉后补》《〈书吾我篇〉后》，《北京大学日刊》1918年2月22、23、25—28日，3月1日)值得注意的是，毛子水文章中动用了大量章太炎《国故论衡》等资源。而留美期间就关注《国粹学报》的胡适，对毛子水旁征博引却最终得出"调辞气"这一经验式的结论毫不在意，反而对毛氏本人产生了兴趣。据说因此毛子水"得到了胡适的赏识，此后，便常出入于胡家，……以致有人把毛子水戏称为'胡宅行走'"(季羡林《北大校长胡适》)。

受到胡适器重、与傅斯年这样的学生领袖过从甚密，再加上聆听过章太炎反"孔教"的教诲，毛子水也就顺理成章地投身于"新文化运动"

毛子水《国故和科学的精神》首页，
载《新潮》第一卷第五号

中。1919年，傅斯年、罗家伦创办新潮社与《新潮》杂志，毛子水成为第一批社员，但似乎并没有像傅斯年、罗家伦、杨振声、徐彦之那般成为团体核心。虽然日后五四运动兴起时，这些同人多为运动主将，但《新潮》创办时"以吾校真精神喻于国人""为将来之真学者鼓动兴趣"，通过"唤起国人对于本国学术之自觉心"，来"渐入世界潮流，欲为未来中国社会作之先导"的发愿，立意其实还在发扬学术之上（傅斯年《新潮发刊旨趣书》，《新潮》第一卷第一号，1919年1月1日）。"五四"那天就觉得同学们打人放火"有点过火""没什么意思"的毛子水（毛子水《不要怕五四·五四的历史是我们的!》），个人气质倒和《新潮》主旨更为契合。《新潮》前几号的文章，主要涉及"文学革命"与"伦理革命"，再加上西学新知的一点介绍，与《新青年》的面貌相同。第三号上，为了扩大参与面，傅斯年公开致信，"欢迎"理、法、工科的同学前来"光顾"（傅斯年《致同社同学和读者信》，《新潮》第一卷第三号，1919年3月1日）。果然，毛子水不负老友厚望，于4月写出了那篇著名的《国故和科学的精神》。

在文中，毛子水提出，"现在有一班研究国故的人，说他们的目的是'发扬国光'，这个意思最是谬误"，似乎有着相当强的针对性。"国故"是"中国过去历史的材料"，是"杂乱无章的零碎智识"，不如"欧化是有系统的学术"，所以"现在我们中国人最要紧的事情，就是吸收欧洲现代确有价值的学术，一来医治我们学术思想上的痼疾，二来造成一个能够和欧化'并驾齐驱'的'国新'"，这就是"用科学的精神去研究国故"的目的。毛子水多次强调"科学"精神与科学的研究方法，而且还时以数学史上的举例为证，这与"五四"前后的科学话语以及他个人数学系的专业密不可分。不过值得注意的是，他特别指出"疏证的学问"像西方"数学"一样，"能够使人生成'重征''求是'的心习。这种心习是研究各种科学的根本"。因此，他除了提到"研究过科学的"胡适与马建忠，还特意表彰章太炎"少时研究经学，实在是得疏证学所发生的'重征''求是'的心习的。这个心习就是科学的精神"。虽然指出章氏"不免有些'好古'的毛病"，但承认"却是我们一大部分的'国故学'，经过他的手里，才有现代科学的形式"。而且，他更看重章太炎《文学论略》中"'文'的用处就是达意思、代语言""'作文取法疏证'和'修辞立诚'"与胡适《文学改良刍议》之间的关系。在毛子水看来，《文学论略》对《文学改良刍议》"实在有'培植灌溉'的功劳"，而且还捎带着调和一下章、胡关于是否"诸子出于王官"的分歧观点（毛子水《国故和科学的精神》，《新潮》第一卷第五号，1919年4月19日）。可见，毛子水不仅深受以胡适为代表的新思潮的影响，对过去一直坚信的章氏之学略做反省外，而且更能在章、胡之间，做出自我解释性的调和。

文章一出，立即引起了不小的反响。新文化阵营中的傅斯年，在文末

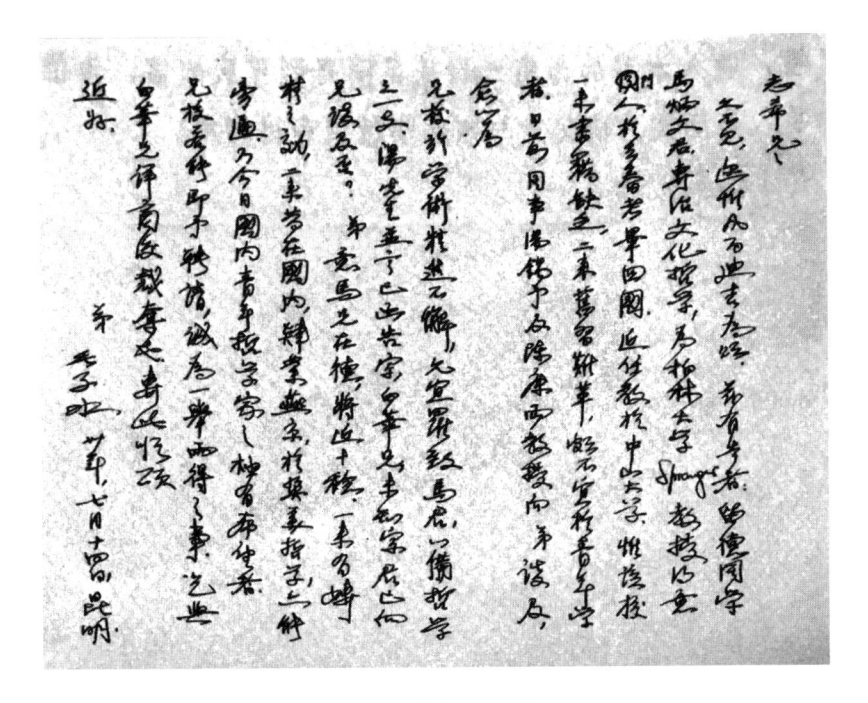

毛子水致罗家伦信，1941年7月

"附识"中大表英雄所见略同之意。而一个月前，针对《公言报》提出的以《新潮》与《国故》为代表的"新旧之争"，做出了明确否定的国故社（《请看北京学界思潮变迁之近状》，《公言报》1919年3月18日；《〈国故〉月刊社致〈公言报〉函》，《北京大学日刊》1919年3月24日），这次看到毛子水这篇隐隐有所指向的文章，倒也毫不避讳了。张煊立刻作《驳〈新潮国故和科学的精神〉篇》给予驳难（《国故》一卷三号，1919年5月）；而毛子水随后就在《新潮》上发表《〈驳新潮国故和科学的精神篇〉订误》，逐一挑剔张煊的"逻辑"，给予反击（8月15日作，《新潮》第二卷第一号，1919年10月）。关于毛、张之间驳难论辩的细读与引申，在今日学界已为人熟知（罗志田《新文化运动时期关于整理国故的思想论争》）。毛子水其实未能完全驳倒张煊，甚至个别处对于西学的理解也未见特别的高明，归根到底还是两人立场本就不同，因此也很难在同一个层面上产生真正的对话。一直给予《新潮》指导的胡适，在第一时间就读到了毛子水的文章，并且将基本支持的意见附在毛文末尾。不过胡适强调"做学问不当先存这个狭义的功利观念"，"应该尽力指导'国故家'用科学的研究法去做国故的研究，不当先存一个'有用无用'的成见，致生出许多无谓的意见"（胡适《致毛子水》，8月16日作，《新潮》第二卷第一号），从此拉开了他"整理国故"的序幕。而毛子水无意中也起到了开山之功。

毛子水将"国故"与"科学"建立关联，以他既熟知传统经学，又学习数学多年的个人特质，倒也称得上当之无愧。不过考虑到"科学"乃是"新文化运动"中的基本话语，毛氏在文中单纯阐述科学与发扬本国学术的关系，其实根本性的思考未出《新青年》一贯主张的范畴；而且除了一些科学史的介绍外，"科学"施之于"国故"者，好像除了"方法"二字外，远不如当初在"天算"与"经学"的关系设计上那般紧密。其实这可见出，在清末民初学术格局的激烈变化下，毛子水本欲治经，最终却阴差阳错地学习数理，在学问一途中似乎已显得有些无所适从了。不过，毛子水自己好像对"科学"精神仍有兴趣，他于1920年在《光明》杂志上发表了《科学浅说》，特别强调"科学方法是解决社会问题所必用的"（毛准《科学浅说》，《光明》第五册，1920年2月1日）。1922年，毛子水经历史系选考后赴德留学，专攻科学史及数学。1930年，回国任教于北大历史系，却似乎吸引不了多少听众：

> （毛子水）开"科学方法论"课程，选课的不限于历史系学生。他讲课时，引用数学公式太多，加上口才不佳，选课者寥寥数人，因为他为人厚道，判分比较宽松，各系的高年级同学临毕业时，有人为了凑足132个学分，选修这门课的每年也能维持三五个人。

毛子水日后出任北大图书馆馆长，"平日穿一件旧长衫，衣着不整，名士派头，对图书馆的事不大过问"，还是一贯的平易散淡。不过，这倒发

左一毛子水、左二查良钊、左三张维桢,坐者为罗家伦,
右二毛彦文,摄于1969年初

挥了他目录学的功底——"他是文史专家,精于古籍鉴定,北大图书馆收藏的善本古籍不少是他任期内买进的"(任继愈《松公府旧北大图书馆杂忆》)。

因此,即使毛子水在个人学术的展开上并不如其他同学少年那般蓬勃与顺利,但他北大读书时的言论表现,还是得到了新文化阵营的肯定。虽然接触不多,但陈独秀南下广州时,曾给李大钊写信,希望让毛子水随他去广州教书(《陈先生的文字学著作与最后的政治见解》);1920年北大数学系毕业时,正好校方"颇想对预科的国文教学施行新法","当时因校中国文系几位教授的主张",毛子水"便留校任教理预科的国文"。他后来听说国文系找到他,乃是由于傅斯年的推荐。另外,其日后得以出任图书馆馆长，也仍然是傅斯年知道他"教书非所长，对于网罗文献，则向所爱好"，因此向校方大力推荐的结果（《我与孟真的交往》）。

1920年冬至，"大约是胡适之先生出的主意"，蒋梦麟召集包括毛子水在内的"北大文史哲各系的教员中对中国古书有兴趣的人在他家里聚餐"，"餐后，大家讨论整理古书问题"。这次聚餐以及胡适发起的讨论，对毛子水影响很大："四十多年以来，我常以为这些事为我一生责任之一，所以当日的一饭，永在我记忆中。"（毛子水《关于孟邻先生的杂忆》）更为重要的是，在引发、认同和参与"整理国故"的过程中，也开始了他与胡适亦师亦友的关系。似乎经过新文化运动的洗礼，毛子水终于觅得可以亲炙的"明师"了。两人几十年来过从不断，甚至胡适身后，毛子水既撰写碑文，也每隔几年就写下一篇追忆胡适的文章，执礼甚恭。胡适在遗嘱中也要求毛氏作为保管、出版文稿的负责人之一，可谓信任之至。不过有趣的是，那时留在北京的章门弟子周作人，听闻此事后，连连摆手，"马上说不高明，不高明"（张铁铮《知堂晚年轶事一束》）。个中原因，恐怕就要另当别论了。

（卫　纯）

顾颉刚
"寂寞孤征"中"拓地万里"

顾颉刚因妻丧、续娶、生病而休学在家,错过了"五四"学生运动。蛰伏期间,他读《诗经》、搜"吴歌",为后来的歌谣研究、孟姜女故事研究及古史辨伪工作,埋下伏笔。他掀起的经学革命,成为新文化运动中,最为"激进"的学术实践。从行动力的果决及坚韧讲,顾颉刚丝毫不亚于参与政治运动的朋侪。寂寞孤征中拓地万里,顾颉刚身上正有将"革命"诉诸行动这一"五四"的特质。

1918年6月至1919年9月,北大学生顾颉刚休学在家,苦熬毕生这段最"颓废"的时光。

据《古史辨》第一册自序及日记,他"此一年中,情思鼓荡,几至发狂","既困于疾病,复伤于悲哀,读书和寻思的工作一时完全停止,坐

1912年1月29日顾颉刚（左二）加入中国社会党时留影

候着一天一天的昼夜的推移"。除了妻丧、续娶、生病等困扰外，悲哀之处，还在于"错过"。这是多么辉煌的时代啊！然而，热闹是他们的。众星闪耀中他茕茕蛰伏，时代喧嚣里他寂寞独征。一起创办新潮社的同学傅斯年、罗家伦等，因实际主持《新潮》编务，又走上街头，成为"五四"学生运动的领袖，年底更纷纷赴欧留美，名气、前程，都将顾颉刚甩在身后。而1920年顾颉刚从北大毕业后，不得不往返于京沪两地求职谋生，在"焦躁、彷徨、纷乱、困苦"的生活烦恼、事业焦虑中，长期失眠，"面目尪瘠，二十余岁时见者即疑为四十岁人"。

然而，就在1923年，与钱玄同的通信中，顾颉刚提出了"古史辨"运动的纲领"层累地造成的中国古史"，身在欧洲的傅斯年闻之惊叹，"颉刚在史学上称王"了。1924年，顾氏完成《孟姜女故事的转变》，人在巴黎的刘半农夸奖此文是"二千五百年来一篇有价值的文章"（刘复《致顾颉刚》，《歌谣周刊》第83号第2版）。顾颉刚的确拓出了20世纪现代学术的"万里河山"，这位五四运动的旁观者，竟转成新文化运动提交学术成绩单的代表。

恰恰是"五四"前后这段蛰伏的时光，顾颉刚"在寂寞独征之中更激

1920年8月顾颉刚与夫人殷履安于苏州

起拓地万里的雄心",为他"一生学术工作打好基础"。顾颉刚这个"非典型"的典型个体,抑或提供了一条别样的渠道,敞开我们对"五四"在思想文化上何以成为"五四"的持续思考。

顾颉刚在哲学思想到整理国故两方面都追随胡适,他对《新青年》上陈独秀、钱玄同的言论风格却颇为排斥。这背后有他对1917年蔡元培执掌北大后校园形势、思想界趋势的判断。《新青年》陈独秀、胡适两派反传统的根本立场相合,但具体姿态却异趣,也影响了学生辈。比如,顾颉刚和傅斯年,在反传统的态度上,就并不完全相同。

傅斯年抨击马叙伦《庄子札记》"种有几……万物皆出于机,皆入于机"等言,抄袭自胡适《中国哲学史大纲》,乃是《新潮》向学校旧势力发起挑战的典型事件。顾颉刚站在傅斯年一边,自信满满,"吾辈则日有进境,绝不与彼辈立在平等地位;我辈只须将正理去发挥,自然日出而爝火息矣"(《顾颉刚日记》,1919年1月22日)。在抵抗校内传统国粹主义倾向的"旧派"时,顾、傅能够心有灵犀,但是,在对待《新青年》上师辈激进言论的态度上,顾颉刚与傅斯年却出现了分歧。

在《新潮》未发刊之前,顾颉刚写了一封信给傅斯年,信的内容主要是通过诘难《新青年》，以对《新潮》进行设计和定位。傅斯年拿着好友的信，犯了嘀咕，他有勇气批评马叙伦，却不愿意哪怕因刊发顾颉刚的信得罪《新青年》诸师。稳妥起见，他打算将顾颉刚的信给陈独秀、胡适"鉴定"，征求他们的意见以判断登不登。这等于是把皮球踢给了陈、胡，又两边不得罪。

哪知徐彦之却把傅的意思私底下写信透露给了顾颉刚。顾颉刚知道后，"肝肠方升"。1919年1月7日顾氏日记载，其曾写一封"措辞颇激"的信质问傅斯年，"大意谓己欲反对人，自当本其良心上之觉悟而发表之；岂有经反对方面审查核定之理"；傅斯年自己主持杂志，"而求上司作总裁，虽欲不谓之奴性，不可得也"。傅斯年回信表示，并不拟登载此信，称"吾校中真能事撰述的很少：前途的可虑，只是怕成了课艺性质的杂志，并没成《新青年》的趋向；只怕没有痛快的文章，近于麻木不仁，并不至于痛快过度"。顾颉刚批评《新青年》"痛快过度"，而傅斯年又害怕《新潮》沦为"课艺性质的杂志"。顾担心《新潮》太过关心社会政治问题，傅则忧虑学生杂志只成为课堂作业的展示。"五四"前顾、傅在学术与政治之间的各自偏向，从此亦能窥见端倪。

傅斯年思前想后，还是将顾颉刚信件"把精要的地方节略钞出"，选载于《新潮》第一卷第三号的"通信栏"。顾信告诫《新潮》"要诚信恳挚的做去，切莫用手段"，"不要文过、不要存成见去反对人、不要捏造说谎，这三种都是现在杂志报纸里易犯的毛病"以及"不应存一体面的心思，争一个我胜你败，全是一是非问题"。这些话，还是能大致看出顾颉刚对《新青年》有所不满的地方。顾颉刚1919年撰写的《中国近来学术思想的变迁观》，质疑"盲动的新"的鼓吹者们，用"不塞不流、不止不行的专制手段"抨击孔教，打倒"道"学和"礼"教，要焚烧经书，要废弃中国语言和中国书籍。其针对者，亦正是《新青年》杂志的激进主张。

顾颉刚对儒家的道德哲学，乃至孔子、朱熹等人是很钦服的。他也用宋明理学"养心""尽性"的方式修行道德，1919年1月5、12日的日记做自我批判,"道德上为妇病、妇殁及续娶、说亲等项,既与他人相接,便不得不用世故,用手段。虽目的未错,与人无伤,事实上复弥缝无痕;而在信果之间,总有余愧。……惟总当力避此志行薄弱四字耳"。慎独、反躬自省正是儒家修养的精髓。而他反思传统学问"汉笺、唐疏、清之朴学,过于下学而不上达;象山、阳明以至释老,过于上达而不下学;皆非始终本末之道"。他认定"惟孔子、朱子乃兼综之;志学而至知天命;道问学而至尊德性;由显至隐;始简毕巨,诚蒇以加矣"。他评价孔子、朱子,"虽其环境不善,立论或失,要之其志趣,其途径,其负荷,固罕觏之圣人也"。这些观点,与《新青年》反孔教,打倒偶像,有些背道而驰。顾颉刚在《新潮》上连载的《对于旧家庭的感想》,也并非攻击"孝、弟、忠、信、礼、义、廉、耻"的儒家道德标准,而是痛惜"一则假的不少,二则实在占社会上的极少数,社会全部的最大多数,都在'忘廉丧耻'上做工夫"而已。

说到底,一种新旧"调和"的历史哲学,支撑着顾颉刚对过渡时代的理解。而当时提倡"调和"的历史哲学、特别触动顾颉刚的,是章士钊。在顾颉刚眼中,胡适历史进化的思想及历史演进的方法,是将"调和"落实于学术研究。

顾颉刚与傅斯年的思想差异,预兆了胡适派与陈独秀派的分途,新文化人"以学术为业"与"以政治为业"的异路。当然,顾颉刚以胡适为师,心态或许如他1919年1月14日日记中所言,"胡先生的学问,我勤勉些追上去,也是赶到得的"。顾氏有后来居上、超越胡适的信心。而设立一个自己够得着的目标,对于困境中的顾颉刚来说,十分关键。

文化观念上持"调和主义",工作中心在学术研究,是顾颉刚"五四"前就抱定的态度,并一再成为他后来总结"五四"的立场。与思想上的"缓进"形成鲜明对照的是,顾颉刚"五四"前后学术上颇为"激进"。思想主张的调和主义是他在"寂寞"中的冷思考。学术上立志革经学的命,则奠定了他"孤征"后"拓地万里"的根基。虽然说,他不能认可钱玄同决绝反传统的姿态,然而,在学术工作上,他却和钱玄同并肩作战,"终结"传统学术之根基——经学。学术上打倒经学的成果,必然更坚实地松动儒教的根本,从而在思想上更深刻地完成反思传统的任务。这就是顾氏自己所期望的,新文化的"新",乃是"温故而知新"的"新",而非"只要新、便是好"的盲动之"新"。

顾氏高扬经学革命的大旗,"用古文家的话来批评今文家","用今文家的话来批评古文家",基本摆脱了传统经学今古文论争的惯性,并开创出众多新的学术方向。无论古史辨伪、歌谣研究,还是孟姜女故事研究,顾颉刚五四前后的学术,都是从《诗经》这一经典出发的。

顾颉刚1930年《重刻〈诗疑〉序》承认,研究《诗经》,"是我从事学问的开头"。挑战主流的儒家传统时,新文化人几乎不约而同地以《诗经》作为突破口。钱玄同"决心要对于圣人和圣经干'裂冠,毁冕',撕袍子,剥裤子的勾当"。他1921年12月7日致信胡适,倡议"趁此讲白话文学史的机会,打下十三块'经字招牌'之一",为《诗经》赶紧"洗一个澡,替它换上平民的衣服帽子"。新文化人给《诗经》"洗澡",赋予其国民文学典范的地位,升华其现代伦理与审美价值的历程,就是新文化运动建构自身伦理与审美标准的历程。

顾颉刚自小熟读经书,《诗经》触及他的灵魂血肉,共享了他生命中的喜悦与哀痛。他幼时爱《国风》"句子的轻妙,态度的温柔",但因背不出佶屈聱牙的《大雅》《颂》,而被老师的戒尺"逼成了口吃",以致"一生永不能在言语中自由发表思想"。1918年妻子吴徵兰病逝后,他犹豫,彷徨于续娶的佳人。1919年1月9、12日自述,"在枕上反覆思惟,只不住的哀窈窕,思贤才,实到了《关雎》的境界"。因婚姻、身世的缱绻之情,更与友人"同诵《诗经》,至《卫风·氓》,觉得实在是首哀情小说;自求婚以至背弃,言之委尽;此诗在《风》特长,言不重叠,叙事最多,洵为可宝"。在百无聊赖中,除了读《诗》自遣外,由于"看着很感受趣味",便开始响应《北京大学日刊》上刘半农搜集歌谣的呼吁。顾颉刚从情思、趣味出发的爱《诗经》，搜"吴歌"的举动，成为他后来民俗研究（包括歌谣研究、孟姜女故事研究）及古史辨伪工作，"一点一滴"的想象与假设背后的"伏流"。顾颉刚诸项看似互不相关的研究领域，内中自有勾连的纽带。

顾颉刚从北大毕业后，暂时在图书馆、研究所国学门帮忙。一次偶然的机会，胡适请他帮助标点姚际恒的《伪书考》。前途未定、收入微薄的顾颉刚，对胡适伸出的橄榄枝感激不已，再加上本有追根究底的思维习惯，他在这一件"费了一二天工夫已可完工"的小事上投入巨大精力，寻根探源，将"古今来造伪和辨伪的人物事迹倒弄得很清楚了"。有了这个积累，顾颉刚萌发了编辑《辨伪丛刊》的想法，并获得胡适的首肯。

顾颉刚接下来开始辑录宋儒郑樵的《诗辨妄》。郑樵的《诗辨妄》，帮助他打开了诸种学问的思路，首当其冲的是歌谣研究。《诗辨妄》表现出与汉儒《诗经》学截然异趣的疑古思路，主张《诗经》主在乐章，而非褒贬、美刺的道德教化。顾颉刚也用歌谣讲解《诗经》，在《郑樵传》中认定《诗经》的真面目，是"民间传唱的歌和士大夫的诗，正和后世的乐府一样"。钱玄同随即发表《论〈诗经〉真相书》，附和顾氏主张。顾颉刚《重刻〈诗疑〉序》，用"历史观念"与"伦理观念"的分离，总括新文化运动中《诗经》研究的特点。"情诗，或淫诗，就有了它的存在的理由"，这表现出以"经"反"经"，"戴着红顶子讲革命"的斗争智慧。

顾颉刚的《诗经》研究，与他新史学的实践，同样有密不可分的关系。1922年，在胡适的引介下，顾颉刚为商务印书馆编纂《中学本国史教科书》，他计划把《诗经》《尚书》和《论语》中的上古史传说整理出来，草成一篇《最早的上古史的传说》。胡适《自述古史观书》，就主张"先把古史缩短二三千年，从《诗三百篇》做起"。受老师影响，顾颉刚编国史教材，也从《诗经》讲起。但问题接踵而至。因为他将《诗经》《尚书》和《论语》的古史观念比较阅读，忽然发现在《诗经》和《尚书》（除首数篇）中，完全没有说到尧、舜，当时的人似乎不曾知道有他们似的，而

1924年9月顾颉刚（左起第五）与北京大学《国学季刊》编委会同人合影

《论语》中有他们了，但还没有清楚的事实。"到《尧典》中，他们的德行政事才灿然大备了。"顾颉刚从此处得出他古史辨伪的核心结论——"层累说"："禹是西周时就有的，尧、舜是到春秋末年才起来的。越是起得后，越是排在前面。等到有了伏羲、神农之后，尧、舜又成了晚辈，更不必说禹了。我就建立了一个假设：古史是层累地造成的，发生的次序和排列的系统恰是一个反背。"

顾氏层累说最早见于《与钱玄同先生论古史书》。"古史辨"运动"不胫走天下，疑禹为虫，信与不信，交相传述，三君者（胡适、钱玄同、顾颉刚）或仰之如日星之悬中天，或畏之如洪水猛兽之泛滥纵横于四野，要之凡识字之人几于无不识三君名"（钱穆《〈崔东壁遗书〉序》,《中国学术思想史论丛》）。顾颉刚在经历了"五四"前后一段时间的沉寂后，从此暴得大名，随着1926年《古史辨》第一册的出版，年仅34岁的他，已晋升到一流学者的行列了。

顾颉刚的孟姜女故事研究，奠定了现代民间故事研究的方法论基础，同样与他《诗经》的工作相关。1921年，顾颉刚发现郑樵《通志·乐略》提到，杞梁之妻的故事在《左传》中仅区区数十言，后来的稗官野史则将以此为原型的孟姜女故事发展到万千言。一年多后，他点读姚际恒《诗经通论》，姚氏注解《郑风·有女同车》，称"孟姜"乃古代美女的通名。也就是说，在《左传》记载杞梁之妻之前，"孟姜"的说法已经出现。孟姜女姓名、故事在历史中演变的复杂性，引动了他"搜辑这件故事的好奇心"。顾颉刚此后将"这些材料略略整理，很自然地排出了一个变迁的线索"。这就是登载于1924年《歌谣周刊》上的《孟姜女故事的演变》。

顾颉刚的孟姜女故事研究，认清了神话与历史的关系。神话与真正的历史并不一致，古史是层累地构成的。我们今天视为清晰的历史，大可能是在一代代人口头堆垛中发明出来的，是传说，是神话，是迷思。通过孟姜女故事研究，顾颉刚揭示出，这些扰乱了历史真相的神话（传说、叙述、迷思），乃是考察地方风俗和各时各地社会心理的有效路径。顾颉刚让我们更多地关注"神话、传说被讲述的时代和地域"，而非"所讲述的时代和地域"。从研究领域上，他进入了包括地方风俗与社会心理在内的广阔的社会生活史研究。

无论歌谣研究、古史辨伪，还是孟姜女故事研究，顾颉刚的工作，都隶属于建立"国民文学"、书写"国民历史"的时代潮流。此趋势自晚清肇端，至共和建立，再到"五四"平民运动的时代，具备空前的政治期待。新文化人，在《诗经》，尤其是《国风》游女怨妇、征夫野老的书写主体及对象上，投射了他们对"国民"——这一成长中的全新政治主体以无限的想象。

1937年3月顾颉刚于禹贡学会办公室

1947年顾颉刚与夫人张静秋、女儿顾潮

顾颉刚掀起的经学革命浪潮，成为新文化运动中最为"激进"的学术实践。钱玄同1924年撰文《孔家店里的老伙计》，认为孔家店有"老店"和"冒牌"两种，"都应该打"；"打真正老牌的孔家店"的，是胡适和顾颉刚，打"冒牌孔家店"的，则是陈独秀、易白沙、胡适、吴稚晖、鲁迅、周作人。顾氏听了，很是受用，称"打冒牌的孔家店，只要逢到看不过的事情加以痛骂就可，而打老牌的却非作严密的研究，不易得到结果"，"这个工作确是难作极了"（顾颉刚与殷履安信，1924年6月14日；《顾颉刚年谱》，第95、96页）。从行动力的果决及坚韧讲，顾颉刚的学术实践丝毫不亚于参与政治运动的朋侪。而将"革命"诉诸行动，正是"五四"的特质。

20年代中期，顾颉刚逐渐进入学界中心。誉既涌来，谤亦随之，顾颉刚自感被逼得"成了对付别人的人而丧失了自己"。这时候，当他忆及"五四"前后那几年，"在生计压迫之下还有空闲读书的时间"，"只觉其可歆羡"。或许，正是拥有了此时的"热闹"，相较而言，"五四"前后的时光才兀自显得更加"寂寞"吧。顾颉刚《古史辨》第一册自序，以数万字长卷，深情追忆这段蛰伏的时光。他似乎是以文学书写的"激情"方式，来填补胸中涌动着，却未有机会付诸实践的政治行动之虚空。

（彭春凌）

张申府
书斋中的"革命者"

张申府埋首学术的同时,对外部世界同样倾注热情,并且针对外在的不完满,希图以一种极致的方式来得以解决。

1919年5月4日的下午,"衣服破烂不堪,头发蓬乱""眼睛瞪得大大"的罗家伦,闯入李大钊的办公室,向李和被自己戏称为"道德君"的张申府,"述说学生被捕前的经过"。多年之后,张申府回忆起这一幕时,说:"我总是接近事件的中心,但又从来没有全面卷进去","我可算是革命的同情者和支持者"(舒衡哲《张申府访谈录》)。

出身书香门第,此前又受过新式教育的张申府,于1913年考入北大理预科。当时北大预科的学制尚为三年,可张申府上了一年后,"觉得并不太吃力,便想去考本科"。但理工科严格规定,报考本科需有预科的毕业文凭;张申府"升学心切",索性在1914年报考了"只要求同等学历,并不注重文凭"的北大文科,进入哲学门。不过,他"虽然入了哲学门,却一心不忘数学";好在数学系主任兼代理学长冯祖荀先生早在张申府预科时就对他很是"青睐",所以"在哲学门不到两个月","一声请转系,便

张申府摄于中学时期

破例照准了"(张申府《所忆》)。

可是转入数学门,张申府心里又放不下学了两个月的哲学。因此,他"上的是数学的课,读的却多是哲学的书。从那时起,主要研究的都是哲学及其有关科目"。当然,数学书始终不离其手,"只是数学题从不肯做,化学实验更是绝少动手"。当时,蔡元培尚未主校,北大预、本科之间学风反差极大:"那时北大预科的学长是徐崇清先生。他办理预科一切从严,学风很好"(陶希圣《蔡先生任北大校长对近代中国发生的巨大影响》);"预科同学看见本科同学是那样的轻松和散漫,不知不觉的看不起本科,而以预科的严格自傲。"(陶希圣《北京大学预科》)而凭惊人的表现从预科"跳级"升入本科的张申府,在北大图书馆更享有"特权":1915年时,虽然"北大的图书馆已准备公开阅览",但"进馆看书的同学还是很少的";"不大看中文书"的张申府,却"经常在馆的东侧和后边就架读书",那里正是哲学书与数学书的所在。也正是在那里,张申府发现了罗素的著作。当时,他既爱读章士钊所办的刊物(张申府《我所认识的章行严先生》),又在学业上"兼乎数学与哲学",因此对以分析哲学见知于世的罗素,很快就产生了兴趣(张申府《所忆》)。再加上,张申府当时正经受一场旧式婚姻的折磨:"我开始大量阅读罗素,我觉得他关于婚姻自由和性自由的观点十分有意思。他救了我","他是我的救主"(《张申府访谈录》)。可以说,张申府以一种被救赎的姿态选择罗素,本身就是一种哲学的方式。

1916年,恃才傲物、特立独行的张申府,"忽然发动了一个'不考运动'，号召只读书学习，不考试，不要文凭"，招来的只能是肄业的结果。好在蔡元培到校不久，张申府拿着一篇"哲学范围内的"论文、一本法国美学家居约著作的日文译本送给他看，"而且谈起外国学术来"，"总是头头是道"。所以1917年暑假后，张申府"以助教的名义留校工作"（张申府《所忆》）。留校后的张申府表现极其活跃，不但在数学、哲学等学术研讨会上频频亮相（《数学研究会报告》《文科哲学门研究所第二次月会讲演记录》《理科数学研究所报告》，《北京大学日刊》1918年1月18日，2月6、8日），而且校中的社会活动也广泛参加：或在消费公社中"提倡互助之精神，消费廉价之物品"（《创办北京大学消费公社通告》，《北京大学日刊》1917年12月27），或在进德会第一批会员中以唯一一位丙种会员的身份出现（丙种会员：于不嫖不赌不娶妾、不作官吏议员外，又加不吸烟、不饮酒、不食肉三戒。《北京大学日刊》1918年1月22）。张申府"道德君"的外号或许就典出于此。可见，张申府埋首学术的同时，对外部世界同样倾注热情，并且针对外在的不完满，希图以一种极致的方式来得以解决。

就在这个过程中，张申府也广泛结识了新文化运动中的风云人物，并逐渐进入《新青年》集团。在最初的登场中，张申府力主以"输入最新思潮为帜志"（张嵩年《致记者》，《新青年》3卷2号，1917年4月）。虽然此乃晚清以来一贯的思路，但张申府的解释明显有自己在图书馆用功时的切身体会：

更取实事言之，北京大学已设哲学门五年，设哲学研究所亦已既周岁，乃校中绝无新到之东西文哲学杂志以备读览，此事岂不可骇！（张崧年《劝读杂志》，《新青年》5卷4号，1918年11月）

因此，对外国学术既熟悉又自负的他，对"正有名气"的胡适并不感冒：认为胡适对西洋哲学"并不很熟悉"，"思想的深入和前进，就更说不上了"；反倒是与李大钊、陈独秀亲近（张申府《所忆》）。张申府常去图

1921年张申府与天津觉悟社部分成员在巴黎合影,后排左一为张申府,中为周恩来,前排右一为刘清扬

书馆协助工作,能时常与李大钊、陈独秀"聚谈"。谁承想,这聚谈先是谈出了份《每周评论》,后又谈出了个"共产小组"。

张申府积极创办《每周评论》,显示了他对时事的兴趣。例如当时受到瞩目的"世界大战",张申府也给予了关注(《问救世军》《狗争食》《打仗的》,《每周评论》2号,1918年12月29日)。张申府的时评,往往带有"反抗性""彻底改造"的意味,这种趋向反过来并不仅限于一份刊物上:

> 现在中国旧房子的难折,大概总是些尖头尖脑的老鼠在那里作祟……不过要想新房子始终安稳,人也免掉染受鼠疫,实必须尽先把耗子驱除歼灭净尽。(《老鼠》,《每周评论》第35号,1919年8月17日)
> 要想特出,非反抗不可,要保持个性,非反抗不可。(《罗丹》,《新青年》7卷2号,1920年1月1日)

这种主张泛言之是建设一种新社会生活,把世界完全改造,实现普遍的友爱之谊——民众的大同。把这个运动的目的条举出来,便是销除藩篱毁掉一切把人分隔的人造界限,通通的去掉。(《"光明运动"》,《少年世界》第一卷第二期,1920年2月1日)

  大家要晓得,人的社会本是由人作成的。人本要他怎么样,他就可以怎么样。所怕的只是大家不肯去想,不肯去做。常言道,"天下无难事,只怕有心人"。大家如果去想,能够想出一个比现在好的世界来,更奋力以创造之,他没有不发见的。(《打破现狀才有进步》,《劳动界》第六册,1920年9月19日)

考虑到陈独秀、李大钊等人也是在这时逐渐接受马克思主义,因此张申府有上述想法也不算稀奇。不过,张申府在这段时间里的言论,还是有其个人的问题意识:他提出,现代民主国家往往标榜"信仰自由、思想言论自由、集会结社自由",但真正"合理的自由,合乎自然的自由"并不止于此(《就来的三自由》,《北京大学学生周刊》第一号,1920年1月4日)。首先应该寻求的是"教育自由"。对于教育,张申府一直强调其重要性,并且还要求对它"无上信仰"(《民治与教育的关系》,《晨报副镌》1921年12月18日):因为"教育是改造观念的主要方法,改造观念是改造世界的下手处,所以我们对于教育不可不注意"(《就来的三自由》),这连带出"思想"——只有"去思去想",才是"将来能生存的人"(《"危险思想"》,《新青年》6卷5号,1919年5月),"吾们相信能想是人生第一件要紧的事"(《"新学校"》,《晨报》1919年12月1日)。所以,"改革社会要以教育为基础"。其次,应该寻求"工作自由",此乃"劳工神圣"的真谛。第三,应该追求"男女关系自由"(《就来的三自由》)。或许受过旧式婚姻的困扰,张申府一贯主张"男女的关系,或是爱情,本来都不可看得太过板滞,看得太过重","两个男女有爱情,便可共处;爱情尽了,当然走开",所以要"使离婚制度能够行到中国"(《男女问题》,《新青年》6卷3号,1919年3月15日)。在张申府看来:"其实'女子解放'这个名词乃是大大的一个不妥。解放，解放，细剖析起来，实含着轻侮的意味。解放与被解放者，必是立于不平等的地位。两朋友若是互相敬重，绝没有这个说把那个解放的。真正的解放是自己解放自己。"(《妇女解放的大不当》，《少年中国》，1919年10月）可以说，张申府带有反抗性或彻底改造性的言论，其实都指向内在的个体本身——"吾们期望自由，第一便要先由自己自由自己。吾们的心、吾们的精神，不但要伟大，自由更要紧。……必先有了内部的自由，乃有外面的自由可言。"(《自由与秩序》，《每周评论》30、32号，1919年7月13、27日）正如他凭其所长谈论"数之哲理"时道出的那样：

假使一方面趋于零，别一方面，按着同样的率，趋于无穷，他们的积数便总不变，便总一样。……因此又可知绝不可图灭了一面留一面。

想着世界大同，不可不并行圆满发展个人，个人纯粹独立，占据的事业破灭以后，在创造的事业上个人绝对自由的、个人主义。这都是遵着那条遍行一切的单一道理。(《数之哲理》，《每周评论》11号，1919年3月2日）

这样的思维方式显然与陈独秀、李大钊等人的方式相异，这种问题意识的思想资源，其实都来自罗素。张申府广泛译介罗素著作，并在《新青年》中写有《罗素》一文，介绍其生平与思想。其中特别提到罗素"关心政治""主张社会改造"，"自号为'彻底主义者'，自号为'不可知论者'"，"也研究科学与社会问题，以为游息之所；著有'离婚论'等"；"他最重视个人，个人的自由，小团的自治，与他哲学里的重视个体与主张绝对多元，实不为无关"；"罗素是极能洞烛社会之根本，现代的病原的，所以他主张改造要从根本下手，绝不枝枝节节而为之……罗素这种主张便也是关系他的注重思想学术，个人自由，爱情善意的。以至他对于教育，人间关系（如男女关系）的主张也都如此。"（《罗素》，《新青年》8卷2号，1920年10月1日）可见罗素对张申府思想的影响之大；而张申府终生也不避讳他是罗素忠实的信徒。

1920年9月，罗素访华，张申府亲自跑到上海迎接，并陪伴左右以时常问教。虽然那时罗素已公开表达对苏俄的失望，但并没有影响到他和张申府在学术上的讨论。不过，张申府此行除了听罗素演讲外，还兼有"与陈独秀就党的筹组"进行讨论的目的。此前的4月，共产国际东方局的代表维经斯基来华协助建党时，就已见过他与李大钊；陈独秀写信给张申府，称"建党的事在北京只有李大钊和你两个人可以谈"。其间，张申府也与"觉悟社""少年中国学会"等社团就联合问题组织过座谈（张申府《中国共产党建立前后情况的回忆》）。所以，张申府陪伴了罗素一个月，并没有听完部演讲，就踏上赴法的航船。虽然名义上是去那里的中法大学教书，闲时也去学校听听课，但他在巴黎做的最重要的工作，却是建立了中国共产主义早期组织。

在巴黎，张申府吸纳了刘清扬、周恩来、陈公培、赵世炎等人进入共产主义小组，不过，在他看来，这只是"志同道合的知识分子的自由组合而已"（《张申府访谈录》）。他自己又从章士钊那里得到资助，在法国办起了《少年》杂志。在"共产小组"中，他的工作方式依然是书斋式的办刊、写稿，并承担着中共驻欧通讯员的工作。再加上他每月享受八百法郎的薪酬，与在法勤工俭学的华人学生相比，过着相当舒适的生活。从张申府寄回国内的文章中可以看出，他多关注欧洲各国共产党的实际组织与运作（《各地劳动运动现状》，《晨报》1921年11月10、12、13、15—17日；《英国共产党与劳动党》《国际党的派别》，《先驱》第三册，1922年3月1日），具有较强的理论性和政治观察性；同时，也对当时留法勤工俭学的学生是否"真懂得"马克思主义，大表怀疑（《英法共产党——中国改造》，《新青年》9卷3号，1921年7月1日）。因此，他既不能像赵世炎那样做到全部时间投入到工厂中，也不能对广大勤工俭学的中国学生抱以真正

1985年张申府在孔子研究所成立大会上讲话

的理解与尊重（即便成立勤工俭学同盟后也是如此）——"当周恩来、赵世炎、邓小平及其他人讨论建立少年共产党的文章占满《少年》杂志的篇幅时，张申府却仍然沉浸在他自己建筑的世界中"（《张申府访谈录》）。在实际工作中，他呼吁"完人"理论："作事是非求完人不可的，不是完人绝作不出什么大事业出来。'小德'是万万出入不得的！"（《完人》，《新青年》9卷6号，1922年7月1日）这既显得刚愎自用，也难以亲力亲为，以致许德珩日后解释自己为什么没有参加欧洲的中共组织时，"仍然以怨愤的心情"说道："我听是张申府负责的，我连想也不想，因为我不要在他底下做事。"（《张申府访谈录》）

和周边志趣大为不合的张申府，于1923年遭遇过一次短暂的"逐党"；等到1925年的中共四大会议时，因反对建立"联合战线"而与其他同志意见相左，索性自动宣布"脱党"了。当时，张申府为此向李大钊解释说："赞成我多的我就干，赞成我的是少数我就滚蛋。我可以在党外帮助干。"（《中国共产党建立前后情况的回忆》）最后一句，和他"五四"那天的心情，当是如出一辙的。

（卫　纯）

孙伏园
对新思想和新人格的追求

孙伏园自少年时代便获鲁迅和周作人兄弟亲炙，后来还把握到北大最后一次旁听生转正的机会，可谓时代幸运儿。北大读书学习，为他打开了施展个人能力的空间，让他逐渐博得"副刊大王"的美誉。其实，他不仅组织能力一流，读书思考也颇见功夫。

1918年前后，孙伏园和三弟孙福熙负笈北上，在周作人的推荐下，一起来到北京大学做旁听生。1920年秋季新学期开学后，孙伏园成绩合格，转为正科生（《北京大学日刊》1920年11月5日）。孙伏园是幸运的，因为1920年5月21日北大评议会通过《修正旁听生章程》，已经规定"旁听生不得改为正科生"（《北京大学日刊》1920年5月28日），孙伏园是最后一届享受到了直接转为正科生待遇的旁听生。

孙伏园1894年出生于浙江绍兴阳嘉龙的一个店员家庭，原名孙福源，是鲁迅和周作人的老乡，也是周氏兄弟在家乡活动时期过从亲密的旧友。

1911年，孙伏园进入山会师范学堂学习，并参加了南社的分支组织"越社"。同年底，鲁迅进入该校任监督，孙伏园于是成为鲁迅的学生。鲁迅虽然教授自然科学，有时也代国文教师批改作文。孙伏园一篇恭贺南京国民政府成立的文章得到了鲁迅"嬉笑怒骂，皆成文章"的评语，使他大受鼓舞。对于鲁迅在该校任监督的情形，孙伏园曾经回忆说："当时学生都住校，晚上从回寝室到熄灯总共只有十分钟，所以上完夜自修，大家都得马上回宿舍就寝，匆匆忙忙地脱衣上床。学生们上床以后，喜欢再交谈几句，学校制度却并不允许。刚一熄灯，舍监或校长就上楼来检查学生的就寝情况……我们也发明了一种抵制的方法，就是在寝室的总门上系一条绳，每日由同学轮流掌管，每当查夜之后，绳便紧紧的牵牢，使舍监或校长无法第二次上楼查铺，同学们则可以自由畅谈，办法也确实奏效……在功课上，鲁迅先生使我们有讨论研究问题的完全自由，但他十分注重纪律，晚上他也查夜，而且上任不久，就发现了我们的秘密。熄灯时，他跟在工友的背后，把一条长绳咕咕咕咕的抽完拿走了。机关从此被识破。"（张能耿《伏园先生二三事》）

当时，孙伏园担任师范完全科第一班的班长，因而得以和学校行政部门有很多接触，也因此和鲁迅熟识起来。从山会师范学堂毕业后，他又转入周作人任教的浙江第五中学。据《周作人日记》记载，孙伏园在1914年到1915年，起码整整两年的时间，一直坚持到周作人家接受英语辅导。孙伏园因此和后来成为新文化运动的旗手的周氏兄弟，结下了深厚的师生情谊。孙伏园没有在浙江第五中学毕业，就去了上大路箔业小学教算术和英语，课余仍坚持自学，并最终在周氏兄弟的感召下，携三弟一起赴北大旁听求学，时年其已24岁。

孙伏园在北大国文系学习时，鲁迅也在该校兼任讲师，讲"中国小说史"，孙伏园于是又一次成为鲁迅的学生。1919年，孙伏园兼任了《国民公报》副刊的助理编辑，主动向鲁迅约稿，鲁迅以"黄棘""神飞"的笔名在上面发表了《寸铁》《自言自语》等文章；另外，《一个青年的梦》也是应孙伏园之邀而着手翻译的，并连载至该刊停刊。这些自然都是鲁迅对孙伏园工作的巨大支持。

此时正值新文化运动蓬勃展开，孙伏园深受影响，在北大活动十分积极。他先是加入了罗家伦和傅斯年等发起的新潮社。1920年8月，新潮社由杂志社扩充为学会，组织结构自然要发生变化，新的组织包括编辑部和干事部两部分。在其后进行的新职员改选中，孙伏园既当选为编辑，又当选为干事，是唯一一个身兼二职的新潮社职员。这充分说明，孙伏园的编辑和活动能力，已经获得认可。

1921年1月4日，文学主张倾向于现实主义的文学研究会在北京成立，孙伏园和郑振铎、沈雁冰、叶绍钧、许地山、王统照、耿济之、郭绍虞、周作人、朱希祖、瞿世英、蒋百里等同列十二个发起人之一。作为一个尚未毕业的北大学生，能够和诸多名流教授同列，充分说明了孙伏园优秀的个人才能。1921年，孙伏园北大毕业（可能只是预科毕业）后去了《晨报》做记者；10月，接手李大钊编辑的《晨报》第七版"文艺栏"，并将其改版为四版单张的《晨报副镌》，任第一任主编，一直在那里工作了三年。在孙伏园的努力下，《晨报副镌》闻名遐迩，成为新文化运动的重要阵地之一。之后，他又编辑《语丝》周刊、《京报》副刊、《中央日报》副刊，均取得显著成绩，博得了"副刊大王"的美誉。

作为文学活动家的孙伏园已广为人知，不太为人所知的则是，孙伏园对西方思想也充满浓厚的兴趣。孙伏园北大读书时正值杜威和罗素来华讲学，这两位西方大哲在北京的讲演，孙伏园坚持长期跟踪做全文笔录，留下了大量署名"伏庐笔记"的珍贵史料。二人的思想对孙伏园也产生了十分深刻的影响。

1919年4月底，杜威来中国讲演旅行，1921年7月离开中国。三年多时间，杜威的足迹几乎遍布大半个中国，讲演数百场，产生了巨大的影响。杜威在北京期间所做的讲演大概最多，基本由胡适口译，孙伏园是重要笔记人之一，为这些讲演做了至少十多万字的记录。杜威北京的讲演在其尚未离开中国时就辑录成了一本《杜威五大讲演》，1920年由北京《晨报》社出版。"五大讲演"中两个长篇系列讲演都由孙伏园笔记（其中一篇和人合记），分别为"社会哲学与政治哲学"（和高一涵合记）和"教育哲学"，另外单篇讲演"现代的三个哲学家"也由孙伏园记录。在这些讲演中，杜威较系统地阐述了他的教育理念和他的实用主义哲学精神，对现代民主政治的基本问题和主要理论也做了探讨。在"社会哲学与政治哲学"中，杜威批评了对政治的两种态度，即激进的"根本解决派"和保守的"保持现制派"，杜威认为这两派其实都要"根本解决"，因而提出了"第三派社会政治哲学的主张"。这一派注重各个社会、阶级之间的互相交通往来，警惕一切独裁政治的可能。同时，保守个人主义的立场，坚持知识、思想和信仰的自由。同时，强调实验的"科学的态度"，强调点滴的改良和进步，倡导舆论宣传和普及教育。

杜威的理论对孙伏园可能产生了较大的影响，可惜孙伏园不喜著文，所以不易寻找线索。孙伏园发表于《新潮》1920年4月1日第二卷第三号期上的《海外中国大学为什么不成舆论》一文，针对吴稚晖提出要在海外创办中国大学而应者寥寥，提出了中国国内舆论的缺乏问题。孙伏园说道：

> 至于我为什么不问"海外中国大学为什么不成事实？"因为我觉得这个答案，就是"不成舆论的缘故"。所以我今天特来讨论这"为什么不成舆论"的问题了。杜威先生说："舆论是民治国家最高的政府。议员不过是代表他，官吏不过是执行他，都不是舆论的本身。"诸君呵！凡事不先成舆论，未有能成事实的。要希望一事的实现，非先把自己的意见公诸舆论不可：舆论所公认的不怕当事者的不采择，舆论所否认的，虽当事者采择也何益？所以我希望此后发表意见者，其目的须由"供当事者采择"转而为"供舆论的评判"。赞成他人意见者，其态度也须由"待当事者采择"转而为"发表自己赞成的意见，助长舆论"。总之由消极的态度变为积极的态度，由奴的态度变为主的态度。

孙伏园的话显示出对杜威倡导的民治政府的认同。

1927年10月4日，即鲁迅携许广平抵上海次日，
孙伏园兄弟与鲁迅亲友合影，前排左一：周建人，
后排左起：孙福熙、林语堂、孙伏园

　　1920年10月，另一位著名哲学家罗素来到中国。从11月初开始到1921年3月，他在北京大学做了三场长篇系列讲演，分别为"哲学问题"（十二讲）、"心之分析"（十五讲）和"物之分析"（六讲）。最长的"心之分析"，即由孙伏园全程跟踪笔录，陆续发表于《北京大学日刊》，1921年由北京大学新知书社整理成书出版。而"心之分析"，深受实用主义哲学家詹姆士的影响，其中提出的"中立一元论"（neutral monism）思想，认为心和物都由同样的基本材料构成，这种材料是介于心和物之间的中立之物，心和物之间不存在难以逾越的鸿沟，因而既反对唯心主义一元论也反对唯物主义一元论。罗素的讲演处理的是十分西方化的认识论问题，对年轻的孙伏园具体产生了什么影响不易说清，但他不温不火的"中庸"立场对孙伏园产生潜移默化的影响自是难免。甚至可以推断，孙伏园后来和胡适以及现代评论派越走越近，以致和鲁迅龃龉日深，和他亲近杜威与罗素的诸多理念有着直接的关系。孙伏园对实践活动的高度重视，从主编各类刊物到后来投身平民教育和社会改良事业，可鲜明地看出杜威和罗素影响的印记。

蔡元培题写书名的《伏园游记》，
北新书局1927年10月出版

1920年暑假，因为母亲病重，孙伏园乘坐火车从北京赶赴老家绍兴，9月回到北京后写成了一篇长篇游记《南行杂记》，记载了他这趟旅程的所思所想。文章开头，孙伏园采用倒叙手法，写他回到北京的感受，那就是"到家了"，并指明是和杜威一家人从福建讲演回到北京时的感受一样。孙伏园的文章展现了一幅衰败的中国景象，对他的故乡，他也并无"家"的感觉，因为家乡迷信横行，反而北京，让他有归属感。在谈到故乡的情形时，他反思了新闻记者怀着恶意进行报道，认为这一行为忽视了社会所能成立的前提："最要紧的是人们互相知道，互相谅解。"这也借用了杜威在1919年所做的"社会哲学与政治哲学"讲演的观点，讲演中杜威提出了公共生活的重要性问题，认为这是防止独裁的条件，而"各社会互相交通往来，是共同生活的要素"。从另一个角度来看，重视人们之间的交流的重要性，和不再把家乡当作先验的怀念对象，都是要求超越建立在血缘关系上的前现代共同体，建立现代的民主自由的交往共同体（可以一提的是，杜威这一观点后来被哈贝马斯发扬光大）。在《南行杂记》中，孙伏园还提出了在今天看来显得十分激进，或者说"太现代了"的一种观点，即人应该对自然进行杀戮、征服自然，否则就会陷入互相杀戮；哪里人类屈服于自然，哪里人类自相残杀最严重，哪里人类越杀戮自然，哪里人与人就越和谐。这自然和当时自然灾害肆虐，人类的生命被自然大量吞噬有关，虽然自然灾害从前也一直不缺，但这种观点大概也只能到这个时候才能出现。孙伏园的这种看法，自然充分体现了现代性的工具理性面向。文中他还对各种封建迷信和中医展开了批判，和当时的新文化精神均若合符节。

1922年夏季，孙伏园到济南参加中华教育改进会年会，之后他又写了一篇《从北京到北京——两星期旅行中的小杂感》的游记，进一步思考了许多新文化的关键问题，比如平等的问题，读书与做人的关系问题，嫖妓问题，拜孔问题等。这篇文章提到了他理想中的"新人"的典型，那就是他旅途中认识的一位叫陈颂平的人，

> （他）"从出生以至三十，差不多无时不在疾病缠绕的当中。三十以后，渐知考究西洋卫生的方法，一面探讨，一面实行，现在五十二岁，这二十年来，精神身体两方面，健康的程度只是有增无减。二十年前的老朋友，看见他几乎不认得他了：身体的孱弱与健壮，是显然不必说的；因身体而影响及与精神，于是从前萎靡者而今振作了，从前悲观者而今乐观了，从前踟蹰不前者而今希求进步了。他不像我们这些不知自爱的少年，因为事忙的缘故，每天的睡眠时间，可以通融减少到两三小时。我们这种荒谬的行为，是断断不足以为训的。他虽在旅行中，依旧不改规律的生活，每晚十时许一定起身，起身便即用冷水洗澡。对于会务，他也提出议案，也发抒意见。全体大会，讲演大会，也多半参与。会务以外，应该游览的几处古迹，风景，名胜，也都到了。他能把自己的身体与事业看得一样的重要。这件事，说来虽然容易，实行却是极为难的。"

这种重视精神与肉体的和谐关系的新人格追求，如果说还显得不算太现代的话，这位陈先生使用的是西洋的卫生方法，则透露出了鲜明的时代气息，并明显地透露出——中式的养生保健方法已经落伍、过时了。

孙伏园在文中还论述了读书与做人、明理之间的关系。从山东督军田中玉没有读过多少书，但却明达事理出发，孙伏园指出，一百个读书人中也难得有一个明白人。因而他提出要把读书的范围扩大："如果把读书的

50年代孙伏园与周作人在八道湾周作人居所

意义扩充一点,当作受教育讲,当做研究学问,经历世务讲,那么他的几数当然可以比狭义的读书大得多多,但也须看他受的是什么教育,研究的是什么学问,经历的是什么世务。许多人被'子曰'弄得傻头傻脑了,许多人被教育弄得像一具机械了,许多人被世故磨练得连志气都没有了。"放弃对知识的单纯迷信,而强调实践的重要意义,也展现出孙伏园的独特思考。

对于嫖娼,孙伏园也表达了强烈的反对态度,并且实际劝说同事放弃嫖娼活动。在他看来,嫖娼不仅是侮辱女性,同时也是侮辱自己,绝不可行。

对于侍奉他们的听差和车夫,孙伏园作为山东方面的客人,对他们的身份感受到了不安:"我从此明白,人类中有这样一种永远不作客人也永远不作主人的人。"对于抬人上山的轿夫,孙伏园在接受他们服务的时候也产生了愧疚感。在孔庙,孙伏园和一些志同道合者拒绝了随大众一起对孔子行礼,孙伏园并不是对孔子不满,而只是不满于肉体的折腰:"其实对于孔子的大部分学说,我们也未始不折我们的腰的,不过他们是对着烂泥的孔子,折他们皮肉的腰,我们是对着精神的孔子,折我们精神的腰就是了。"这背后显然是对独立和平等人格的追求,一种全新的青年形象跃然而出。

(张广海)

康白情
"少年中国"的新诗人兼社交家

康白情在新文化运动中扮演的角色,不是新诗人这个身份所能笼括的。"五四"时期,他作为少年中国学会的核心成员,"南北奔驰为国忙",称得上是社会活动家。康白情作为社交手段的送别诗,扩展了我们对新诗的想象。新诗人不一定是游离于现实社会之外的零余者,也可以是在文学与政治之间游刃有余的活动家。

1922年12月23日,《北京大学日刊》登出一则启事,署名康洪章,称"洪章原名'白情',仅用五年,未便乡里。已在美国加利福尼亚大学立案,正式更名洪章,并无别号"。发布这则更名启事的康洪章,原来就是"五四"前后风云一时的新诗人康白情。从康白情到康洪章,更名这一行为象征着他告别新诗及"五四"的荣光,正式投身实际的政治运动中。然而机缘弄人,以政治为志业的康洪章,最后完全被他此前新诗人的形象掩盖,历史记取的还是康白情。

其实，康白情在新文化运动中扮演的角色，也不是"新诗人"这个身份所能笼括的。他一方面是新潮社的干事，但活动范围又不限于北大。随着五四运动中心的转移，康白情南下上海，任职于全国学联，并成为少年中国学会（以下简称"少中"）的核心成员。这位风头正健的"新诗人"，兼有多重身份，"南北奔驰为国忙"，称得上是社会活动家。康白情的新诗多半是他南来北往与人交游的过程中写就的。新诗对于康白情而言，不单是自我发抒，有时会成为别致的社交手段。

"五四"时期康白情的活动范围主要是少年中国学会。"少年中国"这个群体是怎样聚合起来的？康氏以为，"少中"不只是以知识为单位的结合，更是"盛情和意志"的黏合。但在知识、情谊的背后起作用的还有地缘关系。"少中"正式成立时，国内外会员共四十二人，其中四川籍的就有二十七人，占65%弱，并且七位发起人中，除李大钊外，均是四川人。

康白情加入"少中"，一方面有同乡的背景，另一方面也有同学的关系。北京既然是"少中"的总会所在，北大的活跃分子康白情当然是"少中"极力罗致的对象。

川籍、北大的双重出身，使康白情轻松地迈过了"少中"的门槛。事实上，要成为"少中"的一分子，并不是这么轻而易举的事情。"少中"征求成员时，设置了较高的门槛，它明文规定要由会员五人介绍，经评议部认可，方能入会。其征求会员的标准有三："纯洁""奋斗""对于本会表示充分同情"。以"纯洁"为先决条件，最

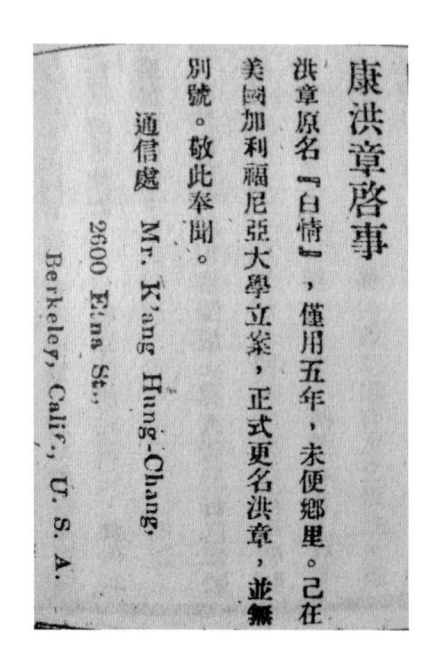

康白情更名为康洪章启事
（《北京大学日刊》1922年12月23日）

少年中国学会部分会员合影

少年中国学会部分会员合影（前排左一为康白情）

能体现少中同人的自我想象。"少中"要求的"纯洁"，不仅是道德标准，更重要的是政治上的纯洁。"五四"前后，在政治上相对纯洁的新势力唯有学生群体。学生身份的纯洁，是相对于民初失去社会信用的武人、政客而言的。凡与党派政治打交道的，都是不纯洁的，这是当时知识阶层的一般观念。

"少中"对成员最严格的限制就是在政治活动方面，其会约第十四条规定，会员如果"与各政党有接近嫌疑、因而妨害本学会名誉"，由评议部提出警告书,劝其从速悔改;第十五条进而规定,会员如果"既入本学会后又加入其他党系",经评议部调查确实后,召集临时大会表决,由学会宣告除名。"少中"对政党政治的排斥,早期还能唤起多数成员的认同,等到"五四"落潮以后,重整旗鼓的政党政治开始大规模地吸纳新生势力,"少中"成员作为学生群体的精英分子难以在政治立场上维持态度的同一性。"少中"政治上的洁癖,反倒给自己埋下了精神分裂的隐患。

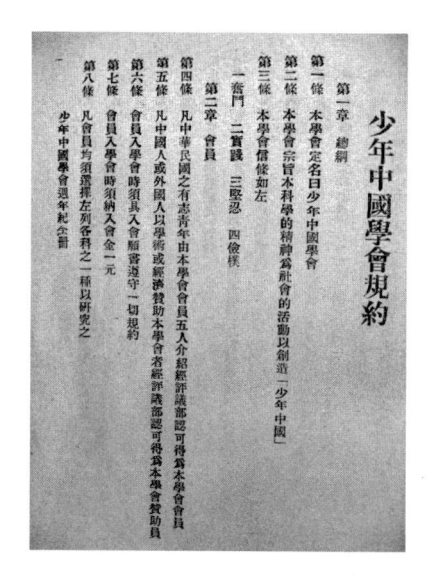

少年中国学会规约

素有政治抱负的康白情,对"少中"的这种政治洁癖,一直心怀不满。而且他在学会中实际承担的事务有限,不能算是"少中"的"忠臣"。康白情与"少中"同人的连带感,主要通过新诗来表达的。他的送别之作,始于《送客黄浦》,终于《别少年中国》,正发挥了"诗可以群"的功能。《送客黄浦》被选进《新文学大系》,是康白情诸多送别诗中唯一被经典化的。梁实秋在《〈草儿〉评论》中虽然看不起他的送别诗,却称"通盘计算,《送客黄浦》一首,可推绝唱。意境既超,文情并茂"。30年代王哲甫的《中国新文学运动史》甚至称康白情的这首《送客黄浦》,"写离别的情绪不亚于王维的《渭城》送别诗"。为何选家、评论家、文学史家在康白情的送别诗中独独青睐这一首?这首送别诗是赠予"少中"的两位东京会员的:田汉、易家钺,当晚在座的张梦九、宗白华、黄一葵、周枚荪也都是"少中"的核心成员。

康白情称他作诗的目的,就是纪"送客"的事情,但"送客"其实只是这首诗的一个外在框架,镶嵌在内的还是"黄浦"的风景:

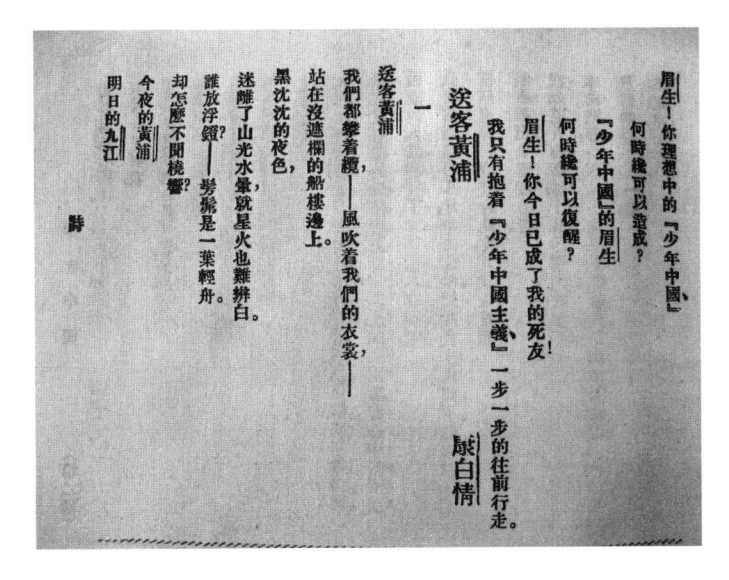

康白情《送客黄浦》(《少年中国》第一卷第二号)

我们都攀着缆——风吹着我们的衣裳——

站在没遮栏的船楼边上。

黑沉沉的夜色，

迷离了山光水晕，就星火也难辨白。

谁放浮灯？——仿佛是一叶轻舟。

却怎么不闻桡响？

……

这中间充满了别意，

但我们只是初次相见。

康白情先用寥寥几笔勾勒出"我们"的群像，接着就在"没遮栏的船楼边上"展开了一幅迷离的黄浦夜色。诗人顺手调用了他最擅长的写景手法，在"黑沉沉"的底色上，捕捉微弱的光影变化，由此引发出一连串的联想，或者说声色的幻觉。康白情这首诗，名为"送客"，实写"黄浦"，其实是在写景诗而不是送别诗的系统内被接受的。

紧接下来的数行，突然呈现出一种不和谐的图景：

> 我们都互相的看着，
> 只是寿昌有所思，
> 他不曾看着我，
> 也不曾看着别的一个。

所谓"别意"，是在主客间的交谈、对视中酝酿生成的，而客方的田汉似乎脱离了"送客"的情景，堕入游离的状态（"有所思"），拒绝与他人的眼神交流。康白情以诗人的敏感觉察到田汉的出离，并把交流遭到的阻隔诚实地记录下来，这是传统的送别诗不可能容纳的内容。同是诗人，田汉这样的姿态，更符合我们对新诗及新诗人的想象：诗人总是独在的，他的视线不会投向身边的某一个，所以新诗不是写给某一个人的，而是写给自己或所有人的。

康白情的送别诗扩展了我们对新诗的想象：新诗可以是无用的，也可以是某种功能性的存在；可以是一个人的独白，也可以有具体的对话性；可以在离群索居的状态下写成，也可以在众声喧哗、觥筹交错的场合中产生。不惮于写这类诗的康白情同时也修正了新诗人常见的形象：新诗人不一定是顾影自怜、无视他者的内倾的人，也可以是充满行动的欲望并具备相应的行动能力的人；不一定是游离于社会之外的零余者，也可以是在多重社会关系中游刃有余的活动家。

新诗在康白情"五四"时期的自我规划中到底处于怎样的位置？康氏自以为虽有成一个学问家的可能，却不愿意成一个学问家，自己"爱诗人比爱学问家还要真挚得多"，"目下所预备的，只是要做一个少年中国底新诗人罢了"。然而谈到预定的终身事业，却是六年后在北京开一个公众食堂，自己去当堂倌，学招呼应酬，同时以余力从事教育。根据1920年至1921年"少中"对会员终身志业的调查，康白情"终身欲研究之学术"为社会制度，"终身欲从事之事业"是农工或教育，"事业着手之时日"约在1925年，地点于四川安岳县即他的故乡或其他，"将来终身维持生活之方法"仍是教员或农工。可见在20年代初以新诗崭露头角的康白情的自我规划中，不仅没有新诗的位置，甚至看不出文学的地位。

《少年中国》第三卷第八期
（政治运动与社会活动）

从康白情与"少中"同人关于"修养"的往返讨论中，可看出他为何热衷社会运动。康白情在写给同人魏嗣銮的一封信中，谈到自我修养的方法：

> 我以为我们是人，应该从事于人的生活。人是要作社会的活动的，所以我们要习惯社会的生活。我们要想成为一个社会里健全的人，去征服社会，改进社会，除非先把自己加入社会里去陶冶过。……我的社交，就是这个用意。这就是我的修养——动的修养，活的修养。（康白情致魏嗣銮信，1919年8月30日）

他这段话是针对魏嗣銮所谓"少年立身，学问之外，尤贵修养。若既瘁于勤，而又多交际以扰之，是整而无暇也"而发的。康白情承认修养的必要，但他把交际也看作一种修养。要成为一个"完人"，或者说"社会里健全的人"，康白情更重视社交的修养，他认为"青年无时无地不在战争状态之中"，没有工夫去做静的修养、死的修养，所以提倡动的修养、活的修养，即白情式的修养。

魏嗣銮在回信中质疑康白情对社交的解释——"我们若要征服社会，改进社会，除非先到社会里去陶冶过"——他对修养的定义是"储精蓄锐，立于不败之地，以待其可胜也"。魏嗣銮推测康氏社交的目的，不外乎"以调查而往，以刺探而往，以陶冶熏清而往"，其社交之旨："一则诡与周旋，以察其症结之所在；彼坐谈立语者，皆吾之研究品。二则随为委蛇，以合其同流之污；彼此肩接踵者，皆吾之助兴品。"（魏嗣銮致康白情信，1919年9月2日）前者固可谓之为大事业、大学问，后者则难保不堕落，康白情若为此而从事社交，未必能"合而不流，涅而不缁"。魏嗣銮申明他并不反对白情式的社交，只是更倾向于静的修养。

康白情的修养指向社会化的"完人"，要实现这个目的，就要不断"变化气质"以适应不断变化的环境。所谓"动的修养""活的修养"，其实就是"社会化的修养"。康白情以为假使中国三十年来的"秀才社会"，除了造成一些书呆子外，还有这种社会化的修养，今日的中国也不至于被官僚所包办。魏嗣銮所说的"储精蓄锐，立于不败之地，以待其可胜"，在他看来是"休养"而不是"修养"，两人的性情、追求不同，对修养的性质、功用的理解自然不同（康白情致魏嗣銮信，1919年10月21日）。

魏嗣銮之所以对"白情式"的社交持怀疑的态度，与他个人的性情有关。对于不善应酬、又不喜生事的魏嗣銮而言，"少中"同人的生活或许过分"丰美"。"少中"同人交游频繁，让性情疏略的魏嗣銮未免有"人事匆促，疲于酬对"之感，他相信有无感情，不在文字酬答间，期待同人做事"皆能洗去市井蹊径"。在同人眼里，魏嗣銮"宅心太伉，与世龃龉，殊不合时宜"，而魏氏以为，当今之世"不乏才情泛应之材，而少骨骼峥嵘之士"，故对同人流露出的少年意气相当警惕：

　　人当少年，谁不欲奋发有为，有所树立，当其酒后耳热，攘臂奋呼，其视天下事，岂足为哉？及其一入社会，乃萎尔俱化，骤其成

形,卒之事业不举,名声破败,如此者,盖比比也。(魏嗣銮致张梦九、宗白华、左舜生、沈君怡信,1920年4月11日)

魏嗣銮这番话不幸言中了康白情这位"才情泛应之材"日后的命运。

"五四"落潮后,康白情被北大选派至美国留学,同去的都是学生运动的中坚人物,如汪敬熙、段锡朋、罗家伦、周炳琳,当时有"新五大臣出洋"之称。康白情由旧金山上岸,进入加利福尼亚大学伯克利分校。他没能融入美国社会,反而对当地的华侨生活有较深入的体察。跟"少中"同人的通信中,康白情谈到旧金山唐人街"堂斗"的风气:"堂号和堂号偶因细故龃龉,便彼此宣战,于一定期间内,大家以手枪相周旋,甚至于全美国所有的堂号都相通的,即能由此埠影响到彼埠。"(康白情致梁绍文信,1921年3月23日)他认为这里的"堂斗"就是四五十年前盛行于西南各省的械斗,不过国内外的堂号不尽相同罢了。康白情从"堂斗"中看出华人根深蒂固的乡土意识和家国观念,以及背后蕴藏的社会能量。

如何借助当地华侨的势力来实现个人的政治抱负,是康白情初到美国就开始考虑的问题。他与加拿大华人工党联络时,指出海外工党想要扩张势力,只能引导华人逐渐脱离堂号、家族、会党之类的团体,将其吸纳到自己的事业中来。康白情发表在《少年中国》上的《团结论》,透露出他这一时期的政治构想,表面上号召劳动阶级的总团结,其实想讨论如何组党的问题。他以为组织一个社会团体需具备四个条件:一定的党纲,健全而严密的组织,党员对于党内决议绝对奉行的义务以及党员间的谅解和同情。

康白情强调党纲的陈义不能过高,得富于弹性,因为他想要团结的是有充足的政治本能但缺乏相应的政治素养的华侨,而与他争抢这一势力的都是门槛很低、手腕灵活,为达目的不惜以种种现实利益为诱饵的团体,这迫使他去揣摩华人何以愿意加入这样的团体,而自己又能给他们怎样的允诺。此外,康白情认为团体的组织是否有效,全看首领能否驾驭这个

康白情（摘自《国立北京大学民国九年毕业同学录》）

团体，所以"不可不慎选首领，尤不可不服从首领"。他如此看重首领的作用，与"五四"时期的社团宣告领袖破产，实行代表制度的趋势，完全背道而驰。

康白情很快将他的"团结论"付诸实行，联合留美学生在伯克利成立了"美洲中国文化同盟"。康白情发起的这个同盟，不完全是学生社团的联合，背后有海外会党的经济支持，其主要会务就是协助改良旧金山致公总堂的机关报——《大同报》。康白情凭借早年哥老会的背景，加入同属洪门的致公堂，与其高层往来密切，除改良《大同报》外，还逐渐掌控了总堂的舆论中枢《领袖机关报》，鼓动堂友干预政治。到1923年下半年，康氏估计时机成熟，与致公堂的首领商量召集五洲洪门恳亲大会筹划组党问题。由于反对以"致公党"的名义组党，康白情及同人相率退出大会，单独打出"新中国党"的旗号。

为扩充声势，康白情写信邀约"少中"同人加入"新中国党"。曾琦，"少中"发起人之一，在日记中记录了"少中"巴黎分会同人得知康氏组党的消息后的反应。1923年8月6日，曾琦收到康白情寄来的《新中国党发起旨趣》一册，"觉其命意尚佳，而党纲则殊欠斟酌，方法亦未具备，故尚不愿加入，拟覆函谢绝之"。随后，曾琦赴巴黎访友，与李璜、周炳琳、许德珩、何鲁之等"少中"同人谈及康白情组党一事，众人对康氏此举皆抱怀疑态度。曾琦以为党非不可组织，唯须有明了的性质、独到的主张、光明的态度、精确的计划，而康氏之"新中国党"于此四条无一具备。可见康白情的组党计划并未得到"少中"同人的积极响应。

　　康白情从致公堂抽身出来，又得不到"少中"同人的支持，只好转向国内自谋出路。1924年初，他将身边的两位干将康纪鸿、张闻天派遣回国，作为先头部队在沪、宁两地筹建"新中国党"的支部。康、张二人在《申报》上宣称党员已有三千余人，京津宁沪各埠也有不少追随者。从"新中国党"标举的口号，如信教自由、种族平等、门户开放等，可以看出康白情等人对当时国内的语境相当隔阂。"新中国党"的两位代表先在上海老靶子路133号设立了办事处，登出征求党员的消息，带有投石探路的性质。然而据《申报》上的报道，这个驻沪办事处只举办过两三次谈话会，很快就销声匿迹了。

　　1924年8、9月间，政治上屡不遂愿，经济来源又突然中断的康白情放弃学业，提前回国。他寻访"少中"故人，讲述"其在美之活动及归国之旨趣，意在利用旧势力以图建设"，遭到曾琦、左舜生的反驳，"恍然如有所失"（曾琦日记，1924年9月22日）。由于与海外会党的瓜葛，康氏被北大拒之门外，后又被南京国民政府缺席判决为政治犯。从"少年中国"的新诗人到国民政府的政治犯，康白情把自己抛出五四新文化运动的轨道，从抛出到坠地，中间有无数的瞬间，每一瞬间都有停留，每一瞬间都有陨落，停留中有坚持，陨落中有克服。历史抹去了这段弧线，记取的只是它的顶点。

（袁一丹）

李小峰
从"五四"青年到书局老板

纵观新潮社的发展，若说罗家伦、傅斯年享有激情创设与成就辉煌的首倡之功，则李小峰在某种程度上承担了稳固发展的守成之责。甚至放在"五四"大语境中，李小峰也有其特殊的意义——正是这些也许并未亲临"五四"游行现场的"五四青年"，在其后来的经历与选择中，承担了出版、传播"五四"的职责，成为传承五四精神的一分子。

1922年冬，李小峰、宗甄甫与孙伏园一如往常借着新潮社的屋子休息、闲聊，而他们谈论的话题自然离不开新潮社。这个在五四运动中曾逐流于风口浪尖、起过关键性作用的学生社团，彼时已不复往日盛景。主事者傅斯年、罗家伦、杨振声、俞平伯等人因毕业、留学而离开，留京社员不过五六人，可谓"门前冷落鞍马稀"。而名为"月刊"的《新潮》因稿件匮乏而一再脱期，几乎半年以上才勉强出版一期，仅靠着像李小峰这样尚未毕业的几位干事才得以勉强维持。

而此时与1919年"新潮"初起时的环境也已大不相同。"五四"之后雨后春笋般兴起的学生期刊多已停办，就连与《新潮》齐名的《国民》杂志也在1921年夏天停刊，杂志社一并解体。更深层的原因在于学生热情的消退。五四运动之后，学生颇有一呼百应之概，但不久即陷入低潮。罗家伦在五四运动一周年时写道，"五四"的胜利曾使得学生万能的观念一度流行，学生以为自己什么事都能办，但正因为什么事都要去过问，所以什么事都问不好。东冲西突之后，至此时已是筋疲力尽。他略带夸张地说，"五四"的时候，我们几乎觉得做什么事有什么人，到了现在，做什么事也都没有人（《回忆〈新潮〉和五四运动》）。罗家伦不久也出国留学，将几乎停顿的新潮社留给了李小峰他们。

面对如此情形，齐聚在新潮社屋子里的三个年轻人经历着内心的博弈：一面是星光闪耀的历史，一面是捉襟见肘的现状，"进"受制于现实，"退"又舍不得历史。是继续，还是结束？商议，讨论，如是反复，难以决断。不过，这一次，他们终于下定了"决心"：要重振新潮社！

几十年后，李小峰回忆了促使他们下决心的缘由：

> 担了名义而不负起责任来，使新潮社在我们的手里死亡，真太不应该，也对不起国内外的社友。"蜀中无大将，廖化作先锋""三个臭皮匠，凑成一个诸葛亮"，我们何妨来充一充先锋，拼凑成个诸葛亮，振作精神，使新潮社获得新生呢？！（《新潮社的始末》）

是否要重振新潮社，之所以在李小峰心里如此纠结，不仅因为新潮社自身的重要意义，也在于其带给李小峰个人的特殊经历。作为北大学生的言论阵地与创作园地，新潮社凭借《新潮》杂志聚拢了当时一批勇于破旧、乐于言新的有志青年，他们不仅拥有新旧交汇的知识与理念，更有直面社会的勇气和行动力。正是这些人，走在了"五四"游行的最前列，而

李小峰、李志云等，摄于1930年

像李小峰这样初入校园的年轻人也正是在这些学长的影响下，以各种形式一起经历了这场轰轰烈烈的学生运动。李小峰关于"五四"的大部分光辉记忆都与新潮社息息相关，在他眼里，延续新潮社也是在某种意义上接续"五四"精神。

决心已下，"臭皮匠"们立即付诸行动。首先亟待解决的是经济问题。作为一个学生社团，前期新潮社以不问编辑之外其他事务的态度超然于日常经营之上，将经费、印刷和发行等皆交由学校负责安排。他们还在《新潮社组织章程》中明确写入了"凡银钱收入，本部干事概不经手"的规定。本着这一态度与规定，新潮社社员们向来疏于经营，不管银钱，不问经济，几年来印书需要多少印费、买书收进多少书款、学校垫付多少钱、尚欠印局多少债，也一概不知。等到印局因为欠费太多而不肯印书时，留任的这几位"臭皮匠"才开始意识到该认真查一遍家底，学着算算经济账了。账本翻遍之后，李小峰发现，新潮社欠印局二千余元，欠诸位作者的版税也在千元以上。而此刻，账面上可供周转的现金已经寥寥无几，清账尚且不够，遑论存续发展。不过，也如今日的出版社一样，当时新潮社尚有"家底"——书。只是，这些万余元码洋的图书，该怎么换成现钱呢？

走投无路的困境常能逼出天马行空的妙想。几个书生一合计，想出了一个主意——练摊。他们想着不久之后便是北大二十五周年校庆，届时热闹非凡，利用这一时机练摊卖书必定收获不小。

这一天，李小峰他们大清早就赶到了举办纪念大会的三院大礼堂门口，在来宾必经之地安置好桌椅条凳，搬来了积压在库房里的"新潮丛书"，齐齐地码在课桌上。"特价八折发售"，自行设计的大幅广告张贴在会场进门处的墙上，引得来来往往的学子纷纷驻足观瞻。

这些年轻人涉世未深，从未有过类似经验，却在这一天表现出了卓越的营销创意与本领。如设计抢眼的巨幅广告，又如着眼于校庆这一特殊氛围，将校长蔡元培的《蔡孑民先生言行录》作为主打图书，引来了蔡校长的不少拥趸。自然，"学生练摊"这种新鲜事儿，本身就是一个极好的招揽办法，吸引了不少同龄人好奇的目光，大大带动了图书的销售。

卖书两天，新潮社共入账二百八十余元，这一结果令李小峰很满意。虽然数目不多，但终究凑了些"印书的本钱"。成功卖书使李小峰有了再接再厉的兴致，他打算"如再有重要集会，还要卷起衣袖，脱下长衫，亲自动手卖书"。

第一次"卖书"的经历对于长期浸淫在校园氛围的李小峰来说，是一个可资追溯的转折点。一个未有任何经营经验的青年学子，却要站到图书销售的第一线，去亲力亲为那些包括售书、包书和算账的实务，担负起一个社团的财政开销与出版经营，这是一个难题，也是一个机缘。尤其，他所要负责的对象又是在"五四"中曾享有极高声誉的新潮社，这更给了他一个将"五四"理想与社会实践结合在一起的现实可能。

回到新潮社。李小峰他们靠卖书筹得部分资金后，便开始全面谋划未来的出版计划。虽说《新潮》是新潮社得以起家与立身的基本出版物，但作为长远考虑，仅止于此是远远不够的。关于这一点，新潮社各位社员早已达成共识。早在1919年新潮社第一次全体会员大会上，大家便做出了"把原有的杂志社扩充为一学会，出版杂志仅作为社务的一部分"的决定。傅斯年在《新潮之回顾与前瞻》中提出："新潮社的结合，是个学会的雏形"，同时把编印"新潮丛书"作为学会事业的一部分。在新潮社的发展历史上，这是第一个转折，即由杂志社扩充为学会。而到了新潮社后期，所谓学会的研究性质因新潮社主创人员的毕业离开而渐趋弱化，新潮社逐渐转向可操作性较强的出版业务，从而完成了从学会到出版机构的第二次转型。而正是在新潮社的第二次转型中，李小峰扮演了非常重要的角色。

经营出版，首先要解决的是选题。在究竟出版些什么书的问题上，李小峰更多地征询了鲁迅和周作人的意见，最终将主要出版方向定在了文艺书籍上。《新潮》杂志曾偏重于文化思想与科学精神的传播，但文艺作品也一直是其重要组成部分。而新潮社的社员也多是文科出身，有些在创作与翻译方面早已崭露头角，加之孙伏园当时担任着《晨报副镌》的主编，也与不少作家与文学青年相熟，这些都为"新潮社文艺丛书"的出版提供了丰富的作者资源。并且，从当时大环境来看，在白话文运动的推波助澜下，新文艺创作已经积累了不少成果，很多都到了可以结集出版的时候。这些因素为后期新潮社的文艺出版提供了必要的指引和条件。

具体到确定第一批书目，李小峰则更主要听取了鲁迅的意见。在这批书目中，包括了冰心的《春水》、爱罗先珂的《桃色的云》、鲁迅的《呐喊》、周作人译的《我的华鬘》等共六种。此外，《新潮》杂志与"新潮丛书"也将继续维持。制定出这样一个出版计划，对于面临人手严重短缺的后期新潮社来说，真是一个不算轻松的任务，也由此可见李小峰对出版的热情与投入。

印制的精美与定价的低廉向来是出版的两难命题，而对于像李小峰这

赵景深夫妇（中排左一、左二）与李小峰夫妇（中排右二及右一怀抱孩童者）合影

样既想出品精美的好书，又立足于更广泛地传播学术与文化的出版者来说，是最为头疼的。当时一般社团出书，都是与书店合作，由社团负责内容，而印刷、发行都委托书店。由于图书的印刷、装帧、定价等环节都掌握在书商手里，而书商本性逐利，所以要他们印出式样精美、定价低廉的图书来，难于上青天。为解决这些问题，李小峰等后期新潮社的主事人决定由自己一手包办——自行译著、自行出版、自行发行。

译著方面，对于有着北大背景与广泛师友关系的李小峰来说，组织选题并不是难题。并且因为在其背后有鲁迅、周作人等"高参"提供指点，大大保证了后期新潮社出版物的品位与品质。

真正考验李小峰的，是如何将这些好选题变成一本本有形的书籍。其间从编辑、校对到印制、发行的事务性环节，不仅需要极大的热情与耐心，更需要丰富的经验甚至老辣的手段。李小峰后来之所以能成为中国现代出版史上一位重要出版人，正是因其不仅具有不同于一般书商的出版理想，更表现出了出色的出版经营能力。

印刷、版式、装帧、定价是李小峰关注的重点，在这方面，向他提供最多帮助的依旧是鲁迅。1920年，鲁迅开始在北大讲授"中国小说史"，授课之余，常到新潮社坐坐。随着交往的深入，鲁迅对新潮社的影响也日深。他向新潮社提出了许多改良的建议，对此李小峰都积极响应，认真践行。比如鲁迅认为印好书，小的印刷厂是不行的，于是李小峰他们选了北京设备最完善、技术最高明、印刷最精美的印局印刷。又如鲁迅提出原先图书留白甚少，满本都是密密层层的黑字，加以油臭扑鼻，使人发生一种压迫感和窘迫感。于是李小峰他们将图书版式放宽了天头、地脚，扩大了行距，还注意将各篇另页排起，并在内封之前、版权页之后留下一二张空白的副页。经此调试，版式就显得疏朗悦目了不少。对于像鲁迅这样热衷于从封面的设计、制版到印刷都包干到底的作者，李小峰还提供了尽可能大的空间，少有干涉，双方最为成功的合作成果便是《呐喊》。

在李小峰的诸项改革中，最能反映新潮社诉求的，是多出新书与低定价。新潮社向以传播新文化与新文学为宗旨，其发展后期，即便在资金紧缺的情况下，宁可把要再版的书缓一缓，也要多出新书。从出版经营的角度看，再版像《呐喊》《春水》《桃色的云》这样受到读者欢迎并早已售罄的图书，是风险小、利润高的选择；而出版新书，则要冒着各种未知的市

李小峰（右前）与赵景深（右后）等亲族合影

上海北新书局同人合影，摄于1928年

场风险，并且对于像新潮社这样小本微利经营的社团来说，滞销图书的积压是极为致命的。但在出版新书与重印旧书之间，李小峰选择的是接受鲁迅的建议，多出新书，以求向更多读者传播更新的新文学作品与新文化理念。同样道理，为了能使广大的穷苦学生有机会接触到这些图书，图书的低定价成为后期新潮社的一种出版策略。一般书店用报纸印的书，定价在五角左右，而李小峰他们用道林纸精印，却能将书价控制在三角半以下。

发行业务，需要李小峰更直接地去面对社会与读者。由于外埠书店对新文学书籍的销路尚无把握，不会现款现结，而新潮社也无心无力去放账，所以还要依靠北大出版部及各个大学的"门房"来寄售。不过除此之外，李小峰也找到了另一些渠道。为了传布新书消息，李小峰会在《晨报副镌》上登载广告，由于《晨报》发行范围不限于北京，也乘此机会招徕了不少外地读者。这时新潮社图书的行销情况已异于《新潮》初刊时，原先主要代销于个人、学校、报刊、教育机关等特殊渠道，如今则更多地依

北新书标

靠各正式书店。从这一点看，新潮社已经逐渐走出了校园，成为一个真正社会化的团体。

在李小峰的勉力维持下，新潮社在1923年至1924年两年内，一共出版了12种新书，其中便有冰心的《春水》、鲁迅的《呐喊》等中国现代文学重量级名作。不得不大书特书一笔的，是鲁迅对于李小峰维持后期新潮社所提供的种种实际帮助。他不仅提供了《呐喊》《中国小说史略》这些常销又畅销的优质稿件，还精心参与校阅工作、亲手设计丛书装帧，甚至为新潮社垫付了不少资金。鲁迅热心文化出版且凡事认真负责的态度，为李小峰这样初出茅庐的年轻人立下一绝好榜样。

对于李小峰来说，这是一段重要的转型期。在日后回忆中，李小峰曾把在新潮社的这段经历定位于其"从事出版事业的开端"。此言不虚。这位曾经的"五四"青年、日后的书局老板，正是在这段跌跌撞撞的日子中摸索到了出版的门径。其后来之所以有能力包揽鲁迅绝大部分著作，并出版了周作人、俞平伯等大量作品，都受益于他在新潮社初试牛刀时攒下的宝贵经验。

1924年，已在出版界小有积累的李小峰，在鲁迅的支持下创办了一家真正意义上的书局，是为"中国现代第一家新文艺书店"——北新书局。

（倪咏娟）

朱自清
"塑我自己的像"

曾经在风暴中心,被"大伙儿蓬蓬勃勃的朝气"紧逼着的"年轻的学生",在"五四"退潮的时候,走上了社会。身处校园的朱自清首先感受到的是风潮迭起,只不过在后"五四"时代,自己也从学生变成了先生,这时看到的风潮,似乎有了更多的层次。路在何方?

1916年夏,来自扬州小官僚家庭的朱自华中学毕业,顺利地考入北京大学预科,父母对他的希望是"好好地塑一座天官像"(《塑我自己的像》),看来正是大有希望。当时的北大,仍保有着京师大学堂的气派,无异于一个官僚养成所。当年12月15日,18岁的他又折返扬州,迎娶14岁时家里给选定的妻子,以尽长子、长孙的责任。一切都在按部就班地进行着。

但历史恰恰在此时发生了转折。1916年冬,蔡元培返国,1917年初正式执掌北大。在1月的就任演说中,蔡元培称"外人每指摘本校之腐败,以求学于此者，皆有做官发财思想。故毕业预科者，多入法科，入文科者甚少，入理科者尤少。盖以法科为干禄之终南捷径也"。要求诸生"须抱定宗旨，为求学而来"。当时朱自华正在扬州新婚，等2月回到北京后，他刚好赶上随后的一番气象——在蔡元培大刀阔斧的除旧布新下，北大风气陡然一变，同年陈独秀出任文科学长之后，文科更是大力革新。

其实，朱自华并不喜欢父母给自己选定的路，"我觉得天官脸上的笑太多了，而且弯腰曲背怪难看的"，他决意塑一个"思想者"（《塑我自己的像》）。也恰好是赶上了1917年，那年为充分选拔人才，北大破天荒地举行了三次本科入学考试，而且没有学历要求，学力够者即可。于是，朱自华跳班投考，为此，他给自己改了一个名字——朱自清。新学期开始的时候，朱自清就成了本科的学生，入的是哲学门。全班共有30人，而上年18人，再上年只有13人（《北京大学日刊》1917年11月23日）。不仅是人数在扩大，北大的哲学门，也可以说是整个文科，还为这个时代拣择并培养了更多领军的人物。徐彦之、陈公博、康白情都曾被推选成为这个班的班长，此外同学还有杨晦、张国焘、谭平山、江绍原（旁听生）等。很快，一些同学就在接下来的岁月里脱颖而出。而有些人，还得等上更长一段时间。

朱自清大半时间都是沉默的。同样沉默的杨晦多年后回忆说："我们彼此间却等于没有来往。他是一个不大喜欢讲话的人……我们同课桌坐过一学期……我们大概就没有谈过两三句话。""在同学时，他却已经显得很老成。"（《追悼朱自清学长》）这与他的家境中落大有关系。1917年冬天，祖母去世，父亲任徐州烟酒公卖局长的差事也交卸了，散文名篇《背影》即记述此时；多年后，虽因经济问题、观念冲突等家庭龃龉不断，但朱自清总难忘那个老迈的背影和割舍不断的亲情。1918年9月，21岁的朱自清得子，后一生育有9个子女，其中一个早夭。可以说，正是自此，他背上了沉重的家庭负担。"他青年时代的读书生活是相当贫苦的。'五四'运动前后，在北京大学读书的那几年，冬天晚上睡觉，只有一床破棉被，要用绳子把被子下面束起来。"(陈竹隐《忆佩弦》)1925年1月30日,在南方彷徨五年的朱自清致信俞平伯托其谋事时,说:"也想到北京去,因从前在北京实在太苦了,好东西一些不曾吃过,好地方有许多不曾去过,真是白白住了那些年,很想再去仔细领略一回。"实在是很真诚的。

使朱自清崭露头角的是新诗。虽然他读的是哲学门,但他的兴趣却在文学,特别是新诗。1917年当他进入哲学门,第一学期的7门课中,"中国哲学""中国哲学史"两门课都由刚到北大的胡适执教。

1928年10月上海开明书店出版的《背影》初版本封面

1935年,朱自清为《中国新文学大系》编选诗集,导言就是从"胡适之氏是第一个'尝试'新诗的人"写起。1918年1月,胡适《鸽子》等新诗第一次出现在《新青年》4卷1号上。朱自清自己也说:"大学时代受了《新青年》的启示,开始学习白话文写作","那时多写诗"(《关于写作答问》)。1919年2月29日,朱自清也写下了《睡罢,小小的人》诗一首(见《雪朝》)。其后,在校期间陆续有新诗发表于《晨报》副刊、《北京大学学生周刊》《新潮》等。有趣的是,同期受到影响写作新诗的康白情、俞平伯等人都是由旧诗入新诗,而朱自清虽然"辛亥革命之后在他家夜塾里"跟着戴子秋先生"学着做通了"国文(《我是扬州人》),却是在1924年9月,于宁波的浙江省立第四中学,才"第一次学作"了一首绝句。同事杜天縻为其改了第三句,并告诉他:"绝句第三句最难做,五绝第三字最难做。"(日记,1924年9月13日)之后,因为在清华讲古诗,拜黄晦闻为师,从逐句换字地拟古做起,学习写作旧体诗词。彼时已至"老泉发愤之年"(《〈犹贤博弈斋诗钞〉自序》),而那时朱自清已经几乎不再写作新诗,转而在白话散文上用功了。

1931年,中年的朱自清再看自己"五四"后的创作,提到了自己的,也是时代的青春气:"但是为什么还会写出诗文呢?——虽然都是些废话。这是时代为之!十年前正是五四运动的时候,大伙儿蓬蓬勃勃的朝气,紧逼着我这个年轻的学生;于是乎跟着人家的脚印,也说说什么自然,什么人生。但这只是些范畴而已。""先驱者告诉我们说自己的话。"(《论无话可说》)当时何尝不是真诚地认为那就是自己的话?只是随着生活的展开,才真正体悟到那些话的意思,才意识到那是生活的解人早就给自己的思想打了底子,让自己说了去而已。

"旧章法科四年毕业,其余各科三年毕业,本科外各设预科,均三年毕业。自民国六年所招预科一年级生起,预科一律改为二年毕业,本科一律改为四年毕业,本科毕业生得称学士。"(《本校招考简章(民国七年)》,《北京大学日刊》1918年6月5日)1920年,朱自清正常毕业离校。既不图做官,谋职倒也不难,当时多有全国各地的学校到北大招募教员,朱自清愿意返回原籍浙江,就去了浙江省立第一师范做国文教员。同去的还有国文门同级毕业的俞平伯。

青年初入社会,着实有一番不适。此时,"五四"也正慢慢退潮,1921年11月,朱自清写了三首短诗,名为《杂诗三首》,其中之一共有两句:"风沙卷了,先驱者远了!"时代和个人的青春都在渐渐逝去,留下的是迷惘。朱自清在杭州一师只教了一年,匆匆而别,原因是"初到时,小有误会;我辞职。同学留住我。后来他们和我很好。但我自感学识不足,时觉彷徨"(《转眼》)。1920年10月3日,甫上讲台一月,朱自清写了一首诗,诗题就是"不足之感"。"可怜他疲倦的青春呵!""待顺流而下罢!空辜负了天生的'我';待逆流而上呵,又惭愧着无力的他。""这样莽莽荡荡的世界之中,到底那里是他的路呢!"(《转眼》)这时,他开始思考路的问题,要另塑一座自己的像——"我重复妄想在海天一角里,塑起一

座小小的像！这只是一个'寻路的人'，只想在旧世界里找些新路罢了。"（《塑我自己的像》）

"五四"之后，新旧冲突，身处校园的朱自清首先感受到的是风潮迭起，只不过在后"五四"时代，自己也从学生变成了先生，这时看到的风潮，似乎有了更多的层次。1920年，浙江一师刚刚发生风潮，校长经亨颐和"四大金刚"国文教师陈望道、刘大白、李次九、夏丏尊因维新被当局免职，朱自清和俞平伯正是来补这个缺。此时的中学，和朱自清自己几年前念书时可是有了天壤之别。据当时的学生自治会主席曹聚仁回忆，"一九一九年秋天，开学后，便开始组织学生自治会，由各级各班推出代表，共同议定'学生自治会章程'，即等于我们的学生宪法，学生自治会便是我们的国会。说起来，正是对学校当局的革命。""关于学生的生活纪律，完全由学生自治会处理。学生自治会管理膳食，厨房一切，都由学生自理。……最重要的一点，即是学生自治会代表二人，我和范尧生兄出席校务会议，不仅过问学校决策，还得决定教师去留。"（《我与我的世界》）当时的校中充满了"自治"的兴奋，甫到校的朱自清当然立刻感受到了这一气息，学生们也愿意听听来自"五四"大本营的先生的新义。朱自清写了一篇《自治底意义》，刊载在1920年11月16日的浙江省立第一师范《十日刊》上。"中国自治底火焰在民国初元间亮过一亮，——虽然很昏暗——不久便被人捻熄了。五四运动后，大家用自由底火烧他，才又渐渐地复活起来；什么学生自治咧！地方自治咧，如今东也嚷着，西也嚷着了！"而朱自清要谈的是"但自治究竟有什么意义呢？"他很真诚地希望大家冷静想一想这个问题。他自己的意见是："自治是一种进步的活动，他里面包着两个历程：一、表现；二、抗议。……表现是创造；抗议是破坏，是表现底一种手段。真正的自治，这两种工夫都要有的。"考虑很是周全。

但整个社会显然还停留在"破"的兴奋之中。"多事的那几年里，差不多没有一个月不发生一两次风潮，不是罢课就是罢工。"蒋梦麟称蔡元培在"五四"后认为："那（指'五四'）是出于爱国热情，实在无可厚非。至于北京大学,他认为今后将不容易维持纪律,因为学生们很可能为胜利而陶醉。他们既然尝到权力的滋味,以后他们的欲望恐怕难以满足了。""蔡校长和胡适之他们料得不错……学校里的学生竟然取代了学校当局聘请或解聘教员的权力。如果所求不遂,他们就罢课闹事。教员如果考试严格或者赞成严格一点的纪律,学生就马上罢课反对他们。他们要求学校津贴春假中的旅行费用,要求津贴学生活动的经费,要求免费发给讲义。总之,他们向学校予取予求,但是从来不考虑对学校的义务。他们沉醉于权力,自私到极点。有人一提到'校规'他们就会瞪起眼睛,撅起嘴巴,咬牙切齿,随时预备揍人。"(蒋梦麟《西潮·新潮》)艰难处境下代理北大校长一职的蒋梦麟,20年后回忆起此时来仍积愤难平。

1922年5月28日,重回浙江一师的朱自清又写下了更进一步的思考,作为给学生的建议。"只因'五四'以来,政治的、社会的环境底刺激,各校里一些有办事底天才的学生便应运而兴,所以看去觉得有些生气。实在大多数还是沉沉如睡,这种偏枯的现象,在平时使得一般学生不相团结,觉得学校生活枯寂乏味;到学校办事偶然不满那少数人意时,便成就了少数底嚣张,风潮底突起!总之,吃亏的是多数!可是少数人权力底病态的扩大,也何尝能得着善良的生活呢?"对自治保持着信仰的他以研究的姿态提出了他的改进设计,"补偏救弊底方法,我以为第一在有效的组织。"主要是要有许多小组织。"他的效力有三层:(一)供给自由运思和练

朱自清(右)与叶圣陶,
1921年12月31日摄于杭州

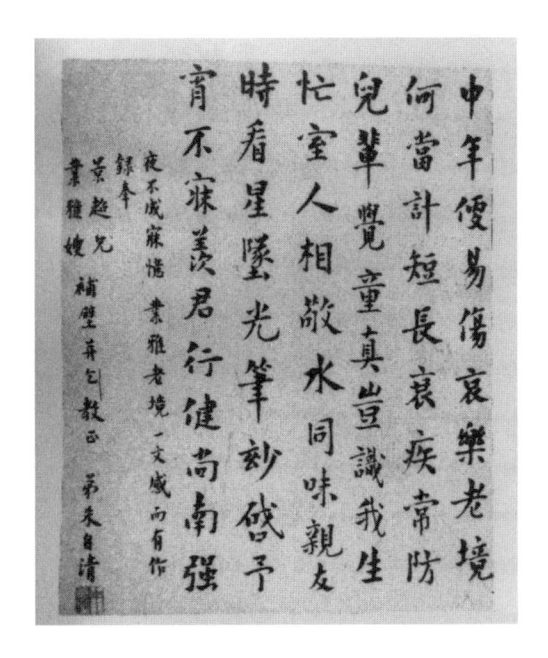

朱自清诗稿手迹（"夜不成寐，忆业雅《老境》一文，感而有作，即以示之"）

习思想力底机会；（二）供给宣泄感情和培养深厚的同情底机会；（三）供给练习组织能力底机会，并发展民治底精神。"（《中等学校的学生生活》）可惜，仍然寂寞得没有回声。一师的学生自治仍然畸形发展着。1923年3月10日，一师发生毒案，全校师生二百余人，饭时中毒，死亡24人，30多人急救得生却"几乎都是终身残废"。事后判决系前任学生自治会膳食部干事亏空公款被查，故而报复，在饭中投放大量砒霜。"这件疑狱，仿佛和学生运动有点蛛丝连系，也仿佛作了'学生自治'的终结。"（曹聚仁《我与我的世界》）

1924年，夏丏尊邀朱自清到春晖中学教书，终于让朱自清的中学教育生涯中拥有了一段理想的时光。在春晖的校刊上，朱自清写出了这几年辗转于江浙几所中学所看到的怪现象："这班人在五四运动以后，迎受'新潮'，又加添了一副逢迎学生的手段。""五四以后，学生也常会蹈瑕抵隙

1931年朱自清与夫人陈竹隐在中南海

的和校长捣乱；这也很利害的！校长却也有他的妙法，便是笼络各个首领，优加礼遇，以种种手段诱惑他们，使为己用！也有假手于教师的。"教师植党，"可怜一班心胸坦白的青年只因见识短浅，定力缺乏，遂致为人犬马而不自知"。"于是威吓校长，排除异己，皆可如意而行；甚至掀起惊人的学潮，给予重大的牺牲于学校与学生！——而他们仍扬扬无羞。"（《教育的信仰》）曹聚仁的经历可为佐证："我做了学生代表，有了实际的大权，教师拼命迎合着我，每种课程，总是批个甲上成绩，这便害了我的一生，后来我考不取南京高等师范，就是数理不合格之故。"（《我与我的世界》）但朱自清仍没有放弃对自治的向往，仍然在思考。"'五四'的时候，学生团结起来，参与政治及一般社会的事，收获了很优的结果；但'五四'以后，他们回过头来，参与自己的事，却反觉艰难了。干事的操纵，权限的滥用——有些自治会并不重自治，却重在治人，治学校办事人——是常有的事，而纷争，怠惰之习的养成，更比比皆是。"让人禁不住要问"为什么'五四'之时如彼，'五四'之后却又如此呢?"朱自清的想法是："（'五四'）实多含群众性，而非全是有计划的。""（自治会）得有详密的永久的计划才行，得有长期的忍耐与努力才行。""制度与运动不同。"借杜威民治国家的理论，他还是坚持以"自由的小团体"为核心建设这一制度。结尾谈道："关于中等学校的群育，我已说得颇长了。我相信要一般社会有细密的组织和健全的活动力，非从中等学校下手不可，非先使中等学校有良好有效的团体生活不可！"（《团体生活》）可见，从"五四"后在北大参加"平民教育讲演团"到此时，朱自清在一定程度上是持教育救国论的，他相信应从大众中做起建设的工作，就像他为绍兴旅杭学生同乡会办的刊物所写的，"不管怎样平常，我们只想能脚踏实地地一步步望前做去，便自心满意足。"(《〈越声〉发刊辞》)

"但是理想主义的夏先生终于碰着实际的壁了。他跟他的多年的老朋友校长经先生意见越来越差异，跟他的至亲在学校任主要职务的意见也不投合。"(《教育家的夏丏尊先生》)春晖也起了风潮。"学生反对教务主任而罢课，学校提前放假，当局开除学生廿八人，我们反对辞职；结果，我仍被留在此……此后事亦甚乏味，半年后仍须一走。"(致俞平伯信，1925年1月30日)甚至使朱自清产生了"实觉教育事业，徒受气而不能收实益"的"颇倦"之感，想要转行(致俞平伯信，1925年3月2日)。

转到哪里？"驳杂与因循是我的大敌人。"(《那里走》)因循，其实也是因为师辈太强大，开风气的工作已经做过了，此时需要的是拣择和踏实工作。"从前某校的学生曾和我说：'我们的国文先生的学问，我们已给他计算出来了：六本《新潮》，十二本《新青年》！'"朱自清看到了当前学术的"虚空与盲从"。"这是过渡时代所不可免的现象"，但"曙光已来了，我们应该知道自己的路！什么是我们自己的路，我说是'窄而深的研究'。"(《课余》)至于研究什么，则多受到朋友的影响。在南方闯社会的这几年，在北大时沉默的朱自清逐渐形成了志同道合的朋友圈，包括和北大旧同学俞平伯订交，后因俞推荐谋得清华的教席；又通过一师的同事刘延陵认识了叶圣陶，后因此结识郑振铎等人，加入文学研究会，又办《诗》月刊等；因为叶圣陶及身边众多热心中学语文教育的朋友的关系，而加入立达学会，成为开明书店的作者，编教材、办杂志等。可以看到，在这一代朋友的互相推动之下，朱自清日后的人生道路也逐渐清晰起来。

(汤　莉)

杨　晦
"五四"的讲述者

"五四"那天究竟谁是第一个跃进曹宅的人,以及那把火到底是谁先点的,众说纷纭。是杨晦还是匡互生?杨晦曾做过北大中文系主任,总在各种场合被要求回忆"五四"。他更愿意把自己描述为一个"默默地参加各种活动","受到了新思想和新文学的强烈影响"的人。一个"默默",一个"强烈",刻画出了他外表与内心的两种状态。

1983年5月3日,杨晦又照例答应学生第二天会参加北大的篝火晚会,这已是多年的习惯了。为纪念"五四"(也是法定的北大校庆日),每年的这个时候,会有篝火晚会,而杨晦充满激情的讲话成为保留节目。可是恰在这天半夜,杨晦突然发高烧,住进了医院,两天后,就因昏迷而报了病危。按照他儿子的说法,"他是带着对'五四'的回忆与思考,离开人世的"。

从1917年到1920年，正是北大学术思想活动和社会活动都异常活跃的时候，杨晦正是在那时度过了三年的本科时光。"五四"那天与朋友在什刹海吃茶谈天的沈尹默，1950年发表回忆文章，称"第二天才知其详，打进曹宅第一个人是北大理科学生蔡镇瀛，哲学系的杨晦也在内"，还说"两年前杨君来谈，还提起这件事，我劝他把最初发动的情形详细写记下来，不知他动手了没有"（沈尹默《五四对我的影响》）。9年后，杨晦的确写了一篇《五四运动与北京大学》，详细地写出了从1917年到1919年五四运动、六三运动的前因后果，不知道是不是就是沈尹默劝他动手的那一篇。不过，杨晦并没有在这篇文章中太多地提到自己，特别是在涉及运动走向的关键点上，行文中只是一个单纯跟着大部队参与者事后追述的味道："后来，有人从窗口爬进去了，从里面打开大门，大家一哄而入。找不到人，就砸东西。""不久，起了火。火怎么起的，始终没有弄清楚。有人说是北大学生黄坚点的火。据匡互生的《五四运动纪实》说是他放的火。也还有人认为是曹家自己放的。"杨晦的儿子杨铸也回忆说："后来就传得比较神了，好像说他（指杨晦）是第一个跳墙进入赵家楼曹汝霖住宅的学生。我父亲曾经偶尔提到过，他肯定是比较早进去的，至于是不是第一个，他的原话是'不一定'。他从来不认为他当时是领导者，而只说是一个参加者。"（徐百柯《民国那些人》）所以，再细读沈尹默的那句话："打进曹宅第一个人是北大理科学生蔡镇瀛，哲学系的杨晦也在内"，即可见杨晦只能算是较早进去的，至于

杨晦，摄于30年代

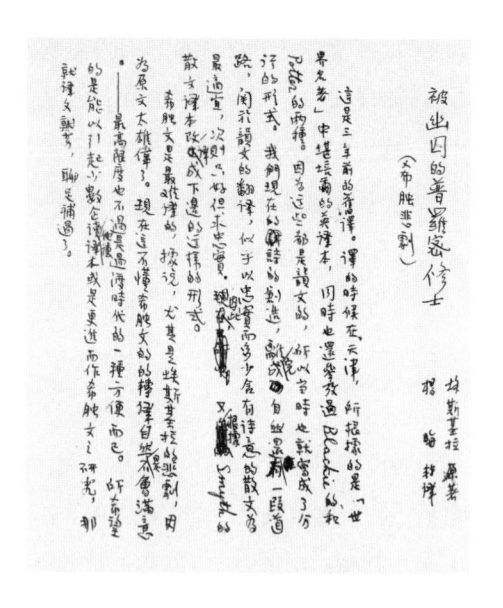

杨晦手迹

"第一人",只有一个,杨晦是无法"也在内"的。但在历史评述里,五四运动和太多的"第一"联系在一起了,大家无法抑制住向内追索出这个运动中的"第一"的强烈热情。所以,这个"第一人"如果无法定位为某一个人,就让"他"成为一批人吧。杨晦就这样被推到了历史的前台。

"五四"那天究竟谁是第一个跃进曹宅的人,以及那把火到底是谁先点的,众说纷纭。但有趣的是,所有的回忆与指认都是说别人的,没有一个被点名的人站出来承认,这是为什么呢?如果说放火牵涉法理问题,那么破门为何也绝口不提?难道真的是所有人蜂拥而上,以致当事人自己也无法辨析?就像杨晦那个模棱两可的回答——"不一定"?也许。

但也还有一层可以分析。"五四"的参与者周予同,从五六十年代到七八十年代,发表了多篇回忆文章。而在1930年第5号《中学生》上,他也曾经发表过一篇,题目叫"过去了的五四",很有意思。文中对争夺"五四"的领导劳绩的行为深有不满,"现在还迷恋着'五四',或者'丑表功'似地在争夺'五四'运动的思想领导的劳绩,这些都是'遗老'

们；至于扛着，甚至于冒充着'五四'运动的健将的名义在招摇撞骗的，那简直是'骗子'。中学生诸君：我们应该让遗老们早点死去，应该使骗子们受点社会的裁制，这不是合理的事吗？"他大呼让"五四"赶快"过去"。所以，虽然在后文中，他仍然又详细地重述了一遍"五四"历史，但是竭力避免出现"我"字，只是反复说"他们""这些学生们"；关键的"破门"点，他称"有某君用拳头打碎玻璃，从小窗中爬进，将大门洞开，于是群众一哄而入"，显示出他要把"五四"功绩赋予那班学生群体的努力。只是在50年代以后，周予同才指出"某君"就是匡互生（《五四回忆片断》，1959年），并且之后的作文逐渐强调了匡互生的功绩（《火烧赵家楼》，1979年）。

杨晦的文章中也提到了匡互生。他说："据匡互生的《五四运动纪实》说是他放的火。"这与事实不合。匡互生的《五四运动纪实》写于1924年，1925年发表在《立达季刊》上，1933年成单行本。此文对五四运动前后叙述极为详细，但全文很少出现"我"，在两大关键点上，也只是说："当走到曹宅前面的时候，大多数的学生都从墙外把所持的旗帜抛入墙内，正预备着散队回校时，而那些预备牺牲的几个热烈同学，却乘着大家狂呼着的时候，早已猛力地跳上围墙上的窗洞上，把铁窗冲毁，滚入曹汝霖的住宅里去。""因为他们到处搜不出那确实被大家证明在内开会未曾逃出的曹汝霖、陆宗舆、章宗祥，只得烧了他们借以从容商量作恶的巢穴，以泄一时的忿怒。"只有在前文叙说"激烈举动的预备"时，提到"举行示威运动的消息传到了各校，各校的热烈分子——二十人以内——都有相当的准备，甚至于有连身后的事都向亲密的朋友商托好了的！这个时候，我见着几个同学那种决意为反抗强权，反抗人类的蟊贼而牺牲的激昂慷慨的态度，我只觉得有同往牺牲的快乐，绝无丝毫恐惧和苟且偷生的念头"，暗示自己也是"热烈分子"的一员。但整篇文章中绝没有一丝为自己表功之意。我乐于相信，这些热烈的青年，没有一个人愿意通过强调某一个细节，来夸大自己在这场突然的群众运动中的作用，没有一个人能够说这个功劳是自己的。

但历史后来会更倾向于选择匡互生为"火烧赵家楼"的壮士，就像1937年上海读书生活出版社出版的蔷薇园主编订的《五四历史演义》，杂取关于"五四"的各种说法，糅成一个，将"五四"做了一个通俗演义，其中，在"火烧赵家楼"那段当中，基本采用了匡互生《五四运动纪实》中的描述，只是把主人公直接写为匡互生。这也代表了后来大家对《五四运动纪实》一般的印象，所以也就无怪乎杨晦在《五四运动与北京大学》中的错引。这种选择当然有多种原因，其中有意思的是人们对"五四"豪侠之气的想象。我们不妨来对照一下杨晦和匡互生对"五四"的一些叙述。

杨晦对"五四"的叙述是紧连着北京大学的，从1917年说起，强调蔡元培和《新青年》对学生的影响。而匡互生分析"五四运动的起因"为"新书报的出版""事实的压迫""革命暗示的残留"。书报方面，固然肯定以《新青年》《每周评论》为代表的"公开地流行"的新出版物，但却认为"使人感印很深并且发生极大的影响的，还是那些秘密流行的出版物"，以《自由录》《民声》《进化》为代表，因为"秘密的文章刺激性比较的强"。所谓"革命暗示的残留"，即指"凡满清末年一切革命烈士所有的侠烈行为和伟大事迹，这时候的中小学的学生都留了一种很深的印象"。

就运动的准备而言，杨晦讲道，在5月3日，各校代表和北大学生在北大三院礼堂开大会，决定将原定于5月7日的游行示威提前到5月4日，并像留日学生那样给卖国贼送白旗。"找到卖国贼怎么样呢？也有人想到那里跟卖国贼干一场的；但是大多数人，都没有斗争经验，想的很单纯，只打算把旗送去，像留日学生对章宗祥那样，搞他们一下就算完事。"匡互生很强调小团体的活动，"五月三日那一夜，某校的工学会开全体会议，由会员提议讨论'对于中日的示威运动，本会应取何种态度？'大多数主张采用激烈的手段去对付那几个仰日本军阀的鼻息，作国内军阀的走狗，并且惯以构成南北战争以快私意的曹、陆、章，就决定次日联络各学校的激

30年代初杨晦于北京家中

烈分子,伴大队游行至曹、章、陆等的住宅时候,实行大暴动,并一面派会员先将曹、章、陆等住宅的门牌号数调查明白,以便直接行动。于是五月四日早晨凡在各校主张激烈的分子就由这个工学会的代表实地联络的结果,暗中已心心相印了"。

关于运动的过程,杨晦的说法是:"大家都十分气愤,也十分泄气,说:难道就这样回学校吗?""停了一会之后,又走动了。大家知道还去赵家楼,情绪就又振奋了一下,不过也还是默默地穿过了东单、东四,到了赵家楼。""怎么交涉曹汝霖也不肯出来。其实,他当时出来了,也许大家就骂他一顿卖国贼之类,丢下旗子走开,也难说。门却始终紧紧地关着。大家有气无处发泄,就用旗竿把沿街一排房屋上前坡的瓦,都给揭了下来,摔了一地,却没留下一片碎瓦,全被我们隔着临街房屋抛进院里去了。"匡互生则激昂得多,虽则表示集合时"不惟他们(指侦探)看不出学生们有痛打曹章等的决心,并且也不相信学生们会有什么暴动的——老

1949年初杨晦（后排中间者）与友人摄于香港

实说，最大多数的学生，实在没有这种预备的"。但处处显示出他们一些小团体的激烈分子对整体走向的计划好的推波助澜。由此，才在群众本已"正预备着散队回校"的当口，通过"破门"把事情推向了超出大部分人预期的高潮。

"五四"那天之后，杨晦的叙述细碎，大体认为运动渐趋走向深入。但匡互生则对"五四"到"六三"之间的学生活动有较强的不满情绪，他提到学生被捕后，"差不多大家都舍了外交问题而单独顾着营救同学的问题了！""许多代表都因感情的关系主张即日罢课（甚至于有已经罢课了的），以要求政府释放被捕同学。当时北京大学学生代表主张罢课更急，而主张不罢课的实在只有北京高等师范的代表。"而看到被捕学生的一些表现，匡互生更加失望："他们的被捕固然出于偶然，但一入警厅以后，有因狱中生活较苦而怨及在外的同学营救的不力的。这时候，我才觉得高师代表所倡大家不应该只是营救同学之说未免调子唱得太高了！"直到

1949年初杨晦与家人摄于香港

"由从前在五四那一天运动最激烈的那些热烈分子到各校活动的结果",6月2、3日举行了充满悲壮气氛的露天讲演,运动才终于回到了他所希望的方向。

在这些叙述里,我们看到的匡互生是相当激进的。事实也的确如此。他14岁从反清义军领袖贺金声部属习武术;1911年,21岁的他肩了一杆枪跟了学校里的教员石基先生去攻巡抚衙门;23岁时,作文攻击湖南督军汤芗铭,虽自己侥幸逃脱,但牵连校长刘武被处十年徒刑,国文教员李洞天被枪决;"五四"后,在湖南怀炸弹至长沙,拟炸死督军张敬尧,以减轻兵祸。处处可见其勇武、刚烈。后来,他把革新社会的理想寄托在教育之上,在中国公学、春晖中学都因观念与当局不和愤而辞职,后干脆借款办了立达学园,并为此耗费所有的心力,直至42岁病死。"立达学园的旨趣"包括:"立达的师生要极力培养牺牲的精神,大家都能抛弃身家,为人群谋幸福。""我们坚信意志能够征服一切,我们十分坚信我国民族是能够以少数转移多数的，改变风气，不是一回难事。"(匡互生《立达、立达学会、立达季刊、立达中学、立达学园》)匡互生的纯粹和决绝可见一斑。

众人目光中的杨晦没有那么激烈，与"五四"壮士的形象不那么符合，所以，当事实含混不清的时候，人们就进行了主观选择，选择匡互生作为偶像。

但其实，杨晦的内心也有着很热烈的一面，只不过外表沉默。朱自清和杨晦是同班同学，近30年不联系后，朱自清"还清清楚楚的记得"他的"小坎肩儿"和他的"沉默"，后来杨晦也说："我们彼此间却等于没有来往。他是一个不大喜欢讲话的人，我在北大读书时简直是个怪人：上课到学校去，下课就回到校外租的一间小屋里，不大跟人来往。我们同课桌坐过一学期，因为当时的座位是一学期一换，我们大概就没有谈过两三句话。然而，我对于他却印象清楚而且感觉很亲切。""我大概对于每个同学都暗地在心里感到很亲切，却从来不跟任何一个同学亲近。"(杨晦《追悼朱自清学长》)这句话正反映了他的个性。那时，他参加过北大新闻学研究会，是得听讲半年之证书的32人之一，但这段经历鲜为人知。就像"五四"那天，他参加游行一样。在自传里，他这样评述自己："在五四运动前后，我默默地参加各种活动，阅读各种书刊，既读介绍各种理论、思潮的文章，也读鲁迅的小说、胡适的白话诗和易卜生的戏剧，受到了新思想和新文学的强烈影响。"一个"默默"，一个"强烈"，刻画出了他外表与内心的两种状态。

50年代后期杨晦与家人合影

1920年从北京大学毕业后，杨

1956年杨晦（左一）访问捷克与波兰

晦去沈阳第一师范教书，只待了几个月就被当局以鼓动学潮的罪名赶出来。之后辗转飘零，1949年前，杨晦在十五个学校教过书，中间还有时失业。这都是因为"他待人处世，不肯敷衍苟且，他不断跟他环境内接触到的虚伪的世故、钩心斗角的行为、尔虞我诈的争夺进行斗争，自己经受多大的损失也不后退"（冯至《从癸亥年到癸亥年——怀念杨晦同志》）。他原名杨兴栋，"因为痛感社会的黑暗，就在从太原回北京的路上改名为杨晦了"（杨晦《自传》）。

他不会把他的憎恶掩藏起来，但会掩藏炽热的爱。因为极度珍视艺术，认为"艺术是极高尚的事业，不应也不能作为谋生的手段"，"所以在搞文学，办刊物的同时，一直仍以教书为业"（杨晦《自传》）；因为"太容易激动感情"，所以许多次师友故去，应该写文追悼的时候，"却一篇都没有写过，但是却真诚地在心里悼念那些先我而死去的人们"（杨晦《追悼朱自清学长》）。

"人世间绝大部分人都追求幸福，但也有少数人好象是一心一意在寻找苦难。"杨晦自己是这样处世的，甚至真诚地建议好友冯至以这样的态度投入生活。所以，当冯至大学毕业的时候，孔德学校邀他教书，杨晦劝他放弃，理由是："孔德学校是个好学校，但对你没有好处，你需要认识社会，在那里你认识不了社会，你应该到艰苦甚至黑暗的地方去，好好地锻炼锻炼。"杨晦性格中的极端处大抵如是。这样"一种蔑视艰难困苦而勇于同艰难困苦作斗争的坚强性格"与"由于看到社会上种种的不平和农民经受的各种各样的苦难""也时常流露出"的"忧郁的心情"，与西方的悲剧发生了共鸣，"他谈讲那些悲剧的情节，象是在述说自己亲身的经历"（冯至《从癸亥年到癸亥年——怀念杨晦同志》）。同时，也与强调知识分子改造的信念自然真诚地联系在了一起。

这样再来看"五四"那天，"破门"或是"放火"，杨晦是不是第一人并不那么重要，依照他的性子，他能做得出来，但也未必会做出来。重要的是，做或不做，这一天也就这么被众人推挤着过去了，然后，大家仍然或者说更加努力地在继续做下去。所以，杨晦对"五四"长久不言，虽然写了《五四运动与北京大学》，虽然曾做过北大中文系主任，长年来被一届又一届的学生要求说说"五四"，但他不说自己，只说"五四"，说众人。他的学生黄修己说："只凭他（指杨晦）是'五四'运动中带头跳进赵家楼的健将，而又绝口不提当年勇，就够我们佩服一辈子了。"他的学生吴泰昌说："杨晦老师不愿谈起自己。我是从一位北大老校工那里知道他是五四运动火烧赵家楼的勇士之一的。"（《中国新文论的拓荒与探索——杨晦先生纪念集》）他的朋友臧克家以"谦逊"一词来评价他，但真正说到点子上的还是那句"杨先生，做事不求人知"（臧克家《溯往事，六十年——追忆杨晦先生》）。就像刘薰宇说匡互生一样："参加革命，惩罚卖国贼，铲除军阀，他都拼过命；然而他只是在尽责任，不是想要荣誉，不是想顶烈士头衔，自然更不是以此作什么进身的手段，所以他做了就丢开，总不愿向什么人提起。"（刘薰宇《吊匡互生先生》）

（汤　莉）

罗常培
半工半读不废学

罗常培读书时家境困难，需要打工维持生活，因为挣国会的钱，他觉得羞耻，但好在打工是做速记，他因此锻炼了辨音能力，为日后从事语言学研究打下基础。北大读书时，他经常请假打工，但很少旷课。他深深服膺蔡元培的办学理念和人格，对北大感情深厚。

和今日许多大学生一样，初入北京大学的罗常培，因为家庭条件困难，也要靠打工来维持个人生活，甚至补贴家用。不过罗常培的不寻常之处在于，很少有人能像他那样，兼职的工作不仅深刻影响了个人的思想，更深刻影响了日后的学术研究。

罗常培在中学期间，为生计的考虑，已经系统学习了速记术。在北大读书时，他便做了在国会速记的工作。速记术在中国是一门新兴的学问，清末自国外舶来。据说清政府初设谘政院之时，需要速记人员做会议记录，然而国内并无这种人才，只能求助于日本。有鉴于这种窘境，清政

1919年罗常培北京大学毕业照

府开办了京师速记学堂，共培养出数百名速记人才，主要为谘政院开会服务。这些速记人员在当时享有较高的地位。后来速记术在中国获得了较大的发展，出现了数种速记派别，在主要服务于国会之外，也具有了其他功用。比如，孙中山的《三民主义》一书，就是由孙中山口述，通过其秘书黄昌谷全文速记，并整理成书的。

速记工作的基础是辨音。当时的国会议员各操方言，五音杂陈，速记训练为罗常培日后走上语言学研究之路，奠定了初步的根基。而在国会工作，对国会议员的种种腐败言行自然耳闻目睹，有较多认识。罗常培逐渐滋长的独立意识，便催生了痛恨自己寄生于腐败政权的罪恶感。从国会挣来的钱确实可观，贴补家用绰绰有余，还可以给自己买来比其他北大同学都光鲜的衣服。穿着这些衣服，罗常培心中充满复杂的滋味。他不好意思如此示人，于是，"每逢从众议院回学校宿舍的时候，穿着一件华丽衣服都觉得惭愧，必须罩上一件蓝布大衫，才觉着还了我的学生本色"（罗常培《自传》）。当然，可能不仅是为了回到"学生本色"，作为一个出身贫家的孩子，已经养成了与"华丽衣服"不能协调的素朴本性。

罗常培出身于一个贫寒的没落满族家庭，全家没有一个读书人。一家人靠父亲和哥哥微薄的薪金勉强度日。因为父亲看他尚有天分，在他已经9岁时，把他送入了私立小学读书，后来又入"京师公立第二两等小学堂"学习（与老舍同学，并结下了终身的友谊）。在罗常培十七岁那年（1916），父亲因病去世，为了发丧父亲，全家欠下了一屁股债，生活陷入十分困顿的境地。本来成绩优秀的罗常培只好放弃了留洋和报考北大、清华的梦想，打算报考官费师范或军事学校，减轻家庭负担。但转机也在这时候出现了。因为之前他受过速记训练，黎元洪此时正好下令恢复旧国会，于是罗常培应召进入了众议院秘书厅速记科，当上了一名速记员，每月可以挣八十元大洋，不仅足够自己花销，还可帮助家庭偿还债务。一时罗常培颇有些"少年得志，踌躇满志的气概"（罗常培《自传》）。如果不是一个人及时出现，罗常培也许就这样以一个富足而平凡的小官僚的身份度过一生了。他就是罗常培的中学校长夏瑞庚。因为罗常培在中学表现优秀，夏瑞庚一直关注着他的成长，看到罗常培的变化，便语重心长地告诫他：在议会工作面临着巨大的生活腐化和堕落的风险，重拾学业才是人生的正途，并劝他不要和同事住在一起，以免同流合污。罗常培听从了夏校长的意见，同时也在同事的鼓励下，当年就报考并考入了北京大学文科本科中国文学门。从此，开始了他半工半读的大学生活。

当时北大各专业有预科和本科之分，很多学生都要先通过预科考试，然后经过两到三年的预科学习，再考入本科。而罗常培没有经过预科阶段就直接考入了本科，这固然反映出他中学时已打下较好的根基，可另外也因为其没有上过预科，也没有家学训练，根底较薄，与其他同学在刚入学时就存在着较大差距。罗常培曾回忆说："我小时候读私塾，到九岁上小学。魏（建功）先生十四岁就能读《说文》，我到二十岁还不知道有《说文》这么一部书。所以说我的根基薄，不是家学渊源的。旧书我只读了《四书》《诗经》《书经》和半部《左传》。中学毕业以后，没有上预科就考入北大文科本科。我是躐等生，程度比同班同学都差，傅斯年能背半部《文选》，能读英、法、德文的书。"（罗常培《我是如何走上研究语言学之路的?》）再加上他每周要至少用三天半时间在众议院做记录，挣钱维持自己的生活和贴补家用，导致成绩并不理想。这从他的请假和旷课记录中可以窥见一二。据《北京大学日刊》的记载，1918年10月，罗常培请假8学时；11月，请假22学时，旷课1学时。1919年3月，请假27学时；4月，请假

13学时，旷课1学时。罗常培的请假数据在学生中名列前茅。不过，他请假虽多但旷课极少，或也可看出罗常培是个遵守秩序的人，缺课实属维持生计的无奈之举。

　　缺课打工固然影响了成绩，但是打工经历成为罗常培日后学术研究的宝贵财富，因为速记同时也是一种记音训练，对他培养出敏锐的声音辨别能力大有助益。"工""读"能如此相得益彰，实在不多见。如他自述："又因为我在国会作过几年事，无形中受到听写各地方言的训练，从此就打下我后来研究语言学的基础。"（罗常培《自传》）罗常培的学生周定一也曾回忆道："国会议员来自全国各地，好几百人，开会时语音庞杂的发言，给这位青年速记员养成特别敏锐的辨别方音能力。这是工资之外另一笔很得益的无形收入。例如若干年后，他在青岛初次遇见游国恩先生，问游先生'贵处？'游先生答以'临川'［tim tʻuan］，他就马上听出有三个值得注意的方音特点，触发了研究临川方言的兴趣。这是他日后写成《临川音系》一书的源头。这种敏感，固然跟他已经从事多年的语音和音韵的研究工作有关，也跟早年在速记中练出的听力有关。"（周定一《与时俱进的语言学大师——罗常培》）老舍夫人胡絜青也回忆说，罗常培"能辨别广东入声音调十多个"，对于母语中没有入声音的北京人来说，是十分难得的（胡絜青《缅怀罗先生》）。据语言学家岑麒祥总结，罗常培早期从事的学术研究工作"所要解决的主要问题都是在于'审音'"（岑麒祥《努力向罗

1934年罗常培（左）与老舍
在北京书房前合影

1944年西南联大中文系教授欢送罗常培（中）赴美讲学

常培先生学习，决心沿着他开辟的道路前进》）。

另一方面，罗常培把速记能力应用到课堂听讲上，记下了很多笔记，为今天留下了不少珍贵的资料。比如刘师培的《汉魏六朝专家文研究》和梁漱溟的《东西文化及其哲学》都是根据他的记录稿整理而成的。在北大的前两年，罗常培在思想和精神层面没有受到北大的明显影响。第三年，伴随着蔡元培在北大改革的展开和新文化运动的蓬勃兴起，罗常培的思想也产生了重要的转变，"北大精神"切切实实地进入了他的灵魂之中。他自己回忆得相当清楚：

> 第三学年是我思想转变的开始。转变的主要动因，是《新青年》和"蔡元培先生给林纾的信"对我起了很大的作用。我的思想完全以蔡先生的思想自由和学术自由做骨干。在解放前的二十多年里，我一直拿他那博大而坚贞的精神做我理想的人格。我赞成他的兼容并包

的态度；我崇拜他的"临大节而夺"的气节；我服膺他那"富贵不能淫，贫贱不能移，威武不能屈"的精神！在他死后第二天我作了《博大和坚贞》一文来哀悼他，就是发挥这种思想。三十年来我所以能做到"大德不逾闲"的地步，完全靠这种"北大精神"的帮助！（罗常培《自传》）

罗常培的回忆有事实作为证据。1918年1月19日的《北京大学日刊》刊登了蔡元培发起成立北京大学进德会的告白，告白宣布了进德会的发起缘由，即为了拯救腐败不堪的国民道德。加入进德会须遵守相应戒律，其中甲种会员必须遵守"不嫖、不赌、不娶妾"三戒，乙种会员再加"不做官吏、不做议员"两戒，丙种会员于前五戒外再加"不吸烟、不饮酒、不食肉"三戒。在1月25日的《北京大学日刊》上登载的甲种会员名单里就有了罗常培的名字（其时会员尚不多）。应该是其当时在议会工作，虽非"议员"，却难逃"官吏"之嫌，所以只能成为甲种会员。在7月6日的《北京大学日刊》上，提出了对加入进德会方式的改革方案，即由签名入会改为填写愿书。7月30日的《北京大学日刊》则提出了新的会员制度，并要求前此签名入会的会员重新填写愿书。新的制度规定，"不嫖、不赌、不娶妾"为三条基本戒律，其他五项戒律由会员自由选定遵守。10月底之前，罗常培重新填写了愿书，在三条基本戒律之外，又认领了"不吸烟、不饮酒"两条。

罗常培1918年2月还加入了画法研究会，1919年初又加入了以增进同学交际为目的的学余俱乐部，虽然表现并不活跃，但仍可以看出其对完善自我的追求。

当然，在具体的文化取向上，罗常培当时更多的还是以传统文化和学问为依归。在当时的北大，与新文化阵营相对峙的旧派阵营以刘师培、黄侃、辜鸿铭、梁漱溟等为代表，他们支持创办了《国故》月刊。《国故》月刊社1919年1月26日在刘师培的私宅召开了成立大会，罗常培在会议上被选举为文牍干事。《国故》的办刊宗旨是"昌明中国固有之学术",办刊原委则为"慨然于国学沦夷,欲发起学报,以图挽救",与《新青年》《新潮》等刊物隐然分庭抗礼,是国故派的重要阵地(萧超然《北京大学与五四运动》)。不过,罗常培虽然参与其事,据现存资料来看,其并未过多介入其中,估计也是因为他有速记能力才被任命为文牍干事。虽然其时他倾心于国粹,对新文化运动没有表现出太多的兴趣,但新文化的精神还是深深塑造了他。比如,他受影响至深的蔡元培所缔造的"北大精神",他推崇的自由和包容的态度,无疑都是新文化的精义所在。

1946年罗常培(右)与老舍在耶鲁大学

1919年北大中文系毕业后,罗常培又半工半读转入了哲学系学习。之所以进哲学系继续学业,正是因为思想转变产生了一系列精神危机,导致他迫切需要找到解决的方法:

"五四"前后,我在思想上发生了很大的矛盾:学习的是旧文学,而又有对新知识的要求;吃的是安福系国会的饭,而又有浓厚的反政府的情绪。每逢从众议院回学校宿舍的时候,穿着一件华丽衣服都觉得惭愧,必须罩上一件蓝布大衫,才觉着还了我的学生本色。那时北大哲学系在思想上占全校的领导地位,我认为要解决我的思想矛盾,非进哲学系不可。对于当时的出版品,只要是"新"的,不问它属于那党那派的,都本着蔡先生"兼蓄并包"的态度尽量搜集。对于西洋哲学名著，只要先生介绍过的，就设法托日本的丸善书店代订。我从政府挣来的薪金，除维持家人和自己的生活外，大部分用在买书订报上面。"五四"后的两年，正是北大哲学系如日中天的时候。外来的杜威、罗素先后讲学；本校的胡适、梁漱溟分庭抗礼。两年间我在治学方法上颇受实验逻辑"思维术"的影响，在人生哲学上很被《东西文化及其哲学》所倾倒。(罗常培《自传》)

可见，哲学系的学习不仅解决了他的思想危机，也为他的治学提供了新的方法，当然，这背后有他兼职工作挣来的薪水做后盾。在自我完善之余，罗常培不忘帮助其他同学。1919年10月，北大同学发起成立了速记学会，可惜开办得不算顺利。11月底，速记学会邀请罗常培担任讲员，期望促进学会的顺利发展，罗常培予以允诺。速记学会对他的介绍是："闻罗君号心田，系西斜街速记传习所毕业。现充参议院速记科一等记士，学识经验，均极充足。"(《北京大学日刊》1919年11月28日)

阅读关于罗常培的回忆文章和传记，常能体会到他坚忍、宽厚、博爱的人格魅力，如他自陈，这和蔡元培校长的影响及"北大精神"的熏陶有深刻关系。依恃这些精神资源，罗常培难能可贵地超越了古今和中西的文化与思想藩篱，在人生观和治学方法上，充分汲取传统和现代中有价值的成分为己所用。他既欣赏蔡元培兼容并包的自由主义理念，又为梁漱溟宣传的人生观倾倒；既非常注重"'古文'的学习，对我国的文字学和古典文学都

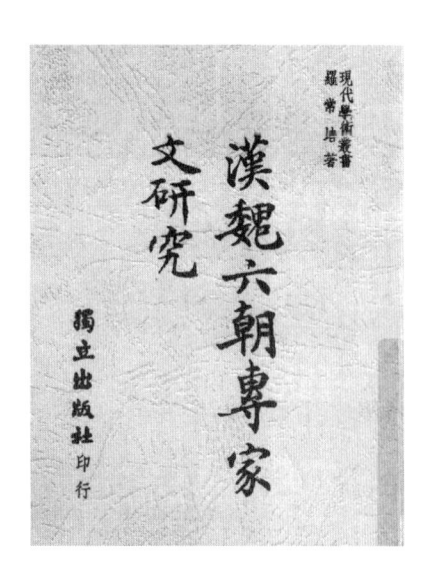

罗常培整理的《汉魏六朝专家文研究》，
独立出版社1945年11月印行

有很深的造诣，特别是对我国韵书和各派音韵学家的著述有广泛的知识"（岑麒祥《努力向罗常培先生学习，决心沿着他开辟的道路前进》），又广泛借鉴西方语言学理论，向赵元任虚心学习，研究汉语方言。他的工作走到了时代前面，甚至为很多当时的语言学家不能理解。用王力的话来说："有人说罗先生是'继往开来'，我认为'继往'不难，难在'开来'。他的成就是划时代的。用语言学理论指导语言研究以他为最早，当时这是新的道路。因此有些老一代的人对他不满意，说他是'国际音标派'。这样说时带有贬义。我们今天认为还可以这样说，但应该是有褒义。"（王力《纪念罗常培先生——在纪念会上的发言》）

对北大、对自己献身的学术事业，罗常培一直怀着深厚的感情，1934年他从中央研究院回到母校北大，除1944年到1948年四年时间在美国访学外，一直在北大研究和工作。解放军接管北京城之后，共产党派人向罗常培征求对大学教育的意见，并希望他能做一点领导青年的工作，他回答说："我过去固然没有革命的成绩，同时也没有反革命的记录。我是一个作研究工作的人，过去怎样，现在和将来还希望怎样。我只希望有研究学术的自由。至于领导青年的事情，自己觉得有些过时了。"

（张广海）

陶希圣
十八年后的激动

作为"五四"的旁观者,陶希圣受用的是其时兼容并包的思想氛围,这为日后他创办《食货》引领学术潮流埋下伏笔;作为"五四"的纪念者,陶希圣厌烦的是新一代学生群体非此即彼的阵营意识,离开讲台、投身政治成为时代点滴也属情理中事。

1937年5月4日,已经是北京大学知名教授的陶希圣参加了在师大操场举行的"五四"纪念会。对于30年代有"太多的演讲和太少的游览"的陶来说,这样的演讲本来应该是轻车熟路且波澜不惊的,但当天现场却出现了失控。次日的《北平晨报》如是报道:

> 平学生昨开会,在师大操场举行扩大纪念会。旧学生团体一部分会员为从实际行动中表示统一学运之决心起见,特亦自动联合前往参加,学生二千余人。被约请讲演之陶希圣、马希风、周炳琳、杨立

奎、熊梦飞等亦均如时登台就座。三时半宣布开会，因主席台上，拥人太多，意见纷纷。会场中遂有人提出公推主席团，维持秩序，双方坚持，几达两小时。请来教授如陶希圣、杨立奎等亦均退席，遂由主席宣布散会。当时群众，仍要求继续开会。结果旧学生团体一律退场，童子军嗣在各地布岗，至五时左右继续另开，再由陶希圣、丁作韶、熊梦飞、杨立奎等先后演讲。大意鼓励在场学生今后应更加努力等语，将六句钟始散云。

而同一天在巴黎出版的《救国时报》有一则相关报道，标题很长，"国内热烈纪念五三、五四，汉奸竟在北平师大纪念会上鼓励行凶"，在此标题之下，还顺便加上内容提点，云"殴伤爱国学生多名，一人因伤毙命。各界对此极为悲愤，要求清除败类"。如此快捷而迅速的"定性"归纳，在国内报纸中的确很难看到，直到5月10日的《北平晨报》上，木瓜的《闲话"五四纪念会"》才进行了更多细节的补充，尤其是打斗的场面叙述甚详：

不久就看见从风雨操棚里走出大队的童子军，拿着木棒由一位大肚皮的黄衣先生领着冲到主席台侧，这样几次但亦没有什么。另一堆里有几个人在拾着石子对台前人们抛去。弱小的我就吓得往后退。恰在这时，一个佩红符号的人冲上台去，他悠悠地从台上推下一个人来。接着并投下几条长板凳。童子军就一拥而上，那些赤手空拳坐的人们都站起来往外跑，接着一阵喊打声。只见木棒高高挥舞着，这时我躲在铁丝网后面，只看见接连抬出来三个人，头上和身上都淌着血，童子军拿木棍在后面逼着，我被感动得流下泪。不禁联想到若是"五四"的先进们目睹这种惨状，回想当年亲身被军阀走狗们所残害的情景，将做如何感想？我平日素来爱护童子军，他们是天真，服从，然而今天，"打"对他们来说是一种游戏。这些可怜的孩子们，要是知道他们毒打的正是他们的哥哥或姊姊，一定会像东北军一样的要求枪口对外吧。但是，什么使他们如此呢？我不明白，教育的功效，还是……？想到万一当场有"友邦人士"目睹这幕武剧，他将作何感想？我不明白，我始终如此的茫然！

木瓜的细节记述大致可信，但对"五四先进们"的联想却多少有点一厢情愿，并且隐隐约约地将新学联的人同"军阀走狗"的行径遥遥相应起来。当时在台上的陶希圣18年前就参加了五四运动，不过当他看到当时的保安队向赵家楼胡同走过来之时，"我只得靠到一个住宅的门口，作为旁观的姿势，才避过保安队，然后从容走出赵家楼和石大人胡同"（陶希圣《潮流与点滴》）。

对于五四运动的当事者来说，采用何种行为，无论是积极的，还是消极的，都属于自己的选择，他们并不见得会为此而产生道德快感或背负道德负担。1919年，陶希圣刚由北大预科转入法科本科，可能是兴趣爱好过于广泛，在法科旷课请假的布告栏里，经常能看到陶汇曾的名字。就拿1919年的前三个月来说，1月份请假15次，旷课15次；2月份请假10次，旷课10次；3月份请假22次，旷课5次（《北京大学日刊》1919年2月13日、3月13日、4月15日）。而对于当时的各种社团活动，陶也属于参加但不太投入，"每次大会，我都在场。大会之外，我在宿舍里读罗马法，或是到福寿堂去伺候我的父亲"；很多时候，陶

陶希圣夫妇与子女，摄于1934年

希圣是被别人带动着去了解当时的潮流的，"湖南人周长宪是我同班。他屡次邀我去参加这类集会，听消息，听演说"。其实，就当时参加五四运动的众多学生来说，与陶希圣一样被卷入"历史洪流"的人不在少数。他们对"五四"的记忆除了慷慨激昂的运动史事外，自然也包含对整个"五四"氛围的认同，尤其是各种思想学说的并行和相互宽容，"在当时，没有哪一种思想压倒另一种思想。一个青年可以读几种思想的书刊，也可以接受几种思想作为谈论的资料"（《潮流与点滴》）。

但在30年代，尤其是"一二·九"之后，学运慢慢地演变成非此即彼的态势。新旧学联之争俨然转变成党派之争，这也正是陶希圣无奈，继而愤怒的地方，因为他必须有所取向，有所表态。从1931年重返北大任教之后，陶希圣的影响力逐年上升，尤其是在《食货》杂志创办之后，"时颉刚在燕大办一《禹贡》，陶希圣在北大办一《食货》，两杂志皆风行一时"（钱穆《师友杂忆》）。其学术影响力已隐然使其成为青年导师，他自己也撰写《青年思想的出路问题》一类的小册子。由于他的国民党党员身份，主讲的是中国政治思想史，运用的方法论却主要是马克思、恩格斯的唯物史观，这些都使得他在当时的言论和行为不免成为备受瞩目的焦点，自然也可能成为众矢之的。

在参加完"五四"纪念会后，陶希圣在5月8日的《大公报》上发表了一篇略显"失态"的文章：《残余的西班牙主义——一个忠告》。这篇文章提到的"西班牙主义"是缘于"五四"纪念会当天部分学生所唱的歌曲，陶希圣认为是《保卫玛德里》，不过5月12日的《北平晨报》马上登出"辟谣"的声明，这篇《〈保卫玛德里〉是反对歌曲吗？》署名是清华大学海燕歌咏团，在全文照录由吕骥作曲，麦新作词的《保卫玛德里》之后，顺便在附注中强调：

报载在师大举行的五四纪念会上，有人唱此歌，我们认为实在是莫须有的误会。因为群众在那样的场合中决不会有唱这歌的情绪，并且这歌在北平的学生群众中间还不熟练,大家那时所唱的据说是《救亡进行曲》和《救国军歌》。希望登报发传单的诸君先把这三首歌唱会分别清楚再打官腔罢。

而同日的另外一篇文章《大学教授的定性分析》则将陶希圣声讨"西班牙主义"的做法看成"玄妙的联想,联想当事实,创造的才能","一位有名的大学教授,他在听到群众唱救亡进行曲时,就会联想到保卫马德里"。嗣后,陶希圣便在《华北日报》和《小实报》上与当时的左派人士进行笔墨苦斗,同时也成为法律意义上的被告,"左派教授们教唆旧学联向地方法院提起讼诉。他们告我教唆伤害罪"。陶本人后来回忆这次事件时,曾提到一个有趣的插曲,说他在中山公园的来今雨轩碰到清华大学的张申府。张申府认为他那篇文章题目就不通,陶本人回答说:"你们人多,我只一人。我能攻不能守,所以必须随时采取攻势。我今天要把绿帽子加到你们的头上,哪管什么通不通。"(《潮流与点滴》)陶、张二人都是"五四"一代,在18年后的争论已然演变成扣帽子的攻击。

参加五四运动的不少大学生在后来都成为大学教授,当他们转换角色后,却并不是很适应。倒不是因为学术能力上无法步武"五四"时代的教授,实在是学生们的"政治意识"太过强烈。尤其是对于公开的演讲,"当某一大学的学生团体邀请某一位先生演讲的时候,那位先生登上讲台,若是提起中国社会是封建社会,反对派的学生立刻跺地板、捶桌子,表示异议。若

陶希圣、万冰如夫妇,摄于1965年

是一开口，就说中国社会是资本主义社会，干部派学生也作同样的反对表示。施复亮（即施存统）有时气喘声嘶地走到我家，说道：'我不敢讲到本题，只是讲经济学研究方法。因为一讲到本题，就有人反对。'我笑着答道：'你是来吃饭，还是来宣传的？如果吃饭就不要宣传。如果宣传，就会打破饭碗。'"（《潮流与点滴》）这段话基本道出了当时师生关系跟"五四"时代有很大差别，相互间有所保留。

《北平晨报》等北京报纸主要报道和追踪了当天北平"五四"纪念会的情形，上海的《申报》（1937年5月5日）则从四个城市的角度展示了十八周年纪念会的盛况：

天津：今日五四纪念，津警察局严加戒备。

北平：四日为五四学生运动纪念日。北大并放假一日。爱于下午在师大召集各校学生开纪念大会。由杨立奎等讲演五四意义，及今后学生运动方针。并发表宣言，仪式颇严肃。当局为防范意外。特在各街衢加岗戒备。

南京：京北大同学会为欢迎蔡前校长孑民，并纪念五四运动十八周年纪念。四日下午五时，举行茶会，六时聚餐。除到蔡前校长，及胡适、石瑛、高鲁、黄右昌、马寅初等，计同学二百六十余人。

广州：粤各级学生代表，四日在市党部大礼堂开会纪念五四运动。

与北平、天津的戒备森严、风声鹤唳，广州的"政治思想教育"不同，南京的"五四"纪念凸显的民间色彩和大学色彩更重。这也无怪胡适当天情绪激动不能自控，"今日为五四十八周年纪念，北大同学今开会欢迎蔡先生，地点在老万全，我去稍晚，同学签到簿上已满二百人。狄君武致开会词，蔡先生演说完即辞去。我有演说，颇带感情，最后竟哽咽不能说完。"（《胡适日记全编6》）胡适能够感受得到的温情除了校友重逢的激动，自然还有对"五四"氛围的怀恋。与胡适在南京的感受不同,当时在北平的教授感受更多的是风雨欲来的剑拔弩张。教授们在公共场合的演说更多的已属于政治表态,师生之间坦诚相见的氛围也由于派别、阵营等问题渐趋消失。

在五四运动成为重要事件之后,每逢"五四"召开一次纪念会本来是顺理成章之事,但由于其学生干政的特别性,使得不同的政府当局总存有又爱又怕,更多时候是"怕"多于"爱"的心理。怕的是一些不利现政府思想的传播和流布,于是便时而能看到类似报道"学界昨开五四纪念会,到会者数千人,巡警监视极严。散会后,每人手持之传单及印刷品等,均被便衣或武装巡警阻拦没收。谓各传单未经警厅检察,禁止发散云。"(《晨报》1925年5月5日)而对于被邀演讲的教授名流来说,要讲得适当也非易事。如果要倡导同学好好读书平常即可,放在"五四"纪念的语境里则不甚"应景";如果要放言高论"胸怀天下",总要有点"内容"才行。当然也会有"机智"的例外,1924年的"五四"纪念会在石驸马大街的女高师举行,该校校长杨荫榆女士发表了长篇演讲。在演讲过程中,杨女士还跟现场同学互动一下,问当年参加五四运动的人有没有在现场的,结果无一人举手,于是杨荫榆便得出结论:"当日参加五四运动之人,今日在场者既无一人而仍能开五四纪念会,可见五四之精神,仍然遗留至今。"(《晨报》1924年5月5日)如此"机智"的推断并不能随时都用,但显然这样讲的"五四精神"是无关大局且无碍当局的。

陶希圣在"五四"纪念会后的表述倒不见得是站在当局立场做出的政治宣传和声讨,起码在牯岭茶话会前,陶是以学者的立场来谈论政治的。按他对现代中国形势的判断,"在受侵略的中国,社会运动是与民族运动交流不相妨的。在侵略急迫的时候,还应该为了民族运动停止社会运动的阶级分裂趋势。我以为中国的社会主义者应了解民族主义的现实意义。"(陶希圣《低调与高调》,《独立评论》201号,1936年5月17日)于是也就会有了在《残余的西班牙主义——一个忠告》中太过激动,略显"文不对题"的呼告:"我要求政府大开法律的道路,让自由主义社会主义的人们都有存在发展的自由。同时我也要求在野党派放弃分裂国家的运动。你们如果左倾,可以自由,但不要向完整的国家发挥憎恨,必使破碎而后已。"如纯从表述的角度看,这篇略显"声嘶力竭"的文章确有帮忙文章之嫌,不过在此文之后,陶希圣在《大公报》1937年5月9日又发表了一篇《思想界的民主》,补充他的"激动"原因:

> 近两年的爱国运动里面,我们还可以听得见"不加入某某阵线的人滚开"以及"不怎么样就是汉奸"的理论。——如果可以叫做理论。恩格斯在《1848年的德国》小书里,批评1848年以后德国文坛道:"在修养不足之处,把政治口号来充数"。那恩先生还不知我们中国,帽子的作用更比口号大些。今日大家都说"民主",我看思想界首先便没有民主主义,谁都打算将来"一朝权在手"的时候,便把焚书坑儒的令来行。因之,我感到思想界要有一番民主运动,作政治上民主运动的先驱。

让人感慨的是,早在陶希圣的求学北大之时,思想界已经有很好的民主氛围,各种各样的学说和思想纷至沓来,总有人去整理保存,去研究发现。在北大五十周年纪念时,在法学院展览的第三部分可以看到"社会主义及苏联文献展览,包含中日俄英德法文字图书,共千余册,在国内最完备"(《国立北京大学纪念刊》第三册),而受其滋养的陶希圣有足够的修养谈论马克思学说。也正因为此,才会有"我在北大,常对那些左派学生说:你们如果读过《资本论》第一册,就不会倾向于中共"这样的掌故(《潮流与点滴》)。

更令人感慨的是,陶希圣明明认为喊口号、扣帽子是"修养不足"的表现,他自己却不惜采用先扣别人帽子的方式,来劝告持不同政见者。在如此"以暴易暴"的方式背后,隐藏的其实是陶希圣对当时学生运动的不

陶希圣八十寿辰，蒋纬国来住宅祝寿，摄于1978年

信任，尤其是他在回忆1936年"双十二"游行时，曾这样记述当时的游行："任何人不知道他们游行的目的，他们自己也不知道。他们只知道参加游行的，每人可以得到一双溜冰鞋。北海与中南海在冬天结冰之厚在三尺之上。溜冰特别是漪澜堂前溜冰，是青年学生们无上的乐趣。一双溜冰鞋的价钱法币八元。他们每一个人为了这个，便参加那无目的的游行。"（《潮流与点滴》）且不论陶的这段回忆是否可信，但当一个教授是以如此心理看待他的学生们参加运动的动机时，出现乱扣帽子的极端方式也就在所难免了。

在"五四"时期，作为学生的陶希圣很从容，从容地参加运动，从容地接受各种思想，并从容地走上追求学问的道路，从安庆到上海再到北平。18年后，作为教授的陶希圣却很激动，为了"阵线"的刺激而乱扣帽子，丧失心平气和论争的风度。嗣后，他放弃学问生涯，以政治为业，成为蒋介石的幕宾便属情理中事了。

（李彦东）

朱谦之
革命与再生

在"五四"一代青年学生中，朱谦之是特别引人注目的一个。他好学深思，又常有惊人和极端的言论与行动；一面以虚无主义者自居，一面又热烈地投身于汹涌的学生运动；他曾在校内发起"废考运动"，因为参加革命行动而坐过牢，又因为思想的彻底和绝望而自过杀，出过家，最终仍不免于以兀兀穷年的书斋学者的身份而终其身。

1921年旧历新年前夕，北大校园里忽然传来该校哲学系学生朱谦之在警察厅绝食的消息，一时群情激愤，舆论大哗。朱谦之是北大哲学系学生，去年"双十节"因为在正阳门一带散发传单，被警察厅以"宣传危险思想"为由逮捕，一直拘絷至今。学生们认为，如果朱谦之确有刑事嫌疑，应当于二十四小时内移送法庭公判，不能无故拘押。朱谦之本人也曾向警厅执法处提出质问，要求速行解决。在对方置若罔闻的情况下，朱谦之才愤而决定自行绝食。北大学生闻讯后大动公愤，积极奔走营救。先是朱谦之的同乡、旅京福建学生会代表刘阳生、杨庆霖到警厅质问，几天后全体北大同学齐集第三院操场开会讨论营救方法，决定推出七十余人代表到警厅质问并探视朱谦之，如果警厅仍然不允释放，就通电全国，向法庭起诉，并实行大请愿。代表们归来后，将探视情形报告给代理校长蒋梦麟，蒋梦麟随即电请教育总长范源濂向内务部磋商，范源濂遂电商内务总长，内务部于是电告警厅司法处，将朱谦之送至教育部，由部交回北京大学（《晨报》1921年1月23、25、26日）。

这是1月25日发生的事，但是直到29日，朱谦之仍未被释放。学生代表直接到教育部，"务请教部以最短期间，设法保释。否则北京学生必采相当手段，共起援救"（《晨报》1921年1月30日），与此同时，各地要求释放朱谦之的电文也蜂拥而至。在强大的舆论压力下，警察厅终于决定准许朱谦之于旧历新年前回家省亲（《晨报》1921年2月2日），不久朱谦之即被释放。

朱谦之绝食引起的巨大反响以及他最终的获释，再次显示了五四运动后学生群体的巨大威力，他们可以直接面对教育部、警察厅这些政府机关，向对方施加压力，并最终使自己的意愿得到尊重和满足，这在"五四"之前是不可想象的。五四运动使得学生成为任何一方都不可小视的政治力量，他们必将在中国的政治舞台上扮演越来越重要的角色，营救朱谦之不过只是一个小小的例证罢了。

然而对当事人朱谦之来说，这件事却另有一番意味。作为一个激进的倡言革命并且也实践革命的"五四"青年，出狱后的朱谦之非但没有汇入这股力量之中，反而却更加疏离于大规模的集体政治，最终以兀兀穷年的书斋学者的身份而终其身，这其中的来龙去脉，还得从头说起。

1917年，18岁的朱谦之考入北京大学法预科。自幼好学的朱谦之，此前就读福建省立一中和格致书院时，就已经开始尝试从事哲学历史方面的著述。或许是由于幼年失去双亲的痛苦经历，朱谦之养成了耿介孤僻的性

左二朱谦之，右二梁漱溟（见梁漱溟《东西文化及其哲学》1921年版卷首）

情和苦学深思的习惯。就读法预科时，朱谦之就写了三本书，即《周秦诸子学统述》《政微书》和《太极新图说》。那时他嗜读先秦诸子，特别是老庄哲学，对学校的功课却很不在意，只一心一意在图书室里自修。传说，当时北大图书馆长李大钊曾对人说："北大图书馆的书，被朱谦之看过三分之二了，再过一两个月，将被他看完，他若再来借书，用什么方法应付呢？"（客河《学者朱谦之——本校"五四"人物散记之一》）

不过朱谦之却绝不是一个安分的好学生。当时，北大校内的新文化思潮正方兴未艾，无政府主义在学生中非常流行，图书馆公开陈列无政府主义机关报如《新世纪》《民声》，以及一时流行的小册子如《实社自由录》《伏虎集》之类。朱谦之本来就对老庄哲学非常感兴趣，很容易就被无政府主义思潮所吸引（《政治幻想的三部曲——我的小资产阶级政治思想批判》）。他在读书思考的过程中，糅合老庄哲学、无政府主义（特别是克鲁泡特金的学说）以及伴随着新思潮而涌入的柏格森、奥斯瓦尔德一派的西方生命哲学，形成了自己的虚无主义理论，并且以此来对当时种种新思潮展开批判。1919年他在《新中国》上发表了一系列这方面的文章，1920年初，将其结集为《现代思潮批评》，由新中国杂志社出版。朱谦之在书的开篇便指出当时的新思潮缺少根本的破坏精神，对于任何事物只是问"为什么？""怎么做？"，却不从根本上质疑"能够存在吗？"在朱谦之看来，胡适的"评判的态度"也好，罗家伦的"三W主义"（即what、how、why）也好，充其量不过是"研究"，谈不上真正的批评。真正的批评应该是"革命的""破坏的"，应具有根本而彻底的否定和反抗的精神。这便是朱谦之的"唯心的虚无主义"立场，即是一任自己的主观，对任何事物都加以毫不妥协的否定与反抗。朱谦之的矛头不仅指向胡适一派的实验主义，同时也指向"新庶民主义"（即民主）、"广义派主义"（布尔什维克主义）乃至无政府共产主义。

朱谦之虽然深受无政府主义影响，但却与北大学生中大部分无政府主义者有所不同。当时北大学生中的无政府主义者基本上都是继承中国早期无政府主义者刘师复的衣钵，信奉克鲁泡特金的无政府共产主义，他们有自己的社团（实社）和刊物（《实社自由录》《进化》等），其代表人物是黄凌霜和区声白。而朱谦之和刘师复并没有什么渊源，他主要是通过阅读来接触无政府主义思潮的。1920年1月，他和易家钺、郭梦良等人创办《奋斗》旬刊，倡导"奋斗主义"，仍以虚无主义为底子，主张通过个人奋斗从事根本的破坏与革命。不久，朱谦之更是与黄凌霜在《北京大学学生周刊》上围绕无政府共产主义展开了公开的辩论。

首先发难者是黄凌霜，1920年2月，他以笔名"兼胜"在《北京大学学生周刊》第7号上发表《批评朱谦之君无政府共产主义的批评》一文，针对的正是朱谦之《现代思潮批评》中对无政府共产主义的批评。朱谦之在《现代思潮批评》中鼓吹"宇宙之革命"，反抗一切强权，不仅反抗政治和社会的强权，连自然界的"天地"强权也在否定之列。为此，必须取消一切组织和劳动，要求绝对的自由。在黄凌霜看来，这些都近于抽象的玄谈。黄凌霜作为无政府共产主义者，主张在自由契约的基础上建立互助的组织，因生活的需要而从事必要的劳动。朱谦之很快做出回应，坚持自己作为虚无主义者的立场，绝对地反对自然界的强权虽做不到，但只要朝着这个方向努力，"就是与绝对接近，而融化于绝对之中了"。同时，朱谦之又再次强调反对一切组织的必要，因为"组织只是名"，"组织只是力"，唯有推翻一切组织，方能根本上废去强权（朱谦之《再评无政府共产主义》，《北京大学学生周刊》第9号）。

从表面上看，朱谦之的虚无主义主张极端的破坏与革命，以"虚空破碎、大地平沉"的"宇宙革命"为极境，近乎痴人说梦，较之以互助论为基础的无政府共产主义学说，无论就学理的系统性还是现实操作的可能性来说，都相差甚远。然而事实上，正因为朱谦之虚悬了一个不可能达到的"绝对境界"，却使得任何朝这个绝对方向努力的革命行动，都获得了合法性。朱谦之借用柏格森的"创造进化论"，把"革命"看作一个处于绵延的时间之流中的"宇宙总进化"的过程，不同阶段的不同革命，因为都是这个"总进化"的一个环节，所以都具有合理性。

朱谦之的"革命"没有停留在口头上，五四运动中的每次集会示威，几乎都有他的身影。照一般无政府主义者的看法，五四运动作为一场爱国运动，意义并没有那么重大。许德珩回忆说，"五四"时期北大的无政府主义者一般都主张"不要国家，不要家庭"，"看不起大伙同学的爱国运动，以为'爱国'是落后的思想"（许德珩《五四运动在北京》）。但朱谦之的"革命"是要反抗一切强权，所有的反抗都有助于"总进化"目标的实现。反过来也可以说，反对卖国政府的革命行动，同时也就是达至无政府主义和虚无主义的一个阶段。

在"宇宙总进化"的过程中，任何革命行动都是有意义和可行的。与有组织的社会革命相比，朱谦之的"革命"更像是随时随地的"游击战"，缺少（也不需要）具体的现实目标和实践手段，只是凭着一己的热情和冲动，向着"绝对"的境界奋斗。用他自己的话说，便是"不要知识，更无

朱谦之部分著作书影

所谓逻辑，就是无逻辑，我所有的，只是感情，我所能作的，只是感情的冲动，就是破坏"（AA《破坏与感情冲动》，《奋斗》第5号）。

1920年3月，升入本科哲学系才半年的朱谦之在《北京大学学生周刊》第13号上发表了《反抗考试的宣言》，宣告从此不受任何考试，同时又写信给蒋梦麟和胡适，声明自己的主张，并表示不要文凭。事实上，五四运动后伴随着社会改造思潮的兴起，学生中已经出现废除考试的呼声，很快形成一种"废考运动"。从1920年初开始，《北京大学日刊》和《北京大学学生周刊》上就陆续出现了讨论废除考试的文章，北京高等师范学校还组织成立了废考研究会，乃至引发风潮。学生认为，学校生活既为社会生活的预备，社会改造就当从学校生活的改造开始，为此就当实行废除考试、减少上课钟点、废除毕业制度等一系列改革。学生的呼声在教育界也引起了反响，时为医专校长的汤尔和认为主教育者不能回避改革的任务，他对学生的要求表示支持，并提出要废除考试，必先废除文凭（汤尔和《现行学制根本改革的意见》，《北京大学日刊》1920年3月31日）。从当时的舆论氛围来看，朱谦之的宣言似乎也没有什么特别之处。然而重要的是，当其他人在报章上连篇累牍地"研究"和讨论"废止考试"时，朱谦之却率先实行了，而且是郑重其事地向系方和校方表明自己的态度。对朱谦之来说，这不啻一场"革命"。从社会改造的意义上说，废除考试涉及学制改革，兹事体大，不可能一朝一夕完成，这大概也是这场"废考运动"最后无疾而终的原因之一。但是朱谦之的"革命"出发点全在个人，只要有决心，有"冲动"，就能实现。

1920年10月9日，朱谦之和互助团的同志毕瑞生在正阳门一带散布革命传单，毕瑞生被警察厅逮捕，因为身上携带着他写的《中国无政府革命计划书》，朱谦之便决定投案自首，他表示愿意以己身代毕瑞生，警察厅允之，朱谦之随即入狱。没想到这一关就是半年，警察厅既不讯问，也不移交法庭，对朱谦之的质询也置之不理。朱谦之愤而决定绝食，于是便有了本文开头的一幕。

出狱后的朱谦之，革命热情不减，但是对积极营救他的学生群体却似乎并不太领情，反而对学生借助团体力量达到目标的"革命"方式更加怀疑起来。他的好友吴康说：

> 经过这一番挫折之后，他主张革命的热诚，愈为怂溢。往后渐觉得社会上一般主张革命的青年，大多数都欣美"布尔什维克"政府的成功，要想利用强暴的兵力，来达到所主张的目的。他于是觉得这种办法，非常危险，渐渐把素日的主张，怀疑起来。（吴康《朱谦之不是为厌世而出家》，《晨报》1921年5月30日）

这种对团体的怀疑和不信任其实早已深埋在朱谦之思想的深处。他在与黄凌霜的辩论中，就强调"组织只是名""组织只是力"，团体也是一种强权和暴力，虽然事实上他也介入无政府主义团体的革命行动，但在思想和行动上与主流的无政府共产主义者都保持着距离。对于在青年学生中影响越来越大的苏俄式政治革命，他也开始表示怀疑。1921年3月，出狱后不久的朱谦之参加互助团的会议，会上讨论的是与北京社会主义青年团的合作事宜，区声白支持与青年团联合，并听从其指挥，朱谦之则极力反对，认为即使联合成功也不过"供少数投机者之利用"，"不如直行政府为快"（《关谦关于北京社会主义青年团与无政府党互助团活动情形致王怀庆呈（1921年3—4月）》，《中国无政府主义和中国社会党》）。面对马克思主义和苏俄革命思潮的竞争，无政府主义显然已处于守势，而不得不考虑和对方联合乃至受其领导。朱谦之显然对此深为失望，他只能在"孤独""革命"的道路上继续独自前行。

1921年5月，朱谦之再次成为新闻人物。5月26日，他在《京报》"青年之友"栏发表《自叙》一文，宣布出家。一时又引起众多议论，许多人都认为他是悲观厌世，只有好友吴康出来为他辩白："朱君不是为'厌世'而'出家'，正是为'奋斗'而'出家'"（吴康《朱谦之不是为厌世而出家》，《晨报》1921年5月30日）。朱谦之果然跑到杭州兜率寺去找太虚大师了，太虚大师后来回忆说：

> 民国十年的夏初，京沪报纸传朱谦之到杭州从我出家了。但事是有的，剃度却未。朱到杭州，住在我的兜率寺中十余日，特与他谈了一回话。我问他出家目的是什么，他说要将所有的佛书批评一过，从新整理建设起来。我告诉他：若为此便不须出家，且以不出家为较宜，我可介绍你到欧阳竟无那边去；若真要出家，最少要连书报也不看，去持戒、坐禅四五年。两条路你走那一条？你可细想想再回报我。过了两天，他说愿到欧阳那边去，我写信与他去了。过半年后，我在到天津的船遇到他，那时他已把学佛的心打断，另做别的学问去了。（《先后依我剃度的几个徒弟》，《太虚大师自传》）

所谓"将所有的佛书批评一过，从新整理建设起来"，绝非出家人的态度，

1952年中山大学哲学系欢送毕业同学暨迁系北京大学纪念（前排左二为朱谦之）

他自己后来也说出家的目的是在实行一种"佛教革命"，希望以此"改造人心"（《荷心》）。他离开杭州后，听从太虚大师的意见，到南京支那内学院向欧阳竟无请教，因为不满意于欧阳竟无的唯识论，不久又离去。这一连串的"革命"行动，无一例外都归于失败。也许可以说这"革命"的目标不在成功，而就在当下的"革命"本身，在"孤独的奋斗"本身。

在"奋斗"与"革命"道路上苦苦求索的朱谦之似乎已经步入穷途。出狱之后他就基本上告别了学生生活，确实没有去拿毕业文凭。在他自己的生活世界里，他毫无疑问是一个敢作敢当的真诚的"革命者"，但意义似乎也就仅限于此。离开南京后，有一年多的时间里，朱谦之往来于京沪杭宁各地，浪迹于山水佳胜之中，他的思想在寻求新的契机。朱谦之需要为他的"宇宙总进化"寻找一个更坚实的基础，而不只是一味地"破坏"与"革命"。大自然之美，宇宙之寥廓，让他有了新的启悟。而他和北大女生杨没累的通信与恋爱，也为他的生活掀开了新的一页。在"活泼流通"的宇宙与真情的熏陶下，从1923年起朱谦之开始形成他的"唯情哲学"思想，由怀疑和否定一切，一变而为信仰"情"为宇宙之本体。朱谦之所说的活泼泼的"真情之流"，仍然保留着"宇宙总进化"思想的痕迹，而此前他谈革命与破坏，也总是强调情感与直觉的决定性作用。只是此时绵延于"宇宙总进化"过程之中的不再是革命与破坏，而是"真情"。从这里，朱谦之告别了"革命"的"五四"时代，也告别了虚无主义者的生涯。以"有情"的眼光来看待这段夹杂着热诚与激昂、苦闷与决绝的时光，却也"仿佛春草朝阳有嫩生生向荣之概"（《五四精神》）。

1924年，朱谦之应聘到厦门大学担任讲师，开始了他长达近五十年的教学研究生涯。此后，他便主要以学者的身份从事文化和学术建设的工作，一生留下了大约一千万字的著述，范围涉及文化哲学、历史哲学、文学史、佛教与景教研究等诸多领域，其内容之丰厚，跨越学科门类之繁多，现代学者中可以说无人出其右。尽管他的学术视野极为广阔，且总是处于变动之中，然而他"五四"时期的思想痕迹仍然清晰可辨。例如他始终排斥实证性的科学方法，倾向于以整体性的、哲学的方式把握对象，更重要的是，他的学术背后的关怀总是指向当下和未来，仿佛那绵延的时间之流总是把他的目光从过去引向现在和未来。从这个意义上说，他的"革命"仍然在延续。在剧烈动荡的历史变迁中，他不断地调整自己的人生和学术方向，同时也在不断地调整对自己的认识，不断地反思和批判自己，又不断地从中获得再生。

（季剑青）

王 兰
在新文化运动中成为北大女生

1920年2月17日，江苏省的王兰女士获准进入北京大学哲学系一年级旁听。王兰入学北大，成为推倒大学"男女共校"这一多米诺骨牌的第一张骨牌，也堪称一桩典型的五四"新文化"事件。"五四"前后，主张"男女共校"的呼声日高，甘肃女生邓春兰的投书更是被炒得沸沸扬扬。那么，何以成为北大"第一个女学生"的殊荣，会历史性地落在了王兰身上呢？

1920年2月18日，旧历己未年除夕的前一天，《晨报》刊出了一则新闻，题曰《北京大学实行男女同学、第一个女学生江苏人王兰》：

> 昨日已有从前者女子高等师范学校肄业之王兰女士，已得许可入文科哲学系第一年级为旁听生，……此为北京大学收取女生之嚆矢，想全国女子得此消息，必接踵而至，诚教育界之新纪元也。

很快，2月27日出版的《北京大学学生周刊》即证实了这一消息，并透露

《晨报》1920年2月18日报道

"本校开放第一次的女同学"（《北京大学学生周刊》第10号，1920年3月7日）

现在已"有王兰、奚浈、查晓园三位女士入本校旁听"。3月3日，《晨报》和《申报》同时在显要位置刊出北大女学生的图片报道。《申报》图片注明来自"中央写真通信社摄影"，记者抓拍了一位从红楼门前匆匆走过的女学生的身影。《晨报》则在这张照片之外，叠加了一帧王兰、奚浈和查晓园的正面合影，注明是北京大学"最先入学之三女生"。这帧合影很快又在3月7日出版的《北京大学学生周刊》封面上刊出，题曰《本校开放第一次的女同学》，并一一注明她们各自的系别、年级。至此，有女生入学北大的消息已确凿无疑。此前一直没有动静的《北京大学日刊》，也于3月11日公布了入校旁听的9位文本科女学生王兰、邓春兰、韩恂华、赵懋芸、赵懋华、杨寿璧、程勤若、奚浈、查晓园的履历信息，这等于官方上承认已有女生入学。彼时舆论界热议了大半年之久的"男女同校"，终于在北京大学得以实现。

以王兰为首的这9位女生的入学北大，成为触动中国女子教育改革的先机。不久，全国各高校便纷纷效仿，对女学生开放门户，实行男女同校。这一举措很快波及中学教育。1922年，教育部通过《学校系统改革案》，确立了自小学至大学男女合校的单轨制教育。自此，女性在制度上

"北京大学文科门前之女生"(《晨报》1920年3月3日)

"北京大学之女学生"(《申报》1920年3月3日)

获得了与男性完全平等的受教育权利。

对于王兰的入学北大,她的弟弟王昆仑曾回忆道:

> 那时,我姐姐正因病失学在家,她很想进北大求学。我就去问蔡校长。蔡校长问我:"她敢来吗?"我说:"她敢。"蔡校长说:"可以让她来试试。"这样,她就进了北大,成了第一个女生。后来又有两个女生入学,这就开了男女同校的新风尚。(王昆仑《蔡元培先生二三事》,刊《光明日报》1980年3月4日)

"最初入北京大学之女生"（《少年世界》1卷7期，1920年7月1日）

"本校女生消息"（《北京大学日刊》1920年3月11日）

王昆仑当时是北大哲学系的本科生，时名王汝屿。王家是江苏无锡的望族之后，王兰1899年出生，是家中的长女，她自幼即随父母在山东济南（女子小学）、家乡无锡（县立竞志女学）以及直隶保定（第二女子师范）等地的女子学校求学；十六岁考取北京女子师范学校，读了四年多，离毕业尚有一个学期，却因病而退学了，她申请进北大求学，正是在赋闲在家的这段时间。

王兰入学北大，成为推倒大学"男女共校"这一多米诺骨牌的第一张骨牌，堪称一桩典型的"新文化"事件。不过，这一新风尚的开启，并不像王昆仑在六十年后的回忆中所说的、成就于他向蔡元培校长代达姐姐的请求那么简单和容易。

  1920年7月1日,徐彦之在《少年世界》上发表了《北京大学男女共校记》一文,详细记叙了这一事件的经过,并提供了一个从"幻想"到"讨论"再到"实现"的三部曲式的解释模式。关于男女共校的"幻想",徐彦之认为可追溯到蔡元培1919年3月15日在青年会的讲演"贫儿院与贫儿教育的关系";但这其实只是一个幌子,这一"幻想"的实际起源,乃是包括徐彦之在内的一群北大男青年,对于男女交际空间的渴望。徐彦之的文章本身即透露了其中的信息:

  去年的差不多这个时代[候],——约在春假后十日左右,朋友王若愚找我谈天。两个人觉得寡味,又一同到北河沿椅子胡同十号,找康白情。天黑了,点起灯来,三个人三角形式的对坐着,嚼着萝卜和甘蔗,痛谈。但仍觉不快。继而悟到,这里没有女性的缘故!然而要男女交际,须预先制造空气。于是我们三个约定,在一个星期内,每人做一篇鼓吹的文字,送到《晨报》去登。

  徐彦之和康白情当时都是北大哲学系的学生。查"五四"前后的《晨报》,恰好在1919年5月4日至5日,其"妇女问题"栏中,即刊出了徐彦之的投稿《男女交际问题杂感》。5月6日至10日,《晨报》同一栏目又继续发表了康白情的长篇论文《大学宜首开女禁论》。实际上,在此之前,康白情已在《妇女杂志》4卷11期(1918)和5卷4期(1919)上发表了《读王卓民君〈论吾国大学尚不宜男女同校〉商兑》《答难质论〈吾国大学尚不宜男女同校商兑之驳议〉》两文,反复申论女学生的出现,有利于加强男学生在衣着、举止、学业等各方面的自律,积极鼓吹"男女同校"。

  据徐彦之透露,原本要加入这一鼓吹队伍的,还有罗志希(家伦)、李守常(大钊)、张申府(崧年)诸位。然而,不巧的是,康白情的文章还没登完，就来了"五四"。"五四"的到来，不仅使他们的鼓吹计划中途夭折，已发表的文章及试图引起的话题，也很快被汹涌而来的学生运动所"湮灭"。

无独有偶，就在这批北大男青年的"男女同校"论旋生旋灭之际，远在甘肃的女生邓春兰又抛出了一封《春兰上蔡校长书》，以"万事平等，俱应以教育平等为基础"相号召，呼吁北大开放女禁：

> 孑民先生钧座，敬启者：春兰早岁读书，即慕男女平等之义，盖职业政权，一切平等，不惟提高吾女界人格，合乎人道主义，且国家社会多一半得力分子，岂非自强之道。……我国倡男女平等者，民国二年先生任教育总长，宣布政见于参议院，曾一及之。乃如昙花一现，遂无人过问矣。今阅贵校日刊，知先生在贫儿院演说，仍主张男女平等。然则我辈欲要求于国立大学增女生席，不于此时，更待何时。……

这封《春兰上蔡校长书》写于5月19日，它也遭遇了和康白情们的鼓吹文章相似的命运。据邓春兰自述，"此函至京，适遭变故，蔡校长辞职归隐，至今尚无结果"，因此，自8月份开始，她又在京沪各地报刊发表公开信，"请报界诸先生转全国女子中学毕业暨高等小学毕业诸位同志"，呼吁大家联合起来"组织大学解除女禁请愿团"，"为百折不回之运动"，并将《春兰上蔡校长书》附录在后（《邓春兰女士来书》，《晨报》1919年8月3日）。邓春兰的公开信终于引起舆论界的热切讨论。然而，尽管讨论热烈，却没有人真正回应邓春兰的入学要求，公开信发出两个月后，邓女士并没有接到一封回信。

1919年10月，王光祈主编的《少年中国》杂志推出了一期"妇女号"特刊，卷首赫然刊出北大教授胡适的《大学开女禁的问题》一文，徐彦之认为这是推动北大男女共校的关键性"讨论"文献。此时已是邓春兰上书事件引起京沪各报的讨论之后，胡适对这一热点问题提出了几条意见，认为：第一步，大学当延聘有学问的女教授；第二步，先收女子旁听生；第三步，亦是最重要的，女学界当改革现行女子学制，使女子中学的课程能与大学预科的入学程度相衔接。在文章的最后，胡适对邓春兰的请愿略表遗憾：

> 前两个月，有一位邓女士在报上发表他给大学蔡校长请求大学开女禁的信。我初见了这信，以为是可喜的消息。不料我读下去，原来邓女士是要求大学准女子进补习班的！……一个破天荒请求大学开女禁的女子，连大学预科都不敢希望，岂不令人大失望吗？

胡适显然转移了当时热议的"大学开女禁"问题的重心，他避而不谈男女平权或妇女解放的问题，而只从女学生的程度着眼，将话题严格限定在教育范围之内；尽管与学生们的着眼点同，但胡适的发声，即意味着由徐彦之、康白情等北大男生所倡议的"男女同校"论，得到了北大教授的"背书"。

1920年初，亦即旧历己未年除夕前后，王兰、奚浈、查晓园三位女士作为旁听生而进入了北大。对于这一事件的"实现"过程，最早的记录者徐彦之因为年假时"曾到济南一次"，"去时尚不闻有若何动作，回来居然有九个女同学在旁听了"，因此记之不详。在《北京大学男女共校记》中，徐彦之发表了他对最初入北大的几位女生的采访记录，我们不妨来看看王兰的自述：

> 我自从女子师范退学以后，便在家中闲居。这时正是新思潮发展的时候，我的弟弟在北大念书，常把些新思潮的杂志带给我看，或者把新思潮的根本道理讲给我听。……去年听说有一位邓春兰女士写信给北大蔡校长，要求大学开放女禁，后来没有成为事实，我非常的失望。到了今年年假后，要求大学开女禁的声浪日增月异的高起来。我

忽然想起我何不就去碰一碰呢？于是乎便去见教务长陶孟和先生。不料居然得他的慨诺，过了两天，便实行在北大哲学系听讲了。

王兰的说法可以与王昆仑的回忆相互参照。不过值得注意的是，在王兰这里，允诺她进入北大哲学系听讲的，并非王昆仑所说的校长蔡元培，而是教务长陶孟和。

陶孟和是一位社会学家，1914年进入北大任教，1920年初担任文科代理教务长。王兰的入学北大，不是经过校长蔡元培的同意，而是由当时的代理教务长陶孟和批准，这并不意外；然而，其入学时间，不早不晚，恰在除夕前后，却颇不寻常。根据1919年8月23日《北京大学日刊》公布的《修正选科生及旁听生章程》，"本科各系有缺额时，均得收旁听生"，然"旁听生须于每学年开始前报名，不得中途插入"。据《晨报》报道，王兰是2月17日获准入校成为旁听生的，这既非秋季的"学年开始前"，即使离北大此年春季学期的开学时间1月12日，也已过了一个多月。何以陶孟和会在此时突然"慨诺"一位女生作为旁听生而"中途插入"呢？这既有违北大此前不招女生的先例，又有违《旁听生章程》，岂不是双倍的不合规矩？

饶有意味的是，就在《晨报》报出第一位女生王兰入学北大，并在各大媒体引起密切关注和议论的时候，《北京大学日刊》却逐日在"教务长布告"栏中不厌其烦地刊出天津北洋大学转学北大的学生名单，自1月24日始，至3月10日止，足足持续了近两个月。原来，蔡元培在1917年着手北大改革时，进行了一番院系调整，将北洋大学的法科并入北大，将北大的工科并入北洋大学。1919年五四运动时，北洋大学的学生在天津组织罢课游行，事后校方却将罢课游行的学生开除，由此引发北洋大学的学潮，学校停课，此前并入北洋大学的工科学生纷纷要求转回母校。其结果是，北洋的转学人数之多，令北大各系的空额远远不敷使用，最终，向来不收转学生的北大预科，也不得不开放门户，腾出一百多人的名额来。初任教

20年代王兰（后排左一）、王昆仑一家合影

务长的陶孟和，甚至将他开出的"戏剧""社会学大意"等课程加以缩减，以便专门处理这些繁琐事务。王兰等9位女生被允许作为旁听生进入北大，正是发生在北洋大学的学生因"五四"学潮而大量转学北大之际。

这真是"成也萧何，败也萧何"！"五四"的到来，湮灭了北大男青年们"男女共校"的呼吁，延宕了甘肃女生邓春兰的上书，却因造就了北洋大学学潮，引发学生大量转学北大，从而为王兰等9位女生的入校旁听，打开了方便之门。王兰于1920年2月17日得到陶孟和的允许进入北大哲学系旁听，很快，其他8位女生——来自协和女子大学的奚浈、查晓园，来自北京女子师范的杨寿璧、邓春兰，来自北洋女师范的赵懋芸、赵懋华，以及来自直隶第一女子师范的韩恂华和接受私塾教育的程勤若——也一一"援例要求"，分别进入北大英文学系、哲学系和国文学系旁听。

借助北洋大学学生转学浪潮的掩护，再加上时近年关，这9位女生的入校进行得悄无声息。尽管《晨报》《申报》《时报》对北大招收女生的报道非常热闹——几乎是每闻必报，但作为官方媒体的《北京大学日刊》却十分谨慎，虽然频频公布北洋大学转学学生名单，却对此时陆续入学的女旁听生不置一词。3月2日，《北京大学日刊》刊出《教务长布告》，以"本学年所讲学科已过一半"及"本校各教室席位已满"为由，"决定自今日起，旁听生一概截止，至下学年再行收纳"；及至3月10日，在将"各校学生向本校请求转学者"也加以截止之后，《北京大学日刊》才在11日公布女旁听生的姓名、履历，并称当时正在中国讲学的杜威博士之夫人已发出邀请函，将在王府井开茶会，"宴请本校女学生"。校方的谨慎态度，隐约透露出这一开"教育界之新纪元"的举措，在当时面临的压力。

据《申报》报道，蔡元培当时曾就北大招收女生一事，试探过教育部官员的口风，而教育部的态度则颇为暧昧："如前次长袁观涛氏，尚不为绝对的主张，认为可以试办，至现在代理部务之傅氏，则当然不能与之谈及。所幸专门司长秦汾氏对于此层尚不反对，盖秦氏系美国留学生"；因此，此事"在北大一部分虽有三五主张革新之士谓'欲行则行'，而蔡氏究不免顾虑，踌躇未敢轻于一试"（静观《北大收纳女生之由来》，《申报》1920年2月24日"北京通信"栏）。了解此番背景，我们不得不佩服当时年轻的代理教务长陶孟和行事的果敢与细致——借北洋大学学生大量转学北大之机，将此事"实现"得悄无声息。

北大的"首开女禁"，立即"轰动了全北大，全北京"。据当时哲学系学生顾颉刚回忆，当"胸挂北大徽章的女子出现在学校中"时，男生们感到了"一个强烈的刺激"（顾颉刚《蔡元培先生与五四运动》）；而刊登了王兰、奚浈、查晓园三位女学生照片的《北京大学学生周刊》，亦很快被抢购一空（余毅《悼念蔡元培先生》）。1920年3月2日，《大公报》刊出北大招生女生的消息，末尾有一段男女同校之后的日常生活的描绘，谓女旁听生"至教室内座位并不与男生分离。该校附近饭馆向系包卖学生伙食，至是乃有女生一同照顾。男女生交际上，极形活泼，毫无嫌忌"（《男女同校之初幕》）；同日，此报还顺势刊出时评《男女同校之宜慎》，曰"知识之灌输，固无分彼此；道德之防闲，究略有出入"，担心北大此举"设因脱略过度"，"非特酿教育之污点，抑且贻风俗之隐忧"。3月13日的《大公报》时评中，更是曝出如下传闻——"微闻北大文科哲学系，自经有女生加入，他系男生之请求入该哲系者纷纷"，作者严厉批评曰，如若由此造成"以男女合校为招揽生徒之妙诀"的风尚，"是非解放女子，实属炝贼人性矣"（无妄《男女合校之利害》）。

面对外界虚虚实实的传闻以及褒贬不一的议论，北大不可能无动于衷。与外间所热议的"道德之防闲"相比，北大校方始终扣住"知识之灌输"来做文章。3月29日，《北京大学日刊》发布通知，曰将在春假后第一星期对本年所收的旁听生进行甄别试验，"及格者、仍准旁听。其不及格及届考期不到者。均取消其旁听资格"。据徐彦之透露，这一突如其来的甄别试验，主要针对女旁听生，因为北大此举让"某高级女学校长"起了恐慌，由于这位校长的"进恶言"，于是引来了"教育部的质问和徐世昌的告诫"（《北京大学男女共校记》）。4月10日的《北京大学日刊》发布了应接受甄别试验的旁听生（不分男女）名单，在9位女旁听生中，来自北京女子师范学校的王兰、杨寿璧、邓春兰均名列其中，她们作为哲学系一年级的旁听生，需要接受的试验科目是中国哲学史大纲、心理学与科学概论。试验过后，4月15日，教育部向北大发来了公函：

前准复大学允许女生旁听一事，备念各情，外间所传自属失实。旁听办法，虽与招正科学生不同；惟国立学校为社会观听所系，所有女生旁听办法，务须格外慎重，以免发生弊端，致于女学前途转兹障碍。（《教育部公函（函字第137号）》，《北京大学日刊》1920年4月15日）

看似告诫,实则等于默许了北大允许女生旁听的举措。4月16日的《晨报》刊录了这一公函,并赫然题曰《教育部准大学收女旁听生》。至此,北大首次"开放女禁"所引发的讨论与非议终于告一段落。1920年秋,北大便开始正式招收女生。

(张丽华)

川 岛
"某籍某系"的小人物

川岛是精确意义上的"五四"之子,也是根正苗红的"某籍"后进,是自觉"预流"却不曾弄潮的小人物,也是浅度参与却处处留影的真"标本"。"五四"来时,川岛入世;"五四"去时,川岛复归时代本身。

鲁迅有一种骨子里的幽默或说是滑稽,其表现之一便是爱给人起外号。严复在他那里是"不佞""载飞载鸣",蒋智由是"无威仪",钱玄同"爬来爬去",后生小子如川岛者则美其名曰"一撮毛哥哥"。老夫子的《中国小说史略》上卷出版时,照例送川岛一本,扉页上并题白话打油诗一首道:

请你
从"情人的怀抱里",
暂时汇出一只手来,

接受这干燥无味的

《中国小说史略》。

我所敬爱的

一撮毛哥哥呀！

"一撮毛"者，中间略高之学生头是也；所谓"情人的怀抱"，是当时爱情诗里的套语；"汇"字乃绍兴老乡间的"黑话"，据川岛自己的解释，意思不同于"伸"，倒更近乎"裉"。《肥皂》中四铭从"马褂底下的袍子的大襟后面的口袋"里掏东西时，也曾"曲曲折折的汇出手来"。这样一首夹杂了学生腔与方言的小诗虽说意在调侃，却也在不经意间将川岛"五四"之子与"某籍"后进的身份认同一一点破。

实际上，火烧赵家楼时，川岛还在山西大学"宗圣"——虽说阎锡山治下的山西有教育"模范省"之名，山西大学也是当日仅有的三所国立大学之一，其教育宗旨却依然是尊孔与军国主义。"尊孔"则"每当春秋丁祭，便须半夜起床，排了队伍赶到文庙，空肚子站在院子里等到五更天祭孔"；"军国主义"则每礼拜扛一根毛瑟枪跟着穿长筒马靴的教官去上军操——这尤其让年幼身矮、穿起操衣来提里拖外因而经常挨马靴尖的川岛懊恼不已。而其时新文化运动声华渐盛，作为策源地兼最高学府的北京大学令年轻学子们钦慕不已。惜乎哉，北大门槛甚高，转学考试更以"严紧"出名，考生中颇有投考三五载却"不得其门而入"的，多数人只能叹息"仰止"而已。孰料就学北大这等美事，川岛竟于无意间得之。1919年秋，去山西大学讲学的某北大教授返京时，挑选了川岛等14位认为优秀的学生，经北大审查其在校成绩之后，破例不经考试直接允许转到北大。此举自然算得是"五四"新猷，可也引来不少"麻烦"——山西大学学子们见如此也使得，便思步其后尘，"相继呈请转学者纷纷不绝"，至当年11月已累计有42人之多。北大教务长最后不得不于当月8日于《北京大学日刊》上发布公告，称"本校本年各班额数有限，自本日起概不收受此项申请"（而这42人据《北京大学日刊》所载，依然全部"笑纳"了）。可后来者还不死心，仍是"呈请"不已，逼得北大翌年3月再次布告："各校学生向本校请求转学者至本月十日为止概不收纳。"（《北京大学日刊》1920年3月4日）而此后不多日，仍有北洋大学学生转学获准，足见当日北大魅力之大，竟是难自遏抑了。

从太原城的"铁屋子"骤然进入北大，川岛不再是"平畴交远风，良苗亦怀新"（川岛《"五四"杂忆》题记），而是"无乐自欣豫"了——"整天紧张着，兴奋着，心里热虎虎的，有时就像家里要办喜事似的；有时，自己也不知道是为了什么"（《"五四"杂忆》）。这显然是"预流"的快感在起作用。以往众口传说中的魁硕人物，今日皆得亲炙并与之同游，有时还觉得"不过尔尔"，这怎不叫人兴感莫名。其时虽说"五四"高潮已过，其热度却丝毫不曾衰减，各种思潮、社团方兴未艾，"逐流扬波"正当其时——现有的材料虽说不足以显示当日这位哲学系新生的所有细节，却也足可判断他在各方面都相当活跃。

首先，川岛加入了北京大学首屈一指的社团的平民演讲团（《北京大学日刊》1920年4月10日），被分在第三组，演讲地段在西城教育部街东口第五讲演所，演讲时间是每周日下午四至五时。平民教育演讲团为当日北大社团中的佼佼者，网罗了北大众多有志之士，如第二组的罗家伦、康白情、黄日葵、周炳林，第四组的朱自清、段锡朋等，皆为一时之选。查《北京大学日刊》中所载该团讲题，署名章廷谦者仅有1920年12月24日《灾荒与政治》一篇，想必是平日演讲题目未能尽载之故。观该团在《北京大学日刊》1921年10月15日的募款启事中仍把他列为劝捐员，可知他在该团的活动持续了较长的一段时间。其次，川岛担任了罗素讲演的记录人（翻译人为赵元任）与罗素学说研究会的联络人。其记录之罗素讲演有《哲学问题》（署"章廷谦记"）、《物的分析》（署"侔尘笔记"）、《社会结构学》（署"廷谦笔记"）等。《北京大学日刊》1920年12月3日罗素学说研究会启事云：

敬启者：兹以本会甫经成立、匆促之间、不及周行通知、殊形歉仄。自后无论本会会员及外接同志、关于本会一切事宜——如愿加入本会及须询问者等项、请与北大第一院章廷谦君接洽为盼。

这固然跟川岛是哲学系学生有关，亦可证明川岛有较强的活动能力（或至少是其对活动的热心吧）。另外，川岛还积极参加北京学生联合会的活动。1921年7月，"索薪运动"发生流血事件后，北京国立八高校公推谭熙鸿率团去南方求援，川岛亦被选为北大学生代表，一同随行。"他一路上搞宣传工作很出色，不但文采、口才好，而且组织力很强，热心公共服务，给人留下深刻印象。"（谭伯鲁《谭熙鸿与北京大学》）回校后，川岛因"倚马长才、下笔千言"，经谭氏引荐在校长蔡元培办公室见习秘书工作（这也是唯一由学生兼任的秘书，其他如徐宝璜、谭熙鸿、李大钊等均为教授兼任，于校中事务颇具发言权）。这期间川岛的名字不断出现在《北京大学日刊》中，多数是以校长室西文信函文件的翻译者或是学者讲演的记录者出现的，如"英爱佛教会致校长函"与孟禄讲演等。

另外，川岛的恋爱也足为"五四"标本。他与孙斐君（原名孙桂丹）天南地北相隔（川岛生于浙江上虞，孙斐君生于黑龙江漠河），因志同道合（同为北京学生联合会骨干）而相识相爱。结婚时（1924年4月28日）既不请客收礼，也无金银首饰，纯以人格感情结合。婚后不久，川岛"支持身为中学教员的孙斐君带头剪发，成

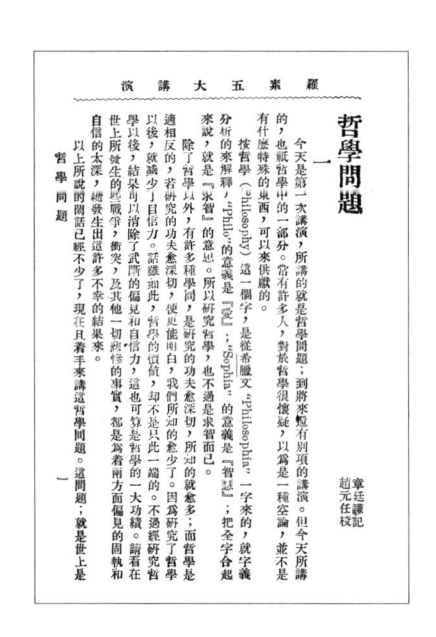

川岛记、赵元任校罗素《哲学问题》，
北京大学新知书社1921年版

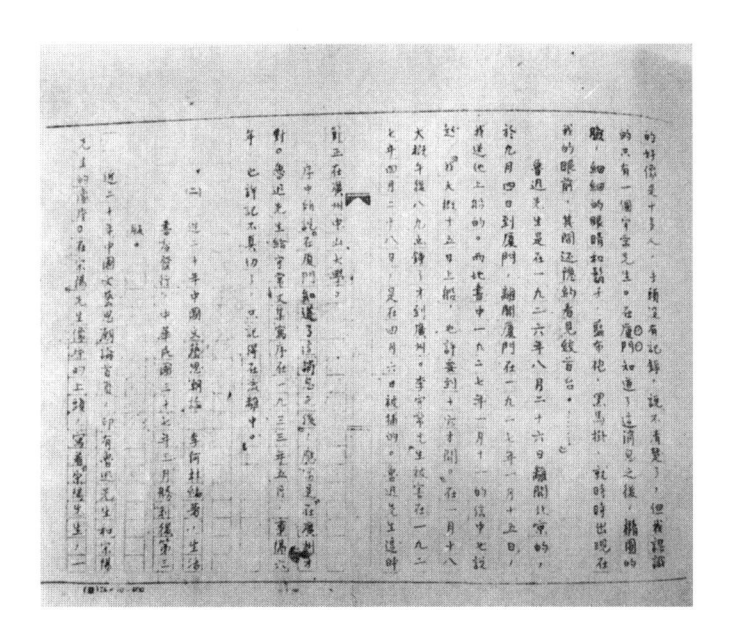

川岛手迹（《川岛选集》）

为当时一大新闻。由于越轨太甚，触怒校方，致被解聘"（袁良骏《川岛选集·编选赘语》）。鲁迅叫川岛"汇出一只手来"接受《中国小说史略》时（1923年12月），正值二人热恋，《月夜》便是他们"在热爱时期蒸发出来的升华"（郁达夫《中国新文学大系散文二集·导言》）。

1922年6月，21岁（在当时应算是极年轻）的川岛毕业留校，任校长办公室西文秘书，兼任哲学系助教，不到半年即遇上了反对讲义收费的风潮，并在其间一展其"捣乱小孩"（鲁迅《我和〈语丝〉的始终》）本色。10月19日《北京大学日刊》上，满目皆是黑体大字："辞职！"蒋梦麟辞职！沈士远辞职！李守常、李辛白、冯祖荀尽皆辞职，校长办公室停止办公。蔡元培一句"我和你们到操场决斗去"固然是将其金刚怒目一面展露无遗，但接下来的执意辞职与拿冯省三开刀，却有点接近"老人的胡闹"。如此僵局之下，川岛与孙伏园亦去慰问兼劝驾，蔡自然不允，理由是"纸老虎那能戳一个洞"。回住所的路上经过"悦庐"（杨度寓所），二人突发奇想要打这位"洪宪君子"的主意，并着实铺排了一番：

> 我回来后，就去找当时住在西斋宿舍里的范鸿劼和住在公府夹道的黄日葵等几个人商量；范、黄两位分头工作了一个通宵，次晨见到时，日葵的嗓音都嘶哑了。当日上午九时许召集同学在北河沿第三院大礼堂开全体学生大会，挽留蔡校长及各位辞职的师长们。在大会上宣布：先一天的讲义风潮是由杨度煽动起来的，因为他想来做北大校长。

于是乎，"会场中的同学才恍然大悟，如梦初醒。大家便扛了旗到西城背阴胡同来挽留蔡校长"。风潮便也就如鲁迅所说"芒硝火焰似的消灭了"（川岛《北大一九二二年的讲义风潮与杨度》）。

除去偶尔做的这个"鬼脸"之外，川岛在校长室的工作称得上兢兢业业。在这期间，川岛与先后两位校长室秘书谭熙鸿、李大钊共事，并因工作之便，与陈仲瑜、梁漱溟、陈小航、王昆仑、马裕藻、黄节、沈尹默、周作人、刘半农等日益熟识。川岛对李大钊尤为钦敬。因为与李大钊的关系，川岛也与范鸿劼、高君宇（在山西读书时即相识）、邓中夏、刘仁静、黄日葵、何梦雄、缪伯英、张挹兰、毛一鸣、金家凤等人（大都是共产党员）常相往来。也因有这层关系，川岛后来才得以介绍邓中夏、高君宇等人到谭熙鸿的法国朋友贝希叶在东交民巷的"法国医院"避难。后来张作霖出关，谭熙鸿南旋而李大钊就义。川岛南下转赴杭州时，就谭氏浙大农学院之聘，对李大钊安葬及家属抚恤事亦曾出过心力——此乃后话，且略过不表。

川岛很"五四"，也很"某籍"。粗略言之，前者更关乎事物、知识，后者更关乎思想、人情；前者方便他人写事迹、年表，后者可备自己老来写散文；前者是川岛被时代演绎了一番，后者则类乎川岛想要对时代有所反击时所写的自叙传。

严格意义上的"某籍某系"跟川岛挨不着什么，他系属哲学而非国文，即便他所亲近的周氏兄弟二人也处在作为一个学术权力场（以章太炎为其来有自的渊源，蔡元培为汲引攀爬的根柢，以北大国文历史二系为刻意经营的根据地）的"某籍某系"外围；唯有当"某籍某系"被论敌（如陈源）作为一顶"帽子"盖过来的时候，川岛才是逃无可逃的马前卒。周作人曾在《木片集·〈语丝〉的回忆》写道：

川岛散文集《月夜》书影，北京大学新潮社1924年8月出版

> 有一次陈源对有些人说，现今的女学生都可以叫局。这句话由在场的张定璜传给了我们，在《语丝》揭露了出来，陈源急了，在《现代评论上》逼我声明这话来源，本来要据实声明，可是张定璜竭力央求，不得不中止了，答复说出自传闻，等于认错，给陈源逃过去了。张定璜与"正人君子"本来有交情，……在张定璜不肯负责证明陈源的话的时候，川岛很是愤慨；那时"语丝社"在什刹海会贤堂聚会，他就要当揭穿，经我劝止，为了顾全同事的面子，结果还是自己吃了亏。

主将偃旗而看官愤起，这实在写足了川岛"马前卒"的意态。在《反周事件答问》（《语丝》第68期，1926年3月1日）中，川岛还是"揭穿"了张定璜（张凤举字），是"在十四年五月三十日午后六点的时节；北京什刹海会贤堂楼窗口张凤举先生和我说的"；在《"西滢"的吃嘴巴》中，又着实不客气地将正主好挖苦了一番。言辞凌厉，意思透彻，惜乎疾恶率真过了头，刻深处反显得浅了。其实这种写法倒也并不能说就是川岛的本色。

就其前期的创作《月夜》看下来，孙郁的"平庸"二字评语倒近乎"实录"——那确是平板的学生腔无疑。其行文乖戾处，应该说主要是学周氏兄弟未成的结果。

川岛与周氏兄弟的交往起步甚早。1920年秋至1921年，鲁迅在北大开讲"中国小说史"时，川岛慕名往听而与之结识。1923年10月24日鲁迅致孙伏园的信云：

> 昨函谓一撮毛君及其夫人拟见访，甚感甚感，但记得我已曾将定例声明，即一者不再与新认识的人往还，二者不再与陌生人认识。我与一撮毛君认识大约已在四五年前，其时不在真正"章小人nin"时代，当然不能算新，则倘蒙枉顾，自然决不能稍说魇话。

而查《鲁迅日记》，川岛（章矛尘）之名直到1923年4月8日方才现身：

> 八日　晴。星期休息。上午丸山、细井二君来，摄一景而去。下午伏园携惠迪来，因并同二弟及丰一往公园，又遇李小峰、章矛尘，同饮茗良久，傍晚归。

"大约四五年"应是鲁迅记忆之误（当时川岛还未来京）。书信与日记的偏差大概在于初相识时川岛确还是个"小人"，兼为众多学生中的一个，所以没有太在意吧。在1922年左右，川岛与周氏兄弟已日渐熟识，这一年鲁迅开始把自己的译著《桃色的云》赠给川岛；而"章廷谦来访"的字样也在周作人的日记中出现（1922年9月22日）。其间，一方面固然是因为见得多了（川岛就职校长办公室后尤然，另李大钊与周作人关系甚好，而川岛与李氏一处办公），另一方面也应该有孙伏园等老乡的沟通作用。据川岛《当鲁迅先生写"阿Q正传"的时候》一文所说，1921年的冬天前后，孙伏园"几乎每天都到我们这里来"。总之，到1923年时，川岛已经完全

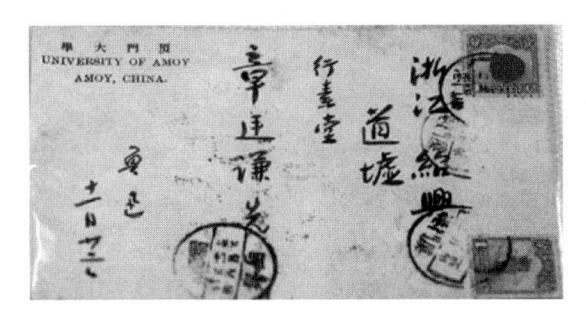

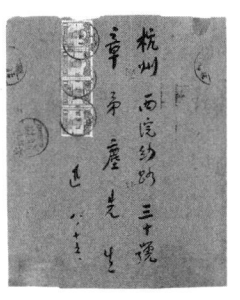

鲁迅1926年从厦门大学寄川岛（章廷谦）的亲笔信封，
该信催促川岛尽快来厦大任教

鲁迅1928年8月15日
寄给川岛（章矛尘）
的亲笔信封

融入以周氏兄弟为核心的"绍兴帮"圈子，"饮茗良久"已是常态。1923年7月，周氏两兄弟阋墙；8月2日，鲁迅携妇移住砖塔胡同。与两人的大多数友人一样，川岛没有在两人之间左右袒。客观来讲，这件事反成为川岛与两人关系更形亲密的契机———一方面鲁迅离开八道湾后，由川岛居中联络，孙桂丹（斐君）于10月17日"来住南头西屋内"（《周作人日记》，1923年10月17日）。川岛因女友之故，来访八道湾的次数陡增，次年二人的简单婚礼在此举行后与周作人一家更俨如家人，不时合伙吃饭、搭伴游玩（此类证据《月夜》中亦所在多有）。另一方面，川岛接下来因为《语丝》的关系与鲁迅过往甚密，并以其率真性格颇得夫子信任，无形中成为日后周氏兄弟隔膜中偶通声气的天然联络人（另一人是周建人）。川岛能在日后写出《和鲁迅相处的日子》，提供不少罕为人知的独家史料（如《弟与兄》中鲁迅取书被打的细节等），实在与这无心插柳的搬家之举大有关联。

《语丝》前后的川岛学殖甚浅，所从事的工作又主要是与学术无甚关系的学校行政，而在周氏兄弟的圈子里却濡染甚深（或云追随得紧吧），这几乎使得他在《语丝》上的文章学步周氏兄弟成为必然。不幸二人练的皆非寻常功法，学步者功力不济难免竭蹶，遂使得他的文章空有辞气，风格倒成了个"没面目"焦挺。学周作人处如《人的叫卖——呈开明先生》

还能中规中矩，守得城池；学鲁迅处如只取其滑稽而不取其意气的《"又上了胡适之的当"》之类倒还有些趣味，至于辞气浮露的《"西滢"的"吃嘴巴"》，则近乎"满纸荒唐言"了。周作人骂沈启无到刻薄处，直言"他所弄的国文学一直没有出于我的圈子之外"，抛开道德层面的良莠不谈，川岛的文章之于周氏兄弟，亦可作如是观。作为鲁迅挚友兼周作人的心腹，他实有机会承继两人衣钵，惜乎哉有机缘附骥尾，却无心力上青云，真可说是造化弄人了。顾颉刚日后在厦门大学反对林语堂之聘他，学力不行怕也是主要原因吧——不过那已经是另一年代的故事了。

（刘开普）

魏建功
脚踏实地创造新学术与新文艺

魏建功在1919年秋天考入北大。1921年,就吴县歌谣的方言字如何写定,魏建功与老师沈兼士论争。1922年底,围绕俄国盲诗人爱罗先珂批评北大实验戏剧,魏建功因辩护文章中有"看""盲从"等用语,又受到鲁迅、周作人的严词谴责。这两场分别关乎学术与文艺的争论,并未妨碍老师和学生之后的真情交往。"大家在尊重个人自由的空气里,摸索新的道理","五四"奠定了北大校园文化之魂。

魏建功在1919年秋天考入北京大学预科乙部英文班,开启了他与北大一生之缘。三十年后回忆"五四",魏建功仍旧心潮澎湃,"那时候我完全被'新'的思想潮流所动荡了,回想一切事物,只深深记得对凡是'旧'的都起了一种极度怀疑检讨的态度,大家在尊重个人自由的空气里,摸索新的道理"(魏建功《"五四"三十年》,《"五四"卅周年纪念专辑》,

1949年5月1日）。在"骤用兴奋剂的时代"过去之后，魏建功在这所校园里兢兢业业，和老师、同学们一起，脚踏实地地创造着中国的新学术与新文艺。与老师沈兼士、鲁迅、周作人等在语言学与"爱美剧"方面，一则关乎学术、一则关乎文艺的两场争论，既帮助魏建功走向语言学研究的专门道路，又彰显了"五四"后北大校园由传统向现代转型、由旧过渡到新的学术及文艺氛围。

"歌谣征集运动"是"五四"新文化建设的重要工作。1918年2月1日，蔡元培以校长的名义刊登启事，号召全校教职员学生帮同搜集全国近世歌谣，不到半年，居然收到一千二百多首歌谣。同年5月20日，《北京大学日刊》开始一天发表一首，持续一年。顾颉刚受此鼓舞，也开始搜集家乡苏州的歌谣，并陆续登载于北京《晨报》。而正因为顾颉刚"吴歌"歌词字句的写定问题，引起了北大老师沈兼士与学生魏建功的一场论辩。

吴县歌谣，《男孤孀》里有一句"如今在黄泉路上步黄房"。沈兼士认为，"黄房"当是"彷徨"之误，由于"彷徨"系叠韵词，口语中倒转为了"徨彷"（原歌音"黄房"）。意义虽然如此，但写定时为了存真，应该尊重发音，不必将"黄房"改作为"徨彷"。魏建功则持不同意见，主张将"黄房"改为"徨彷"。《哭七七》里有一句"叫安童担扫邻前座"。"担"意为拂去灰尘。沈兼士主张用通俗字"担"而非古字"胆"，因为"胆"和"担"都是依声托事、假借来用，不必妄生分别。魏建功则坚持根据《礼记·内则》，"胆"有拂拭之意，以"胆"为宜。

这场争论，远非认定一个方言字那么简单，而是关涉现代方言学应如何建设的核心议题。"黄房"能否改定为"徨彷"，关乎现代方言调查的科学精神。沈兼士区分"考证方言"与"改订方言"，"抱定考证而不轻易改定"的宗旨。他强调，要保存现代方言的真面目，"以备察考音义转变之轨迹"及"后代研究现代方言的材料"，显示了严肃的科学精神。"担"与"胆"，读音相同，也都是假借而来。应该写古意为拂拭的"胆"，还是俗字"担"，此一问题，牵涉章太炎《新方言》为今方言找古字（或曰"本字")的"老办法"是否适用,方言考古能否成为现代方言学主导性的理论依据和研究方向。魏建功主张用古字"膽",沿用了章太炎的方法,认定"言语的变迁是一定有个头绪的,要整理今言的头绪,自然要考究出他的古字来"。沈兼士坚持用"担",而非古字"膽"。通过批评魏建功,他与《新方言》对话,认为老师太炎的方法,即每一个方言字,"都要审出一个原文来的成见,恐怕免不了穿凿附会毛病"。沈兼士开启了现代方言学以描写,而非考古为主的研究思路。对章太炎《新方言》为今方言找古字的"老办法"进行清算,以方音为中心进行方言调查,后来成为《歌谣》周刊上,沈兼士、容肇祖、林玉堂(即林语堂)等现代语言学家共同的工作。

沈、魏之争,对于魏建功来说,不过是刚刚进入北大新的学术环境,"扬弃"自身旧学修为过程的"小插曲"。此事件后,深受教训的魏建功发愤学习"新知"。沈兼士对他亦欣赏有加,师弟之情,日渐深厚。魏建功更成为沈兼士的得意弟子。1925年9月魏建功毕业时,学习成绩在全班33人中名列第一,沈兼士赞誉他为"乙丑科状元"。30年代任继愈在北大哲学系读书,选修沈兼士的"音韵学"课,考了六十分便很满足。沈兼士却在课堂上宣布:"你们考这分数算什么,魏建功上我的课时,他考一百分!"(马嘶《一代宗师魏建功》)

1934年,魏建功《古音系研究》成书,他在《自序》中回忆1920年和沈兼士关于方言问题的论争,颇为少年气盛懊悔,反省自己"凭了在中学皮傅所得的文字见解考求方言本字。当时沈兼士师指正错误,我竟还要辩解,为文论难,今日想来殊觉可笑"(魏建功《古音系研究自序》,《魏建功文集》)。有意思的是,在音韵学上取得巨大成就的魏建功,似乎并不了解当年自己与沈兼士论辩之后,周作人与沈兼士等现代语言学家在《歌谣》上,还因方言调查应偏重词汇还是方音的不同取向,有一场"暗战",致使周氏心情不很愉快。魏建功竟同时邀请沈兼士、周作人为《古音系研究》作序,此无心之举,则再次为沈、周二人提供了对话的平台。

为魏建功《古音系研究》作序，语言学家沈兼士，自然是从专业角度做出肯定："建功此作，于古音之历史与对象，纵横搜讨，论列详明，能将前人贵古贱今，重文轻语之积习一扫而空，诚快著也。大凡一种学问，其理论的研究愈精密，则其应用之效力益广大。余知此书一出，于音韵训诂之应用方面，必将推陈出新，更多发明，岂徒古音系本身问题得以解决而已哉？"（沈兼士《〈古音系研究〉序》，《沈兼士学术文集》）

周作人则再次为自己偏重词汇的方言调查思路进行辩护。周作人称，"我与文字之学并不是全无情分的，不过我的兴味盖多在其与民俗学接触的边沿一部分，与纯正的文字学故不甚相近也"。他鼓励魏建功继续关注民俗风物，"致力于'声明'愿仍无忘'风物'之检讨，将来再由音说到科斗，则于文字学、民俗学二者同受其惠施矣"（周作人《〈古音系研究〉序》，《周作人文类编》9）。

周作人忆及与魏建功相识十多年的情谊，"十七八年间所见海内贤俊不可胜数，但因同学的关系而相熟识，至今往来谈笑通询者才四五人耳，建功其一也。……故今日之事志在必写，虽或建功力求勿写而亦不可得也"。魏建功与周作人十几年的交谊，起点是1922年底围绕俄国盲诗人爱罗先珂批评北大实验戏剧，魏建功与周氏兄弟都卷入其中的另外一场论战。

1922年12月17日，北京大学迎来了第二十五年的纪念日，此后两天，校内开展了各式各样的纪念活动。1922年2月间成立的"北大戏剧实验社"，在17、18日两天也贡献了爱美剧作品，俄国托尔斯泰创作的《黑暗之势力》，与陈大悲的哑剧《说不出》。爱罗先珂在17日欣赏《黑暗之势力》后，心中大为不快。他撰写文章《观北京大学学生演剧和燕京女校学生演剧的记》，经鲁迅翻译，发表于1923年1月6日北京《晨报副镌》。此文掀开了参与演剧的学生魏建功、李开先、陈晴皋、孙景章与老师辈鲁迅、周作人及《晨报副镌》编辑孙伏园等人之间的辩论。这些针锋相对、意气风发的文章密集刊发于1月13、16、17、21、22日《晨报副镌》，一时之间，轰动京城。

爱罗先珂一方面批评北大学生男扮女装，"似乎并不想表现出Drama中的人物来，反而鞠躬尽瘁的，只是竭力的在那里学优伶的模样"，而"学优伶的样，并不是真艺术的目的，却只能说是猴子的本领"。他感叹中国的青年，"没有这力量，敢将唾沫吐在那生长在旧的道德和新的不道德里，弄脏了戏剧的真艺术的老年和少年们的脸上"。另一方面，他也抨击北大剧场的氛围，"使人起些出卖菜蔬鱼肉的市场，大而喧闹的饭店和运动会、夜市之类的感觉"。与北大演剧男扮女，剧场喧闹，音乐不美相对照，诗人表扬了燕京女校同学在协和医学校礼堂扮演的戏剧，虽是女扮男装，"女学生诸君是自始至终，人似的上了舞台，用了人似的声音说了话。扮作男人的几位，较之仿效男人，却更在表出Drama中人物的性质的一种努力，也分明的可以看见"。而燕京女校的剧场与音乐，都"做成了真像演剧的性情了"，"女学生诸君凭了这organ以及美的西洋的音乐，造成了剧场似的空气，将美的难忘的艺术的印象，给与我了"。

魏建功首先站出来回击爱罗先珂。《不敢盲从！——因爱罗先珂先生的剧评而发生的感想》，题名即见锋芒。魏建功的文章，尽管有"文风"问题，涉及以"盲""看"等字来嘲讽爱罗先珂的残疾，但也着实道出了学生们的初衷与苦衷。

相对于中国戏剧界顽固的旧风气来说，北大学生的戏剧演出，辟开"爱美的为艺术的戏剧事业"的新纪元。爱罗先珂的指戳、责骂，在学生们看来，有点强人所难。

至于男扮女装，魏建功解释道，"到现在，将戏剧当作艺术，肯为艺术尽心而与男子合演的女子，虽爱罗先珂先生叫断嗓子，总难请得"；学生们实在无可奈何。男女合演，是当时中国新剧界相当前卫的话题。例如，熊佛西1922年4月在《戏剧》上发表《我希望学生新剧团实行男女合演》，得南京东南大学学生邵柏性称赞，如"子龙转世"，"一身都是胆"。邵柏性哀叹，"我们中国能达到真实艺术的男女合演，恐怕要到二十一世纪唉!"熊佛西答曰:"在这个'男女授受不亲'和素来轻视戏剧的中国,令亲不肯扮'陈妻'实不足为怪,这种失败并不是贵会的失败,确是咱们大家的失败。"(《男女合演的讨论》,《晨报副镌·剧谈》1922年11月21日)

爱罗先珂比较北大实验戏剧与燕京女校戏剧,抑此扬彼,还有点伤害老牌名校北京大学的同学们自认"天下第一"的自尊心。爱罗先珂批评北大的剧场如"出卖菜蔬鱼肉的市场","大而喧闹的饭店和运动会,夜市之类"。魏建功反唇相讥:"一个钱不受的,没有火炉,又冷又嘈杂的市场,运动场式的剧场舞台幕后的坐位,那比凭票入座,汽炉暖暖的,新建筑的大会堂的剧场?本来艺术有些'贵族性'的啊。"

魏建功坦承北大学生在排练时间、演剧设备、剧场选择等硬件设施上的不足。20年代北京城流行着一句顺口溜,"北大老,师大穷,清华、燕京可通融",既道出当时京城女性的择偶心态,又反映了几个大学"实力对比"的情况。北大牌子老、名气大,但燕京和清华,一个有美国教会捐款,一个当初由美国所退庚子赔款建校,都属洋派的大学。燕京女校的学生,家庭往往非富即贵。换句话说,她们能租用东单协和医学院礼堂,这个京城数得着的场馆做剧场,正是学校及学生经济能力的体现。在20年代,协和医学校礼堂经常举办盛大的仪式。1924年5月8日,新月社即借用此地为泰戈尔庆贺64岁生日。1925年3月12日,孙中山的葬礼也选址于此。燕京女校以设备好、环境优雅的"协和医

1925年魏建功北大中文系本科毕业时留影

1932年魏建功（中排右起第四）与章太炎等

学校礼堂"为剧场，正说明了她们的"贵族性"。这就难怪北大的同学很不服气了，参与演剧的孙景章也同样郁愤："北大剧场设备的简陋，是人人承认的……北京大学一时不能有像协和医学校一般的礼堂，自是不得已的事实；推论起来，要牵连到国家财政上去。"（孙景章《看了正月十六日本刊上杂感以后的几句公平话》，《晨报副镌》1923年1月22日）

至于爱罗先珂欣赏燕大女生organ（手风琴）的演奏，魏建功更敏锐地捕捉到背后西洋文化"歧视"东洋文化的心态。因为北大实验剧社18日的哑剧《说不出》也使用了音乐，不过是"中国的丝竹（笙、箫、苏胡、磬铃）辅助在内……可惜爱罗先珂先生反没有到场！就是他到了，怕这东洋的音乐还不免有些嫌劣拙吧？"然而，无论学生多委屈，魏建功文章中使用了加引号的"看"与"盲从"等语，始终是"不大好的态度"，失去了对盲诗人人道主义的同情。

其实，魏建功首先站出来为学生说话，并使用那么多刺耳的语言，除了"年少好胜，意气用事"（魏建功《忆三十年代的鲁迅先生》，《文艺报》1957年第29期）外，还有一层不能轻视的原因。魏建功因面目清秀，身材单薄,的确经常在剧中扮女角,人送雅号"粉红色的"。他虽然参与了18日的哑剧《说不出》,扮演"农女",但却并未在17日《黑暗之势力》中出演任何角色。爱罗先珂批评《黑暗之势力》"扮女人的学生",并不直接针对魏建功。魏建功属于"路见不平,拔刀相助"。而为人"仗义执言"的话,有正义感支撑,又往往说得比直接替自己辩护更为激烈。

后来《黑》剧"女主角"陈晴皋的声明,进一步证明了这一点。陈晴皋在1923年1月21日《晨报副镌》上发表《我的忏悔》,承认"自己……用一副阔大的声带,要变出女音来;用一个男子的身体,要做出女态来;这种失去自然的动作,恐怕比做猴子还要难得多","这回同志的所以失败,我实在是惹祸根苗"。

周作人《见了〈不敢盲从〉的感想》《爱罗先珂君的失明》,与鲁迅《看了魏建功君的〈不敢盲从〉以后的几句声明》等文批评魏建功,都集中在他以"看""盲"讥讽爱罗先珂的"文风"问题上。周作人说,"'学优伶'还未必与人格有关,做出这样的无文格的文章来到是很可惜的事";"爱罗君的眼底里大约也没有视觉的残象留存,足以供他的追忆联想的罢。但是他是盲于目而不盲于心的"。鲁迅则为了魏君的这篇文章,"特地负责的声明:我敢将唾沫吐在生长在旧的道德和新的不道德里,借了新艺术的名而发挥其本来的旧的不道德的少年的脸上"。

师辈严肃的批评,让魏建功无话可说,只得认真反省自己的过失。对于中国现代戏剧发展而言,这场论争却并不是坏事。1922年冬北京人艺戏剧专门学校成立,1923年5月在新明戏院公演《英雄与美人》和《新闻记者》时,大胆地冲破了旧俗,做了男女同台演出的尝试,开启了话剧中男女合演的历史。在北大,1922年纪念校庆之后,"大家联合起来组成剧团筹募基金"。学生们从戏剧设备、资源整合,到排演、化装的工作,都更加严谨、认真。在魏建功心目中,大学时期的爱美剧演出如同"北京的春天","就是短到几乎没有的程度,也总给人带来喜悦"(魏建功《"五四"到"五卅"期间北大戏剧实验社的话剧活动——忆前四十年的大学生文娱

1937年魏建功（前排右起第二）任北京大学中文系教授时与中文系毕业生合影

活动》，《剧本》1959年第5期）。

而同沈、魏的学术之争一样，这次文艺批评并未影响周氏兄弟与魏建功的交谊。在论争期间，鲁迅恰好于北大中文系讲授"中国小说史"课程，魏建功就是一名听课的学生。此后，鲁迅与魏建功一直保持着非常良好的关系。鲁迅及周作人生前均未将批评魏建功的文字收入自己的文集。鲁迅在《集外集》序言里说："也有故意删掉的：……或是因为不过对于一人、一时的事，和大局无关，情随事迁，无须再录；或者因为本不过开些玩笑，或是出于暂时的误解，几天之后，便无意义，不必留存了。"唐弢在《鲁迅全集补遗·编后记》中认为，批评魏建功的文章，就是鲁迅故意删去的，理由是"暂时的误解"。

那些飞扬、躁动的批评文字本应该随着事件的结束尘埃落定，如当事人所愿，"几天之后，便无意义，不必留存"。然而，它们却在魏建功此后的生涯中反复出现。1942年，听闻周作人出任伪华北教育总监，魏建功撰文《对周作人〈谢本师〉的果有其人》。继俞樾为章太炎所"谢"，章太炎为周作人所"谢"之后，周作人又为魏建功所"谢"，演绎了近代文化史上弟子不断"谢本师"的奇观。魏建功谓:"我们佩服他的文章艺术,但我们更爱惜他的人格!我们不能只要文格;没有人格,何有于文格。""文革"结束后,舒芜作诗《四皓新咏》,讥刺曾担任"梁效"顾问的魏建功,"诗人盲目尔盲心,白首终惭鲁迅笺"。一场普通文艺论争的用语,出现在魏建功生命不同的时期。其原因,或许正如张中行《负暄琐话》所言,魏建功先生是"同北京大学生死与共的人物",经历了她的荣耀,也见证了她的屈辱。

(彭春凌)

冯省三
"讲义风潮"的替罪羊

查1948年版《国立北京大学历届同学录》,有关冯省三的记录如下:山东平原人,1920—1921年在校,文科预科生。此外再无其他信息。冯省三在北京大学的时间如此之短,与其卷入1922年10月北大的"讲义风潮"有关。这场风潮,使得信仰无政府主义的他成为校方处置"暴动"的替罪羊,其人生轨迹也由此改变。

1924年6月18日,周作人在北京《晨报》刊登了一则题为"冯省三君的亲友赐鉴"的启事:"顷得广东大学校长邹鲁君来电云:'冯省三本月删晚四时病故请转知家属。'诸君有知道冯君家属的人请代转告为要。六月十七日周作人启。"("删"字为民国时期电报纪日法,表示"十五日")五天后,钱玄同在《晨报副镌》上发表了《悼冯省三君》一文,对冯省三的去世表达了深切悼念。这位让新文化运动的干将周作人、钱玄同如此关注的冯省三,正是一年多前在北京大学"讲义风潮"(也称"讲义费风

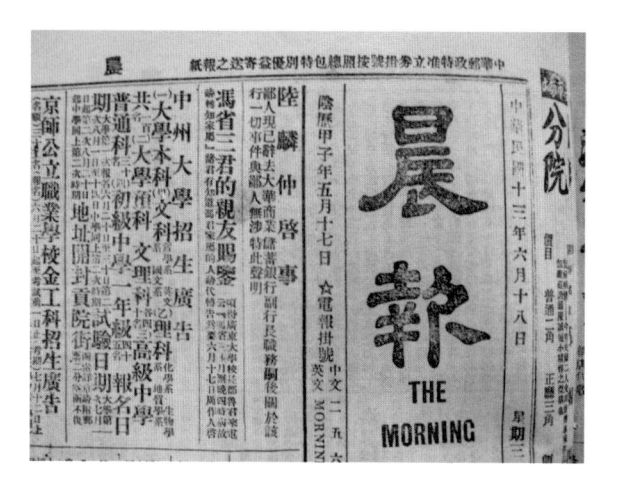

周作人《冯省三君的亲友赐鉴》(《晨报》1924年6月18日)

潮")中被开除的学生。正是那次风潮,将原本籍籍无名的冯省三,推上了民国学生运动的历史前台,而其人生轨迹也由此改变。

民国初期,由于政府无能,北京各高校的欠费欠薪现象日趋严重,终于在1922年9月中旬发生以北大校长蔡元培为首的国立八校校长的辞职事件。北京政府虽然筹集了部分欠款而平息了此次风潮,但各大高校的欠薪欠费依然存在。1922年10月12日,北京大学新学年开学,为了节约经费,校评议会(与教授会并立的权力机构)做出了征收讲义费的决议。之后,由朱希祖、王世杰、沈士远、丁西林、李书华、沈兼士、周鲠生等校评议会成员联合向校长蔡元培写信,提出向学生收取讲义费,节约下讲义费来补充图书的意见(《朱逖先教授等致校长函》)。蔡元培同意此意见,而且指出购买讲义与否,由学生自行决定,如上课能认真听讲做笔记,讲义尽可不购(《校长复朱教授等函》)。然而,决议还未付诸实行,就已经在不少学生中引起巨大的震动,于是有了10月17日下午开始的学生请愿活动的发生,致使总务长蒋梦麟及其他行政负责人沈士远、李大钊、李辛白等当即随同校长辞职,全体职员也宣布暂停办公,北大除预科及第二院外,都停了课。18日下午,北大评议会决案四项,第一项即宣布教务会的三条决议，其核心内容为：开除暴动学生冯省三；要求每个学生在本星期内以书面向系主任声明曾否与闻暴动；在学生同意声明条件下继续上课。结果，迫于校方的强硬态度，大多数学生提交声明并签名支持复课。这就是北大"讲义风潮"的大体内容。

冯省三之被开除，缘于其参与10月18日早上的学生请愿活动。关于此，蔡元培在给总统和教育总长的辞呈中称，10月17日下午，有学生数十人群拥至会计课，对职员肆口谩骂，并加恫吓，等他赶到学校时，这些学生已经散去；18日晨，又有学生数十人，群拥至校长室，要求立即将讲义费废止，经在场的教职员多人解释和劝解，这些学生始终不受理喻，继而威迫狂号，秩序荡然。蔡元培由此强调其辞职的理由是："此种越轨行动，出于全国最高学府之学生，殊可惋惜。废置讲义费之事甚小，而破坏学校纪律之事实大，涓涓之水，将成江河，风气所至，将使全国学校共受其祸。""此皆由元培等平日训练无方，良深愧惭。长此以往，将愈增元培罪戾。迫不获已，惟有恳请辞职……"（《蔡校长辞职呈文》）

让蔡元培反应如此激烈的，正是18日早上学生与教职工对峙的场面。而导致冯省三被开除的言行，据胡适在1922年10月22日的日记中记载：

> 因此次暴动而被开除的学生冯省三来；他是山东人，世界语学会的干事，是一个无政府党。他自认当日确曾说："大家到会计课去把讲义券烧了！"又曾说："我们打进（校长室）去，把他们围起来，把这事解决了！"但到了末了，他要求我准他回校作旁听生！我劝他作好汉要作到底，不要对我们作什么请求了。（《胡适日记全编》）

在此，胡适的立场与蔡元培一致，即他也认为，冯省三在暴动中有可能危及学校纪律和教职工安全的过激言行，是其理应被开除的理由和依据。

然而，北大校方开除冯省三的做法，引来了鲁迅的强烈批评。鲁迅在《即小见大》一文中愤慨地指出："这事很奇特，一回风潮的起灭，竟只关于一个人。倘使诚然如此，则一个人的魄力何其太大，而许多人的魄力又何其太无呢。"此外，鲁迅表达了对冯省三结局的悲愤："凡有牺牲在祭坛前沥血之后，所留给大家的，实在只有'散胙'这一件事了。"与鲁迅针对北大开除冯省三及时、直接的批评稍有不同，"讲义风潮"半年多后，周作人在为冯省三编的《初级世界语读本》一书所作的序中，主要从个人的现实遭遇方面，讲述冯省三卷入"讲义风潮"的实情：

> 他在北大预科法文班，去年应当毕业，但是因为付不出学费，所以试验册上没有他的分数。十月新学年开始后，他照常去听讲，有一天来同我商量想请愿补试，我也答应他去代访教务长。到了第三天遇着"讲义风潮"，不曾访得，省三却已为了这件事而除名了。这在我听了也是意外的事，因为虽然知道他容易闯祸，却不相信会去做这些事的主谋。(《初级世界语读本》)

在周作人看来，冯省三因为付不起学费而没法取得考试的分数，所以暂时留在学校里，而他与"讲义风潮"发生关联以至于成为牺牲品，实乃意外之事。周作人尤其强调了冯省三的无辜："当日第三时他还在第三层楼听

冯省三《初级世界语读本》版权页　　冯省三《初级世界语读本》封面

张凤举先生讲英文戏曲,下课后去探寻楼下的喧扰,也就加入在内,后来真正主谋者都溜走了,只剩了他在那里代表这乌合之众,其结果便做了群众的罪羊。"而钱玄同后来在《悼冯省三君》一文中也认为:"省三是临时去看热闹的人(自然他也不免夹七夹八地说了几句话),大家快要散完了,他还不走,于是他就得了开除的处分!"风潮发生当天在校长办公室上班的川岛,多年后也以目击者的身份叙述了冯省三"在下课看热闹,从人堆里不由自主地挤到校长办公室的门前",从而被卷入"讲义风潮"的现场:

钱玄同《悼冯省三》(《晨报副镌》1924年6月23日)

> (当蔡校长说取消讲义费须由评议会做出决议后)同学们说"不行",要求校长立即答应下来,校长也说"不行"。这就形成僵局。站在后面的同学有的嚷着"不行",冯省三就替他们向校长争论。我还听到站在后面来看热闹的同学对一些来办公室调解的教师如陶孟和先生等进行攻击,在走道口大声叫嚷着,蔡校长也肝火大旺,挺身直向站在办公室门外的同学们说:"我和你们到操场决斗去!"而冯省三还是不休地在门口大声争论,请他进来也不来。所得的结果,是当天下午被开除出校。(《北大一九二二年的讲义风潮与杨度》)

当年作为北大总务长的蒋梦麟,后来回忆"讲义风潮"时也谈道:"闹得最凶的人往往躲在人们背后高声叫骂,我注意到这些捣乱分子之中有一位高个子青年,因为他个子太高,所以无法逃出别人的视线。我不认识他,后来被学校开除的一批人之中,也没有他的名字。若干年之后,我发现他已经成为神气十足的官儿,我一眼就认出他来。"(《西潮·新潮》)如此看来,冯省三被当作"暴动"的主谋开除,显然充当了替罪羊的角色。

然而,从另一面看,冯省三之卷入"讲义风潮",或许不无个人思想信仰方面的原因。冯省三是周氏兄弟共同的外国友人爱罗先珂的学生,他们友情的纽带是世界语运动。就在"讲义风潮"之前的1922年2月,爱罗先珂得蔡校长聘请在北大讲授世界语,并住进八道湾周氏兄弟宅中。由于冯省三喜欢世界语,经常到八道湾周宅向爱罗先珂请教,因此也与周氏兄弟交往颇多。凭着浓厚的兴趣和努力的学习,最终诚如周作人所言,冯省三成了"爱罗先珂君在中国所教成的三个学生之一"。然而,在20年代的中国,世界语运动是与无政府主义联系在一起的,从事世界语教学的学者和学习世界语的青年,大都有无政府主义的倾向。据钱玄同回忆,他第一次看到冯省三的情景是:"那年的双十节,北京的工学界对'废兵运动'的游行,我也跟着大家跑,忽然看见内中一个手里拿着一面小红旗,旗上写着'Anarchismo'一个白色的字,秉雄对我说,这拿旗的就是冯省三先生。"(《悼冯省三君》)这里的Anarchismo,即是无政府主义。而这与《胡适日记》上提到的冯省三是"世界语学会的干事,是一个无政府党"一致。

因此,冯省三之卷入风潮,恐怕与其无政府主义的信仰及其过激情绪有关。在被宣布开除后,冯省三当即致信胡适,宣称"北大全体切勿以此次治标的、暂时的而且是表面的结束便认为心满意足;原来还得要着眼到那治本的、永远的、实质上的改革——not reform, but revolution(不是改良,而是革命)","大学校是改造社会者之制所——革命家之制造所,所以我主张没有革命精神的人不配办大学,没有革命的性质的人不配做大学生,——甚至于,未尝不可说,没有革命性质的人不配叫做人"。这样的论述,显然正合于无政府主义者的主张。而对蔡校长在大会上的"小题大做",冯省三针锋相对地反驳以数问:讲义费风潮中的请愿是否系"暴动"

1922年5月23日在北京世界语协会合影（后排右一为冯省三）

和"捣乱"？如是，可不可以研究何以"学校给他们以暴动、捣乱的机会"？他又借在此之前的北京裁兵大会设譬指出，"其为少数国民之大会或四亿同胞之大会？"而当时裁兵大会的主席正是蔡元培，则北洋政府何不以"少数国民在天安门捣乱"之罪名开除其国籍？（《胡适来往书信选》）

在写给胡适的信中，除了激切地为自己辩解外，冯省三还希望北大校方能让他将读预科的毕业文凭拿到手，以便再报考其他学校。但显然胡适等人并没有满足他的恳求，北大也没有给他预科毕业证书，冯省三也只能遗憾地结束在北大的学习生活。好在他的遭遇深为周氏兄弟和钱玄同等人所同情，在他们的帮助下，冯省三不久就筹办了北平世界语专门学校，专门从事世界语的教学工作。1923年冬天，世界语专门学校停办了，冯省三的生活再次陷入了困境。恰逢此时，孙中山委派邹鲁将国立广东高等师范、广东法政大学和广东农业专门学校等三所学校合并成为国立广东大学，拟定从北方延聘教师和学者，于是，在周作人的鼎力推荐下，冯省三于1924年5月19日从北京出发,前往广东大学担任世界语的教学工作。然而,或许是由于水土不服,到达广州不到一个月,冯省三即得了肠热病,几天之内就不治而亡了。

(林分份)

冯 至
自我的歌者

冯至16岁进北大，经六年历练，内向敏感的他成长为一名优秀的抒情诗人。在北大，他读唐宋诗词和德国浪漫派的作品，兼修国文系和德文系的课程，和同学结社办刊交流诗艺，接受艺术熏陶，逐渐形成个人独特的创作风格。

冯至1905年出生于河北涿州一个衰落的盐商家庭，在他1921年进入北大预科文科时，新文化运动已经接近尾声了，其时冯至也就16岁。虽然年纪很小，家庭苦难的磨砺，新文化精神的洗礼，已经使敏感的他不再是一名纯然懵懂的少年。

1916年，冯至从涿州考入北京京师公立第四中学读书，成为他人生中一个重要的转折点。在四中，他受到了良好的启蒙教育，培养了对文学的热爱。但最初，也许是年龄原因，冯至对整个文化界正在发生的变化毫不在意，直到1919年五四运动爆发，他才开始关注起当时正在进行的新文化运动，并大量阅读了传播新文化、提倡新文学的报刊，比如《新青年》

《新潮》《少年中国》，等等。完全可以说，五四运动造就了冯至崭新的精神起点。之后，冯至的精神视野里多出了鲁迅、胡适、郭沫若、郁达夫等一系列新文化运动的倡导和践行者的名字。鲁迅的《药》和《一件小事》，胡适的《尝试集》，郭沫若的白话诗，都让他痴迷不已，反复玩味。在大量阅读新文化报刊的同时，冯至也与四中的老师和同学进行交流讨论，并决定和几个同学一起创办一份刊物。1920年寒假开学后，这份刊物印刷发行，名字叫作《青年》（后改名《青年旬刊》）。从刊物的命名即可看出时代风潮的影响——"青年"一词无疑具有鲜明的新文化含义，冯至后来回忆道：

> 这刊物……在当时确是我们砥砺德行的一个动力。我们给"青年"这个词以特殊的含义，用来指导我们的行为。作为青年，就必须反对旧礼教，因为旧礼教是"吃人"的；出门不管路途多么远，也不乘人力车，因为人拉人是不人道的；对于学校里某些不良的风气，不能妥协，要进行批评。大家简单地认为，既然是青年，就应该胸怀坦白，表里一致，谁若是违背这种精神，做了错事，便有人提醒你说："你还是'青年'呢！这句话当时成为我们互相督促、互相勉励的口头语。"（冯至《记陈展云》）

这种崭新的"青年"精神对冯至其时稚嫩的心灵起到了形塑的作用。冯至当时正好犯了一个错误，偷了一件学校手工陈列室的展览品，虽然只是一样比较普通的东西，但在他内心深处掀起了很大的波澜，陷入了不安和自责。后来在同学陈展云的鼓励与敦促下，他又把该物偷偷放回了原处。这种自省精神和勇于纠正错误的做法，是符合"五四"时期对新青年的"诚"与"真"的要求的。

1921年秋，冯至考入了北大预科文科，两年后转入本科德文系，直至1927年毕业。在北大的六年生活，奠定了冯至一生精神走向和文学探求的基础。但据冯至回忆，他刚入北大时是颇带着失望的。当然，这和他的期待过高也有关系。冯至理想中的大学是这样的，老师与学生亲密互动，老师耳提面命，学生虔诚请教求学，颇类似于传统书院。进入北大，冯至发现，老师与学生的关系要疏远得多。他自己也不曾主动去和某位老师套近乎，做个及门弟子。这一方面和冯至性格内向有关，也由现代大学制度决定。尽管如此，北大的老师仍然对冯至产生了很大的影响。鲁迅讲小说，沈尹默讲唐诗，黄晦闻讲汉魏六朝诗，都给了冯至很大触动，并深刻地影响了他的文学创作。

真正能体现新文化运动的影响和冯至独特的精神个性的是他的文学创作。这位后来被鲁迅誉为"中国最为杰出的抒情诗人"的年轻人，天生有着抒情诗创作的优秀潜质。沉潜而敏感的心灵，忧郁而率真的个性，以及对哲理的覃思，无疑都是抒情诗创作的理想条件。而在北大接受的文学教育，与同辈友人的文学切磋交流，又为他的诗歌创作提供了必不可少的文化内蕴和技能储备。在入北大前，冯至已经在进行白话诗创作。现在能见到的他的最早白话诗是作于1921年4月的《绿衣人》，颇能见出冯至对人生命运的悲观思考：

1921年报考北京大学时的冯至

> 一个绿衣邮夫，
> 低着头儿走路；
> ——也有时看看路旁。
> 他的面貌很平常，
> ——大半安于他的生活，——

带不着一点悲伤。
谁来注意他
日日的来来往往!
但,他小小手里,
拿了些梦中人的运命。
当他正在敲这个人的门,
谁又留神或想——
"这个人可怕的时候,到了!"
——1921,4,21;北京路上——

(《创造季刊》2卷1号,1923年5月1日)

  在冯至20年代早期的诗作中,或隐或显地弥漫着恐惧、失望、怅惘、凄婉的情绪,他一直沉浸在自我或人类命运中浅吟低唱。这些诗歌,多数都是"我"的喃喃独白,或以"我"和"你"之间倾诉的形式展开,极少见到社会、革命、劳工之类比较实在和坚硬的内容。冯至此时的诗歌或表现友情,或吟咏爱情,或表现个人对命运的思考,题材虽不广阔,感受却极细腻,情绪亦臻饱满。

  1923年初的寒假,冯至回到故乡,此时的他,生母去世的创伤尚未痊愈,疼爱他的继母又于年前去世,家业亦已衰败凋零,面对这种不幸的命运,他在故乡度过了一个忧愁、孤独而寂寞的假期。在这期间,他思考人生命运,诗情受到极大触动,创作出了以《归乡》为总题的组诗16首。开学后,冯至把他的《归乡》组诗和其他一些诗作拿给了在北大讲授"文学概论"课程的张凤举教授,请其评阅。张凤举于是把它们推荐给了《创造季刊》。1923年5月,一共23首冯至诗歌以《归乡》为总题,在《创造季刊》2卷1号上发表。这标志着冯至作为一名诗人正式登上了文坛。以此为契机,冯至受到了浅草社成员的注意,并应邀加入了浅草社,进而认识了一批志趣相投的文学和人生知己。浅草社1921年由林如稷、陈炜谟、陈翔鹤等发起成立，1923年创办了《浅草》季刊。它是一个文学化程度很高的社团，成员之间也保持着纯真的友情关系。据鲁迅的评价："……浅草社，其实也是'为艺术而艺术'的作家团体，但他们的季刊，每一期都显示着努力：向外，在摄取异域的营养，向内，在挖掘自己的魂灵，要发见心灵的眼睛和喉舌，来凝视这世界，将真和美歌唱给寂寞的人们。"（鲁迅《中国新文学大系·〈小说二集〉导言》）冯至1923年7月参加了浅草社北京成员的茶会，从此开始了与陈炜谟、陈翔鹤等人的交往，并且成为浅草同人刊物《浅草》季刊、《文艺旬刊》（后改为《文艺周刊》）的一位重要撰稿人，从此冯至开始了他人生中第一个文学创作的高峰。

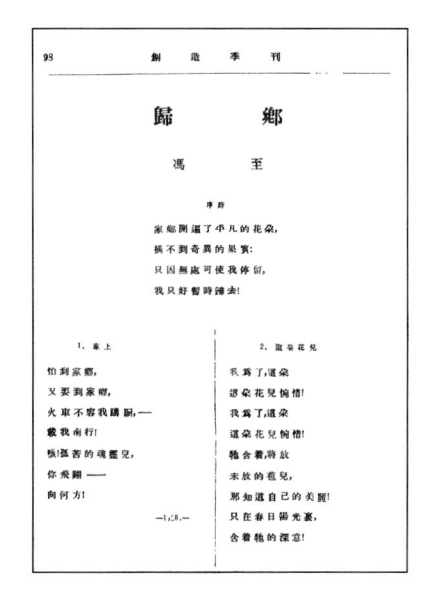

冯至23首诗以《归乡》为总题，发表于《创造季刊》2卷1号

1923年暑假后，冯至转到了本科德文系学习，随后在张凤举家结识了影响他一生的挚友杨晦（北大哲学系毕业，五四运动学生领袖之一，1949年后曾任北大中文系主任）。在《从癸亥年到癸亥年——怀念杨晦同志》一文中，冯至回忆了他在北大时和杨晦的亲密交往，两人其时"推心置腹，无话不谈"。杨晦对冯至的生活也给予了无微不至的关照，冯至也在诗歌和文章中多次表达了对杨晦的感激和友爱之情。比如收入《昨日之歌》中的《怀Y.兄》（根据冯至后来对这首诗的修订可知Y为杨晦）便把冯至对杨晦的依恋之情极好地表现了出来：

当那燕子归来的黄昏，

我一个人静静悄悄,
在你故居的窗前,
梦游一般地走到。

寂寂静静——
我轻轻地叫着你的名儿,
窗内仿佛有人答应!

我傍着窗儿痴等,
但是窗儿呀总是不开;
一直等到了冷月凄清——
朋友啊,你那时在哪里徘徊?

那夜风雨后,
你像踟蹰在我的身边——
满院嗅着柳芽香,
满地踏着残花瓣。

寂寂静静——
我轻轻地叫着你的名儿,
云内仿佛有人答应!

我靠着树儿痴等,
但是阴云呀,总是不开;
一直等到了夜阑更深——
朋友啊,你那时在哪里徘徊?
……

据一位冯至传记作者的评价:"由于杨晦的关系,冯至原先性格中的缺陷得以有所纠正,自卑而不无懦弱的性格大为改变,读书也十分认真起来,不再一味沉溺于自己空洞而飘渺的幻想而对现实人生有所正视。杨晦的友情,对冯至的性情,对他的人生态度乃至生活道路的选择都产生了重大的影响。"(蒋勤国《冯至评传》)

1923年底,陈翔鹤也来到北京,于是冯至、杨晦和陈炜谟、陈翔鹤成为终日切磋,探讨文艺、抒发人生的挚友。这四个人于1925年夏秋之际打算创办一份刊物,并最终命名为《沉钟》,于当年10月10日正式问世,并且陆续出版到1934年2月28日第34期,前后达九年,表现出了强劲的艺术生命力。鲁迅称之为"中国的最坚韧,最诚实,挣扎得最久的团体"(鲁迅《中国新文学大系·〈小说二集〉导言》)。冯至在《沉钟》上发表了大量的诗作、散文和译作,较之此前发表的作品,艺术水准已经提高了很多。随着对德国文学接触的增多,冯至的作品受到了德国浪漫派的深刻影响,从意象的选择到意境的锤炼,都烙上了德国浪漫派神秘、哀愁和唯美的色彩,热爱自然、青春和爱情,甚至也歌咏坟墓和死亡。当然,除了专业学习的原因外,更准确的说法是,德国浪漫派正契合了冯至那哀婉凄楚的内心世界,从而与他产生了极强的共鸣,并成为他创作的一个重要资源。另外,中国的古典诗词冯至也十分喜爱,在北大时他也听了很多中国古典文学课程,唐宋婉约派的诗词传统对他的创作也深有影响。如他后来所回忆的:

> 后来在北京大学读书,北京……荒凉啊,寂寞啊,常常挂在青年们的口边。越是荒凉寂寞,人们越构造幻想。我不能用行动把幻想变为事实,却沉溺在幻想中,有如赏玩一件自以为无价的珍宝。我读着唐宋两代流传下来的诗词,其中的山水花木是那样多情,悲哀写得那样可爱,离愁别苦都升华为感人而又迷人的辞句。同时由于学习德语,读到德国浪漫派的文学作品,这些作品,尤其是民歌体的诗歌,

大都文字简洁，语调自然，对于初学德语的读者困难较少，更重要的是其中的内容和情调能丰富我空洞的幻想。……我在唐宋诗词和德国浪漫主义的影响下开始新诗的习作。早期的抒情诗，有些地方可以看出受它们影响的痕迹。我的几首叙事诗，取材于本国的民间故事和古代传说，内容是民族的，但形式和风格却类似于西方的叙事谣曲。（冯至《在联邦德国国际交流中心"文学艺术奖"颁发仪式上的答词》）

冯至写作于这段时期的散文作品《蝉与晚祷（Abendlaeuten）》和"历史故事"《仲尼之将丧》（"历史故事"是冯至自己的命名，他认为这篇并不是小说）后来被鲁迅收入了《中国新文学大系·小说二集》。在《小说二集》的序言中，冯至本人也得到鲁迅所谓"中国最为杰出的抒情诗人"的高度赞誉，体现出新文化运动前驱对冯至文学创作的认可和鼓励。冯至充满浓郁抒情意味的散文作品被当作小说收入，从一个侧面也可以看出新文化运动所重视的文学主体精神的绵延传承。

冯至的成功，虽然有张凤举的提携在先，鲁迅的奖掖在后，以及与郁达夫的多次亲密交往，其实和新文化运动前辈的直接关系不能算大。确实，他受到了很多新文化运动前辈的切实影响，但内向的他并不曾过多地和他们交往接触。冯至和北大老师打交道的情况，鲁迅有一段很生动的描述：在1925年4月3日，"我在北京大学的教员预备室里，看见进来了一个并不熟识的青年，默默地给我一包书，便出去了，

冯至1928年3月20日摄于哈尔滨。下方德文为冯至手书荷尔德林诗句："没有人能够从我的额上取去悲哀的梦吗？"

打开看时，是一本《浅草》。就在这默默中，使我懂得了许多话，阿，这赠品是多么丰饶呵！"（鲁迅《一觉》）值得注意的是，这件事发生在1925年，其时冯至入北大已近四年，但他仍未改变不善与老师打交道的内向性格。新文化运动前辈对他的影响多半是通过作品熏陶或授课来完成的，因而也多半集中在单向的纯文学和纯精神的层面上。这种精神交流，自然作用也不可低估，而且有时还可能是师生双向的——如鲁迅文中对自己的描述那样，但毕竟也不宜过高评价。

冯至文学创作上的成功，中国古典文学与德语文学的熏陶以及他个人的资质禀赋自然起了十分重要的作用。另外，则一方面受惠于北大良好的通识教育和开放的风气，使得冯至得以广泛汲取各种人文艺术知识，如他所说："蔡元培认为大学里应培养通才，学文史哲与社会科学的要有自然科学知识，学自然科学的要有文史知识，这样不至于囿于一隅。当时北大的预科分文理两部，课程就是根据这个精神安排的。后来我入本科德文系，同时也选修国文系的课程，得以中西比较，互相参照。蔡元培提倡美育，在学校里建立画法研究会、书法研究会、音乐会，我有时听音乐演奏，参观书画展览，开拓了眼界。懂得一点艺术，接受一点审美教育，对于学习文学是有所裨益的。"（冯至《"但开风气不为师"——记我在北大受到的教育》）另一方面，得益于冯至和志趣相投的同龄朋友的热烈切磋交流。正是新文化运动使得全国范围内大量文艺社团广泛涌现，青年们组成一个个爱好共同体，互相砥砺敦促，携手前进。虽然和冯至相互切磋唱和的诗友在数量上也不算多，但他们之间的交流是十分高效的，从他们对《沉钟》的长期坚持即可见一斑，冯至因此也得以更好地把自己的潜能和特长发挥出来。

正是在新文化运动所创造的热烈的文化气氛的熏陶下，得益于北大良好的教育和风气，受惠于和同样热爱文艺、同样真诚的青年朋友的切磋交流、组团办刊，当1927年冯至从北京大学毕业时，不论在诗艺上，还是在人生上，都已经是一名成熟的青年了。

（张广海）

内外交困

徐世昌
调和各派关系的大总统

"五四"时的大总统徐世昌，虽然对学生的态度随着事态的变化而变化，但总的来说，这位前清翰林出身的文治总统，对学生和知识界的态度还是比较温和的。实际上，新文化运动和五四运动之所以能够蓬勃地展开，还是有赖徐世昌"偃武修文"的治国策略所营造的宽松的政治环境。

5月4日，当学生从天安门前往东交民巷时，大总统徐世昌派步军统领李长泰前来劝阻。学生很客气地对李说："我们今天到公使馆不过是表现我们爱国的意思，一切的行动定要谨慎，老前辈可以放心的。"（《晨报》1919年5月5日）可见学生们对总统的代表有着相当的尊重。李长泰也并不对学生的行动做过多的阻挡。这种政府和学生之间的温和关系，虽然很快在"火烧赵家楼"发生之后烟消云散了，但是从学生们对待总统代表的最初态度中，也可以看出"五四"时期这位以"偃武修文"自我标榜的大总统在国人中的声望。

徐世昌在庆祝一战胜利大会上发表讲话

在1918年的"双十节"国庆那一天，徐世昌宣誓就任中华民国总统。在此前20多年的政治生涯中，这位前清的翰林借助和袁世凯"结拜兄弟"的特殊关系，以及不同于其他北洋要员的儒者风度，一直以和事佬的身份调解着各个派系的斗争，并借此保持了一种不温不火、平稳上升的政治身份，在晚清的内阁和民国政府里都享有一席之地。例如，袁世凯称帝后，就曾封徐为"嵩山四友"之一，特许不称臣，不跪拜。1917年，作为北洋元老的徐世昌应邀前往北京调解当时的总统黎元洪和总理段祺瑞之间的矛盾。5月，黎、段之间的矛盾因参战问题而达到白热化的程度，黎元洪撤了段祺瑞的总理职务，请徐世昌继任总理职务，同时段祺瑞的党羽在天津另立政府，也邀徐世昌为大元帅。徐世昌不明谁胜谁败，都加以推谢。6月，张勋以调解黎、段冲突为名，带兵至天津，企图进军北京，复辟帝制。在这关头，徐世昌到天津劝说张勋放弃复辟，但张不听，入京后悍然发动复辟。徐世昌被任命为伪弼德院院长之职，但托故不就。1918年10月，国会举行总统选举，冯国璋和段祺瑞都想争夺大总统的宝座，各不相让。为了协调二人的矛盾，国会通过协商决定，由中间派徐世昌任总统，

徐世昌会见各国使节

冯和段都退到幕后。

真所谓锦上添花，徐世昌上任不久的1918年11月，第一次世界大战以协约国一方的胜利而告结束。作为战胜国成员之一的国家代表，徐大总统可谓享尽了风光。当月28日，紫禁城太和殿前的广场上举行了隆重的庆祝一战胜利的仪式，在数以千计的高官显贵、社会名流以及协约国和中立国公使的注视之下，盛装的大总统徐世昌在各国乐队演奏的乐曲声中健步走上台阶，发表了庆功演说，并检阅了参战督办段祺瑞率领下的中国参战军仪仗队。庆功仪式结束后，徐世昌乘车在协约国飞机的引导下回到了住所。这也许是徐世昌一生中最荣耀的一天。

而此时，不但一战的胜利使全国人民都沉浸在"真理战胜"的幻梦之中，而且由于过去几年西方列强无暇顾及远东，中国的民族经济也的确得到了难得的发展机遇。在这一片欣欣向荣之时，作为新任大总统的徐世昌也踌躇满志。在此后的半年中，他首先行使大总统的职权，主动下令对南方停战，努力调和南方和北方之间的矛盾，筹划"南北议和"会议；同时放松了对文化界的压制，使正在进行中的新文化运动得以在一个比较宽松的局面中蓬勃开展。徐世昌作为大总统的声望也在此时空前高涨。

不过，这种梦想中的太平盛世被巴黎和会传来的消息彻底粉碎了。

虽然在运动之初力图保持和学生之间的谅解态度，但对学生"火烧赵家楼"的行为，徐世昌却"颇震怒"，"左右亦多怂恿其严办"。次日的报纸登载出的消息说，徐大总统曾有"严拿首要，解散北京大学之说"，但因教育总长傅增湘的坚决抗议而作罢（龚振黄《青岛潮》）。

5月5日，众矢之的的曹汝霖首先向大总统递上了辞职书。徐世昌对曹在竭力挽留的同时也颇多慰言："该总长从政有年，体国公诚，为本大总统所深识。……该总长因公受累，实疚于怀"，并请他"务以国家为重，照常供职，共济艰难，所请应毋庸议"（《政府公报》1919年5月10日）；随后，又以类似的语言慰留陆宗舆。另一方面，在教育总长等的强烈要求下，徐世昌也于5月7日下令全部释放了因"火烧赵家楼"而被逮捕的学生，仍然表示出一种要平息事态的态度。

5月下旬，五四运动范围不断扩大，从北京波及全国，由学界推至各

在紫禁城举行的庆祝一战胜利阅兵式

"五四"时的大总统府大门

界。政府中的实力派——安福系不断地向徐世昌和总理钱能训施加压力。迫于形势，徐世昌不得不采取强硬的措施：明令禁止学生集会、游行、演说、散发传单；加强舆论控制，实行新闻检查；任命仇视学生的军阀王怀庆代替李长泰为步军统领。在巴黎和会签字与否的问题上，徐世昌也改变了原来犹豫不决的态度，于5月23日致电在巴黎的中国代表团，即使不能保留山东条款，也要全约签字。次日，政府把主张签字的通告致电各省，名为征求意见，实为争取支持。6月3、4两日，北京学界继续上街演讲。

军警根据徐世昌的禁令，逮捕了近千名学生，关在北大三院校舍。军警还在北大外面搭起帐篷，包围了北大。

然而"六三"事件却引发了更大规模的声援活动，从上海开始，除了学生罢课外，商人罢市、工人罢工，时称"三罢"，把五四运动推向了最高潮。在全国人民的强大压力下，徐世昌只好再次改变策略，先是"丢车保帅"，于6月10日下令辞去了曹、章、陆三人的职务；既而施行"苦肉计"，自己主动向参、众两院提出辞职。徐世昌的辞职立即在政界引起了震动。辞职书刚送到国会，参、众两院的议长就亲自登门把原件退回。而徐的政敌、在运动发生之初曾经大骂徐世昌的段祺瑞，这一次则出人意料地亲至徐宅对徐世昌进行挽留。次日，各地挽徐的电文也像雪片般地飞来，一时间颇有总统一职"非徐莫属"的势头。至此，徐世昌算是在政界稳住了阵脚。

此后不久的6月28日，徐世昌在总统府亲自接见了群众代表，表明了政府的态度，即电告在巴黎的中国代表团，如不能保留山东问题，中国将不予签字。五四运动要争取拒签的目的在表面上已经达到了，徐世昌本人也算保住了自己的地位。在此后的直皖战争和直奉战争中，徐世昌也依然保持一贯的作风，一直以调和者的身份出现，直至1922年6月被直系军阀曹锟和吴佩孚赶下台。

晚年的徐世昌借诗书以自娱，并发挥了翰林的特长，同学生、门客编撰了《清儒学案》《大清畿辅先哲传》《秘笈录存》等书籍20余种，1939年6月病逝于天津。

（赵　爽）

段祺瑞
被忽视的罪魁祸首

当举国上下的矛头都对准曹、陆、章三个卖国贼的时候，也许人们忽略了一个事实：罪责难逃的曹、陆、章实际上只是对日大举借款的具体执行者，其背后还有一位指使者，那就是原国务总理段祺瑞。段祺瑞不但逃避了公众的谴责，而且为他的老下属曹汝霖大鸣不平，体现了他的枭雄本色。

曹汝霖在6月10日被罢免之后，原国务总理段祺瑞跑到曹在团城的临时住宅，大骂当今大总统徐世昌，说曹汝霖等人"为他冒大不韪，借成日债"，而今徐世昌却罢免了他们，"这种举动，真所谓过河拆桥，以后还有何人肯跟他出力？……他对我作难竟累及你们，良心何在，岂有此理"（《曹汝霖一生之回忆》），说完悻悻而去。在后来赠给曹汝霖的一首诗中，段祺瑞更把曹汝霖当成了英雄：

不佞持正义，十稔朝政里。

立意张四维，一往直如矢。

（《曹汝霖一生之回忆》）

  曹、陆、章一直是段祺瑞担任总理期间的得力干将，段作为老上司对他们进行一定的安慰本来没有什么稀奇。不过，为了过去的下属而对当权者大放厥词，行事却有些夸张。也许段本人的确对曹、陆、章心怀愧疚，因为曹、陆、章的卖国行为多半是在段祺瑞的授意下进行的；也许这不过是段祺瑞故意做给世人看的，以示他是勇于承担责任的。然而最让人感兴趣的是，在"五四"的时候，段祺瑞何以没有像曹、陆、章一样，成为国人的众矢之的？

  追根溯源，使中国在外交上处于被动地位的对日借款，实际上都是在段祺瑞的授意下，由曹、陆、章等人具体执行的。1917年8月14日，以段祺瑞为国务总理的北洋政府，正式宣布参加协约国集团，对德宣战。段本人则亲自担任参战督办，筹措款项，购置军械，组织参战军和参战民工赴欧。正是在这期间，段祺瑞以组织参战军和进行经济建设为名，指使曹汝霖、章宗祥和陆宗舆等人以大量出卖中国主权为代价，向日本大举借款，总数达2.2亿日元之巨，史称"西原借款"。而其中秘密签订的出卖山东路权的"济顺、高徐铁路借款"，则成为巴黎和会中国在山东问题上处处被动的直接原因之一。这些表面上用于参战的巨额借款，实际上都"消耗于党同伐异、内讧和纷争方面"（芮恩施《一个美国外交官使华记》）。

  本来罪责难逃却偏能够安然无事，段祺瑞在五四运动中的好运实际上来自他一两年前在国人中赢得的声誉。从第一次组阁开始，段祺瑞为了扩张自己的势力，就力主中国参加欧战，也因此激化了和当时的大总统黎元洪之间的矛盾。这场所谓的"府院之争"（即黎元洪的总统府和段祺瑞的国务院之争），又使张勋得以借口调解段、黎冲突，带领"辫子军"进京，

段祺瑞"讨逆军"向盘踞在南池子的张勋复辟军进攻

演出了1917年7月的复辟丑剧。当时蛰居天津的段祺瑞见时机已到,就立即组织"讨逆军",宣布讨伐张勋。随着复辟小朝廷的被推翻,段祺瑞也名利双收:他既达到了利用张勋驱逐黎元洪、清除参战障碍的目的,又因后来讨伐张勋、"再造共和"之功得到了国人的赞誉。

此后,虽然为了缓和同直系的矛盾,段祺瑞在1918年10月徐世昌当选大总统之后辞去了总理之职;但是不久,一战结束、中国成为战胜国的事实又给他带来了新的声誉。在11月28日举行的紫禁城阅兵仪式中,段祺瑞以中国军队总司令的身份,率队接受了大总统和各国使节的检阅。段祺瑞的声誉空前高涨,甚至在某庆祝会上有喊"段祺瑞万岁"者。

借助这两功相加所取得的声誉,段祺瑞逃避了曹、陆、章所遭受的国人切齿的命运;也正因为学生没有攻击他,段也乐得卖个人情。据当时的美国驻华公使芮恩施记载,段祺瑞曾这样评价"五四"学生运动:"我很同情他们,但是我认为他们往往被那些别有用心的人引入歧途。"(芮恩施《一个美国外交官使华记》)实际上,这种低估了新一代知识分子的民主自

1924年底段祺瑞执政府成立（前排中立者为段）

觉性的论调，在当时的北洋官僚里是很有普遍性的，陆宗舆就也说过类似的话。不过一句"我很同情他们"，除了给学生卖一个小人情，却并非表明段祺瑞真正赞同学生的观点。由于当时在政府中的地位，段祺瑞并没有机会像7年以后的"三一八"那样做一个"凶残"的当局者，不过从他对和会的态度中仍然可以看出一些问题。段祺瑞不但主张不惜放弃山东的权益也要签字，更有上述竭力维护曹汝霖的行为。

在北洋政府内阁更替频繁、历届内阁总长"你方唱罢我登场"之际，陆军总长这一实权性职位却始终在段氏的掌握之中，而且自1916年4月第一次组织"段祺瑞内阁"开始，到1918年徐世昌就任大总统之前，段又一直稳坐国务总理兼陆军总长的宝座，其人之权变之术，可见一斑。可以说，在主动维护曹汝霖的行为中，段祺瑞的权变才能又一次得到了验证，这就是，他始终表示出愿意为部下承担责任的诚意。段本人是个出奇的围棋迷，对围棋的痴迷有时甚至会耽误正事。据说，"在他棋兴正浓、把

段祺瑞（左）与冯国璋

全部思想都集中在那变化无穷的玩意儿上的时候，徐将军（树铮）走到他身旁向他报告事情，这位总理只是不大在意地听着，随即回答说：'好，好。'但当像这样采取的行动没有取得好的结果，这位总理要求做出解释时，人们才提醒他那是他亲自批准这样做的，这时候，他想不起来是怎么一回事，于是把肩膀一耸，表示——好吧——由他来承当责任"（芮恩施《一个美国外交官使华记》）。这件事真可以与前面段之护曹的行为相映成趣。类似的行为中当然也包含着笼络人心的成分，不过这至少说明，段祺瑞并非一个简单的"凶残"的当权者，而是图谋大事的奸雄。

因此，虽然在一年后发生的直皖战争中暂时失利，但到1924年冯玉祥发动北京政变，组织新政府之时，一度蛰居天津的段祺瑞却再次出山，被包括孙中山、张作霖在内的各派力量推举为"中华民国临时执政"。大权在握之后，段祺瑞公开表示尊重帝国主义在华的既得利益，并组织召开由军阀和旧官僚组成的"善后会议"，处处与孙中山唱对台戏。第二年，

"三一八"游行队伍与军队对峙

即1926年3月18日,段祺瑞竟然命令卫队向声援南方国民军、反对帝国主义的请愿者开枪,造成死伤百余人的"三一八"惨案。在几落几起之后,1933年2月,段祺瑞又受到蒋介石的邀请,南下上海。1935年被任命为"国民政府委员",未到职;次年病逝。

(赵　爽)

曹汝霖
"千夫所指曹阿瞒"

"五四"那天下午,曹汝霖在赵家楼的住宅被愤怒的学生包围,不久又被点着。受惊之后的曹汝霖虽然受到北洋政府的多方保护,但他在任交通总长期间以出卖中国主权为代价,大规模举借外债的事实,却难逃公众和历史的谴责。

"五四"那天中午,大总统徐世昌在中南海宴请刚从日本回来的章宗祥,曹汝霖和陆宗舆作陪。席间,忽然有人报告说,很多学生正在天安门游行,游行队伍里有一面大白旗上写着:

卖国求荣,早知曹瞒遗种碑无字;
倾心媚外,不期章惇余孽死有头。

很明显,这次游行的矛头是针对曹、章二人的。徐世昌当即劝说曹、章宴后到别处暂避风头,但曹汝霖认为学生赤手空拳,只要多派几名巡警就不会有事了。下午二时许，曹汝霖和暂住他家的章宗祥一起回到位于东城的赵家楼曹宅。

下午四时多，大队的游行学生到达曹宅。大家见大门紧闭，有多名巡警在门外值勤。学生们一边高喊"卖国贼曹汝霖快出来见我"，一边冲击大门。有巡警过来阻止，但也无济于事。这时，大门突然"吱"的一声开了，原来有学生趁乱从屋后翻墙而入，从里面打开了大门。大家蜂拥而入，大喊着："曹汝霖这厮哪里去了？""打卖国贼曹汝霖！"在院子里四处搜寻。曹一见大事不妙，慌忙躲入一箱子间，章宗祥也由仆人引到地下锅炉房躲避。学生们没寻到曹汝霖，却找到了曹的老父、小妾和儿子。学生对曹父说："汝是卖国贼的父亲，颇亏汝生此兽类孽畜，不肖之子，但我们不愿与你这老头儿为难，汝快走。"对曹妾，学生们也没有加以非难，而是对在场的警兵说："他们可怜得很呢，请你们快送去罢。"曹汝霖的小儿子这天也正好周末放假在家，见到这么多愤怒的人群，害怕得"据墙而哭"。有个俏皮的学生令他手执写有"卖国贼曹汝霖"字样的小旗，曹子却也借此"护身符"离开了现场（《晨报》1919年5月7日）。学生们最终未能找到曹汝霖，气愤地一把火点燃了曹宅。这一把火却意外地把章宗祥给引了出来。结果章宗祥代曹受过，饱尝了一顿老拳。不久，警察总监吴炳湘亲自带领数百名巡警赶来，驱散了人群，并把来不及撤走的32名学生逮捕。同时，救火车也赶到，扑灭了大火。曹汝霖乘着吴炳湘的汽车狼狈而去。这就是五四运动中著名的一幕——"火烧赵家楼"。

《卖国贼之二——曹汝霖》

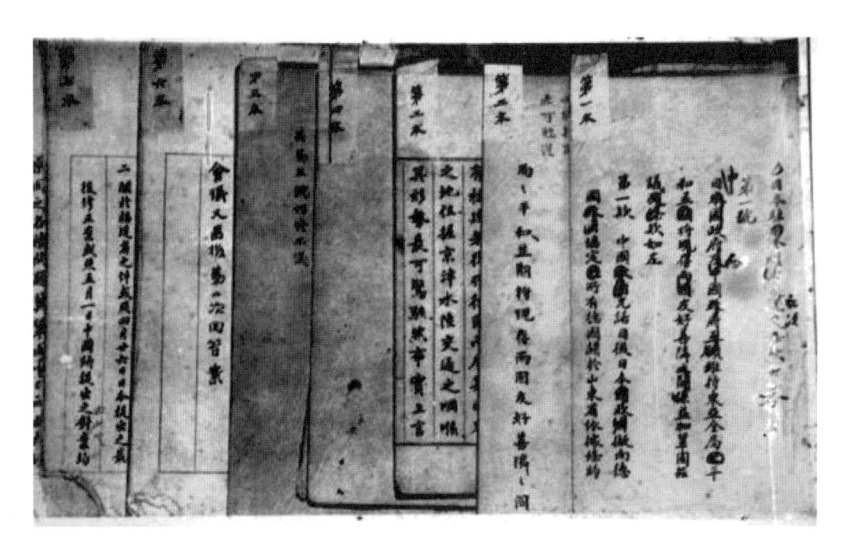

袁世凯手批之"二十一条"稿本

曹汝霖，这位民国政府的交通总长，何以被时人比作曹阿瞒，并成为众矢之的呢？

"五四"时出的小册子《曹汝霖》，列出了曹氏财产清单，至少有两千万元之巨，而其历年的薪水累计，却至多不过50万元。这些"来历不明"的巨额财产，显然是曹汝霖卖国自肥捞到的（粤东闲鹤《曹汝霖》）。同曹汝霖有过接触的美国公使芮恩施则是这样评价他的："为人玩世不恭，重视实利，尖刻敏锐，完全是另外一种典型的人物。他和陆宗舆先生过从密切，他自己是日本人在华政策的最顺从的工具。他曾留学日本，有一个或几个日本妻子，工作和娱乐都经常同日本人在一起。他直言不讳地说，他对自己的祖国和共和体制是怀疑的。"（芮恩施《一个美国外交官使华记》）而从曹氏在对日关系中的一贯表现，我们可以发现芮恩施的说法并无夸大之嫌。

有近代历史知识的人都知道，近代留日的中国人，无非分为完全相反的两种人：一种是极端仇日的，另一种则是极其亲日的。曹汝霖显然属于后一种。自1905年在政坛崭露头角以来，曹汝霖的一系列行为都与向日本

1914年日军在山东登陆

出卖中国主权有着密切的关系。

1905年日俄战争结束后,曹汝霖充当袁世凯的随员,参与同日本订立《会议东三省事宜正约》及《附约》,使日本在东北的权益合法化,此为曹氏卖国之始。曹的"外交才能"也由此得到袁世凯的赏识,被调到外务部任职,从此平步青云,直至充任北洋政府的财政、交通等部总长的显职,使当时醉心于名利者无不羡慕。清末民初留学生归国,大多偃蹇潦倒,独曹汝霖、陆宗舆、章宗祥和汪荣宝四人大走红运。时上海有林黛玉等四大名妓,人称"四大金刚",官场中则以曹、陆、章、汪为"四大金刚";真是名妓俗吏,南北对峙,相映成趣(粤东闲鹤《曹汝霖》)。

1914年,一战爆发,日本以对德作战为由,在山东龙口登陆。袁世凯划潍县以东为"交战区",然而日本却越过界线向西进军,直至完全占领了胶济铁路全线和青岛。1915年1月,日本政府向袁世凯政府提交了灭亡中国的"二十一条"。作为外交次长的曹汝霖受命与日本代表日置益进行了几个月的谈判。最后,日方以5月7日为时限向中国政府提出了最后通牒。在这种情况下,袁世凯被迫接受除第五号以外的大部分条款。5月25日,曹汝霖和外长陆徵祥代表中国政府在"二十一条"上签字,这就是"五四"时经常提到的"五七国耻日"的由来。也正是这些条款,使中国在后来的巴黎和会中处于被动的地位。

从1917年7月起,任交通兼财政总长的曹汝霖又与驻日公使章宗祥等人受命于内阁总理段祺瑞,以出卖主权的代价向日本政府大举借款。其中经曹汝霖之手签订的借款有:两次"交通银行借款"共2500万日元,"吉长铁路第四次借款"450万日元,"四郑铁路借款"260万日元,"有线电报借款"2000万日元,"吉会铁路垫款"1000万日元,"吉黑两省金矿及森林借款"3000万日元,共计9000多万日元。这些借款的许多协议是在曹汝霖的赵家楼私宅签订的。作为交通总长的曹汝霖则因借款有功,成为"新交通系"的头头。

"五四"期间,曹汝霖不但没有悔悟的表现,反而不断地对自己的一系列亲日行为进行辩解。火烧赵家楼的第二天,曹汝霖在辞职书里为自己"因公被祸"喊冤,对签订"二十一条"和济顺、高徐铁路借款换文进行声辩:"卷查廿一条要挟事件……协力应付,千回百折,际一发千钧之时,始克取销第五项。……不敢言功,何缘见罪。"对于济顺、高徐各路借款,曹汝霖则把责任推到大总统身上:"适逢大总统就职之初,政费军储,罗掘罄尽,危疑震撼……汝霖仰屋旁皇,点金乏术,因与日本资本家商订济顺等路借款……此项合同内,亦并无承认日本继续德国权利之文。"而且"历来经手承借日本款项,均无丝毫回扣,无非欲矫世俗流弊,冀稍有补于国库,不特先例所无,窃恐后来借款未必有此优点……问心无愧,被诬卖国,万难忍受"(《曹汝霖氏申明受害被诬之通电》)。对于这些狡辩,历史学家早已进行过批驳,曹汝霖的卖国已成定论。

在巴黎和会的山东问题上,曹汝霖也继续坚持他的亲日立场,主张迁就日本。他向大总统徐世昌建议"决不可失日本之欢心,必须顺从其意"(《民国日报》1919年4月19日)。

"火烧赵家楼"后，曹汝霖躲进了日本人开的同仁医院，与章宗祥一起被日本人保护起来。不久移避到北海团城，由政府供给饮食日需，并接受交通系政客的频频慰问。但到了"六三"以后，五四运动发展到一个新的高潮，曹汝霖等的地位已经再也保不住了。1919年6月10日，大总统徐世昌终于下令免去曹、陆、章三个卖国贼的职务。

"五四"基本上结束了曹汝霖的官场生活。此后虽然他还继续当了一段时间的交通银行总裁，但曹不久后就辞去一切公职，一心经营他多年搜刮来的昧心钱，投资于井陉正丰煤矿公司，被推为董事长。

全面抗战期间，曹汝霖在北平被汉奸伪政府聘为"最高顾问"，继又当任伪华北政务委员会的"咨询委员"。

1950年，曹汝霖开始了他侨居日本的生活，得到吉田茂（曾参加侵略中国，后曾任日本首相）的长期庇护，直至1957年迁居美国。1966年8月，曹汝霖死于底特律。

（苏生文）

章宗祥
饱尝老拳为哪般

"火烧赵家楼"的时候，寄居曹宅的驻日公使章宗祥代曹受过，饱尝了学生的一顿老拳，一度不省人事。那么，章宗祥的挨打冤不冤枉呢？只要看一看这位亲日的驻日公使多年的卖国"成绩"，就可知道这不过是罪有应得罢了。

1919年5月4日下午，驻日公使章宗祥随同交通总长曹汝霖回到了位于东堂子胡同的曹宅。章宗祥早在日本留学期间就与曹汝霖最为相契，这次进京述职就寄居在曹家。不过，章宗祥万万没有想到，自己这次竟成了曹汝霖的替罪羊、学生所痛斥的三个卖国贼中最为狼狈的一个。

实际上，就在几个小时之前，在大总统为章宗祥专设的宴会上，章宗祥对学生"闹事"的行为是很不以为意的，以为学生不过像在日本的中国留学生一样，要求改善伙食、多发生活费什么的。但是曹汝霖和章宗祥回住所后不久，就有大队的学生游行队伍呼喊着口号来到了曹宅门前。不久，大门被打开，学生们蜂拥而入。曹汝霖见势不妙，连忙吩咐仆人引章宗祥

东交民巷的日本使馆

躲进地下锅炉房，自己则藏进了箱子间。学生没找到曹汝霖，气愤地一把火点着了曹宅。章宗祥觉察到火起，急忙从锅炉房中逃出，被学生撞个正着。学生们意外地发现原来章宗祥这个卖国贼也在这里，遂报以老拳。章宗祥被揍得鼻青脸肿，不省人事。这时，警察总监吴炳湘率大队巡警赶到，救出章宗祥，送进日华同仁医院。这就是"五四"时"痛打章宗祥"的一幕。

这个倒霉的外交官都做了些什么事，他挨的这一顿揍冤枉不冤枉呢？我们不妨来看一看他的生平。

章宗祥早在留学日本期间就对日本情有独钟，他认为："平心而论，日本所得西方之科学，以之转授于中国，实绰有余裕"（《东京之三年》），主张中国只要向日本学习就足够了，根本没必要远渡重洋到什么美国、欧洲去取经。

归国之初，章宗祥就受到"自负有伯乐之能"的肃亲王的大力保举，这匹"千里马"很快就被朝廷特赐"进士出身",从此鸿运高照。到1916年初袁世凯取消帝制、段祺瑞组阁的时候,章宗祥已经多次出任司法总长一职,并与曹汝霖等四人组成了段内阁中的所谓"新派",也成为段祺瑞实行内政外交政策的主要助手。因他们都是亲日派,时称"东式外交家"。

当时,段祺瑞为了拉日本作为自己的后台,特任亲日的章宗祥为驻日公使,以便与日本政府建立密切的联系。此时日本政府寺内正毅内阁刚刚成立,该内阁一改前届内阁用武力强迫中国的侵略方式,有意用向中国政府贷款的办法来控制中国政府,实行经济侵略。章宗祥使日后,也以"弥补中日之间的裂痕"为己任,竭力与日本建立所谓的"友好关系"。为了向日本借款,章宗祥和日本方面的西原龟三经过多次密商,达成了多笔借款协定,其中由章宗祥签字的借款有:"满蒙四铁路借款"2000万日元,"济顺、高徐二铁路借款"2000万日元,"参战借款"2000万日元。而"济顺、高徐铁路借款"是以出卖山东

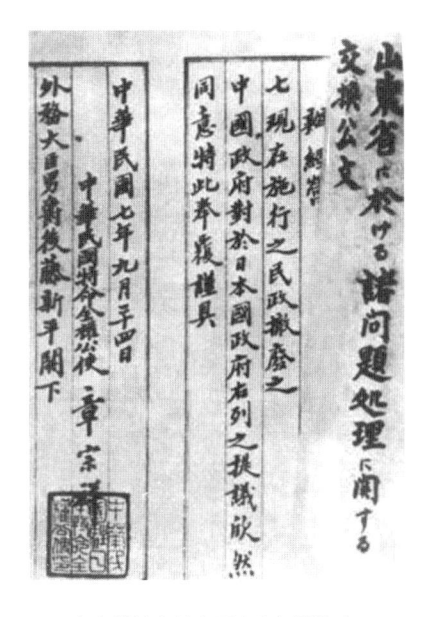

《卖国贼之一——章宗祥》

章宗祥签字的中国山东问题换文

反映日本侵略中国的宣传画——"蝎子政策"

路权为代价的,直接酿成了巴黎和会中国外交失败的后果。因此,正如时人的评述那样:"章宗祥之卖国成绩,可与李完用先后媲美也。愿我国人共起而逐之。不去庆父,鲁难犹未已也。"(大中华国民《章宗祥》)

1918年底,中国政府派陆徵祥为特使,经日、美赴巴黎参加和会。陆徵祥系亲美派的外交官,对日本人没有好感,因此他途经日本期间,有意地避免与日本官方接触。但章宗祥却极力拉拢陆徵祥,希望陆以"中日友好"为重,在巴黎和会上不与日本为难,并向日本政界中人夸口说:"陆易欺,与己有极密切之关系,此次欧洲和议,欲中国不开口,只须己之一言可耳。"(王芸生《六十年来中国与日本》)但事实上,陆徵祥却称病谢绝了在日的一切活动。章宗祥颇为恼怒,却也无可奈何。

1919年4月，章宗祥从日本归国述职。临行前，日本外务省为他饯别，吹捧他"为融和东亚民族起见，极力化解中日两国人士之误会与斗争，以期亲善之实现"（《晨报》1919年4月11日）。而当章宗祥从东京车站启程前往神户时，却遭遇了截然不同的场面。他先看到车站上有数十名中国留学生手持白旗，以为是来送行的，没想到这些留学生却把他拦住，当面斥问他向日本借款之事。章氏"面红耳赤，惭不能答"（《晨报》1919年4月16、22日）。留学生们于是大骂卖国贼，并向他扔旗子和其他杂物，引得许多人驻足观看。章氏受此惊吓，自然闷闷不乐。到天津后他把家属安顿在那里，只身到北京述职。没想到，不久发生了"火烧赵家楼"事件，章宗祥又饱尝愤怒学生的一顿老拳，过了很长时间才得以康复。

章宗祥伤势转好后，6月初也告病辞职。在辞职书里，他倒是没像曹汝霖和陆宗舆那样为自己辩解，而是老实地以伤痛为由请求辞职，以便"侍奉老父，退居田间"（王芸生《六十年来中国与日本》）。但在事后的回忆录《东京之三年》里，他还是推卸责任，为自己出卖中国主权的行为辩护。

1919年6月10日，章宗祥与曹汝霖、陆宗舆一起被免职。隐居一段时间后，章宗祥于次年出任中日合办的"中华汇业银行"总裁，1925年改任北京通商银行总裁。1928年后，退出金融界，长期居住在青岛。

抗战时期的1942年3月，章宗祥与曹汝霖一起被伪华北政务委员会请出来当所谓的"咨询委员"，还兼任日本人控制下的电力公司的董事长，继续为日本帝国主义效力。日本投降后，章宗祥迁居上海，直到1962年病死。

（苏生文）

陆宗舆
江东父老羞于认

"五四"学生"火烧赵家楼"之后，没有找到陆宗舆的住所，陆宗舆因此免受宅毁人伤的惊吓。不过，在大总统通电罢免曹、陆、章不久，陆宗舆的家乡海宁却举行了一次特殊的万民公决大会，把这个令桑梓蒙羞的卖国贼，"开除"出了海宁籍。

1919年6月13日，钱塘江边的海宁城人山人海。按照惯例，只有在一年一度的"海宁观潮"时才会出现这样倾城出动的壮观场面。而海宁人这次在距钱塘江潮汛至少还有三个月的时候举行的集会，则是一次特殊的"万人公决大会"，其目的是要将一位海宁人开除出籍。在过去的一个月里，这个海宁人的名字在全国已经家喻户晓，但是和以往给家乡带来荣誉的大人物（如国学大师王国维）不同，这个海宁人却使他的同乡感到耻辱和愤怒。他，就是在前几天刚被大总统徐世昌罢免的前制币局总裁陆宗舆。今天，海宁的人都聚集在这里，公决如何处置这个卖国贼。不一会儿，大会的主持人宣布了表决结果：一致同意以后不认陆宗舆为海宁人！

会场上又有人提议为这个卖国贼立一个石碑。大家立即响应，纷纷慷慨解囊，当场就筹集了一笔钱，交给石匠回去赶造石碑。石匠很快就打制出了三块石碑，上面都写着"卖国贼陆宗舆"六个大字。这三块石碑被分别立在邑庙前和北门外的海塘镇、海塔下。一时间，方圆百里的人都闻讯赶来看热闹，"涂（途）为之塞"。

仍然远在北京的当事人陆宗舆，把这看成是"千古奇辱"。最初，他企图用重金贿赂海宁县知

驻日公使任内的陆宗舆

事，请其为他毁碑。但海宁人奋起护碑，自发的民众日夜守护着石碑，使知事未能得逞。最后，还是总统徐世昌亲自下令拆碑，这事才得以平息。那么，陆宗舆在五四运动中到底扮演了什么样的角色，以至于使"江东父老羞于认"呢？

在"海宁事件"发生前一个月的5月9日，被"五四"学生确认为三大卖国贼之一的币制局总裁陆宗舆向大总统徐世昌提交了他的第一份辞职书。一个月后，陆又上第二次辞职书，其中写道：

> 况自海通数十年来，凡当外交之冲者，几悉为众矢之的，其间经历不得已之情形，非至时过境迁，事实渐著，则功罪无由而分，即公论无由而定。（詧盦《学界风潮纪》）

自鸦片战争以来，凡办外交者，很少有善终的，这确实也是实情。陆宗舆以为他的"不得已"的行为有待于未来的评说，可是"五四"至今已

有八十年，却并没有人为他作过翻案文章。而多年以后，陆宗舆在他的《五十自述记》中也承认："若所谓卖国者，实际坏于吉黑之林矿借款。"实际上，陆宗舆对整个巴黎和会的中日问题上都负有不可推卸的责任。

1914年欧战开始时，日本以对德作战为名，在中国的山东半岛强行登陆。时任驻日公使的陆宗舆奉袁世凯之命，向日本表示中国严守中立，并划出一块"交战区"给日本。在次年的中日"二十一条"交涉期间，陆宗舆受袁世凯之命在东京探听消息，了解日本的意向。条约签订之后，陆宗舆又代表中国政府在东京与日本政府交换了"二十一条"文本。

段祺瑞执政后，向日本大举借款。陆宗舆时已卸驻日公使之职，回国担任所谓"中日合办"的中华汇业银行总理，实为日本向华放贷的代理人。当时就有人评论说："汇业银行者，不啻贩卖中华民国掮客总会。"（《大中华国民〈章宗祥〉》）1918年4月和8月，陆宗舆以中华汇业银行总理的名义，代表日本兴业等三银行与曹汝霖等签订了5000万日元的"有线电报借款"和"吉黑两省金矿及森林借款"合同，将中国有线电报财产、收益和吉黑两省的森林、金矿抵押给日本，这也就是上面陆宗舆本人承认的卖国罪责。不过据日方的代表西原龟三回忆，陆宗舆当时是在"战战兢兢中署了名"的（《西原借款回忆》）。

从在"五四"期间的经历来看，陆宗舆比章宗祥和曹汝霖要幸运一些。5月4日，在总统府的宴会上，陆宗舆也是陪客之一。而且，看来他也和曹、陆一样，对学生上街并没有引起足够的重视，席散后照常回家了。不过当天下午，学生火烧赵家楼、痛打章宗祥后，本来准备前往陆宗舆家的，但因没能找到陆宅而作罢。

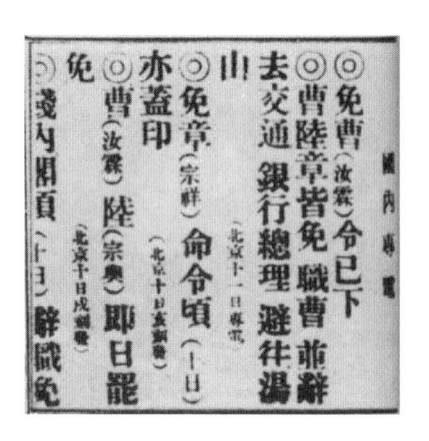

陆宗舆被免职的报道

日本设在天津的横滨正金银行

在向政府递交辞呈、为己开脱的同时，陆宗舆也表明了自己对五四运动的看法。和其他许多北洋官僚一样，陆宗舆将事件的原因归于"党争"，认为发动"五四"的人并不是青年学生，而是背后的"黑手"，这些"黑手""以名爱国，实为祸国；以此救亡，是为速亡"（詧盦《学界风潮纪》）。

虽然最初的一次辞职被大总统驳回，并受到了相当的安慰，但在事态日益严重之际，政府最终不能再保护曹、陆、章。6月10日，徐世昌批准了陆宗舆的辞职，但陆继续留任中华汇业银行总裁。

1925年，段祺瑞任临时执政时，陆宗舆一度出任临时参政院参政，后长期居住在天津日租界。全面抗战时，被聘为汪精卫伪政府行政顾问。1941年6月，陆宗舆病死于北平。

（赵　爽）

陆徵祥
难胜重任的首席专使

在巴黎和会上，面对外交阵容强大的列强各国，要尽力维护国家主权的中国代表团本来就显得人单势孤，偏偏负责领队的首席专使陆徵祥，在关键时刻一再"失踪"乃至托病不出，使中国在和会上的外交处境更为不利。

1918年12月，国民政府的外交总长陆徵祥接到了要他作为中国首席专使赴巴黎参加和会的任命。受命之初，陆即以身体有病为由，很想推掉这份差事，但政府没有同意。这行前的推三阻四，似乎是陆徵祥在巴黎和会上表现的一个提前预告。

实际上，1919年1月，中国专使团到达巴黎后不久，陆徵祥就再次向政府提出辞去首席专使之职："如此孱弱之躯，何以久膺艰巨？"（吴世缃《秘笈录存》）但政府仍加以挽留。辞职不成，陆徵祥竟不顾正在紧张进行中的谈判准备，不辞而别，丢下一个烂摊子给其他的代表，躲到自己在瑞士的私人寓所去了。虽然过了一个月后又神秘地回到了巴黎，但陆徵祥在

北京同文馆旧址——陆徵祥早年在该馆学外文

此后的和会进程中，表现仍然称不上尽如人意。

俗话说，"弱国无外交"。应当承认，在列强林立的巴黎和会上争取中国的权利，的确是一件虎口夺食的棘手差事。在和会的交涉中，以陆徵祥为首的中国代表团向大会提出了取消德国在华特权、废除"二十一条"、把德国在山东的各项权益归还给中国的要求。但日本以中日先有"二十一条"的签订，后有1918年山东问题换文（济顺、高徐二铁路借款出卖山东路权）为由，蛮横地提出由日本继承德国在山东的利益。由于日本在事前已做了充分的外交准备，与英、法两国形成默契，日本的要求得到英、法等大国的支持；美国虽然同情中国，但因有中日条约在前，也爱莫能助。经过数周的交涉，中国步步退让，直接归还不成，继而提议交五国共管；五国共管不成，又提出五国处置；五国处置不成，最后退到仅要求日本以文字声明将来交还中国。但日本仍咄咄逼人，连这点要求也拒绝了。到

1919年4月30日，英、法、美三国会议在没有中国代表参加的情况下做出最后的裁决，把德国在山东的权益全部让予日本。至此，中国在山东问题上的外交失败已成定局。

1919年5月初，赴巴黎和会的中国专使代表团致电北京政府，以"和会仍凭战力，公理莫敌强权"报告了中国在巴黎的外交失败，并同时提出引咎辞职："祥等力竭智穷，负国辱命，谨合呈大总统，请即开去全权，并付惩戒，以重责任。"（吴世缃《秘笈录存》）不过在接到大总统徐世昌的挽留电报之后，他们还是决定为山东条款进行最后的努力。

北京学生上街游行的第三天，协约国大会把包括山东条款（第156、157、158条）在内的对德条约提交给各协约国。陆徵祥对此略为浏览后，当即发言抗议："中国代表团对于三国会议所拟关于胶州及山东问题之办法，不得不表其深切之失望之情。"（吴世缃《秘笈录存》）但是，抗议归抗议，想要改变条约内容已不可能。中国代表团经过绞尽脑汁的思考后，决定采取"保留签字"的办法，即在条约上签字，但对有关山东问题另附文表示保留，以作日后修改余地。之后，代表团以此方案请示政府。5月中旬，政府回电，同意采用"保留签字"的办法。但当陆徵祥就此和英、法、美三国进行协商，希望得到支持之时，三国却以不愿开此先例为借口拒绝了。而正当在僵持之时，5月下旬，总统徐世昌又突然电令陆徵祥，如果保留不成，即全约签字。对此，在巴黎的中国专使王正廷、顾维钧和施肇基明确表示不能签字，而作为负责人的陆徵祥却没有表态，在此关键时刻以"旧病骤发"为由住进了医院，而把签约一事推给顾维钧。

以外交总长、中国首席专使的身份，竟如此不负责任，陆徵祥的行为不仅令人气愤，更会使人不解：以他这种既无责任心，也无特殊才能的现状，如何能从1916年4月到五四运动之前数次连任外交总长，甚至一度出任总理，并从而理所当然地成为中国代表团的首席专使？其实此中倒也没有许多奥妙可言。其一，在党派林立、政权更迭频繁的北洋时期，陆徵祥因为从不属于任何党派，倒总是被实权者视为平衡党争的折中人物而加

陆徵祥（左二）在"二十一条"签字仪式上

以利用。其二，作为一个外交官，陆徵祥还具备几条别人没有的优势：首先，由于是翻译出身，他在外交场合能说一口流利的外语，并且能够保持较好的外交官风度。更重要的是，陆徵祥从小就受洗礼入了基督教，还有一位比利时国籍的夫人，这一切使陆徵祥颇得各国外交家的青睐。但从他在和会期间一再辞职、失踪、借故病倒的表现来看，他实在并不具备作为一个要维护国家尊严的外交家最基本的条件：强烈的责任心和敢作敢为的胆识。相反，由于不问兴亡、随世浮沉，陆徵祥甚至在此前的中国外交史上就扮演过极不光彩的角色。1913年4月，陆徵祥参与了向英、法、德、日、俄五国订立2500万镑的《善后借款合同》。1915年初，袁世凯和日本议订"二十一条"，陆徵祥又与当时的外交次长曹汝霖一起与日本公使日置益进行具体的谈判。谈判结果，除第五条"容日后协商"外，袁世凯接受了"二十一条"，陆则和曹汝霖一起在"二十一条"上签了字。1915年12月，袁世凯称帝，在袁复辟期间，许多人辞职不就，陆徵祥却再次接受了总理兼外交总长的任命。虽然陆后来争辩说，"本人实反对帝制，因袁

巴黎和会的中国代表：陆徵祥、顾维钧和王正廷

待我太厚，不得不牺牲之"（张国淦《中华民国内阁篇》），但这的确成为陆徵祥难以抹去的污点。

　　陆徵祥借故病倒之后，受命于危难之际的顾维钧等人并没有按北京政府的指令行事，而是继续为保留签字做最后努力，并不断致电政府要求拒签。在国内，各界不断向北京政府施加压力，继续进行各种拒签的声援活动，直至发生转变时局的"六三"运动，政府被迫罢免曹、陆、章三人。到6月26日，北京政府终于电令中国代表团，如不能保留，即拒绝签字。不过一个不可忽略的事实是：根据当时的通信条件，政府的电报要到28日下午才能到达代表团手中，而《巴黎和约》却是定在上午签字的。也就是说，中国代表团实际上是在没有得到政府指令前就已先行拒签了。拒签之后，首席专使陆徵祥和其他几位专使电告政府，再次集体辞职。电文历数我代表一忍再忍之经过，不胜感慨曰："不料大会专横至此，竟不顾我国家纤微体面，曷胜愤慨。"（王芸生《六十年来中国与日本》）

　　作为中国代表团首席专使的陆徵祥，虽然在他的人生经历中不时暴露了一些人格上的缺陷，但在巴黎和会上他毕竟率代表团据理直争，最后不顾政府含糊其辞的指令，没有在和约上签字。在陆徵祥不甚光彩的历史上，写下了值得称道的一笔。

1920年1月，陆徵祥偕夫人归国。当他乘坐的轮船抵达上海时，数以千计的群众举着"欢迎不签字代表"的旗帜前来欢迎。随后，当陆徵祥从上海乘火车回到北京时，也有各界群众万余人聚集车站欢迎专使归来。虽然成为大众眼中的英雄，但陆徵祥本人却颇有自知之明，面对大众，他一言未发，匆匆而去。

1922年6月起，陆徵祥任驻瑞士公使，随心所愿地侨居在这个美丽而和平的国度。1927年，北洋政府瓦解，陆自然卸去公使一职。不久，其妻病故，陆徵祥护送妻子灵柩回比利时安葬，不久即遁入该国的布鲁日本笃会圣安德修道院，从此再也没有回国。

（赵　爽）

顾维钧
临危受命的外交家

在北洋政府态度暧昧多变、中国代表团内部钩心斗角之时，年轻的外交家顾维钧受命于危难之际，为和约问题进行了种种艰苦的努力。当所有的努力失败之后，又是以顾维钧为首的中国代表，在没有接到政府明确指令的情况下，毅然拒绝在不平等的和约上签字，维护了国家的尊严。

  三千六百万之山东人民，有史以来，为中国民族，用中国语言，信奉中国宗教。……以文化言之，山东为孔、孟降生，中国文化发祥之圣地……其不容他国之侵入殖民，固无讨论之余地。是以如本会承认之民族领土完整原则言之，胶州交还中国，为中国当有之要求权利。

  ……中国对德宣战之文，业已显然声明中德间一切约章，全数因宣战地位而消灭。约章既如是而消灭，则中国本为领土之主，德国在山东所享胶州租借地暨他项权利，于法律上已经早归中国矣。

（王芸生《六十年来中国与日本》）

1921年顾维钧（前排左二）在日内瓦与国联中国代表团合影

1919年1月28日巴黎和会上这篇不用讲稿却逻辑严密、堂堂正正的即席演讲，出自一位年青的中国外交家之口。他，就是在巴黎和会上风云一时并在此后的国民政府外交史上最富声望的顾维钧。其发言反应之快捷，词锋之锐利在中国外交史上已被引作范文。顾维钧发言后，与会的西方各国元首和外交官纷纷前来向顾维钧握手祝贺，盛称这篇演讲准确地表达了中国政府的立场，极为成功。顾维钧的演讲一时博得西方列强的同情，也使日本外交官乱了阵脚。中国代表团在巴黎和会上初战告捷。消息传到国内，上自总统、总理，下至学生百姓，都欢欣鼓舞，纷纷拍电祝贺，以为数十年的国耻即将在巴黎和会上一朝洗清。

实际上，堪称巴黎和会中国代表团中流砥柱的顾维钧，不但有着出色的口才和办事能力，更有着极为难得的外交责任感。1918年11月欧战结束不久，时任驻美公使的顾维钧即接到了北洋政府指派他参加巴黎和会的电文，但他并没有马上启程。因为此时，顾维钧年轻的妻子唐梅刚刚病故一个月，留下了两个孩子，一个两岁，一个刚满周岁。不过，顾维钧虽然伤心已极，并曾向北京政府提出辞呈，但他并没有立即赴法的最主要的原因，却是要为在和会上争取中国的主权做充分的准备。欧战尚未结束时，顾维钧就在驻美使馆内设立了研究小组，专门研究战后废除不平等条约（包括收回山东

1926—1927年任国务总理兼外交部长的顾维钧

主权)的问题。该小组把研究的成果拟出报告书,源源不断地发往国内,敦促政府给予考虑。顾维钧对巴黎和会的势力格局有着比较清醒的估计:"在和会上,中国政府不能对英、法抱太大希望,真正可以指望的只有美国的支持。"(《顾维钧回忆录》)因此,在赴巴黎的前几天,他还拜会了美国总统威尔逊,陈述中国要求废除不平等条约的强烈愿望,并表示支持美国建立国际联盟的主张,以尽量争取美国的同情和支持。

1918年底,顾维钧一到巴黎,就迅速同助手们一起投入到谈判的准备工作中去,并在中国首席专使陆徵祥到达巴黎前,先期草拟了一整套谈判计划。如果比较其他中国代表的表现,顾维钧的责任心和顾全大局的风度就更为突出。在巴黎和会中,西方国家多是由总统或首相亲自带团,派出最为强大的外交阵容,中国代表团本来就显得势单力薄。其中,外交总长陆徵祥虽是首席代表,却总以身体有病为由,始终消极应付差事,没有担负起应有的责任。其他代表团成员也并不都是齐心协力,为国分忧。例如,当代表团正在紧张工作的时候,国内的新闻媒体却报道说,顾维钧已和曹汝霖的女儿订婚,与亲日派结成了联盟,将在巴黎和会上做出损害国家利益的事情。后来发现,这子虚乌有的谣言竟然是由在巴黎的中国代表王正廷传到国内的。这种背后拆台的行为使顾维钧极为气愤:"想不到代表团内的同僚,一位受过良好教育的有身份的人,竟会由于政治上的目的而出此伎俩。"(《顾维钧回忆录》)因此,陆、王等人不可恃,谈判的重担自然就落到了顾维钧的肩上。

从顾维钧个人来说，他不可谓不才。但个别外交家的才华并不能一下子扭转中国多年积弱的局面，不能把清政府和北洋政府多年种下的祸根清除干净，因此也不能最终决定巴黎和会中国外交的命运。和会初期中、日对峙局面的持续，其实是控制和会的主要国家势均力敌的一种反映。当时，英国支持日本，法国守中立态度，美国和意大利则同情中国。因此，在巴黎和会的初期，中国在和日本的外交较量中本来占有一定的优势。然而，4月下旬以后，风云突变，意大利因对布姆的领土要求遭到各大国的拒绝后，宣布退出和会。意大利的行动给巴黎和会造成一次危机，同时也给日本带来了良机。日本的态度骤然变得强硬起来，宣称如果大会不答应它的要求，也要退出和会。美国为了不使和会流产，决定牺牲中国。

在4月22日五国会议上，美国总统威尔逊一改过去同情中国的论调，说"中国、日本既有1915年5月条约（指"二十一条"）换文于前，又有1918年9月之续约（指'济顺、高徐铁路密约'）在后，而英、法等国亦与日本协定条件，有维持其继续德国在山东权利之义务。此次战争，本为维持条约之神圣"。顾维钧对此进行了申辩："1915年条约为强迫所订（时日本已经出兵占领了山东半岛），1918年条约是根据前约而来。"威尔逊反问道："1918年9月，当时协约军势甚张，停战在即，日本决不能再强迫中国，何以欣然同意与之定约?"（王芸生《六十年来中国与日本》）这一反问，顾维钧纵使口才再好，也是无法回答的。因为在中国代表团出席巴黎和会以前，北洋政府为了掩饰自己卖国的行径，有意对代表团隐瞒了签订中日密约的有关细节，以致连顾维钧等人也不明就里。几天之后的4月30日，三国会议对山东问题做出了最后的裁决：把德国在山东的一切权益转让予日本。至此，顾维钧数月来为外交做出的努力全部付之东流。大势已去，中国代表团回天乏力。消息传到国内，引发了震惊中外的五四运动。

从5月初到6月28日巴黎和会最后的签字期限止，顾维钧等人还继续全力以赴地为修改和会方案而努力。是时，代表团的首席专使陆徵祥称病住院，而把交涉之事交给顾维钧。顾于是成为和会后期中国代表团的实际主持者。

在海牙国际法庭任职的顾维钧

复杂的形势对顾维钧等人是个严峻的考验。来自北洋政府的指令是如此多变：政府曾在5月下旬电令中国代表团"两害取轻""毅然签字"；后来由于发生"六三"运动以及三个卖国贼被罢免的事件，在全国人民的压力下，北洋政府又收回成命，但也没有表明立场，而是以"自酌办理"这样模糊不清的指示搪塞过去，把责任推给了代表团。在这种情况下，顾维钧和代表团其他成员的个人态度将决定中国的命运。

在经过种种努力未能奏效后，是否在不平等的条约上签字成了所有问题的关键。当时全国人民都强烈要求中国代表不要在和约上签字，从国内赶到巴黎的政治家、学生代表和海外的华侨代表也天天包围中国代表团的住所，生怕中国代表做出对不起国人的事情来，甚至有持假枪威胁者。顾维钧本人是反对签约的，他对包围他的同胞明确表示："不允保留（山东问题），中国当然不会签字，而由于未得到任何支持，保留看来已无可能，因此，签字一事便亦不复存在，诸位可不必为此担忧。"（《顾维钧回忆录》）

巴黎和会最后的签字仪式定在6月28日。就在那一天的早晨，顾维钧还会晤了和会秘书长迪塔斯塔，力争在和会上发表一个口头声明，以期争取国际舆论的支持，但遭到了拒绝。在没有接到北京政府的拒签令之前，中国代表团拒绝出席签字仪式。

时隔多年，顾维钧对1919年6月28日的早晨依然记忆犹新。在向住在圣·克卢德医院的总长陆徵祥汇报完毕之后，顾维钧独自驱车返回巴黎：

那真可谓一次旅行——在清晨五六点钟时分，从圣·克卢德到巴黎，竟用了十五甚或二十分钟。汽车缓缓行驶在黎明的晨曦中，我觉得一切都是那样黯淡——那天色、那树影、那沉寂的街道。我想，这一天必将被视为一个悲惨的日子，留存于中国历史上。

同时，我暗自想像着和会闭幕典礼的盛况，想像着当出席和会的代表们看到为中国全权代表留着的两把座椅上一直空荡无人时，将会怎样地惊异、激动。这对我、对代表团全体、对中国都是一个难忘的日子。中国的缺席必将使和会、使法国外交界，甚至使整个世界为之愕然，即便不是为之震动的话。（《顾维钧回忆录》）

虽然中国代表团未能争取到预期的废除不平等条约的目的，但拒签和约本身却具有前所未有的重大意义，因为，它开创了中国近代外交史上敢于抗争的先例，顾维钧等人也当之无愧地成为人们心目中的英雄。

中国拒签巴黎和会和议后，山东问题转到了1921—1922年召开的华盛顿会议中继续谈判。在顾维钧等外交官的努力下，华盛顿会议所确定的《九国公约》起码从表面上维护了中国的某些国家主权，顾本人也因功升任北洋政府的外交总长。1931年日本悍然发动了"九一八"事变，作为国际联盟委员的顾维钧参加了李顿调查团调查此次事变，揭露了日本发动战争的罪行。

1932—1956年，顾维钧长期担任国民党政府的"外交部长"以及驻英、法、美等国"大使"，也担任过驻"联合国代表"。1956年，转到海牙国际法庭任职，直至60年代退休。顾维钧是中国现代颇有威望的职业外交家。他退休后，用英文整理撰写了一万多页的回忆录（已译成中文出版），记录了他五十余年职业外交生涯的史实，成为研究中国现代外交史的第一手资料。

（苏生文）

傅增湘
突然失踪的教育总长

在各高校校长纷纷辞职、五四运动形势日见复杂的情况下，原来支持学生的教育总长傅增湘，由于不堪来自政府和学生的双重压力，在"大不得已"之下，挂冠而走，一时间又在社会上和学界中引起了一场轩然大波。

1919年5月11日的下午，国民政府的教育总长傅增湘乘车经过琉璃厂时忽然下车，仿佛很随意地吩咐司机说："你先回去，我要在这里逛逛书肆。"司机一走，他却立即另雇了一辆人力车，直奔正阳门火车站，购票上车，向天津而去（《晨报》1919年5月13日）。此后的5月14、15日两日，北京各报都盛传教育总长傅增湘忽然失踪的消息，并且说法各异、莫衷一是。有的说他已到天津；有的说他正隐居在西山某寺中；又有说某人亲眼见到他已从汤山回宅，并在批留蔡校长的指令上亲笔署名。甚至傅的家人也不知道他的去向，正在到处寻找。教育部也派人分别到天津和西山寻找，但都没有结果。在这许多报道中有一种观点很是引人注目："夫以堂

天津北洋女子公学学生留影

堂总长行踪诡秘若此，盖其中必有大不得已者焉。"

如果考查傅增湘在"五四"期间的表现，我们可以发现，正如上面所引的观点，在"五四"这个特殊的时期，以爱护学生的教育家和北洋政府要员的双重身份出现的傅增湘，的确有"大不得已"的苦衷。

实际上，傅增湘自1898年考中进士，也即传统上认为的涉足仕途以来，更多的是以教育家而不是以官僚的身份名世。从最早接受的官职——贵州学政，到一国的最高教育长官——北洋政府的教育总长，这一连串的升迁除了由于他令人称道的"治事详慎"的办事态度，更主要地来源于他为中国近代教育，特别是女子教育做出的特殊贡献。自20世纪初晚清官方兴办女学以来，傅增湘始终主其事，功绩卓著。1907年清廷学部奏请兴办女学的纲领性文件——《女子师范学堂章程》六章三十六条及《女子小学堂章程》四章二十六条，就是傅增湘根据自己一年前在天津北洋女子公学的办学经验拟定的。不久，在此文件的指导之下，各省城、府城陆续建立了女子师范学堂或女子小学堂，为中国近代的女子教育奠定了初步的基础。

傅增湘（左一）与段祺瑞第三次内阁成员

除此之外，早在身为袁世凯属下之时，傅增湘就因善于调和新旧学之间的矛盾而颇受袁的器重。而他担任教育总长的1917—1919年，正是新文化运动蓬勃发展的时期，同时也是各种新旧学说激烈冲突的时段。作为教育总长，傅增湘不但不反对新文化，有时还身体力行，参与一些新式的文化活动，他之主张给国语注音更是令人称道。而傅增湘本人以一个旧式文人而对新文化表现出宽容的态度，实属难能可贵，这在另一个方面也证明了他在调和新旧学矛盾方面的能力。

不过，在"五四"前夕，傅增湘却也曾受总统徐世昌的指令，致函北大校长蔡元培，攻击北大的激进刊物《新潮》："自《新潮》出版，辇下耆宿对于在事员生不无微词……凡事过于锐进或大反乎情绪之所习，未有不立蹶者。"（李小峰《新潮社的始末》）这一行为则表明，作为政府的官员，傅增湘也的确有许多时候身不由己。

据《晨报》1919年5月5日载，在"五四"游行当天，教育部某司长曾受命到天安门向学生传达部里的命令："请大家作速解散，大家有事请举代表，可以由我转达"，纯是缓和商量的语气。但学生对此不予理睬，自行其是。

当天下午"火烧赵家楼"的消息传来之后，政府中有人主张严办，甚至有解散北京大学之说。傅增湘对此则坚决表示抗议，并在第二天就向总统递交了辞呈，虽被徐世昌挽留，解散北大之说却也因此不提了。

5月6日，北京各校长齐集北大，商议保释4日下午被捕的学生，邀请傅增湘到场。会上，校长们一致请求傅出面保释。傅则表示："保释学生一节，鄙人竭力维持，如今晚不能办到释放，明日当可办到。"但他也要求各校学生"务必持冷静之态度，不可再生枝节为是，否则将恐发生困难"（《晨报》1919年5月7日）。事实也证明傅增湘没有食言。第二天，被捕的学生就全部被释放。

然而，一波未平，一波又起。5月9日，北大校长蔡元培离京出走。当天，全体北大学生即呈辞教育部，要求挽留蔡校长，并派学生代表面谒傅总长商酌解决办法。教育部也立即做出反应，次日即发布239号批令，称"本部已去电，并派员挽留（蔡），该生等务当照常上课"，同时还特地派人到北大宣慰，说教育总次长已经面谒钱总理，总理已表示竭力挽留蔡校长之意，请同学安心上课云云。当日，在与马寅初、马叙伦、李大钊等北大教职员代表会面时，傅增湘也表示，自己也是诚恳希望蔡校长留职的。但当有人问总统总理之意如何时，傅增湘却"默然有间"，说总统总理之意我未深知，无从代为宣布（《晨报》1919年5月11日）。

继5月9日蔡元培辞职后，其他各校校长也接踵辞职，致使傅增湘处于左右为难的境地：一方面，各学校师生指责教育总长未能挽留住各校校长；另一方面，政府又指责他放纵学生。于是，"傅氏乃不可一朝居矣"，在几天之内傅增湘又两次向总统提出辞呈，但都被徐世昌慰留了。

辞职不成，各方面的压力又很大，傅增湘

二三十年代的傅增湘

只好选择挂冠出走这条路。在"傅增湘失踪"作为新闻事件被炒得沸沸扬扬之时，5月15日，政府也在无可奈何之下终于批准了傅的辞职，并安排教育部次长袁希涛暂时代行总长之职。可是总长之位的暂时空缺，也给本来为争夺内阁一席之地而打得不可开交的各个派系提供了新的争斗机会。政府中的实力派安福系（包括段祺瑞）提出由田应璜接任，这一消息又在学界引起了一阵波澜。21日，北大教职员在法科大礼堂召开全体会议，一致表决，誓不承认田应璜之流为教育总长。强大的舆论压力使安福系只好作罢。最后，争议不大的袁希涛正式接任总长一职，才算平息了这场"傅增湘失踪"事件的余波。

得知自己的辞职被批准后，"失踪"多日的傅增湘才重新回到了北京。不过，作为政坛要员的傅增湘，却也从此消失了。五四运动后不久，在美国公使芮恩施离职回国的前夕，傅增湘还拜访了他，商谈中、美两国大学交换教授事宜，但这次却仅是以教育家私人的身份行事（芮恩施《一个美国外交官使华记》）。二三十年代，傅增湘曾任国立故宫博物院图书馆馆长，也曾在清华研究院任教，主讲版本学。到1950年病逝于北京的时候，傅增湘为后人留下了潜心研究几十年的版本学著作《藏园群书经眼录》《藏园群书题记》《道藏五种》《宋代古文辑存》等，另有游记《衡庐日录》和方志《绥远通志》传世。

（赵　爽）

吴佩孚
"军人卫国，责无旁贷"

虽然在"五四"时仅仅是北洋军的一个中级军官，第三师师长吴佩孚为支持学生而发的通电，却表现出不同于其他军阀的儒将风采，从而引起了自上而下的关注，吴本人也借此奠定了扩张其影响力的基础。

五四运动发生后不久，北洋第三师的师长吴佩孚向大总统徐世昌拍发了一份电报，公开表示站在学生一边：

> 大好河山，任人宰割，稍有人心，谁无义愤。彼莘莘学子，激于爱国热忱而奔走呼号，前赴后继，以草冲钟，以卵投石，……其心可悯，其志可嘉，其情更有可原。(《吴佩孚等要求释放学生公布外交始末电》)

如果将吴佩孚的态度与当时其他军阀相比较，则更能见出其超人之处。其他军阀要么像河南督军赵倜"一介武夫，智识短浅，事关国际，惟一听政府之主持"(《赵倜响应政府对巴黎和会意见密电》);要么像参战军参谋长徐树铮之流,主张把大炮架在景山上对准北大,扬言要把北大轰平!

的确,"五四"时的吴佩孚不但是这样理解和同情学生的"儒将",更是一位"爱国将军"。当听到中国政府准备在巴黎和会上签字时,吴佩孚第一个站出来,倡议各处军阀联衔反对签约:

> 惊悉青岛问题,有主持签字噩耗。五衷摧裂,誓难承认。盖青岛得失,为吾国存亡关头,如果签字,直不啻作茧自缚,饮鸩自杀也。况天下兴亡,匹夫有责,而失地亡国,尤属军人之羞。吾国数百万军人,厚糜饷糈,竟坐视强迫执行,不能作外交之后盾,以丧失领土。是军人无以对国家,而政府亦无以对人民也。

他引用国际事例,权衡利害轻重,分析签约的害处,并表示:

> 与其一日纵敌,不若铤而走险。与其强制签字,贻羞万国;毋宁悉索敝赋,背城借一。军人卫国,责无旁贷,共作后盾,愿效前驱。彼果实逼处此,我军人即应为困兽之斗也。(昝盦《学界风潮纪》)

此时吴佩孚的职位不过是个师长,但他的影响已经大大超越了他的职位。大总统徐世昌曾私下对人说:"吴子玉一言一行,可以动天下视听,天南地北,到处呼应,他的种种意见,我们倒是必须注意留心。"(《吴佩孚传》)

吴佩孚以前清秀才而投笔从戎,这种特殊的身份本身就决定了他不同于其他目不识丁的军阀。而政府对其影响力的重视,则是因为近一年来他在"南北议和"中发挥的重要作用。1918年初,段祺瑞为了"武力统一"

军阀混战造成民居被毁

南方，调吴佩孚师入湘作战。吴师攻克岳阳，收回长沙，占领衡阳，战功卓著，眼看南方军就要抵挡不住了。但吴佩孚无意于在已经无力抵抗的南军面前再次显示其军队的武器精良和战术得法，而是适可而止，而像历史上许多以战佐和的例子一样，率先与南方军签订停战协议，然后通电主和，公开反对段祺瑞的"武力统一"，主张南北和平。他在电文里说：

> 兵连祸结，大乱经年，在此时期，耗款数千万，糜烂十余省，有用之军队，破碎无余，精良之器械，损失殆尽。至若同种残杀，生灵涂炭，尤足令人寒心……根据约法之精神，实行悲悯之宏愿，颁布通国一体罢战之明令，俾南北双方军队留有余地，以备将来一致对外。
> (《晨钟报》1918年8月23日）

吴佩孚的和平主张得到了各界的响应，得到代理大总统冯国璋的大力支持。在吴佩孚和各界爱国人士的努力之下，最终促成了1919年初南北和平会议的召开。吴佩孚作为南北和议的功臣，其"儒将"声望也与日俱增，他的一举一动，也因此深受到国人的瞩目。

"五四"时期吴佩孚的顶头上司曹锟　　　主张镇压学生的军阀徐树铮

在"五四"中理解和同情学生，公然反对和约签字，这一切在吴佩孚的一生中也许仅仅是一个小插曲，但他的表态却从一个侧面反映出处在上升阶段的吴佩孚影响力的扩张。果然，在一年后的直皖战争中，吴佩孚作为直系的主要将领之一，联合奉系的张作霖，打败了皖系，控制了北京政权。1922年第一次直奉战争爆发，直系又打败了奉系。在这两次战争中，吴佩孚都是立了赫赫战功的，他也由师长升任两湖巡阅使、直鲁豫三省巡阅使。1923年2月，吴佩孚带兵镇压了京汉铁路工人大罢工，杀害了工人领袖施洋、林祥谦等，造成震惊中外的"二七惨案"。此时的吴佩孚已非"五四"时的吴佩孚了。

1924年发生第二次直奉战争，吴佩孚部在冯玉祥和奉军联合攻击下战败，逃至湖北。

1926年，吴佩孚试图东山再起，又和张作霖、阎锡山联合，进攻冯玉祥的国民革命军，但再次遭到失败。吴率残部逃到四川，依附地方军阀杨森，从此一蹶不振，直到1939年病逝。

（苏生文）

众声喧哗

梁启超
来自巴黎的警报

远赴欧洲的梁启超,作为巴黎和会会场外的中国国民代表,"痛陈疾呼""鼓吹舆论":既积极开展民间外交,向世界申诉中国国民的愿望;也自觉监督政府,不断致电国内,传递警报,由此为五四运动的爆发提供了一条导火线。

1918年12月28日,梁启超在上海登船,踏上了欧游之路。一年前,因力主对德、奥宣战备受责难的梁氏,此时心情仍不轻松。一战以同盟国的失败而告终,中国得以跻身战胜国之列;前言应验,冤狱得直:于公于私,前任财政总长都该欣喜不已。但恰恰是在11月11日停战喜讯传来的一周内,于举国欢腾之中,任公先生偏偏以沉重的笔调,撰写了《对德宣战回顾谈》一篇长文,历数前事,"以为惩前毖后之一助"。末段检讨当权者犹豫不决,未能听从其建议,出兵西欧战场,坐失千载一时之良机,使得"我国能否列席平和会议尚至成一问题",为国家痛已远胜于为个人幸。

虽然一如既往地眷顾国事,1917年底辞职的梁启超,这一回却当真退出了政界。即使总统徐世昌亲发一电，邀其来京面商，并"以欧洲不日将开媾和会议，此事关系吾国前途非常重大，非得如任公其人者亲赴欧洲，随时与折冲樽俎之员筹商擘画，以便临机肆应不可"，嘱人敦劝梁氏鼎力相助（《国民公报》1918年11月23日），以国事为重、决意赴欧的梁启超仍不肯受命于当局。在允诺"于讲和会议有可以为国尽力处，亦自当尽力"的同时，梁氏也一再声明，此行"与政府方面无关，以私人资格赴欧观察一切"（《梁任公昨已抵京》，《国民公报》1918年11月24日）。

强调私人身份，实即突出民间立场，对其中的真实含义，梁启超也有明确阐发。所谓"亦诚欲邮达吾国民多数所希望，诉诸彼都舆论，以冀为当局之助"（《关于欧洲和会问题我舆论之商榷》），还是假设政府与国民取向一致；更深层的考虑则在"督促政府"，因而要求"国民审察内外形势，造成健全之舆论"（《在国际税法平等会演说词》），这意味着国民对政府必须承担监督和批评的责任。怀抱此一政治理念上路的梁启超，注定无法与政府趋同。其拒绝成为官方的代言人，实在有先见之明。

经过漫长的海上航行与短暂的陆路观光，1919年2月18日，梁启超终于抵达巴黎，其时距和会开幕正好一月。刚到法京的任公先生，置身新环境，显然心情愉快，对中国外交前途不免看得乐观。23日传送给国内同人的第一封电报，开头便说："抵英即闻和会已提青岛问题。顷抵法，略悉此间经过情形，大致与吾辈在京主张相同，颇为欣慰。"以下的话，既是对"吾辈在京主张"的追述，也表现出对此理据不容置疑怀有充分的信心，因此说得斩钉截铁：

> 宣战后，中德条约根本取消，青岛归还已成中德直接问题。日虽出兵，地位与诸协约国等，断不能于我领土主权有所侵犯，更不能发生权利继承问题。

此时，梁氏只对提出继承要求的日本有所疑虑，而于和会本身，则抱有美好的期望：

> 总之，此次和会为国际开一新局面，我当乘机力图自由发展，前此所谓势力范围、特殊地位，皆当切实打破。凡约章有戾此原则者，当然废弃，青岛其一端耳。

与在国内时思路相同，中国既为战胜国，德方利用不平等条约，自1898年起长期侵占的胶州湾，战败后当然应该归还中国。在梁启超看来，此乃势所必至，理有固然，不成其为问题。因此，欧游前，论及青岛归属，梁氏直以"本不待论"一笔带过，而将注意力集中在继发的关乎国家命脉的诸种权益获取上。若概而言之，那便是任公先生在国内外一系列的演讲与文章中反复申述的三条：破除势力范围、撤销领事裁判权与改正关税。其时，梁氏更注重的是策略的运用与步骤的讲究。为此，他专门撰写了《关于欧洲和会问题我舆论之商榷》，论述我方要求若想发生效力，"第一，当求有价值；第二，当求一致"，"故我于各种条件中，宜择其题目尤正大而为国家生存所必要者三数端，格外注重，而舆论所鼓吹，亦以此为焦点，庶几简要专壹，易于期成"；抵法后，在上述电报中，也不忘提醒"内外当辅，切宜统筹兼顾，进行次第，极当注意"。

梁启超与国内舆论界一致怀抱的归还青岛不在话下的放心态度，也建基在对盟国尤其是美国会主持公道的信赖上。梁氏于巴黎和会本寄望甚殷，以为此次"全世界之国际关系，将有所改造焉"（《关于欧洲和会问题我舆论之商榷》）。去国前，他为英文宣传赶写的一篇文稿，中文原作即径名以"中国国际关系之改造"；在法国《巴黎时报》刊载的文章，也以"中国与列强在远东政治关系上必要之更改"为题。梁氏相信，此时"正当正义人道大放光明之际"，"主持正义人道之诸友邦"必可为我"伸理"。一切正如他后来所自嘲，"那时我们正在做那正义人道的好梦"（《中国国际关系之改造》《关于欧洲和会问题我舆论之商榷》及《欧游心影录·巴黎和会鸟瞰》）。

巴黎和会会址凡尔赛宫

因美国总统威尔逊、英国首相劳合·乔治回国，法国总理克列孟梭遇刺养伤，梁启超抵法时，和会正处于暂时停顿状态，他便乘机外出游览战地。当然，出游之前，任公先生仍相当尽责，以他那"别有一种魔力"的健笔，写作了《世界和平与中国》的小册子，申诉中国国民的要求，译成英、法文，广为散发。文中对于日本谋占山东之无理痛加驳斥，以之为中国的深忧巨患：

> 日本于日俄战役后，既以全辽为势力范围，今次战役后，复以全鲁为势力范围，南北包围，而北京几不复能自保。盖经此大战而中国境内势力范围之色彩，乃转加浓厚，形势险恶过于战前。

其说陈明利害，意在打动欧洲舆论，以共同制止日本的阴谋得逞。

而到达巴黎之后，一向被政府隐瞒的1917年9月中日有关山东问题的密约内容已经传开，这实际上等于承认1915年的"二十一条"仍然有效，日本可以继承德国在山东的权益。出游途中的梁启超大为愤慨，于是致电国人，公布此情，严厉谴责政府误国：

交还青岛，中、日对德同此要求，而孰为主体，实目下竞争之点。查自日本占据胶济铁路，数年以来，中国纯取抗议方针，以不承认日本承继德国权利为根本。去年九月，德军垂败，政府究何用意，乃于此时对日换文订约以自缚。

不过，梁启超此时对据称为和会基础的威尔逊"公正与持久和平"的十四条宗旨仍深信不疑，因而一厢情愿地认定，与之背离的中日密约"可望取消"。这封同时也"乞转呈大总统"的电文，对当局亦提出忠告："尚乞政府勿再授人口实，不然，千载一时良会，不啻为一二订约之人所坏，实堪惋惜。"（3月11日电）此语后竟不幸而言中。

3月17日战场归来，梁启超立即以私人身份积极开展民间外交。19日，在万国报界联合会发表演说，梁氏仍力陈山东为日本攫取的严重性：

虽然，若使德人侵略所得之遗产，复有一国专起而继承之，则拒虎进狼，隐患滋大。此种危机，不趁此时设法消弭，则不出十年，远东问题必为第二次世界大战争之媒，吾敢断言也。

25日，任公先生又与威尔逊总统会晤，秉此意向其解释山东问题的性质。和会形势日益对中国不利，身在场外的梁启超自是心急如焚，于是警电频传，切望国内民间团体与舆论界一致对政府施加压力，力争最好结果。此时，他对当局的失望在电文中已宣泄无遗："我国所有提案尚未正式提出，计目下时日无多，若非急起直追，将来国际地位必陷于无可救药之境遇。"（《晨报》1919年4月2日）

梁启超1919年2月26日（正月廿六）生日摄于巴黎

1919年9月9日梁启超在瑞士与友人合影
（前坐者右二为梁启超）

1927年梁启超55岁留影

正当梁启超为国家"痛陈疾呼""鼓吹舆论"之际，国内偏发生了梁亲日卖国的谣传，自然令其大为愤怒。虽然受到委屈，任公先生却一心以国事为重，殷殷告诫国人："内之宜要求政府速废高徐顺济路约及其他各项密约，使助我者易于为力；外之宜督促各使通盘筹划，互示意见，对外一意鼓勇，进行关税、领事裁判权等事。"（4月12日电）此时，梁氏对山东能否归还中国已不再信心十足，回答国内电嘱也自称：

和会内情，向未过问，惟知已提者似仅山东问题。当局与各国要人曾否切实接洽，探察各方面情形，不无疑虑。此间议论，二十一条共知为被逼，而高徐顺济路约，形式上乃我主动，不啻甘认日本袭德国利权为正当。去年九月，德国垂败，我国因区区二千万，加绳自缚，外人腾诮，几难置辩。现最要先废此约，务请力争。（4月16日电）

只是时不我待，回天乏术。由于日人机诈百变的外交手腕与列强的各有打算，加以中日密约予人口实，政府隐瞒内情，致使谈判失据，中国利益的被牺牲便成为惨痛的现实。

4月24日，先期得到噩耗的梁启超飞电国内，态度鲜明，要求举国一致，拒签和约：

> 对德国事闻将以青岛直接交还，因日使力争结果，英、法为所动。吾若认此，不啻加绳自缚。请警告政府及国民，严责各全权，万勿署名，以示决心。

这封最早通报中国外交失败的电报5月2日在《晨报》全文刊出，两天后，呼喊着"外争主权，内除国贼"口号的北京学生便走上了街头，五四运动遽尔爆发。而梁氏电文，无异为游行提供了一条导火线。

此后，身处国外的任公先生仍与国内民众同心同德，致电政府，力赞"北京学界对和局表义愤，爱国热诚令策国者知我人心未死"，而官方"逮捕多人"，实令人难以

出席巴黎和会的美国总统威尔逊，梁启超于3月25日与之会面

理解。因此，他大声疾呼："为御侮拯难计，政府惟与国民一致。祈因势利导，使民气不衰，国权或有瘳。"（《晨报》1919年5月23日）1920年3月归国后，梁启超到京面见总统徐世昌，也请求将一月前因反对中日两国直接交涉山东问题而被捕的学生释放，免予起诉。此意未得应允，23日离京前，梁氏又专留一函致徐，再提前话。信中肯定学生的举动乃"出于爱国之愚诚，实天下所共见"；指责政府举动"失计"："当知学生本非土匪，绝无所谓渠魁。"并进而申论：

> ……此等群众运动，在欧美各国，数见不鲜，未有不纯由自动

者。鬼蜮伎俩,操纵少数嗜利鲜耻之政客,则尝闻之矣;操纵多数天真烂缦之青年,则未之前闻。此无他,秘密则易藏垢,公开则无遁形耳。

为培护民气,亦即为国家前途计,他切责徐氏不可一误再误。

此次欧行未能如梁启超所期望,"于外交丝毫无补",为其感觉"最负疚者"(致仲弟书,1919年6月9日)。痛伤前事,梁氏已有新觉悟。《外交失败之原因及今后国民之觉悟》最末一节正道出此情。所论三事,一则希望国人明了日本承继山东,便为中国深入腹心之患,"国民宜以最大决心,挽此危局,虽出绝大之牺牲,亦所不辞","敌而谋我者,占领可也,以条约承认其权利不可也";其次,当追究政府外交失败之责任;而尤为重要者,则在"正义人道"的迷梦破碎后,梁启超终于发现,"国际间有强权无公理之原则,虽今日尚依然适用。所谓正义人道,不过强者之一种口头禅,弱国而欲托庇于正义人道之下,万无是处"。于是,他呼吁国民认清真实处境,做悲壮的努力:

1928年梁启超生平所摄最后一张照片

须知我国民今日所处之境遇,前有怨贼,后无奥援,出死入生,惟恃我迈往之气与贞壮之志。当此吁天不应呼地不闻之际,苍茫四顾,一军皆墨,忽然憬觉环境之种种幻象,一无足依赖,所可赖者,惟我自身耳。则前途一线之光明,即于是乎在也。

迨至1920年5月，梁启超作《"五四纪念日"感言》，论述一年前发生的"国史上最有价值"之运动，对"五四"价值的判定已有重心的转移，这自然与梁氏归国后注重文化建设的现实关怀相契合。在他看来，五四运动由"局部的政治运动"扩展为"文化运动"，才是其真正的价值所在。因为"为国家之保存及发展起见，一时的政治事业与永久的文化事业相较，其轻重本已悬绝"；而"非从文化方面树一健全基础，社会不能洗心革面，则无根蒂的政治运动，决然无效"。有鉴于此，梁启超于是断言：

> 吾以为今后若愿保持增长"五四"之价值，宜以文化运动为主而以政治运动为辅。

希望"今日之青年"能"大澈大悟"，"萃全力以从事于文化运动，则将来之有效的政治运动，自孕育于其中"，实在也表明了任公先生本人的彻悟。其归国以后的提倡国民运动，培植国民基础，尽心教育事业，努力讲学著述，便是这一认识的具体展开。因此也可以说，"五四"造就了梁启超在文化领域的再度辉煌。

（夏晓虹）

林长民
从留日到抗日

出入朝野、一身二任的林长民,巧妙地以民间外交推动政府外交,并在多数场合,更自觉地定位于民间,代表国民向政府抗争。其维护国权、反对和约的鲜明立场,招致亲日派与日本政府的嫉恨,被视为"五四"游行的煽动者。

1909年从日本留学归国的林长民,于"五四"前后却成为著名的抗日派,这在现代中国的知识者中,颇具典范意义。

在东京早稻田大学读书时期,林长民就学于政治经济科,此一选择无疑为其日后的从政生涯埋下了伏笔。回国后,林氏除在福州创办私立法政专门学校及附属中学校,自任校长,培养急需的治国人才外,也立即投入其时正在各地推展的立宪运动,并很快崭露头角,出任福建谘议局书记长。留日所学对于议会政治的知识,此时已转为实际的运作,终其一生,宗孟先生都在为实现这一信念不懈地努力。

民国成立,林长民从1912年任职临时参议院秘书长起,便与民国政治风云结下了不解之缘。次年，当选为众议院议员兼秘书长的林氏，也随同先前加入的民主党一起，转为新组建的进步党成员，并就任该党最重要的机构——政务部部长一职。

1917年7月，挟讨伐张勋复辟之役获胜之势，由进步党转化而来的宪法研究会（通称"研究系"）成员再度联袂入阁（第一次是1913年主要为进步党人组成的熊希龄内阁），林长民也被总理段祺瑞任命为司法总长。但此次组阁也如同北洋政府众多的短命内阁一样，当年11月，随着段祺瑞的辞职，林氏又从在朝变成了在野。不过，由"研究系"力争的对德、奥宣战总算实现，这使得中国在第一次世界大战后，有可能出席在巴黎举行的和平会议。

与梁启超出游欧洲负有开展国际上的"民间外交"相同，留在国内的林长民也同心同德，利用其特殊身份，将"国民外交"运动做得有声有色，由此成为"五四"前后极为活跃的政治人物。

1918年12月，为及时进行外交决策，总统徐世昌特命在总统府内设立外交委员会，林长民仍因其办事才能，受命为事务长。在随后出现的几个有影响的民间外交活动团体中，林长民也往往担任要职。如1919年2月12日成立的国际联盟同志会，以林为总务干事；四天后宣告诞生的国民外交协会，也推举其任理事。后一组织在"五四"期间表现突出，把"国民外交"的真义发挥得淋漓尽致。因为按照该会外交干事叶景莘的说法："外交委员会成立时，我们早已感觉到政府的

林长民像（约1914年）

进步党本部

亲日倾向，就组织了一个国民外交协会，以备与外交委员会互相呼应。"（《巴黎和会期间我国拒签和约运动见闻》）这样一种民间与官方的配合机制，虽则理想化，但在调动广泛的社会力量，以阻止政府做出危害国家利益的决定方面，确实发挥了效用。

林长民也充分利用其出入朝野、一身二任的资格，巧妙地以民间外交推动政府外交。并且，在多数场合，他更自觉地定位于民间，代表国民向政府抗争。

1919年4月中旬，报界披露，外交部曾密电出席巴黎和会的中国代表，令其在对日交涉中让步。22日，国民外交协会的职员即面见徐世昌，质询此事。林长民进而提出，鉴于巴黎和会已时日无多，政府应立即指令和会代表，尽快提交我方各项要求。而其提案应以国民外交协会议决的七条纲领为依据，此即由林长民等人2月21日提出，3月底发给驻法公使胡惟德及和会代表的电文中列举的请愿大纲：

（一）赞助国际联盟之实行；（二）撤废势力范围，并订定实行方法；（三）废更一切不平等条约及以威迫利诱或秘密缔结之条约合同及其他国际文件；（四）定期撤去领事裁判权；（五）力争关税自由；（六）取销庚子赔款余额；（七）收回租界地域，改为通商市场。

林氏指陈，此七条既"已承总统批交外交委员会核议，明日该会开会，即可议及此案。倘能将此七问题完全通过，请由政府电饬巴黎专使提出，实为一般国民共同希望者也"。面对林氏所代表的国民公议，徐氏亦不得不答应"此节自然照办"。

正由于林长民具有这样的优势，以私人身份出访欧洲的梁启超，在党派考虑之外，也可方便地择定其为通报巴黎和会消息的接收人，以便上传下达，影响政府与舆论。

当时进步党在北京地区握有两家重要的报纸，一为其机关报《国民公报》，一即在知识界颇具号召力的《晨报》。以林长民在党内的资历，加以主持《晨报》编务的刘道铿为林之同乡福州人，因而，其与《晨报》的关系自更为密切。4月7日，林氏在该报连载《铁路统一问题》的长文，开宗明义便揭出问题的核心："铁路建筑权及其投资，即为势力范围之表征。"而其中"根据条约者，为政治性质之路"，此即"以铁路所及为占据领土之变形"，"凡此政治性质铁路经过之地，几即为他国领土之延长"。因此，林氏坚决要求废除不平等条约，收回中国路权，统一由交通部管理。当时林长民等人所力持的"统一铁路政策虽非只为日本而发，而实以日本为主要对象"，叶景莘称其"实是当时抗日运动的一个方面"，与以后的"五四"事件相关联（《"五四运动"何以爆发于民八之五月四日？》），确有道理。

4月25日，《晨报》披露了来自巴黎的消息，山东将不直接交还中国，而暂由英、法、美、意、日五国共管，以及日与除美之外的三国订有密约，英、法、意将不反对日本继承德国在山东权益的要求；5月1日，该报

1919年5月2日《晨报》刊载的林长民文章

又发表《山东问题之警报》加以证实,并疾呼:"国内若再无一致之精神以对外,则此次外交之失败,即足以亡国云。"在此恶报频传、形势迫人之际,5月2日,《晨报》集中发布了代表国民外交的声音。

此日的"紧要新闻"中,既有巴黎代表报告"和会难以坚执公理"的电文,国民外交协会4月30日收到的梁启超要求拒绝签字的24日来电,也有该会5月1日分致美、法、英、意四国代表及中国和会代表的电报,申诉中国民众的意志。而置于社论位置的,则是林长民的署名文章《外交警报敬告国民》。此文乃因其所接获的梁电而引发,其中最震动人心的是如下一段文字:

1920年林长民与女儿林徽因在伦敦

呜呼！此非我举国之人所奔走呼号求恢复国权，主张应请德国直接交还我国，日本无承继德国掠夺所得之权利者耶？我政府、我专使非代表我举国人民之意见，以定议于内、折冲于外者耶？今果至此，则胶州亡矣！山东亡矣！国不国矣！

文章最后表示："国亡无日，愿合我四万万众誓死图之！"林文慷慨悲壮，语调激昂，虽仅三百余字，其效力却不啻一枚重磅炸弹。

当日，外交委员会紧急开会，议决拒签和约，拟就电稿，由该会委员长汪大燮与事务长林长民亲送徐世昌，转国务院拍发给中国代表团。而总理钱能训却另具密电，命令首席代表陆徵祥签约。林长民有一同乡在国务院电报处工作，当晚即将此情告知林氏。5月3日清晨，林到外交委员会报告，因此直接导致了"五四"学生大游行。3日下午四时，国民外交协会召开全体职员会，林长民、熊希龄、王宠惠等出席，做出四项决议：

一、五月七日在中央公园开国民大会，并分电各省各团体同日举行；

二、声明不承认二十一款及英、法、意等与日本关于处分山东问题之密约；

三、如和会中不得伸我国之主张，即请政府撤回专使；

四、向英、美、法、意各使馆声述国民之意见。

学生们的提前行动，使国民外交运动真正成为事实，林氏等人主持的协会从此亦不再担任主角。

在随后的事态发展中，林长民仍一本初衷，坚持维护国权的民间立场。5月4日晚，林长民即与汪大燮、王宠惠一起面见徐世昌，次日又具呈警察厅，要求保释被捕学生。两请虽未得允，各校各界掀起的联名具保活动，却最终迫使当局提前放人。6日，因政府有阻止"五七"大会之说，林长民专门入总统府见徐世昌，提出三项要求：请政府对于山东问题表示一种决心，以维民望；请将被捕各学生保释，免再激生风潮；七号必开国民大会，请饬军警勿用强力解散或加无理干涉。因徐氏对开会事仍坚决不允，林回国民外交协会报告后，又与熊希龄、范源廉、王宠惠一同具名，答复钱能训禁开国民大会的来函，引会员"集会自由载在《约法》"之言，回拒钱氏，并进而警告当局"慎重和平，勿致发生意外，致蹈前清川路覆辙"。

由于林长民在反对和约中态度鲜明，亲日派固然视之为眼中钉，"说这回北京市民的公愤，全是外交协会林长民等煽动起来的"（《一周中北京的公民大活动》，《每周评论》21号），日本政府更是对其恨入骨髓。5月21日，日本大使小幡酉吉竟然照会中国外交部，声称：

外交委员会委员、干事长林长民君，五月二日《晨报》《国民公报》等特揭署名之警告文，内有"今果至此，则胶州亡矣！山东亡矣！国不国矣！……愿合我四万万众誓死图之"等语，似有故意煽动之嫌。此事与五月四日北京大学生酿成纵火伤人暴动之事，本公使之

1924年林长民等与印度诗人泰戈尔合影（左三林长民，左一梁思成，右一徐志摩，右二林徽因）

深以为遗憾者。……尔来北京散布之传单，多以"胶州亡矣！山东亡矣！"为题，传播各省，煽动实行排斥日货。

为此，日本公使要求中国政府禁止此类言论之发表，并威胁说："若果放置此等风潮，不特有酿成贵国内治意外之扰乱，怕有惹起两国国际重大之事态。"日方充满敌意的言辞中，恰可证明林氏其时在舆论界具有极大的影响力，以及在促使五四运动爆发中确实发挥了引导作用。有一种传闻也值得一提：林氏早先曾劝曹汝霖、陆宗舆等"勿坚持其主张，并说民众反对甚力，或至于烧房子打人。这不过是极力规劝的话"，却不幸而言中。因而游行冲突发生后，"有人遂指为是研究系所鼓动"（《"五四运动"何以爆发于民八之五月四日？》）。此说于揭示进步党与"五四"的关系上，并非空穴来风。

对于日本的挑衅，林长民当即给以回击。25日，林氏上书总统徐世昌，请求辞去外交委员会职务，以免政府为难，但警惕日方阴谋的态度无稍改变。文末专门列举了日本报纸中有关日对山东拥有权利的言论，要求训令驻日大使质问抗议。对小幡的指责，宗孟先生也严词批驳，所谓"愤于外交之败，发其爱国之愚"，"激励国民，奋于图存，天经地义，不自知其非也"；并郑重声明：

> 势力侵凌，利权日失，空拥领土，所存几何？山东亡矣，国不国矣，长民尚欲日讨国民而告之也。若谓职任外交委员，便应结舌于外交失败之下，此何说也？

这封辞职信义正词严，充分展示了林氏一片拳拳报国之心。

此后不久，林长民又以曾经赴日者的身份，在《国民公报》发表《敬告日本人》一篇长文，反复开导"吾亲爱之日本人"，详细陈述中方愿望。文中逐一驳斥了日人关于山东问题的主要论调，提出处理国际关系应遵守同一准则："正义人道一涉本身利害问题，便设许多例外，吾不能不为正义人道哀。此当向世界各国今日所号称强国者进一忠言，勿为伪善，尤望亲爱之日本人毋自欺以欺人。"说到中国人民对日人的感情，林氏也坦然相告：

> 吾今敢正告日本人曰：吾国人之对君等实有不可讳言之痛矣。除极少数之人外，不论阶级高下、知识深浅、思想新旧，观察纵有异同，饮恨几于一致。经一度事变，便增一分怨毒，毋谓吾人爱国无持久性也。假令事变之生，继续不已，君等怙过，迄无悛心，相激相荡，终有不堪设想者。

这番推心置腹之言，又是不幸而言中。其间亦不乏夫子自道，正因从"爱国"一点出发，林长民才毅然"出尔反尔"，做出抗日的选择。

1920年4月，林长民出游欧洲。这也是一种象征，林氏从此与日本绝缘。3月12日，国民外交协会为其饯别，席间，干事张超赞扬，"五四国民运动发生之后，林理事不避嫌疑，益为本会尽力，国人尤深感激"。林长民也总结平生，称"五四"前后为一转捩点，其政治主张从"偏于缓进"变为"勇往迈进"；自国民外交协会成立，"乃得实行所信，与诸君呼号奔走，稍尽绵力"。正如其所自白："长民政治生涯，从此亦焕然一新。"可以补充的是，五四运动的发生，确为其一生事业最光彩的顶点。

（夏晓虹）

汪大燮
外交元老的投袂而起

身为设于总统府内的外交事务委员会委员长,汪大燮在提供决策意见的同时,也不断与政府的妥协外交发生冲突。而其于"五四"前一日,将当局有意在和约签字的消息透露给蔡元培,终于经由民众的力量,完成了救国的心愿。

早在晚清,汪大燮已步入外交界,从总理各国事务衙门章京开始,历任留日学生总监督、出使英国大臣、出使日本大臣,并在后一任上进入民国。1912年5月,共和党成立,汪氏以留任驻日公使的身份,为该党留日支部长。次年5月,共和党与民主党、统一党合并,组成进步党,汪又当选为名誉理事。当年,熊希龄组织进步党内阁,汪入阁,任教育总长。此后,宦海浮沉,屡进屡退,汪大燮先后做过交通总长、外交总长、代理总理,并随1917年11月内阁总理段祺瑞的辞职,再次暂离政坛。

汪大燮任外交总长期间,中国正式对德、奥宣战。此事虽以财政总长梁启超为主动力,而汪素以亲英、美派著称,亦持赞许态度。一战结束,中国能以战胜国身份出席巴黎和会，此一决定实为关键。

因北洋政府指派外交总长陆徵祥为巴黎和会中方首席代表，其时的外交次长陈篆于是援例代行部长职务。值此国际关系瞬息万变、外交事务关乎国运之际，以陈氏之资历浅、声望低，绝难应付大局。为此，即将游欧的梁启超与留守国内的林长民向总统徐世昌进言，建议在总统府内专门设立一个外交委员会，以及时做出决策。徐氏采纳其说。1918年12月中旬，外交委员会成立，汪大燮就任委员长。当时为之规定的权责是，"外交委员会不只是个咨询机关，凡关于和会的各专使来电都由外交部送委员会阅核"（叶景莘《"五四运动"何以爆发于民八之五月四日？》）。不过，这一最高的外交决策机构也并非权力至上，一些重要决定的被推翻以至对该会有意地架空，使其虽为政府部门，却与当局关系紧张。

对此早有意料的林长民等人，又于1919年2月及时创建了国民外交协会，以为外交委员会之后援。汪大燮亦被推举任理事，在政府职务之外，又获得一民间团体代表的身份。此外，汪因其外交元老的资望，在此前后还拥有多种民间外交社团的头衔，如与欧美人士共同组织的协约国民协会副会长，以及国际联盟同志会理事等。因而，以私人资格远赴巴黎的梁启超，屡次向国内通报和会消息，均以汪、林为收件人，正是看中了其兼顾朝野的特殊地位。不过，大体而言，林长民更用力于国民外交协会，汪氏则侧重在外交委员会的公务。二人分工合作，堪称得体。

以汪大燮为首的外交委员会开始工作后，曾做出过若干重大决议。调整中国和会代表的排序即为其一。巴黎和会限定中国代表团只有两个席位，而派出者为五人。陆徵祥提出的方案是，代表广东国民政府的王正廷排次席，以下分别为驻英公使施肇基、驻美公使顾维钧与驻比公使魏宸组。汪大燮考虑到陆、王来自不同的阵营，不知能否一致对外；且陆太软弱，王少经验，施过圆滑，均非能担重任者。因而，汪氏毅然呈请徐世昌，将勇于任事、与各国代表接洽最多的顾维钧提升至第二位。2月20日，电报传到巴黎，虽引起争闹，陆徵祥只将顾名列第三，事实却证明了汪氏

1913年5月29日进步党成立大会场外摄影

的远见：顾维钧在整个和会期间，确于维护中国利益方面表现最佳。

至于外交委员会关于统一铁路的议案，则遭遇挫折。汪大燮本以将铁路管理权统一收归国有为打破帝国主义势力范围的有力举措。委员会成立后，即与熊希龄共同提出和会主张五大纲领，首列"破除势力范围"，其中第三项子目便是铁路统一问题。1月6日，此案在外交委员会一致通过，汪当即与林长民一起，亲将提案送交徐世昌，8日，便由国务院电致巴黎中国代表团。不料一个月后，这一成议由于遭到交通总长曹汝霖等人的反对，竟被搁置。虽经汪大燮等上书力争，各方会商的结果，对原案已多有修正。汪对此极为愤慨，称："此案不能达吾望，远东大局终不可问耳。" 3月8日，遂以"铁路统一问题与当局政见不同，迁就成文，首尾不能相应"为由，提出辞呈。在徐世昌的一再慰留下，汪又上长篇禀文，揭露日本侵占野心，而详陈其所以关注铁路统一，实因"铁路者，实业之前驱，而在我则更为政治之枢轴也"，故必以去就争。按照林长民的说法，"汪君素性和易，独于此案持之甚坚"，外交委员会上书及前后两辞呈均由其亲自撰写（林长民《铁路统一问题》），足见汪处置大事善于决断。

此番汪大燮的辞职，虽出于与当局"北辙南辕，终无由以自效"的实在理由，因而态度坚决，却并不意味着其人从此对国事袖手旁观。辞呈结尾处原有如下表白：

> 外交政策、内治方针果有一定办法，则前途几许困难，律以匹夫有责之义，犹当投袂而起。

而五四运动的形成，正为其提供了一展情怀的机会。

在和会风声日紧、形势急迫的紧要关头，汪大燮又听从林长民的劝说，回任理事。因4月30日，英、法、美议决对日让步，德国在山东攫取的权利由日本继承；而此前，和会代表及梁启超也发来告急电报，于是，外交委员会于5月2日召开紧急会议，决定致电中国代表团，拒签和约。此电文由汪大燮与林长民亲呈徐世昌。但第二日，林又到会通报内线消息：总理钱能训另发一电命陆徵祥签字。汪大燮感觉，事已至此，再无可作为，当即愤而辞职，并命令结束委员会事务。

1913年任教育总长时期的汪大燮

回到家中的汪大燮尽管已不必再为政府的行为负责，忧国之情却未能释怀。据外交委员会外交干事叶景莘回忆：

> 当三日傍晚我到东单二条汪先生家里，他老人家正在苦思有何方法可以阻止签字，我说我们已尽其所能了，北大学生亦在反对借款与签约，

何不将消息通知蔡孑民先生。他即命驾马车到东堂子胡同蔡先生处。当晚九点左右，蔡先生召集北大学生代表去谈，其中有段锡朋、罗家伦、傅斯年、康白情等诸先生。次日北大学生游行，而"五四运动"爆发了。

这段记述在众多关于"五四"的场景追忆中，当然属一家之言，但叶乃当事人，其证词自有相当的可信度。如果不带偏见，不是有意漠视旧官僚们的爱国心，汪大燮的举措其实正应和了"投袂而起"的前言。

何况，在学生因火烧赵家楼而有32人被捕后，又是汪大燮率先以个人名义上书总统徐世昌，"论学生非释放不可，措辞极其痛快"（《晨报》1919年5月6日）。5月5日晚，汪再会同王宠惠与林长民，联名呈请警察总监吴炳湘，要求保释学生。文曰：

> 窃本月四日，北京各校学生为外交问题奔走呼号，聚众之下，致酿事变。当时喧扰，场中学生被捕者三十余人。国民为国，激成过举，其情可哀。而此三十余人者，未必即为肇事之人。大燮等特先呈恳交保释放，以后如须审问，即由大燮等担保送案不误。群情激动，事变更不可知。为此迫切直陈，即乞准保，国民幸甚！

其爱护学生、忧心国事之诚，彰彰在人耳目。在各校校长与各界人士风起云涌的抗争与吁请下，5月7日，所有被捕学生终获自由。

保释学生的义举，体现了汪大燮在"五四"期间立场的全始全终。尽管亲日派散播谣言，"谓学生受政客林长民、汪大燮之运动"（蔡晓舟、杨量工编《五四》第二章）并非事实，北大学生此前已有反对签约的表示；但汪氏在无可奈何之际，求援于学生，终于经由民众的力量，完成了救国的心愿，倒的确是明智的选择。

（夏晓虹）

刘崇佑
抗辩政府的大律师

在1919年的"五四"风潮中,以律师为职业的刘崇佑曾两次出庭,为政府控告的报人与学生辩护。虽然就结局而言,政府一方胜诉,但刘崇佑机智、有力的反驳,大大消解了官方的权威,体现了正义与民气的不可摧抑。

"五四"时期,早年留学日本、学习法政的刘崇佑,已是京城赫赫有名的大律师。当年的《晨报》第一版广告中,在上栏醒目的位置,几乎永久性地保留着《律师刘崇佑启事》。这自然与刘氏乃进步党老党员,1913年,即以此身份当选国会议员及中华民国宪法起草委员会委员相关。不过,刘崇佑之受人尊敬,声名远超越于党派斗争之上,实因其常在与当局对峙的诉讼中,为蒙难者提供法律服务。北京大学著名教授马叙伦原与刘不相识,而1921年6月,马氏发起"索薪运动",被总统徐世昌起诉,刘崇佑自愿为之辩护。其"好义如此"博得傲岸不羁的马氏衷心敬佩,事后因与结交。这还属于私情。五四运动时,刘崇佑"挺身为各校被捕学生义务辩护",更是出以公义的事之大者,马叙伦的"钦服其人"(马叙伦《刘崧生》)原起始于此。

在1919年的"五四"风潮中,以律师为职业的刘崇佑曾两次出庭,为政府控告的报人与学生辩护。虽然就结局而言,政府一方胜诉,法庭仍宣布被告有罪,但刘崇佑机智、有力的反驳,大大消解了官方的权威,体现了正义与民气的不可摧抑。

按照时间顺序,北京《益世报》的被封发生在前。1919年5月23日的《益世报》,刊登了山东第五师10080名军人的集体通电,文曰:

> 窃自我国外交失败,举国愤恨。查失败之本源,皆由曹汝霖、章宗祥、陆宗舆、徐树铮等四国贼盗卖,妇孺咸知。国民皆欲得该卖国贼等,啖其肉而寝其皮。前次北京大学诸爱国学生等,击章贼之骨,焚曹贼之巢,军人等不胜欢跃钦佩。惜斯时未将该卖国贼等同时杀决,永清国祚,以快天下。惟闻沪、宁各界,首倡抵制日货,旋各省亦同时响应,足见我同胞心犹未死,国尚未亡。但我辈军人,以服从为天职,虽抱有爱国热忱,未敢越轨妄动。且才学疏浅,殊少良策。惟仰各界诸君速筹鸿谋,挽救危局,军人等惟以铁血为诸君后盾。

电文充溢着爱国军人忧心如焚的焦虑,并将其集注于铲除国贼一事,因而呼告:

> 同胞欲御外侮,必先除去曹、章、陆、徐四国贼,四国贼一日不死,我国一日不安。

但"刻下诸国贼等仍安居北京,虽经各界呼吁惩办,而政府置若罔闻"(此句原有,在《益世报》中删落,详见下),这自然令本"以服从为天

1913年中华民国宪法起草委员会开会摄影

职"的军人对当局心怀不满。在"未敢越轨妄动"的形格势禁之下，士兵们只好吁请全国同胞，"每日早晚诚心向空祈祷上帝，速将四国贼同伏冥诛"。这原是"心力相违"中想出的无可奈何之法。

报纸发行的当日晚间，该报社即遭查封。据京师警察厅布告第55号，《益世报》被禁的缘故，只在"登载鲁军人痛外交失败之通电一则"，"显系煽惑军队，鼓荡风潮"（《晨报》1919年5月25日），因而援引1912年12月公布的《戒严法》第十四条中"停止集会结社或新闻杂志、图书告白等之认为与时机有妨害者"（《政府公报》1912年12月16日）一款，封报捕人。不过，这一罪名到26日由同一机构发布的通电里，已更正为"《益世报》登载各节，意存挑拨"，"该报馆附和学生，附和有据"（《晨报》1919年5月27日）。即是说，违碍文字已从一项变为多条，查禁名目也由煽动军队改作助长学潮。如此明显的前后矛盾，暴露出当局最初的封禁理由并不充足。

1913年中华民国宪法起草委员会成立会摄影（四排右起第七人为刘崇佑）

《益世报》的被查封与总编辑潘智远的遭逮捕并非孤立的事件，5月23日晚，京师警察厅亦同时派员到《晨报》与《国民公报》检查发稿，规定两报社"所有各项新闻稿件，须经审核后，方准登载"。为此，《晨报》在第二日的正版最前端，以大字刊出《本报特别广告》，声明"在此监视状态之中，凡读者诸君极感兴味、极欲闻知之言论事实，不感保其不受制限"，版面亦不能保证为正常的两大张，"一视是日发稿之多少为标准"。为不负读者厚望，也为坚持原有的政治倾向与批评立场，该报特意强调，将采取"于消极的自由范围以内，期不失本报特色"的策略。而这一表白本身，也是对当局的"消极"抗议。

由于政府实行新闻检查，学界编辑的《五七》《救国周刊》等报也相继被禁。这一连串钳制舆论的举动，实肇端于日本公使小幡酉吉5月21日晚提交给中国外交部的照会。该件在《晨报》揭载时，径题为"日使干涉我言论之照会"。其中除摘录《晨报》《国民公报》所刊林长民文，也对各

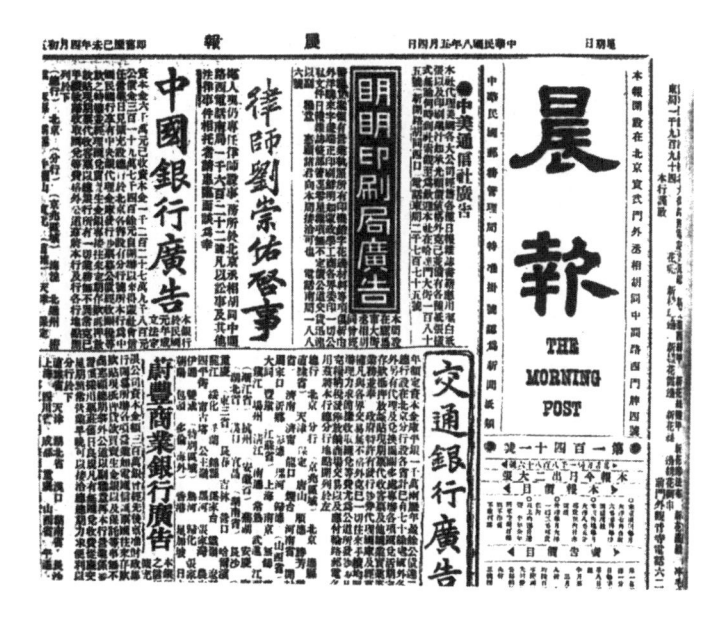

1919年5月4日《晨报》广告

民间团体的发言大加指责。如国民自决会的通电、宣言书，民国大学学生组织的外交救济会发出的启事，均为其条举。小幡还代表日本政府，再三要求中国实行言论管制："贵国政府对此等行动毫无取缔，宁是不可解者也"，"而对此荒唐无稽无政府主义之主张与阻害友邦邦交、挑拨两国国民恶感之言动，不加何等之取缔，是本公使之甚所遗憾者也"（《晨报》1919年5月26日）。亲日派主事的北洋政府竟果真秉承其意旨，向报界下手。内幕揭破，自然激起社会各界更大的愤怒。

众议员王文璞当即提出质问书，认定"未曾宣告戒严之时而滥用《戒严法》"为非法，山东军人通电"首先登载于上海《新闻报》《申报》"，不应独罪《益世报》，重点则落在警察厅之举措有妨害"《约法》上所赋予人民之自由"（《晨报》1919年5月28日）的指控。由此也可见出警厅对查封《益世报》改口遮掩的破绽所在。

虽然有此失误，一意孤行的当局却不打算认错。置议员的质问、北京

1919年5月23日的《益世报》刊头　　　　1919年5月24日《晨报》特别广告

报界联合会的联名呈请以及津沪学界的屡次电请于不顾，地方检察厅仍将潘智远诉上法庭。而为其担任辩护律师的正是刘崇佑。

在6月10日提出的《潘智远因〈益世报〉登载新闻被告一案辩护理由书》（《晨报》1919年6月22日）中，刘崇佑做了有力的申辩。他首先巧妙地确认，潘智远并非1916年12月按警察厅要求呈报备案的《益世报》经理与编辑主任，因此不应为报社"负法律上之责任"。继而，刘大律师逐一驳斥了起诉书加诸潘氏的四项罪责。

关于"妨害治安罪"，刘崇佑认为，起诉书中举证的该报5月7日《对外怒潮影响之扩大》一篇报道的传言，述及商民拟举行罢市，以要求政府释放学生，不能成罪。理由是，"报馆有闻必录，乃其天职"，"暗商罢市既非造谣，'罢市'二字又非法律所定忌讳之语，则何不可公然披露？"刘崇佑更进而运用辩护技巧，指认《益世报》揭出罢市预谋，"与其谓为竭力鼓吹罢市，无宁谓为竭力漏泄罢市之秘密，以警告政府，以达其防止罢市之目的,是乃维持治安之作用,何以指为妨害治安?"这等诛心之论固非报社本意,但接下来刘氏所做的正面阐述——"政府不能平服商民之心,致有全国罢市之大骚动,至今未闻政府之自责"却已由趋避转为进攻,反诉政府失职的责任。

关于"侮辱官吏罪",起诉书列举的罪证为《益世报》5月13日登载的《正告曹汝霖》一文,内有"吴炳湘居然听卖国贼之指挥,可谓丧尽军警界之德",被认作是对现任警察总监的"肆口谩骂"。刘崇佑的辩护先从各国成文法演变史入手,论及"侮辱官吏认为犯罪,乃历史之遗物,今世界法例已不见其踪影",在中国也"已无厉行之价值",这自然是以欧美国家的法律为参照系。次则指出,其文发表于"早已声明言责非该报所负"的"国民之言"栏,故与报社无干。而其辨"谩骂"与"侮辱"之界定尤其光明正大:

> 国家许设报馆,原使之批评时政、臧否人物,所以宣民隐,以为执政者参考之资。批评臧否即有是非之谓,是者不足为阿谀,非者亦不能指为谩骂。……今日既无类似专制时代"大不敬"之科刑,所谓"侮辱"者自应严格解释。

这一辩词确认报章有监督、批评政府的权利,实为此案不能成立之关键。

关于"煽惑罪",共有两项。第一项的确定甚为滑稽,起诉书的证据仅为5月16日《益世报》所刊《劝告军警》中语,"国人皆曰某某可杀,而军警独曰不然;国人皆曰某某可尊,而军警独曰否否",因谓其"怂恿军警杀害某某"。刘崇佑的抗辩除申明此文亦出自"国民之言"栏,更陈述"某某"俱未指实,"则所谓煽惑他人犯杀人罪者,先无可杀之特定之人,是为犯罪之不能"。而"可杀"云云,"不过排斥之语调","何可以辞害意?"何况,"舆论之性质只能为好恶之表示,不能别有行为。即谓'爱之欲其生,恶之欲其死',亦不过欲之而已,并非真能生之死之也;服从舆论，不过与舆论同其好恶而已，并非进而生之死之也。该文自始至终并无劝军警实施杀害某某之言，更安得强认为怂恿？"因而此罪亦为无据。

第二项"煽惑罪"的认定即原初查封的借口，起诉书指控《益世报》刊载要求"除去曹、陆、章、徐四国贼"的山东军人通电，犯有"煽惑军人，出而同除此四人"之罪。刘崇佑的辩诉既说明《新闻报》5月21日已刊出此电，《益世报》仅属转载，也提示潘智远当发稿之时，人在通县，23日夜始回京，即遭逮捕。也就是说，即便刊发有罪，潘氏亦不当负责。更精彩的说法则是，《新闻报》本为政府批准发行内地的合法报纸，登载此电也未受追究，"故凡本其合法之认识，传述该报所载之电或转载之者，皆无一不当然合法；否则，不啻政府为阱于国中，故以违法之物颁布人民而欺诈之，使之犯罪"。这一反诘无疑使政府大为难堪。刘氏更由《益世报》转载时删去"刻下诸国贼"数语，推论其"只有好意之减轻，并无恶意之增重"，指责当局实为"深文周纳"，以"莫须有"论罪。

虽则刘崇佑的辩护有理有据，地方审判厅在6月21日的判决中仍蛮横地宣布，潘智远犯有煽惑他人杀人、侮辱官员、妨害治安三罪，合并判处有期徒刑一年。被免去的只有刊载鲁军人电一项，"查系转载，非该被告人所造意"（《晨报》1919年6月25日）。但原发罪的不成立，已经彰显出官方的无理狡辩，所谓"欲加之罪，何患无辞"，在此可得一准确的例示。

还在"五四"游行火烧赵家楼后不久，5月8日，北京律师公会即

1918年日本新任驻华公使小幡酉吉

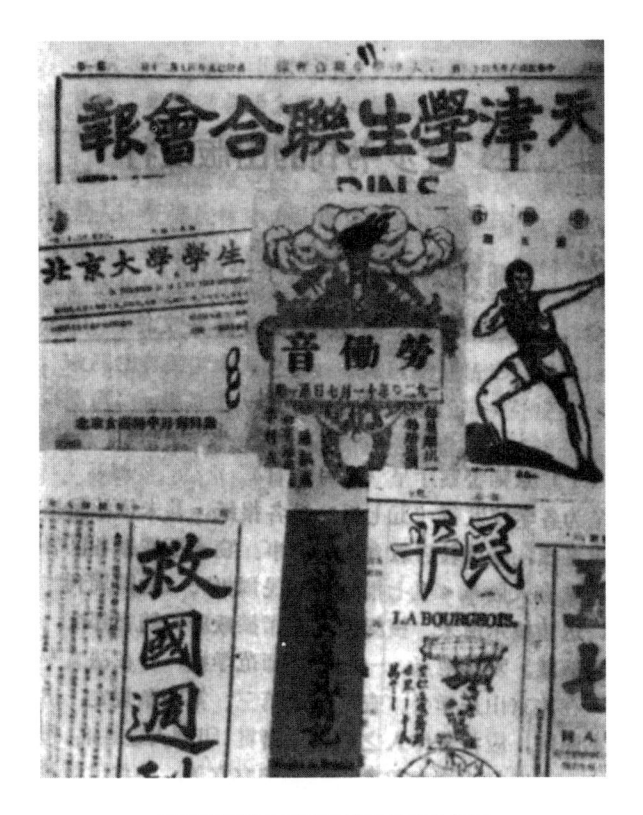

五四时期被北洋政府查封的部分报刊

做出决议：

> 如曹汝霖方面请律师，任出何报酬，一律不就。如有不遵此议者，对待以积极的手段。学生若请律师，愿尽义务。（《晨报》1919年5月9日）

在此后政府对学生的诉讼中，刘崇佑果然本此诺言，一再为学生义务出庭辩护。

当年7月16日晚，因受北洋军方安福系操纵，7月1日已被开除出北大国货维持股干事会的原主任杨济华、调查组长许有益等，以及时任参议院办事员的王朝佑，邀集了四十余名学生，在安福俱乐部机关中央政闻社宴会，试图收买到会学生，使其拥护胡仁源长校，以阻止蔡元培回任。由于得到通报，次日上午，当这些人又在法科礼堂秘密会商时，鲁士毅等200余名五四运动的坚定分子赶到，群情激愤，要为首的5人交代了整个阴谋，并签具了悔过书。18日，许、杨等向警察厅控告鲁士毅一众11人"拘禁同学，严刑拷讯"（《晨报》1919年8月22日）。28日，警察即开始逮捕有关学生。

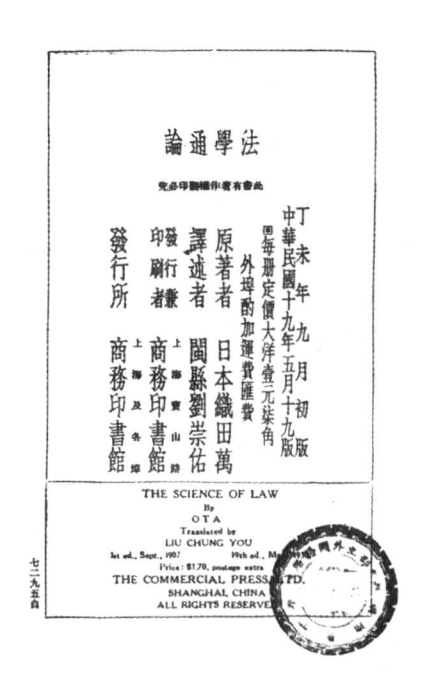

刘崇佑译《法学通论》（1907年10月初版，1930年5月19日版）书影

这一事件发生，立刻被学界敏锐地指为与"五四"事件相关。以"北京大学暑假留京学生全体"的名义30日发出的致回籍同学的通电，首先揭示了其间的关联："利用三五无耻之辈，行此卑劣之手段，欲连及'五四'事件，以兴大狱而残士类。"（《晨报》1919年7月31日）8月1日，北京各界联合会代表往见国务院秘书长郭则沄时，也告诫政府切勿"小题大做，借题发挥"：

> 如任无廉无耻举国共弃之党人，阴谋陷害爱国志士、纯洁无疵之学生，直接以破坏大学，间接以报复"五四"以来爱国运动之仇，则舆论沸腾，恐难收拾。（《晨报》1919年8月2日）

然而，也正因居心如此，虽经北大全体教员、北京全体教职员联合会、专门以上学校校长代表迭次要求保释，当局均不允准。

一心一意要报复"五四"学生的政府，的确想借此案立威，刑一儆百。暑假期间，学生多不在校，力量分散，也被认作兴起大狱的好机会。因此，尽管学界内外一再指出，"此事属于学校内部之事，同学相哄，本亦常事"，应由北大自了，不必惊动法庭，教育部亦表示"当然抱息事宁人之心"（《晨报》1919年7月31日—8月2日），当局却仍不肯如"五四"过后释放32名被捕学生一般善罢甘休。8月8日，地方检察厅到底以"轻微伤害及私擅监禁"

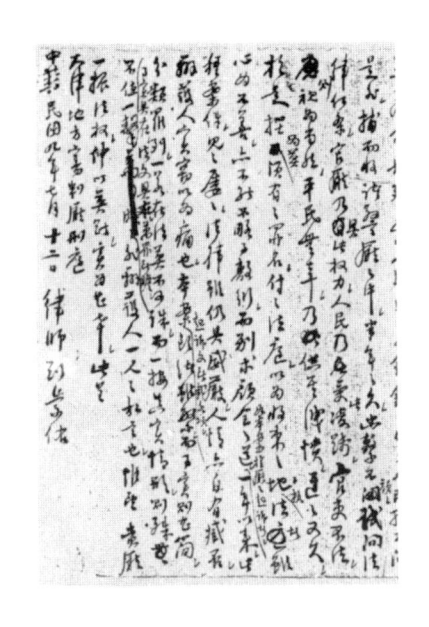

刘崇佑辩护词手稿

（《晨报》1919年8月10日）的罪名提起公诉。为表示公平，原告方杨济华、许有益等也以"诽谤罪"被起诉。

8月21日上午十时，北大学生案在地方审判厅正式开庭，公开审理。"其时旁听之人已满坑满谷，窗前门隙皆已有人，女旁听席亦复拥挤已甚"，而"门外鹄立希望旁听者尚有百余人"。连《晨报》记者亦须在法庭内别寻关系，方得入内，于炎暑之日，站听8小时（《北大学生案公判旁听记》，《晨报》1919年8月22日）。

为鲁士毅等11名学生辩护的刘崇佑，在此案运用的策略与《益世报》案显然不同，如谓后者更注重"晓之以理"，则北大学生案更兼有"动之以情"。特别是其总结部分讲道：

辩护人窃惟国家设刑，本意在于排除恶性，并非用为教育补助之资。莘莘学子，学校培植有年，纵使气质未尽精醇，而青年蹈厉发皇之概与夫纯净真挚之心，政府果有以善处之，使其身心得安然沉浸于学术之渊，进其智能，以资世用，岂非甚善？乃不幸此超然政界之教育一再波及，今日遂不得不迁连沦没于浑流之中。年少学生方自以为保吾读书之地，无任外界侵犯，是乃天职，而不知所谓"国法"者即将俟隙而随其后。（《晨报》1919年8月27日）

当此语在法庭上以"此辈青年不幸而为中华民国之学生，致欲安分求学而不得，言之实可痛心"述说时，其所引起的反应，在《晨报》先后刊载的两篇各有侧重的报道中，竟然记忆相同："语至此，满堂欷歔，为之泪下，被告学生中（鲁士毅一派），有一人哭不可仰，法庭竟变成悲剧之舞台，即记者亦为之呜咽不已。"（《北大学生案公判旁听记》）当日以协和女子大学学生代表的身份出席旁听的冰心，更以女性的细腻，对现场氛围做过生动描述：

刘律师辩护的时候，到那沉痛精彩的地方，有一位被告，痛哭失声，全堂坠泪，我也很为感动。同时又注意到四位原告，大有"踧踖不安"的样子，以及退庭出的时候，他们勉强做作的笑容。我又不禁想到古人一句话"哀莫大于心死"。唉！可怜的青年！良心被私欲支配的青年！（《二十一日听审的感想》，《晨报》1919年8月25日）

正因旁听者的同情本就倾向于鲁士毅一方，刘崇佑才可能把对学生的审判，倒转为对政府的控诉。

当年只有17周岁的刘仁静，也因被控共同犯罪，出庭受审。当审判长令其答辩时，刘做出"莫名其妙，不自知所犯为何罪"的表现。刘崇佑更从旁"时时请堂上注意，谓彼十余龄之小子，实在极可同情"，这也成为《晨报》记者"出旁听席后所恻恻不忘者"（《北大学生案公判旁听记》）。刘崇佑辩护之成功、感人，于此又得一证明。

不过，既然政府决意起诉，便不会轻言失败。8月26日的宣判结果于是并不令人意外，鲁士毅等6人分别被判处拘役14天到4个月的刑期。在社会舆论无形的压力下，特别是经过律师刘崇佑出色的抗辩，也迫使法庭在判决时，不得不做出相当让步。强迫誊具悔过书一节，以未提出原件，"不审其内容"，且"仅就'悔过'二字以观，尚属道德上责备之意"，裁定为不构成犯罪。更引人注目的是，判决书中宣布刘仁静、易克嶷、狄福鼎等5人无罪，许有益等4名原初的被告，则同时被处以拘役14日至3个月不等的刑罚。所有拘役时间准以在押日数扣抵，其他3个月以上的刑期，一律缓期3年执行（《北大学生案判决文》，《晨报》1919年9月20—21日）。这即是说，所有11名被控学生，事实上都被当庭释放。法庭派法警送已有人具保的6名缓刑者回北大，移交给蔡元培校长的代表蒋梦麟。法庭门外，北大同学及北京中等以上学校学生联合会的代表们，已手持"欢迎鲁士毅等"的旗帜在等待（《昨日北大学生案判决旁听记》，《晨报》1919年8月26日）。这分明是英雄凯旋。

五四运动后第二年，刘崇佑仍本着为学生尽义务的初衷，担任了马骏、周恩来、郭隆真、张若名等人的辩护律师。可以说，在"五四"期间，几乎所有被当局起诉、与学潮相关的案件中，都能够听到刘崇佑的声音。这在其律师生涯中，无疑是最得社会关注的时期。

（夏晓虹）

康有为
向后拉车的"文圣人"

中国政府在巴黎和会上的外交失败,使两年前参与"张勋复辟"失败的康有为,又一次找到了攻击共和体制的借口。于是,以"文圣人"自诩的康有为又振作精神,发表了一篇长篇通电,从曹、陆、章卖国借题发挥,攻击民国政府,也许,他本人也借此找到了一点点心理平衡。

曹汝霖、章宗祥等力行卖国,以自刈其人民,断绝其国命久矣。举国愤怒,咸欲食其肉而寝其皮。(《公言报》1919年5月13日)

初看起来,这段话与"五四"期间其他众多的对曹汝霖、章宗祥的攻击没有什么不同。不过,康有为在得知巴黎和会中国失败的消息后所发的这篇长篇通电,却是"醉翁之意不在酒",其主旨是借批曹、章来攻击民国:

> 今号为民国，乃政府于民之所好则必恶之，民之所恶则必好之。若曹汝霖、章宗祥，累年以来，国民所视为奸邪蟊贼者，然政府倚为心腹爪牙，托为牙人经纪。……卖国之后，无所惩艾如彼，故自清季以来，相沿相师，无忧无惧，党徒日众，卖国成风。则我五千年之中国，二万里之土地，四万万神明之胄，日供其犬马牛羊之束缚，出售以供人之屠宰，至亡国绝种而后已。（《公言报》1919年5月13日）

可以说，巴黎和会中国外交的失败为康有为找到了攻击民国的借口，也使他自1917年协助张勋复辟失败以来，终于在心理上找到了一点点平衡。

虽然自1898年"百日维新"失败之后的大多数时间都流亡海外，康有为却从没有停止过对"君主立宪"制的鼓吹。他先是组织"保皇会"，在海外华人中争取支持。但正所谓"世界潮流，浩浩荡荡，顺之则昌，逆之则亡"（孙中山语），进入20世纪以后，保皇派在与以孙中山为首的反清革命派激烈的论争中逐渐趋于劣势，康有为以前的同道者，也有许多被革命派所争取，康自己则逐渐成为维护帝制的孤家寡人。

论争失利后的1903—1912年，以"圣人"自居的康有为学着至圣先师孔子的样子周游欧洲列国，计有意大利、瑞士、奥地利、匈牙利、德意志、法兰西、丹麦、瑞典、比利时、荷兰、英吉利、日本11国；后把旅游日记整理成《欧洲十一国游记》。但也是在这次游历中，康有为找到了革命恐怖（法兰西革命使得"伏尸百万，流血千里"），而君主立宪优越（德、英、日等）的证据，可谓"我心依旧"。

因此，当1917年6月，得知张勋在北京策划扶持清废帝溥仪复辟的消息时，身在上海的康有为欣喜异常，以为报效清帝之恩的时机已到，连忙起身乘火车北上。此时的康有为虽已垂垂老矣，但还保持着那一股"狂"劲。他对人宣称，只要有他出面，"一星期内可措国家于盘石之安"（王益知《康南海史料商榷》）。当火车到丰台时，远远望见西山，康有为诗兴

大发,当即赋诗一首。诗云:

廿载流离逐客悲,国门生入岂能知。

长驱津浦有今日,大索长安忆昔时。

朝市累更哀浩劫,天人合应会佳期。

西山王气瞻葱郁,风起云飞歌有思。

王益知《康南海史料商榷》

康有为到北京后,即被张勋接到公馆,商讨复辟计划。7月1日凌晨,康有为等人在张勋的带领下,进宫向溥仪施三跪九叩礼,施行复辟。康有为被任命为弼德院副院长。与20年前"百日维新"期间的职位军机章京相比,康有为对这次的虚衔多少有些不满,但他还是欣然接受,并鞍前马后地为复辟奔波,并指使自己担任主编的上海《国是报》为复辟大唱赞歌。但该报不久因排字工人拒绝排印而停刊,7月12日,短促的复辟也宣告失败。康有为本人则躲进了美国大使馆,后来见北洋政府没有通缉他,遂离开北京,流亡全国各地,继续他的复辟游说。

康有为《欧洲十一国游记》封面

虽然看来鼓吹帝制在短期内不会有什么结果,但是欧战结束后成立的国际联盟却给康有为带来了某些兴奋。早在1893年中举以前,康有为就在家乡完成了《人类公理》(后改为《大同书》)一书的初稿。该书根据中国典籍中的"据乱、升平、太平"三世说,糅合了佛教的慈悲观念和西方的人权、博爱、空想社会主义学说,描绘了一个世界大同的美好前景。他《大同书》里提出"九界"说,认为人的一切痛苦都产生于"九界",这

1917年复辟时的"文圣人"康有为　　　　复辟"武圣人"张勋

"九界"的第一界就是国界。要达到大同,首先必须消除国界,把世界联成一个共同国家。由于天真地认为国际联盟与他的"大同"理想不谋而合,康有为最初很为自己能亲眼看见世界大同而感到庆幸。然而巴黎和会中国外交的失败,却使他对所谓的"大同"感到失望。后来他在写给日本朋友犬养毅的信中,表示出对此比较公允的认识,"诸国未平等,国际同盟惟强者马首是瞻,必不能即见大同之盛"(康同璧《南海康先生年谱续编》)。

在表明对国际联盟失望的同时,康有为对学生的行为却给予盛赞。他认为,学生"发扬义愤,奉行天讨,以正曹汝霖、章宗祥之罪。举国遂闻,莫不欢呼快心……则学生此举,真可谓代表四万万之民意,代伸四万万之民权,以讨国贼者"。因此,"五四"期间,康有为也曾为释放学生积极呼吁。

评价民国时期的康有为,鲁迅的说法是很有代表性的:"原是拉车前进的好身手,腿肚大,臂膊也粗。这回还是请他拉,拉还是拉,然而是拉车屁股向后。"(《花边文学·趋时和复古》)他之借助大骂曹、陆、章来攻击共和制,很可以与鲁迅的评价合拍。不过,通过康有为对五四学生运动的高度评价,我们也多少能够体味出他心中沉积许久的一股激情。

(苏生文)

孙中山
革命新力量的发现

发生在北京的学生运动，逐渐扩展到了上海乃至全国，也引起了正在上海闭门著书的孙中山的关注。在这一运动中，孙中山敏感地发现了一种新的革命力量的存在。在随后的岁月里，孙中山逐渐把这批经受了"五四"洗礼的青年，引为革命同志。

五四运动刚发生的时候，正在上海闭门著述的孙中山并不怎么在意发生在北京的这场学生运动。"六三"以后，五四运动的重心转移到了上海，学生罢课、商人罢市、工人罢工。这些事情就发生在孙中山的身边，常有学生上门邀请他参加集会、演讲，但都被孙中山婉言谢绝了。直到6月17日，在中华全国学生联合会的盛情邀请下，孙中山才在上海环球学生会发表了他有关"五四"的第一篇演讲。这种迟迟而来的表态，其实缘于孙中山当时的一种特殊心情。

经过三十多年艰苦卓绝的奋斗，孙中山领导的辛亥革命终于推翻帝制，建立民国。但不久后，辛亥革命的成果很快被袁世凯窃取。1912年2

月，孙中山把大总统的职位拱手让给袁世凯，自己则退出政坛，一心筹划十年内在中国修筑十万英里铁路的雄伟计划。这时候的孙中山，不能说没有一种轻松的心情。然而不久，袁世凯派人刺杀了宋教仁，假共和、真专制的面目暴露无遗。从1913年起，孙中山又先后领导了"二次革命"和"护国运动"，但都相继失败了。而导致他在"五四"时期特殊的黯然心境的直接原因，则是一年以前"护法运动"的失败。

1917年，段祺瑞北洋政府毁弃民国约法，停开国会。孙中山又再次擎起"护法"旗帜，南下广东，联络滇、桂军阀，召开非常国会，建立军政府，自任军政府大元帅。1918年4月，"护法"军政府内部的军阀废元帅制为总裁会议制，极力排挤孙中山。孙中山从此认识到"南与北如一丘之貉"（《辞大元帅职通电》），黯然离开广东，隐居上海。

"文返沪以来，专理党务，对于时政，暂处静默，以避纷扰。"（《复阮伦函》）"五四"前一年，孙中山一直在上海深居简出，潜心著述。总结

1917年孙中山在广东就任护法军大元帅时的情景

自己大半生革命经验的理论著作——《建国方略》，其时已完成其中的两部分：《孙文学说》和《实业建设》。前者以"行之匪艰，知之维艰"（即"知易行难"）为其哲学思想核心，后者以"实业救国"为改造国家的目标。虽然对学生运动最初态度平淡，实际上正在进行中的新文化运动还是对孙中山产生了一定的影响。以"激扬新文化之波澜，灌溉新思想之萌蘖，树立新事业之基础，描绘新计划之雏形"（《致海外国民党同志函》）为目的，孙中山指示国民党人创办了《民国日报》的副刊《星期评论》，该副刊实际上成为国民党人参与新文化运动的一个舆论阵地。孙中山高度评价新文化运动，认为"观此数月来全国学生之奋起，何莫非新思想鼓荡陶熔之功"。他还把最近的潜心著述当作新文化运动的一个组成部分："文以为灌输学识，表示吾党根本之主张于中国，使国民有普遍之觉悟，异日时机既熟，一致奋起，除旧布新，此即吾党主义之大成功也。"（《复蔡冰若函》）

随着运动中心由北京转移到上海，也由于商界和工人的参与使运动进一步扩大，孙中山也终于走出了困守一年的书斋。1919年6月16日，中华全国学生联合会在上海先施公司东亚酒楼礼堂召开成立大会，孙中山被邀请未到，改于次日在环球学生会演讲。他说："这次学生运动，在很短的时间内取得了这样巨大的成绩。可以看得出：团结就是力量。"

随后，孙中山还接见了学生联合会的代表，对学生的爱国热情表示赞赏。他感叹道："我所领导的革命，倘早有你们这样的同志参加，定能得到成功"（金毓黻《五四运动琐记》），"中国的未来，中国的命运，都落在你们这一代青年的身上了"（常宗会《中山先生关怀青年一代》）。

"五四"时在上海著书的孙中山

7月中旬，广东军政府大批逮

孙中山在上海寓所

捕学生。孙中山致电广东军政府要求立即释放被捕工、学界代表："我粤为护法政府所在地，岂宜有此等举动？"（《致广东军政府电》）7月下旬，在巴黎和会签约前夕，孙中山发表了一份关于山东问题答日本记者的书信，谴责日本的无理要求。他说："夫中国尚未隶属于日本也，而日本政府竟已对中国行其否决之权，而且以行此权而得列强酬偿矣，此非卖中国之行为而何？"他还提醒日本友人："是日本今日之承继德国山东权利者，即为他年承继德国败亡之先兆而已。东邻志士，其果有同文同种之谊，宜促日本政府早日猛省。"（《答日本〈朝日新闻〉记者问》）

对于学生运动，他后来在致海外同志的信中说："自北京大学发生五四运动以来，一般爱国青年，无不以革新思想，为将来革新事业之预备，于是蓬蓬勃勃，抒发言论。国内各界舆论，一致同倡。各种新出版物，为热心青年所举办者，纷纷应时而出。扬葩吐艳，各极其致，社会遂蒙绝大之影响。虽以顽劣之伪政府，犹且不敢撄其锋。此种新文化运动，

在我国今日，诚思想界空前之大变动。……学潮弥漫全国，人皆激发天良，誓死为爱国之运动。"(《致海外国民党同志函》)

对于商人罢市，孙中山并不十分赞同。他认为商人罢市是受学生的强迫不得已而为之的，这样会使本来已经十分脆弱的中产阶级难以承受。他不主张无限制地罢市，但也注意避免伤害学生的爱国热情。在上海租界、南市和闸北的商人罢市近一周时，孙中山让人找学生代表谈话，说："你们发动罢市，很好。但是，能发也要能收。"学生问他什么意思，孙说："罢市已将一星期了，你们知道商人不做生意要有损失吗？如果商人们支持不了，自动开市，那时学生会的威信就大大地减少了，不如由学生会主动劝商人开市，这样，商人以后就更能听你们的话了。"(何世桢《引导青年革命》)这时北京政府正好罢免了曹、陆、章的职务，学生们就遵从孙中山的意思，主动动员商人开市。商人罢市虽然不见得是心甘情愿的，但孙中山从中看到了中产阶级力量的强大，言谈之间，孙中山甚至有些偏袒商人和中产阶级。他高度评价说："北京政府不能代表这个国家，广州政府也同样不能代表中国。比较能代表中国的，倒是上海的商人，以及正在成长中的中产阶级。"(《平白的话》)

对于工人罢工，孙中山与他的助手戴季陶交换了看法。戴认为："许多无组织、无训练，又没有准备的罢工，不但是一个极大的危险，而且对工人本身也是不利的……如果有知识、有学问的人不来研究这个问题，就思想上、知识上来领导他们，将来渐渐的趋向到不合理、不合时的一方面去，实在是危险的。"孙中山深以为然："你这个意思很好……群众的知识是很低的，要教训群众，指导群众，或者是教训指导知识很低的人。"(《星期评论》第3号)一般来说，孙中山领导辛亥革命的时候是不大重视下层群众的，更不会去注意工人阶层。但"六三运动"时，工人群众已经显示出不可忽视的力量，对这一点孙中山是不会熟视无睹的。这是他首次提出要由资产阶级来领导工人，为他日后与共产党合作埋下了伏笔。

1924年底孙中山专列北上时经过天津火车站

  由最初的反应平淡,到后来的高度赞扬乃至积极参与,这一变化反映出五四运动对孙中山影响的加强。五四运动使孙中山开始重新思考一些问题,调整革命的方略。早在1914年流亡日本期间,孙中山就另组了"中华革命党"。他规定该党成员必须盖手印,宣誓绝对忠诚于他本人,引起许多战友的不满,因此未能吸收更多的革命者参加。实践已经证明了这种建党方式的错误,因为在"护国""护法"运动中,中华革命党并没有发挥其应有的领导作用。而"五四"以后,孙中山的思想发生了转变,他开始认为,要救国,有必要"重新开始革命事业,以求根本改革","南北新旧国会一概不要他,同时要把那些腐败官僚、跋扈军人、作恶政客完完全全扫干净他",以便"重新创造一个全民所有的新国家"(《孙中山先生在寰球学生会演说辞》)。

  五四运动后5个月,也就是1919年10月,孙中山把中华革命党改组为中国国民党,废除旧的总章,采用新规章,以便用这个新党来领导进一步的革命。国民党改组后,简化了入党的程序,为吸收新人入党做好了准备。

晚年孙中山

不过，中国国民党真正大量吸收经过"五四"洗礼的青年是在陈炯明事变之后。1920—1922年，孙中山利用自己培植起来的陈炯明部驱逐了盘踞在广东的桂系部队，在广州设立大本营，准备北上讨伐北洋军阀。但1922年6月，陈炯明突然发动了叛变，险些置孙中山于死地。这件事使孙中山极为痛苦，"出生入死，失败之数，不可缕指，顾失败之惨，未有甚于此役者"（《告国民党同志书》）。孙中山痛定思痛，决心改组中国国民党。改组后的国民党吸收了一批在"五四"时非常活跃的知识分子，其中许多人也同时是刚刚建立的中国共产党的精干力量，如李大钊、瞿秋白等。1924年1月，中国国民党在广州召开了第一次全国代表大会，确立了三民主义的指导思想。孙中山还从创建黄埔军官学校入手，建立了一支有主义有思想的武装力量。6月，黄埔军官学校开学。刚刚从"五四"走来的一代精英，不但率领他们培养出的黄埔学生军取得了镇压广州商团叛乱、东征陈炯明的胜利，而且也成为北伐战争中真正的生

孙中山在紫禁城太子殿前

力军。

1924年底，冯玉祥在北京发动政变，驱逐清废帝溥仪出宫，邀请孙中山北上共商国是。孙中山带病北上，在天津和北京受到学生和各界群众的热烈欢迎。1925年3月12日，积劳成疾的孙中山病逝于北京。

（苏生文）

章太炎
行万四千里之后

休言麟定说公孙，鲁语能污帝阙尊。
蜡泪满前君莫笑，沛公如厕在鸿门。

民国八年，章太炎先生寓沪上也是庐，予《洪宪纪事诗》成，呈稿请序。先生谓有故事一则，属予撰诗，佳则序之，不佳则无有也。……诗成，走呈先生，先生曰："毛厕诗甚佳！坐片刻，为子序之。"疾书一小时，成本诗诗序。今春，在吴会祝先生寿，先生尚曰："毛厕诗甚好！"

——刘成禺《洪宪纪事诗本事注》

《章太炎先生自定年谱》"中华民国七年"条曰："自六年七月以还，跋涉所至，一万四千余里，中间山水狞恶者，几三千里。"本年10月11日章太炎归抵上海，11月13日有信致吴承仕（检斋），其中谈道："仆此行自广东过交趾，入昆明。北出毕节，至于重庆。沿江抵万县，陆行至施南。南抵永顺、辰州，沿沅水至常德，渡洞庭入夏口以归。环绕南方各省一，凡万四千二百里，山行居三分一。"叙述生动豪迈，文字亦跌宕流走，可见其当时的心情。

此次回到上海，章太炎行年五十有一，随后卜居苏州，终有晚年安定生活。而这之前的三十多年，其真可谓奔走天下，为王者师。先因颠覆清廷系狱海上，流落东瀛；及民国建立，复由于反抗洪宪帝制遭软禁于北京。袁世凯死后，他南行广东，参与护法。为折冲孙中山与西南军阀之间的关系，章太炎自讨印信，以军政府秘书长的身份行于粤、川、滇之间，纵横捭阖，这便有了他所说的"跋涉所至，一万四千余里"。

回到上海后章太炎的中心工作仍是护法。但整个护法运动阵营矛盾重重，西南军阀岑春煊、陆荣廷、唐继尧等各有盘算，首鼠两端于战和之间。孙中山空有印信，号令不能出府门。太炎早年就与中山不和，此时二度合作，想法也不一致。他争取的目标是与他交厚的黎元洪复位总统和旧国会的重开。但就在他回到上海的前一天，徐世昌在北方就总统职，而此人章太炎可谓极为厌恶，"因念帝制复辟僭立，皆此一人为主。自袁氏死，黎公继任，海内粗安，其间交搆府院，使成大衅者，亦世昌也。二年以来，乱遍禹域，则世昌为祸首，冯国璋其次也，段祺瑞又其次也"。可是，受日本支持的唐绍仪被西南方面推为议和总代表，章太炎"见同志无深恝世昌者，西南群帅，且屈意与和好"，大受刺激，乃至于"发愤杜门，不时见人"；并在12月2日《时报》上发表《章太炎对于西南之言论》，历述西南之行，声称"西南与北方者，一

《章太炎先生自定年谱》1919年条

1914—1916年被袁世凯囚于钱粮胡同的章太炎

丘之貉而已。仆因不欲有所偏助，是以抵家五十日间，未尝浪发一语……中土果有人才能戡除祸乱者，最近当待十年以后，非今日所敢望也"，愤懑与绝望之情，溢于言表。

闭门不出的章太炎只好移情于他事，11月13日致吴检斋信中说："在蜀搜得古泉数十品，葬玉一二事，聊可自慰。"并要检斋在宛平为他收集铜器，看来他是打算以此遣闷了。同函还议论到当时学界："颇闻宛平大学又有新文学旧文学之争，往者季刚辈与桐城诸子争骈散，仆甚谓不宜。老辈攘臂未终，而浮薄子又从旁出，无异元祐党人之召章蔡也。"

实际上"新文学旧文学之争"和"季刚辈与桐城诸子争骈散"都与章太炎或多或少有点关系。1909年章太炎《与人论文书》将林纾之文列为最下品，林纾反唇相讥，至称章氏为"庸妄巨子"。太炎目高于顶，自是绝不介怀，但弟子们多少都会上心。民元后，黄侃等入北大，其实不止"与桐城诸子争骈散"，最终是将林纾、姚永概等排挤出学校。章太炎说："每见欧阳竟无辈排斥理学，吾甚不以为是，此与告季刚勿排桐城派相似。盖今日贵在引人入胜，无取过峻之论也。"（致吴检斋书，1917年5月23日）正是他一贯不知世故该有的议论。此时新旧文学之争，林纾又是头号靶子，也以他弟子钱玄同的打击最是不遗余力。章门弟子对老师都极为尊敬，但做起事来未必听他的，太炎也只好跟检斋这样置身事外的学生发表高见了。

大概吴检斋在回信中谈了一些当时的情况，章太炎12月6日函曰："所称北都现象，令人发笑。然非蔡子民浮浪之说所能平也。"接着又是佛学、铜器、古钱等事，毫不及于他面临的政治斗争，对于这类足不出书房的弟子，说也无用。不过在接下来1919年1月11日的去件中，还是轻描淡写了一句"得书久未复，因近来亦有少许烦恼也"，多少流露出时下的心境。

2月，徐世昌派朱启钤与唐绍仪谈判，南北终于开始议和。章太炎不能再以沉默相抗议，排门而出，"集同志茅祖权咏熏、方潜寰如、简书孟平等为护法后援会，破徐唐之谋也"。他的原则非常清楚："今西南所以自名者，护法也。曩日为保持国会，今国会已集矣，但令世昌退位，伪国会解散已足，不当先论他事。""伪国会解散"是南方总体立场，但太炎所争还在"世昌退位"，并"重以帝制、复辟、僭立三罪"。3月，因陕西战事，和会中断，而孙中山策略较章太炎灵活，并不绝对地以战和为是非，不久又让唐绍仪重开谈判。接着，显然是为了统一意见，中山招饮太炎，"言和议为外人所赞，必欲反对，外人将令吾辈退出租界。余笑不应，归，力争如故"（《章太炎先生自定年谱》）。随后，他又致函中山，坚持反对立场，并提出"纵使言和，惩办祸首与国会行使职权两件，必当提出"（《致孙中山反对南北议和书》）。

在此期间，北京大学部分学生于3月20日创办《国故》，其大后台之一黄侃寄了一册给章太炎。章回信季刚，厉声责问"《月刊》中有何人言

1916年10月31日章太炎（前左六）与孙中山（前左八）等在上海哈同花园吊唁黄兴

'炭石训钜，古代所无'"？太炎对晚辈本一向和气，但恰逢心绪不佳，又是私函，"姑妄为弟言之"，因而语气有点失控。这封信很快转到学生编辑手里，师太爷教训，当然不能怠慢，4月20日该刊第二期刊发全信并诚惶诚恐附言道："太炎先生学问文章，本社同人素所景仰。此次锡之教言，匡其不逮，同人极为感激。谨将原书载入通讯栏，并拜嘉惠。"

半个月后，北京大学发源了五四运动，这一不期而至的事件在章太炎自然也成了南北斗争的一部分。《章太炎先生自定年谱》"民国八年"条曰："五月四日，京师学生群聚击章宗祥，欲尽诛宗祥及陆宗舆、曹汝霖辈，三人皆伪廷心膂，介以通款日本者也。事起，上海学生亦开国民大会，群指和议为附贼。"这场运动的导火线是巴黎和会，而中国之所以参加巴黎和会，是由于介入一战并成为战胜国。当初章太炎是站在黎元洪一边，坚决反对参战的，再加上现在"伪廷"丧权辱国，与北方议和自然即是"附贼"。在各方面压力下，唐绍仪向朱启钤提出八条和谈建议，除国会问题外还有废除中日密约，作为妥协，承认徐世昌为临时大总统。由于北方不可能接受，和会中断。在此期间，太炎几度向国会建议选举大总统，"虽分立亦无害"，说明他为了达到除去徐世昌的目的，已放弃让黎元洪归总统位的努力，而在护法运动伊始，他力劝孙中山组织军政府，只任大元帅，目的之一就是让南方"遥戴黎公"。

8月以后，北方以王揖唐为和谈代表，但军政府和国会都反对重开谈判，西南军阀也渐有战志，和平终至于无望，章太炎算是达到了目的。在长达一年的时间里，他跳踉叫喊，奔走最力，"自余始宣布徐唐罪状，其后八次与绍仪书，道其隐情，留沪议员亦相与应和，至是徐唐之谋暴著，和会始破"（《章太炎自定年谱》）。其言行之激烈，真不愧"章疯子"之目。

不过，超然于双方之外的人士未必皆以太炎为然，冀望和平者不会太少。民间各种力量格于利益，也多有希望南北谈判成功。对此他必定痛斥，1919年3月31日上海《神州日报》刊载《劝告商团书》，对"和议停顿，上海有商民公团五十三种，自称商团联合会"，"悬旗请愿，力求和平，恳请唐朱速开和议"，予以警告。该报全文照发，却拟了一个大标题，曰："章太炎之大放厥词"，恨恨之情，令人发噱。

（王　风）

严　复
书牍里的中国

此番英使朱尔典返国，仆往送之，与为半日晤谈。抚今感昔，不觉老泪如绠，朱见慰曰："严君，中国四千余年蒂固根深之教化，不至归于无效。天之待国犹人，眼前颠沛流离，即复甚苦，然放开眼孔看去，未必非所以玉成也，君其勿悲。"复闻其言，稍为破涕也。

——1916年12月25日严复《与熊纯如书》

民元以后，严复每年冬天都为哮喘病所困，1915年起，一年比一年严重。1918年底，他南下福州，希望家乡温暖的气候能缓解自己的病症，同时为三子严琥娶亲。亲家是台湾大商人林有熊，这门亲事很让他满意。1919年新历元旦办了喜事，到1月5日，他在日记中写道："日来喘甚剧，精神萎顿，殊可虑也。新妇归宁，取龙涎香至。"刚过门的儿媳开始照顾其病体。

据说林姑娘过于依恋自己的母亲，5日之后，7日再度从乡间"归宁"，到9日,"归宁"的同时,新婚夫妇干脆觅居于母家所在的城内郎官巷。病喘的严复随之跟了过去,21日"在郎官巷病发几殆,美医金尼尔来",直到2月5日才"病见转机"。三星期后,他在给熊纯如的信中对迁居一事深感庆幸:

> 纯如老弟如见:别后回闽,住城南之阳崎乡,仆祖籍之所在也。在彼为琥儿娶妇,而族人亦相聚为仆作寿,以是劳劳。至旧历腊月之廿一日,而仆病作,病势大危,神经瞀乱者十余日。幸琥夫妇作计早迁入城,不然病亟时,求一善医且不可得也。病至立春日,始呈转机,然今日下地尚头涔涔耳。(1919年2月26日)

熊纯如是严复得意门生熊元锷从弟,民国元年起,到严复逝世,十年间通信极密,保留至今的严函多达一百余封。严复曾在信中说:"不佞平生答复友人书札,惟于吾弟为最勤,此非有所偏重于左右也。盖缘发言质直,开口见心……不佞阅世数十年,求之交游之中,殆不多觏,此所以尊书朝颁夕答,常复累纸……"(1916年9月22日)晚年严复身病心疲,已不大公开对世事发言,但忧世伤生,有不能已于言者,"吾辈托生东方,天赋以国,国者其尊如君,其亲如父,今乃于垂老之日,目击危亡之机,欲为挽救之图,早夜思维,常苦无术"(1916年8月30日),故在致纯如函中,无所不谈,牵涉之广,几乎遍及当时中国所有的重大事件和问题。

严复病情稍稳,"春杪至沪,入红十字医院"(严璩《侯官严先生年谱》),甫到上海,尚未入院即去信熊纯如,告知通信地址。随后是6月20日函,此时"五四"及"六三"均已过去,严复在信中评论说:

> 和会散后,又益以青岛问题,集矢于曹章,纵火伤人,继以罢学,牵率罢市。政府俯徇众情,已将三金刚罢去,似可作一停顿矣……咄咄学生,救国良苦,顾中国之可救与否不可知,而他日决非此种学生所能济事者,则可决也。

严复手迹

接着29日又去函："公长两校，学生须劝其心勿向外为主。从古学生干预国政，自东汉太学，南宋陈东，皆无良好效果，况今日耶？"这种看法当时并不罕见，几个月后林纾在一篇题为"某生"的小说中借"某生"之口质问道："天下岂有学生兼司国家刑宪耶？"并设喻曰："国事固宜争，国贼固宜讨。惟学生能否以飞机潜艇，与敌争长？既不之能，譬之父兄为豪强所并，悉倾其产。子弟不能摈敌，但日夜搅其父兄，俾还其产，此非速父兄之死耶？"（《新申报》1919年9月13日）

严复到上海前，林纾刚与蔡元培等新派大战三百回合。此时在病榻上，也与熊纯如论及此事，他是双方全看不起，以为"蔡子民人格甚高，然于世事，往往如庄生所云：'知其过，而不知其所以过。'偏喜新理，而不识其时之未至，则人虽良士，亦与汪精卫、李石曾、王儒堂、章枚叔诸公同归于神经病一流而已。于世事不但无补，且有害也"（1919年7月10日）。至于甚嚣尘上的林纾与陈、胡之争，他更以为是争所不当争：

严复病中日记

　　北京大学陈胡诸教员主张文白合一，在京久已闻之，彼之为此，意为西国然也。不知西国为此，乃以语言合于文字，而彼则反是，以文字合于语言……须知此事，全属天演，革命时代，学说万千，然而施之人间，优者自存，劣者自败，虽千陈独秀，万胡适、钱玄同，岂能劫持其柄，则亦如春鸟夏虫，听其自鸣可耳。林琴南辈与之较论，亦可笑也。（1919年7月23日）

此类事严复不愿多费心思，在他看来，那不过是这个时代的一个细枝末节。现在国家正处在关键时刻，身为文人的"林琴南辈"当然只能讲讲大道理，而他是以救时为己任的，应该有独立的逻辑和判断。对于时下的局面，他的主张非常简明：坚决隐忍。

其实早在1914年，日本借口对德宣战，进攻时为德国势力范围的山东，严复就以为"谋国之事，异于谋身，通计全盘，此时决裂，万无一

幸",在这份是年10月23日致熊纯如书中,他对当时的形势和以后的发展做了分析和预测:

> 日围青岛,占及济南,譬彼舟流,不知所届。顾为中国计,除是于古学韩侂胄,于今学清之徐桐,则舍"忍辱负痛"四字,无他政策。夫云山东祸烈,固矣,然我不授之以机,使之无所措词,则彼虽极端野蛮,终有所限。以俟欧洲战事告息,彼时各国协商,而后诉之公会,求最后之赔偿。无论如何,当较今之不忍愤愤者为胜耳。

这是诉诸理性的结论,在感情上,他同样是创剧痛深,以致说:"但有一物可以言战者,严复必不忍为是言也。"如今形势确如他所料,而且中国还成了战胜国,但数年来,内则政府更迭,外交混乱,外则日人猖獗,诸强均利,以致山东问题将成国际定论。对此局面,严复仍主张退让,以为"和约不签字,恐是有害无利,盖拒绝后,于胶济除排阁日货外,羌无办法,而和约中可得利益,从而抛弃,所伤实多"。

严复自认为能冷静判断形势,此时公理是非是一回事,实力对比是另一回事。政治作为一种现实,当事者必须有决断,能承担责任,不可感情用事,虚与推诿。他对政府犹豫观望,责任人害怕担待骂名极为痛恨:

> 此事陆专使及中央政府莫不知之,然终不肯牺牲一己,受国不祥,为国家行一两害择轻之事。此自南宋以来,士大夫所以自为谋者,较诸秦缪丑诸人,为巧多矣。(1919年7月10日)

几年前,中日谈判"廿一条"时,严复就说过"中倭交涉,所谓权两祸而取其轻,无所谓当否"(1915年6月19日)。"两害择轻"这一思路的来源见于1916年4月4日他给熊纯如的信中:"英人摩理有言:'政治为物,常择于两过之间。'法哲韦陀虎哥有言:'革命时代最危险物,莫如直线。'"其时正当袁世凯取消帝制,但仍留在大总统位上,严复反对必去袁世凯而后快的全国性声浪,可谓甘冒天下之大不韪,理由在于"项城此时一去,则天下必乱,而必至于覆亡。德人有言:'祖国至上。'为此者,一切有形无形之物皆可牺牲"。他认为中国积弱,当以"瓦全"为第一要义,静待苏息。如若轻举妄动,冒死一击,不留后着,必陷于万劫不复。所谓"将亡之国,处处皆走极端,波兰前史,可为殷鉴,人人自诩救国,实人人皆抱薪厝火之夫"(1916年8月21日)。

暮年严复

严复所言固然未始没有道理,但民族危亡之际,民众必然奋起,这也是一种国家力量。如"五四",正显示民气可用,未可轻侮。要求政治家冷静是对的,但不可能要求普通人个个沉默,以待死灰复燃之机。对于1919年拒约期间的群众运动,严复的议论其实也是他所看不起的书生之见:

> ……民情嚚张,日于长官作无理要求,无所不至。用其旧日思想,一若官权在手,便是万能,不悟官吏之无所能为,正复同己。每遇怅触挑拨,望其为国忍辱,自无其事,甚则断胫蹈海,自诩义烈。而敌人以静待躁,伺隙抵巇,过常在我,此亡国之民所为,每况愈下者也。(1919年7月23日)

"为国忍辱""受国不祥"是这几年间严复对当政者和士大夫乃至于普通民众的道德要求。在他看来,国势如此,当以"存国为第一义"(1916年4月4日),侈谈"义烈"、气节不仅于事无补,简直是亡国之兆。民元他任北京大学校长，极属意于陈三立，陈不愿仕民国，严复在给熊纯如的信中说："伯严已坚辞不来，可谓善自为谋矣。"（1912年5月3日）1918年11月27日日记曰："菊生请晚饭，坐有梦旦、伯训，独苏堪不来，想持高节，以我为污耳。"冷冷之情，溢于言表。严复历仕清朝、民国、洪宪，在遗老眼中诚可谓变节不计其数，但他是一位具有现代国家观念的人物，以为"历史废兴，云烟代谢，我曹原无所容心于其际也。至于存种救民，自是另一回事。因果所存，不应专求于上，四百兆之民质实为共之"（1915年9月23日）。

1919年南北和会正在上海举行，严复自然极为关注。病榻上他收到徐佛苏主张南北分治的说帖，以为"颇窥症节"，7月23日致熊纯如函言：

> 北之东海、合肥、河间，南之岑、唐、陆、唐诸公，地丑德齐，莫能相尚，真如来书所云："无一有统一中国能力者也。"既不能矣，则以分治，而各守封疆，亦未始非解决之一道耳。

严复在他生命的最后十年里，最希望的就是看到一位"有统一中国能力者"，无论谁都行。他一直认为中国教育程度太差，宜君主不宜共和，推翻清朝是一个历史性的错误。及民国建立，袁世凯得位，阳共和而阴独裁，严复觉得尚是差强人意，时下当行霸道而非王道，重要的是保持国家统一并建立秩序，此非铁腕人物不可，袁自是上上之选，以后视情况进可民主退可君主；当前要着在于"循名责实之政"，作为历史经验，"齐之强以管仲，秦之以商公，其他若申不害、赵奢、李悝、吴起，降而诸葛武侯、王景略，唐之姚崇，明之张太岳，凡为强效，大抵皆任法者。而中国乃以情胜，驯是不改，岂有豸乎"，此所谓崇法黜儒。该函写于1915年3月4日，31日他又去信熊纯如，再做发挥：

> 是故居今而言救亡，学惟申韩，庶几可用，除却综名核实，岂有

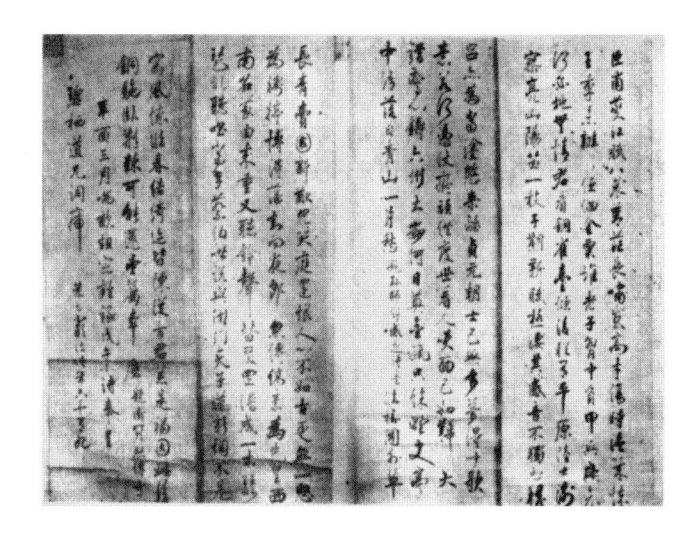

严复晚年喘咳初定时的手书

他途可行。贤者试观历史,无论中外古今,其稍获强效,何一非任法者?管商尚矣,他若赵奢、吴起、王猛、诸葛、汉宣、唐太,皆略知法意而效亦随之。至其亡弱之君,大抵皆良儒者。今大总统雄姿盖世,国人殆无其俦,顾吾所心憾不足者,特其人忒多情,而不能以理法自胜耳。

虽有缺点,还是颇为称心的。但随后几个月中日纷争,不知道严复大不满意于什么,评价直线下降:"大总统固为一时之杰,然极其能事,不过旧日帝制时一才督抚耳……使人不满意处甚多,望其转移风俗,奠固邦基,呜呼,非其选尔。"无可奈何的是,"顾居今之日,平情而论,于新旧两派之中,求当元首之任而胜项城者,谁乎"(1915年6月19日)。基于这种判断,在袁世凯称帝以及退位而仍为总统期间,严复一直反对拉他下台,以为"以目前之利害言,力去袁氏,则与前之力去满清正同,将又铸一大错耳"(1916年4月4日)。接下来的局面正如他所料,世凯一去,中国立成军阀割据。此时急需之人才,已不是"任法者",而是"当先出曹孟德、刘德舆辈，以收廓清摧陷之功，而后乃可徐及法治之事"（1917年致熊纯如）。其后几年严复看尽天下风云人物，但举世滔滔，正所谓"一蟹不如一蟹"，不仅"督抚"之才，甚乃"求一盗魁不能"（1918年1月23日），民党从不入法眼，南北军阀"其力以相吞并不能，而残害地方有余裕"（1919年10月23日），打下去只能是与国无益而与民有害，如此不如南北分治，这正是他认为徐佛苏的主张"颇窥症结"的理由。

但分治只是势不能不如此，"签字纵令有日，而和平恐无其事"，严复还是把徐佛苏之议看成"仅仅取济目前，固未为永息争端之计"（1919年8月26日）。至于他本人，在上海几个月，辗转病榻之上，也是或南或北，犹豫不决。6月6日入院，10日开始在日记中用英文自记身体状况。头一个月，病情不见好转，而长子在北京买房迟迟不能决定，家乡福州又传来"新妇""已动喜脉"的消息，严复感到"欲北归又无房屋，或重复回闽与琥居，未可定耳"（1919年7月13日与长子严璩书），归隐的倾向要大些。一个月后，随着病势好转，北边房屋渐渐落实，出山的念头又占了上风。所谓"大抵吾病则思归，吾愈则思出耳"（1919年7月18日与严璩书）。终于，8月9日他得以出院，9月9日付医药费，"计银444.80两"（《日记》），"秋杪北归，入协和医院"（严璩《侯官严先生年谱》）。

严复还是希望多活几年，看到能够让他满意的雄主出现，罢兵戈苏民息。但次年冬他又因喘南下福州，再一年就去世了。尽管他只再活了这么两年，还是见到了直皖战争，以致到死都老泪不干。只可惜严复没多活几年，如果他能看到1927年蒋介石的手段，不知会做何感想。要是还不行，那也就只能如此了，不可能指望他再活二十多年。

（王　风）

林 纾
拼我残年　极力卫道

> 蠹叟者，性既迂腐，又老而不死之人也。一日，至正志学校，召诸生而诏曰：呜呼。世变亟矣！悠悖昌矣！圣斥为盗矣！弑父母者诵言为公道矣！……呜呼。余将据道而直之耶？抑将守吾拙坐而听之耶？将息吾躬而逃之穷山耶？将泯吾喙而容其诋谰耶？将和光同尘偶彼斯滥耶？将虞吾决胆洞腹而与彼同其背诞耶？
> ——林纾《腐解》

1919年9月13—14日，林纾发表了一篇题为"某生"的小说，谈及五四运动："今年五月，京畿学校以掊击国贼，悉罢课。余校中生徒三百余人，屹然山立不动。"寥寥数语，既点明此乃"掊击国贼"，又对他所从教的正志学校学生"屹然山立不动"感到自傲，其态度颇值玩味。接着，他借与"某生"的对话深化自己的看法：

又七月三日，某生忽造余家。余曰："外间罢课，力争青岛，其有济乎?"生曰:"先生以为何如?"余曰:"是非义心所激耶?"生曰:"学生如新嫁娘耳。……名曰保家,为时不岂早耶?"余曰:"既为人妇,则产为其产,家为其家。即贡忠款,亦复何碍?"生曰:"……学生尚为处子,处子尚有父兄,宜秉礼自重,胡能强预人事?"余笑曰:"国事耳!今人恒言,天下兴亡,匹夫有责。学生为国复仇,即出位而言,心犹可谅。"

对话双方其实都表达了林纾的立场,"某生"批评"出位而言",对学生行为本身持有异议;"余"则强调"心犹可谅",所谓"以蠡、种为心"。所以"五四"期间,林纾既约束生徒不要参与,也不曾对这场运动发表议论。但他是同情参与者的举动的,所谓"天下兴亡,匹夫有责",这符合林纾心中的价值标准。

五四运动期间优游于事件之外的林纾,其实刚刚从一场大论战的漩涡中抽身出来。发轫于1917年的新文学运动一直将林纾作为主要批判对象,此在1918年3月《新青年》4卷3号的《复王敬轩书》中达到高潮。两年间,林纾基本上未予正面回答,这只能说是自重身份。1919年2月4日起,上海《新申报》以"蠡叟丛谈"为名替林纾辟了一个专栏,按日发表短篇小说。也许他觉得在这种"不严肃"的文体中教训一下对手是合适的,于是便有了当月17、18两日的《荆生》。

《荆生》批判"去孔子灭伦常"和"废文字以白话行之",这在林纾是大是大非的问题,本尽可以长篇大论,但他偏要游戏于小说之中,而且生造出"皖人田其美""浙人金心异"和"不知其何许人"的"狄莫",最后被"伟丈夫""荆生"一通拳脚打得落花流水。局中人一眼就能认出那三人即是陈独秀、钱玄同和胡适,而"荆生"则是会武术、写过《技击余闻》的林纾本人,这与1913年的《剑腥录》以会剑术的主人公邴仲光自况如出一辙。现在当然很难猜测林纾何以出此下策,或许"木强多怒"的他被打击压抑得太久了,乘机在文字中好好发泄一通,甚至可能他以为这

1907年林纾手绘的《京师大学堂师范生毕业纪别图》

只是"性滑稽"的表现。但毕竟这种影射显得非常恶意,遭到反击是必然的。

也就在《荆生》发表后的几天里,北京开始有政府将驱逐甚至逮捕陈、胡等四人的传言,虽然没有证据表明与林纾有关,但这两件事还是很快被联系起来。3月2日,《每周评论》11号有署名"只眼(陈独秀)"的《旧党的罪恶》,其中谈道:"若利用政府权势,来压迫异己的新思潮,这乃是古今中外旧思想家的罪恶,这也就是他们历来失败的根原。至于够不上利用政府来压迫异己,只好造谣吓人,那更是卑劣无耻了。"此乃《新青年》集团对谣言的最初反应,并未牵涉这篇小说。但一周后第12号"杂录"刊发《荆生》全文,并定性为"想用强权压倒公理的表示",按语指出,"甚至于有人想借用武人政治威权来禁压这种鼓吹。前几天上海新申报上祭出一篇古文家林纾的梦想小说就是代表这种武力压制的政策的",已将林纾与北洋政府搁在一起。不过该按语点明小说中人物的影射对象,仍指"荆生"为"著者自己"。而同期"选论"转载5日《晨报》上守常

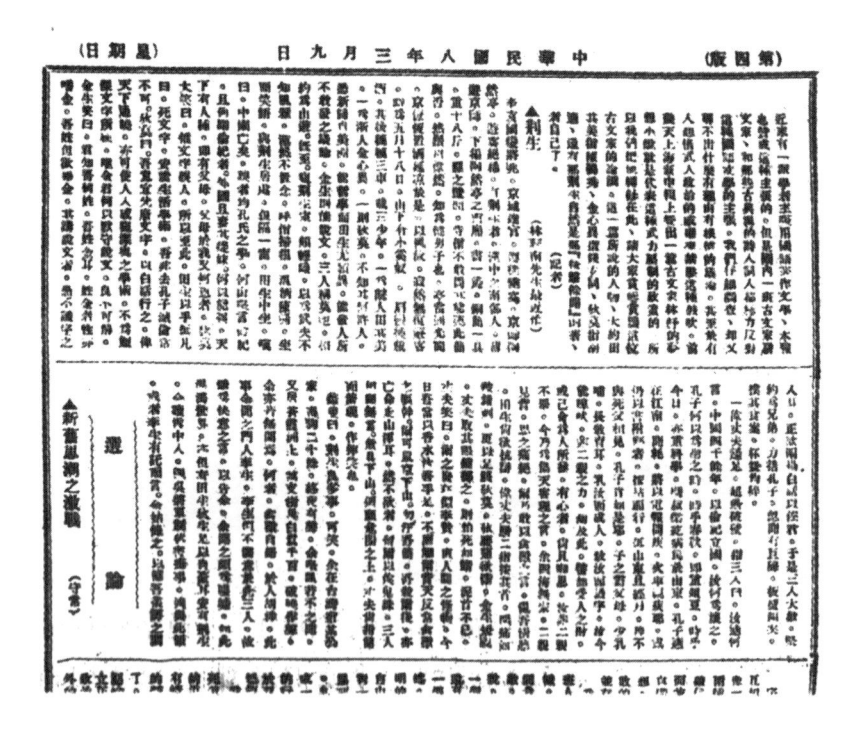

《每周评论》第12号上转发的《荆生》及"按语"

（李大钊）的《新旧思潮之激战》一文，则是另一种说法："……想抱着那位伟丈夫的大腿，拿强暴的势力压倒你们所反对的人。或是作篇鬼话妄想的小说快快口，造段谣言宽宽心，那真是极无聊的举动。须知中国今日如果有真正觉醒的青年，断不怕你们那伟丈夫的摧残，你们的伟丈夫，也断不能摧残这些青年的精神。"此处的"伟丈夫"则成了当权者的代名词，以后"荆生"被认为是安福系的徐树铮大概就源于此。

论战主题迅速转为追究林纾的官方背景还缘于另一个人在此期间的举动，此君即当时就学于北京大学的张厚载。张厚载是林纾的老学生，被认为是林纾在北大的心腹。他在上海的《神州日报》上主持一个不定期的"半谷通信"栏目，传递些北京方面的消息，其间时不时也炒点"学海要闻"，内容十有八九与他所在的北大有关。2月底，他把当时盛传的陈独秀等将去职的流言也弄了进去，引得上海各报沸沸扬扬；3月3日变本加厉，进一步扩大宣传：

> 前次通信报告北京大学文科学长、教授将有更动消息。兹闻文科学长陈独秀已决计自行辞职，并闻已往天津，态度亦颇消极。大约文科学长一席在势必将易人，而陈独秀之即将卸职，已无疑义，不过时间迟早之问题。

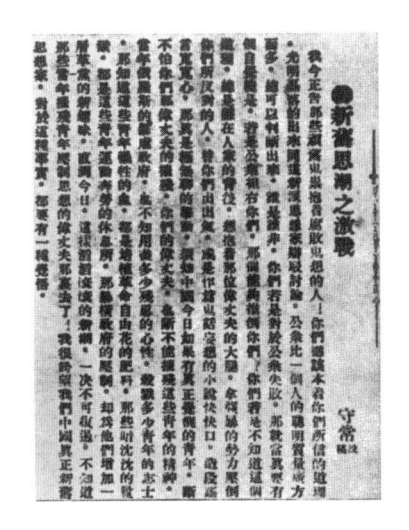

10日，《北京大学日刊》刊出《胡适教授致本日刊函》，"将我写给神州日报通信员本校学生张厚载君的信及张君的回信送登日刊，以释群疑"。胡适在信中软中带硬地质问："不知这种消息你从何处得来，我们竟不知有这么一回事。此种全无根据的谣言，在外人尚可说，你是大学的学生，何以竟不调查一番。"张厚载的回信写于7日，除了解释"通信"栏是"有闻必录"并为未向当事人证实道歉外，主要还是替自己开脱："神州通信所说的话，是同学方面一般的传言，同班的陈达才君他也告诉我这话，而且法政学校里头，也有许多人这么说……这些传说，决非我杜撰，也决非神州报一家里有的话。"

1919年3月5日《晨报》发表守常（李大钊）的《新旧思潮之激战》

其实张厚载还不至于糊涂到这个地步。胡适是9日把他们的往返信件送到日刊社的，也就在这一天，《神州日报》又有一则"学海要闻"，考虑到当时的邮递速度，应是撰写于他收到胡适质问函前：

>   北京大学文科学长陈独秀近有辞职之说，日前记者往访该校校长蔡孑民先生，询以此事。蔡校长对于陈学长辞职，并无否认之表示。且谓该校评议会议决，文科自下学期或暑假后与理科合并，设一教授会主任，统辖文理两科，教务学长一席即当裁去云云。则记者前函报告，信而有征矣……

"蔡校长"所大谈者尽在学校系科的调整建设，张厚载瞎联系，以为"信而有征"，并忍不住歌颂"蔡校长对于校务经营擘画，不遗余力，洵吾国教育界之功人也"。如今受到追究，他可以信誓旦旦说"决非我杜撰"，但却不可能去抬出蔡元培，况且"蔡校长"只是"并无否认之表示"。他自己注释歪了，那也只能打落牙齿往肚里吞，勉勉强强地归罪于"同学方面"。

张厚载大概没料到胡适会把他的信件公开发表，只好在第二天的《北京大学日刊》上声明此事与"陈达才君"无关。并且，大概是太被动了，《神州日报》以报社名义在3月16日刊出一则"更正"，曰："据闻前此北京通信中所载北京大学陈独秀辞职，胡适、钱玄同等受教育部干涉等不确，特此更正。"但无论如何，他本人已难脱干系，同日出版的《每周评论》13号"只眼（陈独秀）"《关于北京大学的谣言》广泛摘录京海两地报纸的声援文字，抨击"有'倚靠权势''暗地造谣'两种恶根性"的"国故党"，并指名道姓说："这班国故党中，现在我们知道的，只有《新申报》里《荆生》的著者林琴南，和《神州日报》的通信记者张厚载两人。"对于林纾，告之曰"他所崇拜所希望的那位伟丈夫'荆生'，正是孔夫子不愿会见的阳货一流人物"，终于将"荆生"与徐树铮之流挂起钩来；对于张厚载，则有诛心之论："张厚载因为旧戏问题，和新青年反对，这事尽可从容辩论，不必借传播谣言来中伤异己。"同期"通讯"栏刊发《评林蜎庐最近所撰〈荆生〉短篇小说》，作者二古自称中学教员，该文逐段点评《荆生》，亟称其文章不通，这已是从《复王敬轩书》发展起来的战

1907年京师大学堂师范馆学生毕业摄影

法了。而就在本期《每周评论》出版之时，林纾的《妖梦》正寄往《新申报》发排，刊于19—23日的"蠡叟丛谈"中，双方终成乱战。

《妖梦》主旨和《荆生》相同，但如果《荆生》还可算是逞一时之快的话，《妖梦》则是道道地地的恶语中伤。小说讲到阴曹有一白话学堂，"校长元绪，教务长田恒，副教务长秦二世"，"田恒二目如猫头鹰，长喙如狗；秦二世似欧西之种，深目而高鼻"，分别指陈独秀和胡适，而"谦谦一书生"的元绪影射的竟是一直置身事外的蔡元培，最后罗睺罗阿修罗王"直扑白话学堂，攫人而食，食已大下，积粪如丘，臭不可近"。

凑巧的是，这边《妖梦》寄往《新申报》馆，那边他却收到蔡元培的来函，有一个叫赵体孟的人，想出版"明遗老刘应秋先生遗著"，求托蔡元培"介绍任公太炎又陵琴南诸先生代为品题"。林纾接信后大概有点手忙脚乱，一面让张厚载追回《妖梦》，一面赶写复函，从正面立论，诚恳进言，"尤有望于公者，大学为全国师表，五常之所系属"，"今全国父老，以子弟托公，愿公留意以守常为是"，所论仍以伦常问题和白话问题为主。此文以公开信的方式刊于3月18日的《公言报》上，并且在该报所附《请看北京学界思潮变迁之近状》中，赶紧顺带声明："日前喧传教育部有训令达大学，令其将陈钱胡三氏辞退，但经记者之详细调查，知尚无其事。"

《致蔡鹤卿书》总算及时发表，但张厚载那儿却出了麻烦，《妖梦》覆水难收，来不及追回，结果言之谆谆的《致蔡鹤卿书》今天在北京刊发，

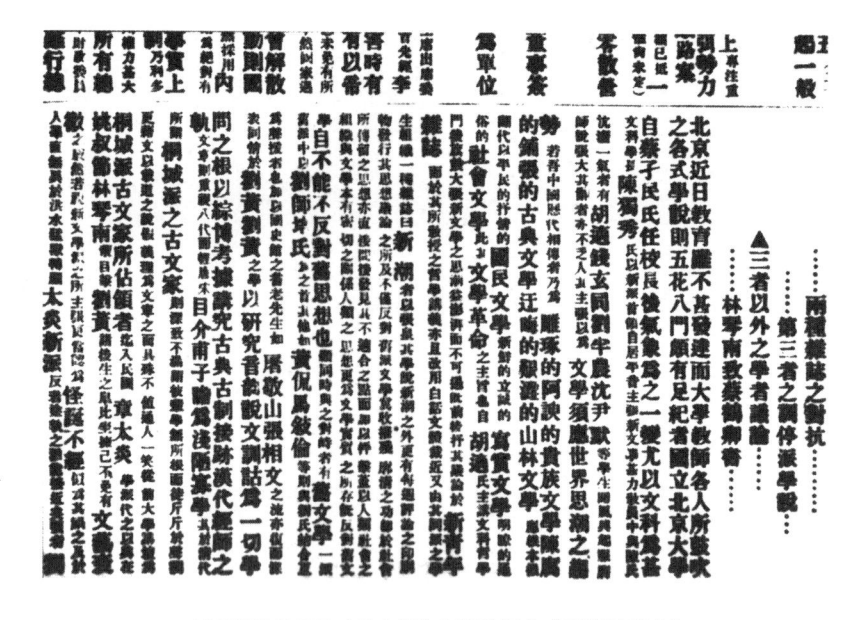

1919年3月18日《公言报》刊出林纾的《致蔡鹤卿书》

含沙射影的《妖梦》明天在上海连载，时间的凑巧更显得林纾的行为异常恶劣。可能是张厚载自作主张，给蔡元培去信解释，不料马上被发在《北京大学日刊》上：

> 子民校长先生大鉴：《新申报》所登林琴南先生小说稿悉由鄙处转寄，近更有《妖梦》一篇攻击陈胡两先生，并有牵涉先生之处。稿发后而林先生来函谓先生已乞彼为刘应秋先生文集作序，《妖梦》当可勿登。但稿已寄至上海，殊难终止，不日即可登出。倘有渎犯先生之语，务乞先生归罪于生，先生大度包容，对于林先生之游戏笔墨，当亦不甚介意也。

张厚载这人大概有点愣头愣脑，自我承担责任之余竟将底细和盘托出，结果更显得林纾做事鬼鬼祟祟。而事实上"子民校长先生"是"介意"了，复信通篇充满师长教训后生的严厉语气：

> 镣子兄鉴：得书，知林琴南君攻击本校教员之小说，均由兄转寄新申报。在兄与林君有师生之谊，宜爱护林君。兄为本校学生，宜爱护本校。林君作此等小说，意在毁坏本校名誉，兄徇林君之意而发布之，于兄爱护母校之心，安乎？否乎？仆生平不喜作漫骂语，轻薄语，以为受者无伤，而施者实为失德。林君詈仆，仆将哀矜之不暇，而又何憾焉？惟兄反诸爱护本师之心，安乎？否乎？往者不可追，望以后注意！此复并候学祺。蔡元培白

此信写得非常厉害，"攻击本校教员""意在毁坏本校名誉""漫骂语轻薄语""詈仆"，等等，语语指着林纾。此为侧击，同期《答林君琴南函》则正面回应，该文堪称经心之作，逻辑严密，举证充分，站在校长立场介绍学校情况，并抓住林纾言论夸张之处，要他提供证据，对新派诸君虽有维护，但注意自己的中立身份，已是立于不败之地。两信一文同刊于21日的《北京大学日刊》，而此时《新申报》上的《妖梦》刚刚连载过半，其真可谓迅雷不及掩耳。

林纾的反应也很快，24日《公言报》上就出现《林琴南再答蔡鹤卿书》，除对蔡元培文中他可接受的部分表示欣慰外，又说："弟辞大学九年矣，然甚盼大学之得人，公来主持甚善。顾比年以来，恶声盈耳，至使人难忍，因于答书中孟浪进言。至于传闻失实，弟拾以为言，不无过听，幸公恕之。"毕竟，真要提供证据又是牵涉多多，倒不如道个歉落得干净。但不知为什么，接着他又声明："然尚有关白者：弟近著蠡叟丛谈，近亦编白话新乐府，专以抨击人之有禽兽行者，与大学讲师无涉，公不必怀疑。"这可让人百思不得其解了，难道他不知道张厚载已经说过"近更有《妖梦》一篇，攻击陈胡两先生，并有牵涉先生之处"吗？

蔡元培当然不会再做理会，而林纾则马上为他的举止失度付出代价。

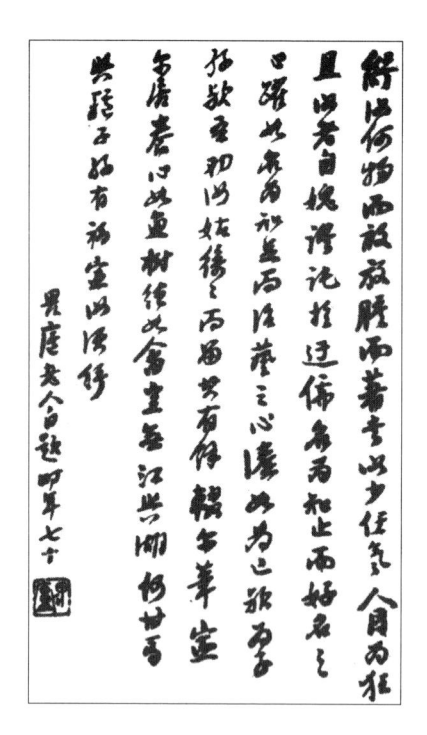

1921年林纾自题七十像赞

论战结束后,《每周评论》4月13日17号、4月17日19号大幅度增扩版面,专载"特别附录"《对于新旧思潮的舆论》,从中可以看出这期间对他的批评几乎形成全国性的言论合围。当然主阵地还是《每周评论》,3月23日14号"通讯"有曼殊一函,针对上期二古文中林纾文笔退化的议论,说这是由于他为多捞钱而粗制滥造的缘故。30日15号又有郑遂平来信,叙述被林纾主持的中华编译社函授部骗钱的经历。尽管说这些都是外稿,但已近于人身攻击,今天读来并不让人感到愉快。而在4月2日《新申报》的《演归氏二孝子》中,林纾也承认"近日有友数人,纂集此辈数人之劣迹,高可半寸,属余编为传奇",只是他"万万不忍"而作罢。

但也有忍不下去的,《每周评论》把点评《荆生》那一期派人送上门去,林纾只好去信表态:

> 大主笔先生足下:承示批斥荆生小说一段,甚佳。唯示我不如示之社会,社会见之胜我自见。后此请不必送,自有人来述尊作好处。至蠡叟小说,外间闻颇风行,弟仍继续出版,宗旨不变,想仰烦斧削之日长矣。此候箸安。林纾顿首(《每周评论》3月30日15号)

"记者"自是要反唇相讥:"文理不通的地方,总要变变才好。前回批改大作的人,不是本报记者,乃是社外投稿,占去本报篇幅不少,实是可惜。

请你以后下笔留神，免得有人'斧削'，祸延本报。记者正经事体很多，实在无暇'斧削'。"

当然，局面并不像这类斗嘴那么轻松，新的传言还在出现，同期《每周评论》只眼《林纾的留声器》披露说："林纾本来想借重武力压倒新派的人，那晓得他的伟丈夫不替他作主。他老羞成怒，听说他又去运动他同乡的国会议员，在国会提出弹劾案，来弹劾教育总长和北京大学校长。"尽管这边还是"听说"，那边却已采取了实际行动。第二天31日《北京大学日刊》登出一则"本校布告"：

> 学生张厚载屡次通信于京沪各报，传播无根据之谣言，损坏本校名誉，依大学规程第六章第四十六条第一项，令其退学。此布。

问题严重了，张厚载成了牺牲品，其时距毕业仅差三个月。而自打3月16日《神州日报》刊出《更正》后，"半谷通信"确没有半字言及北大，但大错已铸，回天无力。后来他的《歌舞春秋》"附录"中对此事有记载：

> ……心有未甘，去找蔡校长，校长推之评议会；去找评议会负责人胡适，即又推之校长。本班全体同学替他请愿，不行；甚至于教育总长傅沅叔替他写信，也不行……特请他所担任通讯的《新申报》出为辩白，列举所作通讯篇目，证明没有一个字足以构成"破坏校誉"之罪，结果仍不能免除处分。蔡校长给了他一纸成绩证明书，叫他去天津北洋大学转学，仍可在本学期毕业，他却心灰意懒，即此辍学了。

不在其位的林纾自然无可如何，唯一可做的就是写一篇《赠张生厚载序》（《公言报》4月12日），"张生厚载既除名于大学，或曰为余故也。明日生来面余，其容充然，若无所戚戚于其中者"，不曾有一句道歉语，满纸写来漫不在意，却难掩打肿脸充胖子的神态。

生命最后一年的林纾（1924）

林纾此时的心情其实不难想见，胜负已决，双方都已无心恋战。4月5日他在《公言报》刊登《腐解》，重申决心，但无人理会。同日《新申报》有《林琴南先生致包世杰君书》，报纸特地声明不对此函负责。林纾在信中说："承君自神州报中指摘仆之短处……切责老朽之不慎于论说，中有过激骂詈之言，仆知过矣……仆今自承过激之斥，后此永远改过，想不为暗然。敝国伦常及孔子之道仍必力争。当敬听尊谕，以和平出之，不复谩骂。"

此后林纾似乎还在别的地方认过错，当然只认为错在态度而不在观点。应该说，这是出之以诚，并不是讨好或求和。新派也不想再说什么，只有陈独秀以他特有的豪爽，在4月13日《每周评论》17号"随感录"上署名"只眼"发表了一则《林琴南很可佩服》：

> 林琴南写信给各报馆，承认他自己骂人的错误，像这样勇于改过，到（倒）很可佩服。但是他那热心卫道、宗圣明伦和拥护古文的理由，必须要解释得十分详细明白，大家才能够相信咧！

陈独秀是原谅了，其他人则未必。1924年10月，林纾逝世，12月1日，周作人在《语丝》第三期上发表《林琴南和罗振玉》，借林的成绩批评当时译界。翌年3月30日第20期有刘半农《自巴黎致启明的信》，认为周说得很对，"经你一说，真叫我们后悔当初之过于唐突前辈了"。接着是钱玄同《写在半农给启明的信底后面》，要"半农兀丫"，"别长前辈底志气，灭自己底威风才好XY"。周作人也写了一篇《再说林琴南》，立论重点转到"世人对于林琴南称扬的太过分"，"所以我不能因为他是先辈而特别客气"——最终还是没有饶恕他。

（王　风）

邵飘萍
必使政府听民意

1919年5月3日晚,北京大学及北京各校代表在北大法科大礼堂集会,首先由《京报》社长邵飘萍发表演说。他大声疾呼:"现在民族危机系于一发,如果我们再缄默等待,民族就无从挽救而只有沦亡了。北大是全国最高学府,应当挺身而出,把各校同学发动起来,救亡图存,奋起抗争。"

1919年5月3日晚,北京大学及北京各校代表在北大法科大礼堂集会,决定次日在天安门游行示威。会议首先即由《京报》社长、北大新闻研究会讲师邵飘萍发表演说。他感情悲愤而激昂地向学生代表报告了巴黎和会关于山东问题的决议,中国外交失败的经过和原因,又具体地分析了山东问题的性质及当前的形势。最后,他大声疾呼:"现在民族危机系于一发,如果我们再缄默等待,民族就无从挽救而只有沦亡了。北大是全国最高学府,应当挺身而出,把各校同学发动起来,救亡图存,奋起抗争。"这番话顿时使会场的气氛变得更为激烈。各校代表纷纷登台，慷慨陈词，北大法科学生谢绍敏咬破中指，撕下衣襟，血书"还我青岛"四个大字。会议当场通过了次日在天安门前大示威的决议（《北京大学学生运动史》）。

"五四"前后，邵飘萍可以说是与学生运动联系最紧密的报人。从运动的酝酿、爆发、经过、结局，邵飘萍无不参与其中，以其"铁肩辣手"的固有风格，为五四运动呼号鼓吹。

1919年2月20日的《北京大学日刊》上，登出了这样一段报道：

> 新闻研究会于十九日午后在文科第三十四教室开改组大会，校长亲临演说。会员对于起草员所拟之简章，略加修正通过。随即选举职员，结果校长当选为会长……是日到会者为毛泽东等二十四人。

这时离五四运动的爆发，只有两个多月的时间。五四运动的起因，本来就是由于时局的动荡，学生对政府的不满。专事研讨新闻的北大新闻研究会，在其中所起的作用，不言而喻。会员中如毛泽东、陈公博、罗章龙、谭平山、高尚德，后来都成为中国共产党早期党员。新闻研究会的关键人物，则是邵飘萍。

邵飘萍著作之一的封面

1918年，邵飘萍痛感中国新闻的落后和腐败，认为中国新闻事业不振兴的根本原因在于记者人才的缺乏，"欲救其弊，知非提倡新闻学不可"，于是写信给北京大学蔡元培校长，建议北大设新闻学科，蔡元培同意了这个建议，在政治系首设新闻课。数月后，邵飘萍参加国民杂志社讨论会，蔡元培、徐宝璜也与会，讨论了设立新闻研究会一事。徐宝璜后来记述道：

飘萍先生于此会之设亦与有力。因蔡孑民校长与余初虽亦拟议及此，但无具体计划。及飘萍先生来函催促，始聘余为斯会主任，并请飘萍先生及余分任讲演。

北京大学新闻研究会于1918年10月14日成立，为期两年，这是中国第一个新闻学研究团体，邵飘萍每星期日往北大讲授两小时采访课，他的讲课教材自11月5日起在《北京大学日刊》上连载。新闻研究会为会员提供实习机会而发行的《新闻周刊》，"不仅为中国唯一传播新闻学识之报，且为中国首先采用横行式之报"（《北京大学日刊》1919年4月21日），是中国新闻史上的一个创举。18年后，毛泽东在延安接受美国记者斯诺采访，还提到了这段往事：

1919年五四运动时期的邵飘萍

在新闻学会里我遇见了同样的旁听生，像陈公博……还有邵飘萍。特别是邵氏，帮助我很多的。他是新闻学会的讲师，是一个自由主义者，充满了热烈理想和良好性格的人。（埃德加·斯诺《西行漫记》）

从巴黎和会开幕起，邵飘萍就密切关注中国山东问题的讨论进程。5月1日，上海报纸刊登了中国外交失败的消息，5月2日，邵飘萍即在《京报》上撰文疾呼："山东存亡的问题，就是全国存亡的问题，……这不是晴天霹雳，同胞应该一齐惊醒的么？"

五四运动爆发后，邵飘萍主持的《京报》快捷真实地连续报道，将运动消息传播到全国各地，不遗余力地为营救被捕学生呼吁。邵飘萍奉行《京报》创办时"必使政府听命于正当民意之前"（《京报》发刊词《本报因何而出世》）的宗旨，在报上连续发表评论，高声呐喊"大祸临头，忍

五四运动后京报馆被封，邵飘萍乔装到达天津后留影

无可忍"。6月4日，邵飘萍针对徐世昌政府袒护曹、陆、章，反而镇压爱国学生的行径，在《京报》上撰写《为学生事警告政府》，明确指出："镇压学生的爱国反帝运动，就是为卖国扫障铺路"，鼓励社会各界"持久进行斗争"，警告政府不可用"军警之办法"对付学生，否则爱国风潮将"更为猛烈扩大"。家人考虑安全，劝他少在报纸上写得罪政府的文章，邵飘萍一听就生气，说北洋军阀倒行逆施，我怎能不讲？就是枪毙，我也要讲。

值得一提的是，蔡元培校长5月9日辞职离校前，曾与邵飘萍等人"会商"，取得一致意见后，蔡元培方才离京南下（蔡元培《我在北京大学的经历》）。由此可见邵飘萍与五四运动的联系。

如果没有《京报》等报刊的报道和呼吁，北京的五四运动绝不可能在全国激起如此大的波澜。因此在8月，《京报》等11家同情学生的报纸被政府以"鼓吹社会革命、无政府、同情罢工、共产等邪说为宗旨"为由查封，邵飘萍避走上海。但邵飘萍在上海依然不停止战斗，创作了讽刺北洋政府的沪剧《醋溜黄鱼》，轰动一时。直到1920年段祺瑞政府垮台，邵飘萍才回到北京，于9月7日复活《京报》。

（杨　早）

王光祈
工读互助的梦想

王光祈是五四运动后最早尝试将"五四"精神运用到实践中去的人之一。他对英美的资本主义制度表示怀疑，也不相信苏俄式的社会主义，他理想的社会是"在个人自由主义之下，为一种互助的、自由的、快乐的结合"。

五四运动爆发时，少年中国学会的创始人王光祈已经不是个学生了（他1916年从中国大学毕业）。当青年学子在天安门前游行示威的时候，王光祈的主要工作是作为成都《川报》驻京记者，向四川民众报告巴黎和会的消息和北京五四运动的情形。四川五四运动的兴起，王光祈与有力焉。

但王光祈是五四运动后最早尝试将"五四"精神运用到实践中去的人之一。王光祈一直信奉克鲁泡特金式的无政府主义，1919年初，王光祈在给友人的信中，对英美的资本主义制度表示怀疑："（这些国家）造成一种世界无敌的财阀，一般平民生活于这种财阀之下，与我们生活于军阀之下同是一样痛苦。"他也不相信苏俄式的社会主义，认为"拿国家权力来干

王光祈（右起第五人）与少年中国学会同人，右起第三人为李大钊

涉个人生活，实是一件不合民情的主张"。这和当时一般知识分子对英美感到失望，又对苏俄心存怀疑的心态是一致的，但王光祈有他自己的主张，他理想的社会是"在个人自由主义之下，为一种互助的、自由的、快乐的结合"(《王光祈致君左》，《少年中国学会会务报告》第4期)。

五四运动的精神成果之一，就是由于反对政府的胜利，无政府主义在知识阶层中大大流行起来；另一方面，工商农民对运动的声援，各种社会主义思潮的传播，使"劳工神圣"的观念深入人心。这样的社会条件造成了改造社会实践活动的兴盛。宗旨为"本科学的精神，为社会的活动，以创造少年中国"的少年中国学会自是其中的先锋。

1919年7月2日，五四运动余波未息，少年中国学会南京会员左舜生就提出了成立"由少数同志组织的一种学术、事业、生活的共同集合体"的建议。王光祈立刻响应这个建议，在给左舜生的公开信提出了具体而微的设想：

我们先在乡下租个菜园，这个菜园距离城市不要太远，亦不要太

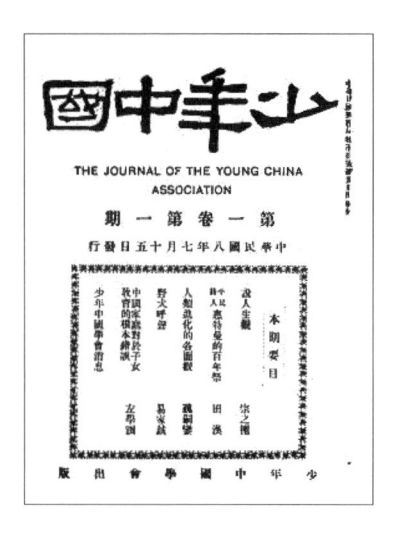

王光祈创办的《少年中国》

近，大约四五里路为最宜。这个菜园不要太大，亦不要太小，只要够我们十余人种植罢了。菜园中间建筑十余间房子，用中国式的建筑法，分楼上楼下两层。楼上作我们的书房、阅报室、办公室、会客室、藏书室、游戏室等等；楼下作我们的卧室、饭厅等等。园子西南角上建筑一个厨房。东北角上建筑一个厕所。房子后身砌上一个球场。园子周围挖下一条小溪，溪边遍植柳树，柳树旁边就是竹篱，竹篱里头就是我们的菜园了。

他还拟出了"每日课程列表"："（一）种菜两钟；（二）读书三钟；（三）翻译书籍三钟；其余钟点均作为游戏、阅报时间。"菜园附近还应该设一所平民学校。

这一年的12月4日，王光祈在北京《晨报》发表《城市中的新生活》，正式提出了"工读互助团"的名称，并征求同志："凡愿为此种生活者请先见示。"他的主张颇受时人的欢迎，文章登出后两三天内，王光祈就收到了数十封来信，一星期后，外省也陆续有人联系。募捐方面的情况也是异常的顺利,蔡元培、李大钊、陈独秀、胡适都表示支持,愿意做募捐的发起人,并各自捐款(陈独秀30元,胡适20元,李大钊10元);蔡元培专门为之撰写了《工学互助团的大希望》,结果不到半月工夫,捐款已达到将近1300元,大大超过了计划的1000元(《北京工读互助团消息》,《新青年》7卷3号)。工读互助团率先在北京问世。

北京《工读互助团简章》规定其宗旨是"本互助的精神,实行半工半读","团员每日每人必须作工四小时","工作所得归团体公有","团员生活必需之衣食住","教育费、医药费、书籍费,由团体供给,唯书籍系归团体公有"。团员所干的工作包括开办印刷所、饭馆、洗衣店、制作手工艺品和做小宗买卖等。王光祈在1920年1月发表的《工读互助团》更强调指出:"工读互助团的理想,便是:人人作工,人人读书,各尽所能,各取所需。"又说:"将来办理久了,已养成了劳动互助习惯,所有简章规约皆可废止。"

工读互助团短期内在各地蔚为风潮,天津、武汉、南京、广州、长沙的互助团相继成立,旅法留学生也成立了类似组织。可以说,这一运动达到了周作人等不少知识分子鼓吹的"新村主义"的实践高潮。然而其兴也勃其亡也忽,煊煊赫赫的工读互助团运动很快就走到了末路。其表面原因"一是经济上的困难","二是组内的思想分歧和感情不合"(施存统《"工读互助团"底实验和教训》),实质上当然和工读互助团太浓烈的乌托邦色彩有关。然而,王光祈坚持认为工读运动的失败,是因为"一小部分人不肯努力作工,经济上当然要发生危险了",所以,"这次失败,……不是经济问题,是人的问题"(《为什么不能实行工读互助主义》)。

(杨 早)

鲁 迅
"待死堂"与"呐喊"

他在十年的沉默中固守着他的"待死堂",是"金心异"的劝说暂时击退了他的"铁屋子"论。《狂人日记》凝聚了他石破天惊的第一声呐喊。但"待死堂"的阴影仍在他心中,哪怕在最热烈时,他也没有失去冷静。事实证明了他的预测。

1909年8月,鲁迅结束了近7年的留学生涯,离开东京返回祖国。10年前,他怀着"寻求别样的人们"的梦想和热情逃离了家乡,而今,他不得不再次回到这里。曾经亲身经历过的一切使他不复再有当年的冲动,需要面对的,是一些他躲都躲不开的责任。

回国之后,鲁迅先是在浙江两级师范学堂担任生理和化学教员。浑浊的社会现实迅速粉碎了他心中仅存的一点幻想,甚至是他一直抱有希望的年轻人也不再能使他完全信任。辛亥革命之后,绍兴已经没有什么让他留恋的了。1912年,他来到南京,就职于教育部;几个月后,又随部北迁,于5月底到达北京,住进了宣武门外的绍兴会馆。

然而,等待着他的又是什么呢?袁世凯称帝、张勋复辟,政治丑剧愈演愈烈。与以往不同的是，它们都发生在身边，因而看得越加清晰。为了养家糊口，他不得不做着事务琐碎的小官，为艰难的生计四处奔波。此外，因为饮用了"慈母误进的毒药"（《华盖集·杂感》），他还必须承受着一桩名存实亡的婚姻。而他自己，大概在辛亥革命前后，就染上了当时的绝症——肺结核，没完没了的病痛使他一度以为自己是"活不久的"（《两地书·八三》）。这一件件的不如意，在他的寂寞与怀疑之上，又层层堆积起了失望与颓唐。似乎已经没有什么是他可以期待的了。当一切的努力都被证明是毫无意义时，他只能放弃，或是不断地麻醉自己。为了母亲，他不能抛弃生命，但生命的延续只是不断地在证明着绝望与虚无的无所不在。他似乎已经看透了过去、现在与将来。几年来，他独自一人在补树书屋僻静的小院里，读佛经，抄古碑，看时光静静地从槐树叶的缝隙中淌过。他为自己取了一个号"俟堂"，只有他自己明白，它的意思就是——"待死堂"。

这就是"五四"前夕鲁迅的生活状态。现在我们已经很难想象，如果没有新文化运动，鲁迅会是怎样。照他自己的说法，当时他的自我麻醉"似乎已经奏了功，再也没有青年时候的慷慨激昂的意思了"（《呐喊·自序》）。只有弟弟周作人的到来为他增添了些许安慰，老同学许寿裳等人的不时来访，也为这个安静的院子带来了一些生气。他们经常聚在槐树下聊天，陈独秀的《新青年》和越来越引人注目的新文化运动自然是必不可少的话题。但经验和理智使鲁迅对这场"革命"远不像他的朋友们那么乐观。常来的钱玄同、刘半农都是《新青年》的编辑，在他们的怂恿下，他曾特地买了几本来看，看过之后却引不起多少兴趣，只得弃置一旁。对蔡元培先生掌校后的北京大学，他似乎也没有什么好感，在给朋友的信中说："大学学生二千，大抵暮气甚深，蔡先生来，略与改革，似亦无大效。"（鲁迅致许寿裳，1919年1月16日）

但历史并没有因为鲁迅的冷漠而忽视了他的价值，那个时代也不愿他就此沉默下去。于是一个看似偶然的微妙时刻到来了："金心异"（钱玄同）奉命前来请他为《新青年》写文章。有过《新生》流产这样惨痛记忆的鲁迅，一开始只是想用他的"铁屋子"论来婉拒对方的好意，以避免陷入无谓的努力之中。但后者的热情并未被他的冷水浇灭，反而以一番含糊其辞、自己也未必相信的话——"然而几个人既然起来，你不能说决没有毁坏这铁屋的希望"触动了鲁迅，使他猛然间意识到自己所认定的可能并不完全正确："希望是在于将来的，决不能以我之必无的证明，来折服了他之所谓可有。"（《呐喊·自序》）而且，即便是在"待死"的深渊中，生命的本能也依然在期待着救援的绳索。对于鲁迅这样敏感于世事的人，时代的鲜活气息也不是自设的心理障碍所完全阻挡得了的。他终于答应了为《新青年》写文章。

这是鲁迅生命中的一次重大转折。但是，很显然，"不能说没有希望"，并不意味着肯定有希望，"金心异"的话只是提醒了鲁迅希望存在的可能性。更何况这场启蒙运动与生俱来的社会政治目的要求的是思想的合唱，并没有划出自由发言的范围。因此，当鲁迅开始提笔写作时，他心中并没有过多的热情，"大半倒是为了对于热情者的同感"（《南腔北调集·〈自选集〉自序》）。他以一种独特的方式加入到"五四"启蒙者的行列中，他似乎是为自己定下了一个异于常人的形象：他是接受"将令"而"遵命"呐喊，"聊以慰藉那在寂寞里奔驰的勇士，使他们不惮于前驱"，并借此呼唤他心中那个渺茫遥远的希望。

1918年，鲁迅终于发出了他的第一声呐喊，这就是他的第一篇白话小说《狂人日记》。即使在今天看来，这篇小说仍不愧为20世纪最

鲁迅1904年在东京弘文书院

富有现代气息的作品之一。当狂人在高喊"吃人"的时候,鲁迅向我们揭开的,是中国历史最惊心动魄的一页。此后,在将近4年的时间里,他一气写下了十多篇短篇小说,延续着他对民族性的深刻反省,它们汇聚成了宏大悲壮的启蒙的呐喊,显示出新文化运动社会批判的最高水平。此外,他还以"唐俟"为笔名,写作了许多的随感录和长论,从各个角度宣扬民主与科学的启蒙思想。

1912年摄于绍兴

大量见诸《新青年》的文字迅速为他带来了读者的关注和同人们的尊敬。就在向《新青年》投稿后不久,他应邀参加了每月一次的编辑委员会会议,很快成为杂志必不可少的骨干和中坚。一系列震撼人心的小说也为他赢得了广泛的社会声誉,年轻人视他为精神领袖。他在学术界的影响也越来越大,从1920年起,北京大学、北京高等师范学校等六七所学校相继聘他为讲师和教授。他逐步成为大学里的知名教授和读者仰慕的著名作家。

但是,"待死堂"的阴影并未消除。即便在最热烈的呐喊时,他也保持着足够的冷静。从《狂人日记》中不难看出,当狂人最后呼告"救救孩子"时,仍然怀有"没有吃过人的孩子或者还有"的疑问。随着《呐喊》创作的不断展开,这种不确定性变得越来越明晰。"铁屋子"和"无物之阵"固然早已使他感到了中国启蒙的极度艰难,而对阿Q人格的全面考察,更使他对于这个问题给出了确定的结论。尤其是《阿Q正传》那个令人心寒的结尾,它提出的,正是一个在中国进行改革是否有可行性的问题。1919年初,鲁迅还说过这样的话:"此后如没有炬火:我便是惟一的

北京绍兴会馆

光,倘若有了炬火,出了太阳,我们自然心悦诚服地消失……"(《热风·四十一》)但希望的太阳并没有如期而至,启蒙者的角色反而将他推入到一种更加愤激和焦灼的境地。

以这种心态来面对"文学革命"和五四运动,鲁迅所看到的自然与旁人有所不同。他当然理解学生们的爱国行动,事实上,鲁迅虽然没有亲身参加"五四",但一直十分关心青年们的示威活动。1919年他还没有在大学里教课,到他那里走动的,大多是他旧日的学生。他向孙伏园等参加者详细询问了天安门大会和游行时大街上的情况,并表达了他害怕同学们吃亏上当的担心。但对于这种斗争的方式及其效果,鲁迅始终不很乐观。甚至到了1920年,"五四"学潮发生一年多了,他还是这样说:"比年以来,国内不靖,影响及于学界,纷扰已经一年。世之守旧者,以此事实为乱源;而维新者则又赞扬至甚。全国学生,或被称为祸萌,或被誉为志士;然由仆观之,则于中国实无何种影响,仅是一时之现象而已;谓之志士固过誉,谓之乱萌,亦甚冤也。"(致宋崇义,1920年5月4日)这或许才是鲁迅对于五四运动最真实的看法。

五四运动爆发后一个月,《新青年》6卷5号出版了,鲁迅在上面发表了小说《药》。夏瑜,就个人素质来说,无疑是属于民族最优秀分子的行列。作为一个"孤独者",他几乎是一个人单独面对着整个黑暗的世界。除了以监狱为象征的专制统治以外,更重要的是鲁迅为他设置了一大群不是敌人的敌人。他们以嗜血的兴奋、旁观的冷漠、无聊的闲谈和愚蠢的交易彻底否决了夏瑜革命的意义。只有华小栓可算是唯一"没有吃过人的孩子",这正是夏瑜革命真正有价值的地方。然而,这个孩子又因为先天不足和后天积弱,迫不得已变成了新的吃人者。革命者的鲜血,就在它唯一有意义的地方,化为了乌有。甚至他的坟墓,都"宛然阔人家里祝寿时候的馒头",成为"太平世界"的道具和点缀。虽然鲁迅为"遵将令",在坟头加上了一个花环,可它因为无根而显得阴冷,反而更添凄凉。难道这就是"革命"的结局和意义吗?

然而,事实证明了鲁迅的预测。浩浩荡荡的"五四"新文化运动及其阵营,在短短的几年中就土崩瓦解,分化得无影无踪,"有的高升,有的退隐,有的前进",虽然他"依然在沙漠中走来走去",但是已"成了游勇,布不成阵了"(《南腔北调集·〈自选集〉自序》)。这便是"彷徨"。

鲁迅的"呐喊"明显是失败了。他不但没有逃离"待死堂",反而更深地陷入其中。但是,"彷徨"并不意味着放弃。抛下一些不切实际的期待,或许更利于寻求真实的生存方式。这应该就是《彷徨》题词"路漫漫其修远兮,吾将上下而求索"的真正意义所在。

(颜 浩)

余论

设议院与开学堂

爱国学生的"外争主权,内除国贼"大获全胜,这固然值得庆贺;可也暴露出代表民意的"国会"关键时刻不起作用。百年中国,学潮连绵不断,成了推动政治变革的主要动力,这其实不是件好事——起码证明我们的民主制度建设有待完善。

五四运动一周年时,北大教授蒋梦麟、胡适联名发表《我们对于学生的希望》,在肯定学潮"引起学生对于社会国家的兴趣"的同时,规劝其不要频繁使用罢课作为武器。"荒唐的中年老年人闹下了乱子,却要未成年的学子抛弃学业,荒废光阴,来干涉纠正,这是天下最不经济的事。"学生以追求学问养成人格为主业,干预政治乃不得已而为之。明知"最不经济",可又身不由己,国家危难之际,挺身而出的,仍然只能是热血沸腾的青年学生。那是因为:"在变态的社会国家里面,政府太卑劣腐败了,国民又没有正式的纠正机关(如代表民意的国会之类)。"

蒋、胡二君均为留美博士,认准制约政府、表达民意的,应该是国民选举的"国会",而不是培养人才的"大学"。可惜,这种理想化的社会设计不符合中国的国情。第二年,在为纪念"五四"两周年而撰写的《黄梨洲论学生运动》中，胡适终于弄明白了，中国思想家心目中的理想社会里，并没有国会一类的制度，故黄宗羲《明夷待访录·学校篇》必须要求，"国立的学校要行使国会的职权，郡县立的学校要执行郡县议会的职权"。胡适的翻译与诠释略嫌夸张，但汉宋以降，太学生之"危言深论，不隐豪强"，确实是表达民意、保持政治清明的一种有力手段。在这个意义上，黄宗羲说得没错："养士为学校之一事，而学校不仅为养士而设也。"

问题在于，五四运动发生在1919年，中国人之谈论"设议院"已将近半个世纪，而且，起码形式上的"国会"已经存在，还有必要依赖如此古老的"伏阙捶鼓"吗？答案居然是肯定的——不只学生这么认为，从其抗议游行得到全国民众的广泛支持，也可明了当时的救国方略已经"别无选择"。5月4日那天，在北大红楼，在天安门广场，教育部官员以及步军统领都曾力劝学生改为推举代表交涉或上书请愿，而不要举行如此人数众多、有碍治安的示威游行，却都被学生拒绝了。理由是："合法手段"已经无法解决国家危急这样的重大难题。事后证明，学生们的判断是对的，若不是学潮的迅速蔓延以及社会各界的大力声援，政府本来已准备在丧权辱国的巴黎和约上签字。爱国学生的"外争主权，内除国贼"大获全胜，这固然值得庆贺；可也暴露出代表民意的"国会"关键时刻不起作用。百年中国，学潮连绵不断，成了推动政治变革的主要动力，这其实不是一件好事——起码证明我们的民主制度建设有待完善。

民国初建，气象其实相当可观。1912年元旦，孙中山宣誓就任

1918年的国会，图为参议院门前

1918年的国会，图为众议院门前

临时大总统，陆续发布一系列民主法令。孙退位前，为了约束袁世凯，保障中华民国的民主性质，更正式颁布了《中华民国临时约法》。临时约法规定中华民国主权在民；人民享有人身、居住、财产、言论、出版、集会、结社、信仰等自由；政府采取立法、行政、司法三权分立制和内阁责任制。作为中国历史上第一部民主宪法，临时约法为日后的拒帝制、反复辟提供了法律依据。袁世凯刚上台时，也不得不顺应浩浩荡荡的历史潮流，表示谨守宪法、拥护共和；即便大权在握，也必须通过修改宪法，并以虚假的"国民投票"来改变国体。

袁世凯称帝失败，可中国的民主政治并未因此而获得成功。关键还不在于北洋军阀的跋扈，而在于国民素质之低下。这才有了作为"五四"政治抗议思想底蕴的新文化运动之崛起。用陈独秀的话来说，便是：

倘立宪政治之主动地位属于政府而不属于人民，不独宪法乃一纸空文，无永久厉行之保障，且宪法上之自由权利，人民将视为不足重

1912年1月28日南京临时参议院成立典礼摄影

轻之物,而不以生命拥护之;则立宪政治之精神已完全丧失矣。……共和立宪而不出于多数国民之自觉与自动,皆伪共和也,伪立宪也,政治之装饰品也,与欧美各国之共和立宪绝非一物也。

这则刊于《新青年》1卷6号(1916年2月)的《吾人最后之觉悟》,感慨"吾人于共和国体之下,备受专制政治之痛苦",追踪原由,乃是国人不曾积极参加民主政治建设,而只是寄希望于贤明的"伟人大老"。在陈独秀看来,民主制度的建设,无法一蹴而就,有赖国民的政治观念以及伦理思想的变革。

将国民素质还是制度建设放在首位,这其实是晚清以降改革先驱者们争论不休的问题。强调"开民智"者,必定注重"办学堂";注重"变国体"者,当然强调"设议院"。撇开墨守成规反对变革者,或者只要科技不要制度者,思想家们一般都会兼及学堂与议院,分歧在于孰先孰后、畸重畸轻。

郑观应的《南游日记》1884年7月14日有曰:"余平日历查西人立国之本,体用兼备。育才于书院,论政于议院,君民一体,上下同心,此其体；练兵、制器械、铁路、电线等事，此其用。中国遗其体效其用，所以事多扞格，难臻富强。"梁启超的《变法通议·论变法不知本原之害》则称："变法之本，在育人才；人才之兴，在开学校；学校之立，在变科举；而一切要其大成，在变官制。"这里所说的"变官制"，包括采用西方议院制度。

至于现代西方的议院制相对于传统中国专制政体之优势，郑君的《盛世危言·议院》有非常明快的表述：

> 故自有议院，而昏暴之君无所施其虐，跋扈之臣无所擅其权，大小官司无所卸其职，草野小民无所积其怨，故断不至数代而亡，一朝而灭也。

1900年，针对社会上认同议院，但称"学校未兴，民智未开，不宜即设"的论调，郑以"事有经权，兵有奇正"为由，说明"先设议院，并开学校"这一变通之略如何可行（《答某当道设议院论》）。郑君以为，"先广开学校，十余年后有人才，而后立议院者"这种正路子，无法满足士大夫"急于扶持国势"的良好愿望。此文的论敌，并非虚拟，主要针对的是梁启超和严复。

梁启超的《古议院考》中有一名言："强国以议院为本，议院以学校为本。"在梁氏看来，专制与愚民相倚，伸民权必须以开民智为第一要义。而严复更直截了当地宣称："夫君权之重轻，与民智之浅深为比例。论者动言中国宜减君权兴议院，嗟乎！以今日民智未开之中国，而欲效泰西君民共主之美治，是大乱之道也。"（《中俄交谊论》）梁、严二位，均以博学通识著称于世，其倾向于先办教育后开议院，自可能影响一时风气。大概也正是有感于此，担心国人知难而退，此前也曾主张议院"必须行于广开学校人材辈出之后"（《盛世危言·议院下》）的郑观应，方才转而阐发"先设议院"的好处。

北京大学第一院（红楼）

其实，郑君低估了"立议院"这一政体改革的难度。不说同文馆的创建，即便从第一所"国立大学"京师大学堂算起，中国人之"广开学校"，也早过了"十余年"的期限，可国会如何，还不是形同虚设？这就又回到梁启超的命题："议院以学校为本。"倘若国民没有"知情"的权利、愿望与能力，所谓监督政府就是一句空话。"泰西各国近代学校盛行，无人不学。且中外利弊登诸日报，妇孺皆知。"——此乃国民借助议院迫使政府"俯顺舆情"（郑观应《盛世危言·议院下》）的前提条件。明明知道这一点，但还是希望三步并作一步走，急于抄近路迎头赶上，这其实是晚清以降"急于扶持国势"的志士们的共同心态。

没有这些志士的勇猛精进，百年中国的政治变革，不可能如此波澜壮阔；可没有相对来说平实得多的"教育救国""实业救国"等做后盾，耀眼的制度变革很可能只是一纸空文。民初的国会，开开闭闭，全凭实力派一句话，原因就在于其缺乏必要的群众支持。当受过某种程度的新式教育的人数只占总人口的百分之三时（参见周策纵《五四运动：现代中国的思想革命》附录一），推行源于西方文化土壤的议会选举与政党政治，成

北京大学第二院（理科）院景

功的希望确实不大。于是，代表民意的，便转而由同属西学的"学校"来承担。

关于五四运动的论说，可以有截然不同的角度。但有一点，大概谁也不否认，这次运动是以学生为主体的。这里所说的学生，不是一般意义上的读书人，而是专指进入新式学堂接受西式教育——尤其是高等教育者。这是一个新崛起的社会阶层，理解其形成与发展，对于我们把握五四运动之得以爆发并迅速蔓延，大有帮助。

先从两组数字说起：一是5月4日那一天参加抗议游行的学生人数，二是当年北京专门以上学校的状况。游行时不会有人专门清点人数，记者的现场报道与学生的事后追忆大有出入，多则上万，少则几百。比较可靠的说法是，那天参加游行的，有来自北京13所专门以上学校的学生三千人左右。根据5月5日学生《上大总统书》的自述，以及1919年7月12日《申报》所刊《北京专门以上学校新调查》（静观），这13所学校共有学生7430人。而当时北京有专上学校25所，按现有数字统计，学生约1.1万人。这个数字，与5月4日那天学生递交给美国公使的英文说帖的落款"北京高

北京大学第三院（法科）大门

等以上学校学生一万一千五百人谨具"，大致相符。比起日后发通电时的"二万五""十万五"，此说经得起复核，比较可信。而万把手无寸铁的学生，直接挑战政府的权威，在全国各界民众的支持下，居然迫使其罢免曹、章、陆三个亲日分子，而且不敢贸然在《巴黎和约》上签字。

区区数千学生，哪来这么大的力量，竟能起到"国会"该起而没起的作用（有趣的是，五四运动爆发后，不少新、旧国会的议员以及各省议会纷纷通电支持学生，要求政府顺从民意，惩办卖国贼）？政府之丧权辱国有目共睹，逮捕爱国学生更是激起公愤；加上本就南北对峙，各种矛盾错综复杂，学潮的展开方才如此便利。相对于此后无数同样波澜壮阔的学运来，"五四"这一开篇可说是最为顺畅，也最为辉煌。

除了"人心向背"之类千古流传的大道理，以及学生们"只反贪官不反皇帝"的小策略，还有什么原因，使得这场本来并非势均力敌的争斗，竟以大权在握的政府屈服而收场？几乎从事件一开始，就不断有人引据汉宋太学生的政治抗议，来为以北大为首的青年学生之"越位"与"干政"辩护。是不是"三代遗风"不说，单是这一比附，在注重历史经验的中

北京大学第三院礼堂

国,学生们的示威游行便获得了某种合法性。相形之下,大总统令之强调"首都重地,中外具瞻,秩序安宁,至关重要"(5月6日),以及"在校学生,方在青年,质性未定,自当专心学业,岂宜干涉政治,扰及治安"(5月8日),就显得苍白无力。这一比附,甚至影响到上述蒋梦麟、胡适的论述。可实际上,五四运动从终极目标到具体运作,都与汉宋太学生的伏阙上书迥然有别。

表面上,"外争主权,内除国贼"的口号,与此前的政治抗议确实没有多少差别。可这一回,不是祈求最高当局的谅解,而是直接干预政府的外交决策;不只限于表达民意,还主动承担起监督政府纠正错误的责任。与此相配合,学生们采取通电、演讲、撰写文章等一系列手段,尽可能广泛地谋求公众的支持。用郑振铎的说法,"他们并不是请愿,他们是要唤起民众"(《前事不忘》)。这一点,从运动的日益走向民间,而不是倾向于密室磋商,充分显示了其现代市民运动的性质。

1899年,避居日本的梁启超在《清议报》上发表《饮冰室自由书·传播文明三利器》,文中引录了日本犬养毅的名言:"日本维新以来,文明普

北京高等师范学校大门

及之法有三：一曰学校，二曰报纸，三曰演说。"有感于在国民识字少的地区，"演说"乃文明进化之一大动力，梁启超希望"今日有志之士，仍当着力于是"。随后几年，国内也在设学校、办报刊之外，逐渐兴起"演说"之风。而到了"五四"前夕的北京大学，更是将"文明普及"三大法宝集于一身。想想《新青年》《每周评论》《新潮》《国民》等北大师生主办的刊物，还有少年中国学会、北大新闻学研究会、北大平民教育讲演团等，你就不难明白其时北大学生思想之活跃，以及组织活动能力之强。

如此巨大的社会能量，一旦与政府利益发生冲突，便不可能轻描淡写对付过去。与汉宋太学生"候补官僚"的自我期待不同，后科举时代的北大，作为全国最高学府，主要任务是研究高深学问，而不是培养高官能吏。这一点，蔡元培的《就任北京大学校长之演说》表达得非常清楚。而这一转变，对读书人的心理定势造成巨大冲击，大大增强了其独立性与疏离感。相对于此前同样参加政治抗议的太学生来说，五四青年无疑更有独立精神，也更敢于挑战政府的权威。除了民主、自由、独立、平等等思想观念的强力渗透外，还与学生们不再以进入官场为唯一目标这一制度变更大有关联。

"五四"时代的学生干政，获得了巨大成功，被时人及后世交口称赞。反倒是漩涡的中心显得出奇的冷静。将被捕学生营救出狱后，蔡元培当即辞职南下。论者一般将蔡先生的辞职与南归，解读为对军阀之专横跋扈的强烈抗议，这自然没错。可还有一点，同样不可抹杀，即作为近代有数的目光远大的教育家，蔡先生对于如何评价学生运动，内心非常矛盾。蔡校长提倡新文化的功绩举世瞩目，其不遗余力营救被捕学生也是众所周知的，可要说他有意鼓动学潮，则纯属虚构。不但如此，蔡先生对学潮之愈演愈烈，并非完全认同。

蒋梦麟的英文著作《西潮》谈及南归的蔡元培，称其赞许学生出于爱国热情而举行示威游行，可又担心大学的功能自此被扭曲。"至于北京大学，他认为今后将不易维持纪律，因为学生们很可能为胜利而陶醉。他们既然尝到权力的滋味，以后他们的欲望恐怕难以满足了。"此说常被认为是对蔡先生的"污蔑"，可我却认为大致可信。这里，不妨先举出蔡先生1919年7月23日的《告北大学生暨全国学生书》，帮助我们理清其大致思路：

> 诸君自五月四日以来，为唤醒全国国民爱国心起见，不惜牺牲圣之学术，以从事于救国之运动。……然以仆所观察，一时之唤醒，技止此矣，无可复加。若令为永久之觉醒，则非有以扩充其知识，高尚其志趣，纯洁其品性，必难幸致。……自今以后，愿与诸君共同尽瘁学术，使大学为最高文化中心，定吾国文明前途百年大计。

这段话必须倒着读：首先是大学功能的正面阐发，其次是变革现实的方略论述，而二者都不希望学生"牺牲神圣之学术"。相对于风风火火、轰轰烈烈的政治变革，从教育入手改造中国，只能是"慢工出细活"。关键时刻，"该出手时就出手"（如五四运动），自能博得满堂喝彩，可这并非

北京高等师范学校校舍

办教育的本意。过分急功近利,不管是从政、经商还是论学,都不是好兆头。

其实,更直接的证据,还是蔡校长离开北京暂居天津时自撰的《辞职真因》。据蔡先生的日记,5月12日,蔡让回京的黄世晖"携去辞职真因一函"。此稿最早刊于北京的《晨报》(13日),上海的《民国日报》(15日)与天津的《益世报》(17日)相继转录,后两者有大段删节。偏偏中华书局版《蔡元培全集》以《益世报》所载为底稿,不知是偶然疏忽,还是曲为辩解。因《晨报》所刊《蔡元培辞去校长的真因》,后面一大段对学生运动颇有微词。在我看来,这正是作为教育家的蔡元培不惑时论的可爱之处。当被问及"君能保此后学生对于外交问题不再有何等运动乎"时,蔡先生的答复是:

是或难免。然我在七八等日已屡与学生之干事部说过,大意谓:

学生爱国之表示,在四日已淋漓尽致,无可复加。此后可安心用功,让一般国民积极进行。若学生中实有迫于爱国之热诚情不自己者,不妨于校外以国民之资格自由参加,万不可再用学生名义,尤不可再以学校为集会之机关。我希望学生尚忆吾言也。

赞许学生的爱国热情,但担忧大学从此丧失独立品格,沦为政治集会之机关。蔡先生的这一隐忧,并非毫无道理,日后事态的发展,一再证明这一点。翻用黄宗羲的妙语,应该是:"议政为学校之一事,而学校不仅为议政而设也。"

学潮的再三崛起并大获好评,既是学生的光荣,也是国家的悲哀。除了证明我们的民主制度大有缺陷,需要本应"安心用功"的青年学生"越俎代庖"——代行"国会"职能外,更令人担心的是现代大学"定吾国文明前途百年大计"的重任能否真正落实。

(陈平原)

人物简介

◎ 蔡元培（1868—1940），字鹤卿，号孑民，浙江绍兴人。光绪进士、翰林。曾任中国教育会会长、光复会会长、同盟会上海分会会长、民国第一任教育总长、北京大学校长、中央研究院院长。著作收入《蔡元培全集》。

◎ 陈独秀（1879—1942），字仲甫，安徽安庆人。北大著名教授，《新青年》主编。中国共产党第一任总书记。

◎ 李大钊（1889—1927），字守常，河北乐亭人。1913年入日本早稻田大学。1918年任北京大学图书馆主任，兼经济学教授。参与编辑过《新青年》《每周评论》。中共创始人之一，北方组织负责人。1924年为国民党中央执委。后被张作霖杀害。著有《守常文集》《李大钊选集》。

◎ 胡适（1891—1962），字适之，安徽绩溪人。留学美国，获哲学博士学位。1917年发表《文学改良刍议》，同年受聘为北大教授，积极倡导新文化运动。参与编辑《新青年》《每周评论》《努力周报》《独立评论》等刊。1938年出任驻美大使。1946年任北大校长。著有《中国哲学史大纲》《白话文学史》《胡适文存》等。

◎ 钱玄同（1887—1939），原名钱夏，字德潜，号"疑古玄同"，浙江吴兴（今湖州市）人。1905年入上海南洋公学读书，同年12月赴日本留学。1910年回国。1915年起任教于北京大学。在五四运动期间，参与编辑

《新青年》。1928年任北平师大中文系主任。

◎ 刘半农（1891—1934），名复，江苏江阴人。1912年以前为自由职业作家。1913—1916年为中华书局编辑。1917年起任教于北京大学。后参与编辑《新青年》，大力提倡白话文。1920年出国留学，专攻语音学。1925年获巴黎大学文学博士学位，同年回国任北大中文系教授及研究所国学门导师。

◎ 周作人（1885—1967），又名起孟、岂明，号知堂，浙江绍兴人。1901—1905年在江南水师学堂读书，1906—1911年在日本留学。1917年任北京大学文科教授兼国史编纂处编纂员。新文化运动期间，接连发表《人的文学》《平民文学》《思想革命》等文章，引起极大反响。1937年成为日本统治下的北大校长兼华北傀儡政府教育部长。1946年，以汉奸罪被判处10年监禁。1949年被保释出狱。

◎ 马寅初（1882—1982），字元善，浙江嵊州人。留美博士。归国后任北大等校教授。1951年任北大校长，后因发表《新人口论》受错误批判。

◎ 马叙伦（1885—1970），字彝初，又字夷初，浙江杭州人。曾任北京大学教授、北洋政府和国民党政府教育部次长。五四运动时期，任北京中等以上学校教职员联合会主席。1949年后，任过教育部部长、全国人大常委会委员、全国政协副主席、民进中央主席、民盟中央副主席。著有《说文解字六书疏证》。

◎ 刘师培（1884—1919），字申叔，号左庵等，曾改名光汉，江苏仪征人。国学大师，有《刘申叔先生遗书》，凡74种。

◎ 梁漱溟（1893—1988），原名焕鼎，字寿铭，广西桂林人。早年加入同盟会。1917年任北京大学哲学系教授，1924年辞职。30年代在山东倡导乡村建设运动。1946年任民盟秘书长。1949年后历任政协委员。主要著作有《东西文化及其哲学》《中国文化要义》《人心与人生》等。

◎ 傅斯年（1896—1950），字孟真，山东聊城人。北京大学毕业后留学英国。回国后曾任中央研究院总干事，历史语言研究所所长、北大代校长、立法委员。1949年去台后任台湾大学校长。著有《中国学术思想界之基本误谬》《戏剧改良各面观》《与顾颉刚论古史书》《史记研究》《诗经讲义稿》等。

◎ 罗家伦（1897—1969），字志希，浙江绍兴人。北京大学毕业后留美。归国后历任中央政治学校代教育长、清华大学校长、中央大学校长、中国驻印度大使。1949年去台后曾任"考试院"副院长、"国史馆"馆长，主要著作有《科学与玄学》《中山先生伦敦蒙难史料考订》《新人生观》《文化教育与青年》《新民族观》《逝者如斯集》等。

◎ 段锡朋（1897—1948），字书贻，江西永新人。北京大学毕业后留美。1925年回国后任武昌大学、中山大学等校教授。后组织"AB团"，参与江西"围剿"共产党。1932年任教育部次长、中央大学代校长。抗战胜利后任南京国立政治大学教育长等。

◎ 许德珩（1895—1990），号楚生，江西德化县（今九江市）人。1915年入北大，参加过少年中国学会、平民教育讲演团、学生救国会、全国学联，《国民杂志》负责人之一。1920年赴法勤工俭学。曾任教于黄埔军校、广州中山大学、暨南大学、北京大学、北平师范大学等校。后在重庆组织民主科学座谈会（即九三学社前身）。1949年后曾任全国人大常委会副委员长等。著有《中日关系及其现状》《为了民主与科学》。译有《社会学方法论》《哲学之贫困》《唯物史观社会学》《家族进化论》。

◎ 张国焘（1897—1979），又名张特立，江西萍乡人。1916年入北大。五四运动时曾任北京学联总干事。1920年加入共产主义小组，历任中共中央局组织主任、中国劳动组合书记部主任、中共中央政治局常委、中共驻共产国际代表、鄂豫皖中央分局书记兼军委主席、陕甘宁边区政府主席。1938年脱党，旋被中共开除出党。1949年寓居香港。1979年逝世于加拿大。著有《我的回忆》。

◎ 邓中夏（1894—1933），原名邓康，湖南宜章人。1917年入北大中文系学习。五四运动时期北京学联领袖之一,后加入马克思学说研究会、北京共产主义小组。曾任中国劳动组合书记部主任,团中央组织部部长,中共江苏、广东省委书记。领导过长辛店铁路、开滦煤矿和京汉铁路工人大罢工、省港大罢工。著有《中国职工运动简史》《邓中夏文集》。

◎ 罗章龙(1896—1991),湖南浏阳人。1918年入北大德文系学习。加入过新民学会、辅社、马克思主义学说研究会、北京共产主义小组。参与领导二七大罢工,任过中共中央委员、中央秘书长和宣传部部长。1931年1月,被开除出党。曾任教于河南大学、西北大学、湖南大学。著有《中国国民经济学》《亢慕义斋诗》。

◎ 杨振声(1890—1956),字金甫,亦作今甫,笔名希声,山东蓬莱人。北京大学毕业后留美。回国后曾任武昌大学、北京大学、燕京大学教授,清华大学教务长兼文学院院长、青岛大学校长等职。1952年调东北人民大学。著有小说集《玉君》等。

◎ 匡互生(1891—1933),字日休,湖南邵阳人。民元革命时参加湖南学生军。自北京高等师范毕业后从事教育工作,曾任教于湖南第一师范,参加毛泽东创立的新民学会。后与朋友于上海创办立达学园。

◎ 闻一多(1899—1946),原名闻多,字友三,辈名家骅,湖北浠水人。清华学校毕业后留美。归国后历任北京艺术专科学校教务长、北伐军总政治部艺术股长。曾任中央大学、武汉大学、青岛大学、清华大学、西南联大等校教授。著有《杜甫交游录》《天问释天》《离骚解诂》《楚辞校补》等。

◎ 梁实秋(1903—1987),北京人。清华学校毕业后留美。归国后在清华大学、青岛大学等校任教授,成为"新月派"核心人物。抗战时主持《中央日报》文艺副刊,提出"抗战无关论"。著有《雅舍小品》《雅舍杂文》等散文集,译有《莎士比亚全集》。

◎ 郑振铎(1898—1958),笔名西谛,福建长乐人。1917年考入交通部北京铁路管理学校。1919年参加五四运动,并与瞿秋白等合编《新社会》。1921年与王统照、沈雁冰等人组织文学研究会，同年到商务印书馆从事编辑工作。1923年主编《小说月报》。1931年起历任燕京大学、暨南大学教授，主编《文学季刊》和《世界文库》。1949年后任国家文物局局长等职。

◎ 冰心（1900—1999），原名谢婉莹，祖籍福建长乐。1913年举家迁居北京。1914年入北京贝满女中。1918年考入协和女子大学理预科。1919年开始文学创作，代表作《超人》《斯人独憔悴》等，开创"问题小说"创作的先河。同年，转入燕京大学文学系。1923年赴美留学。后回国任教于燕大。

◎ 毛子水（1893—1988），名准，字子水，浙江衢州人。1913年考入北京大学理学预科，四年后升入本科攻读数学。性喜文史，积极参与《新潮》杂志工作。1920年毕业留校，任北京大学史学系讲师。后赴德留学。1930年回国任教北京大学史学系，后任北大图书馆馆长。1949年赴台湾。

◎ 顾颉刚（1893—1980），原名诵坤，字铭坚，江苏苏州人。1923年，他发表"层累地造成的中国古史"论点，运用疑古的精神和历史演进的观念，开创中国现代的古史辨学派。他还是历史民俗学与历史地理学的创立者，在中国近代学术史上有着极为重要的影响。顾颉刚一生著述颇丰，代表作包括《古史辨》《孟姜女故事研究集》《秦汉的方士与儒生》等。

◎ 张申府（1893—1986），名崧年，张岱年之兄，河北献县人。1913年考入北京大学预科学习数理，一年后考入北大文学院攻读哲学，两个月后又转入数学系。1917年以助教名义留北大。与陈独秀、李大钊来往密切，创办《每周评论》。1920年，创办中国共产党第一个基层组织——北京共产主义小组。同年冬，赴法深造，成立党的早期组织。1925年负气退党，此后在多所高校任教。1949年后，在北京图书馆工作。

◎ 孙伏园（1894—1966），原名孙福源，浙江绍兴人。青少年时期曾受教于鲁迅、周作人兄弟。后在周作人引荐下，成为北京大学旁听生，

1920年转为正科生。加入新潮社、文学研究会和语丝社等。以副刊编辑闻名。1931年后投入较大精力从事平民教育。著有《伏园游记》《鲁迅先生二三事》等。

◎ 康白情（1896—1959），后更名洪章，四川安岳县人。1916年考入北京大学哲学系，1920年毕业后被选派至美国留学。"五四"时期以新诗创作为主，积极投身社会运动。参与创办《新潮》杂志，是少年中国学会核心成员。著有新诗集《草儿》（再版时更名为《草儿在前集》）、旧体诗集《河上集》。

◎ 李小峰（1897—1971），字荣弟，笔名林兰等，江苏江阴人。1919年参加五四运动。1923年北京大学哲学系毕业。1924年参加《语丝》周刊的编辑、校对、印刷等事务。1925年创办北新书局，编辑《北新周刊》《北新半月刊》《青年界》等杂志。1949年后，任四联出版社副社长兼总编辑、上海文化出版社编辑部第一副主任、农工民主党上海市委委员。

◎ 朱自清（1898—1948），原名自华，号秋实，后改名自清，字佩弦。原籍浙江绍兴。出生于江苏省东海县，后随祖父、父亲定居扬州，自称"我是扬州人"。1919年开始发表诗歌。1920年毕业于北京大学哲学系。1925年起任教于清华学校。1931年漫游欧洲，次年回国，任清华大学中文系主任。全面抗战期间，在昆明西南联大中文系任教。著作收入《朱自清全集》。

◎ 杨晦（1899—1983），原名杨兴栋，后改名晦，字慧修，辽宁辽阳人。1920年北京大学哲学系毕业。1925年与陈翔鹤、陈炜谟、冯至等创立沉钟社。先后在西北大学、中央大学、同济大学任教。1949年后，历任北京大学中文系教授、中文系主任、校副教务长。著有《杨晦文学论集》《杨晦选集》等。

◎ 罗常培（1899—1958），字莘田，北京人。1916年考入北京大学中文系。1926年起，先后任教于西北大学、厦门大学、中山大学、北京大学、西南联合大学。曾任中央研究院史语所研究员。1950年受命筹建中国科学院语言研究所,任所长。主要研究音韵学、方言、民族语言等。有《罗常培文集》10卷。

◎ 陶希圣(1899—1988),名汇曾,以字行,湖北黄冈人。1922年北京大学法科毕业后,先后在复旦大学、中央大学和北京大学等多所大学任教。1932年创办《食货》半月刊,引领其时社会经济史研究的潮流。主要著作有《中国社会之史的分析》《中国政治思想史》等。

◎ 朱谦之(1899—1972),字情牵,福建福州人。十七岁入北京大学,在法预科学习两年,后转入哲学系本科。五四运动时,曾参与北京大学学生会组织的活动。1924年任教于厦门大学。次年辞职,至杭州闭门研究和著述。1929年赴日本留学,两年后返国,相继在暨南大学、中山大学任教授,曾任中山大学历史系主任、哲学系主任、文学院院长、研究院文科研究所主任、历史学部主任等职。1952年至北京大学哲学系任教授。20世纪50年代末开始研究日本哲学。1964年调中国科学院世界宗教研究所任研究员。著作收入《朱谦之文集》。

◎ 王兰(1899—1975),江苏无锡人。父亲王心如,曾历任山东平原、海丰(今无棣)等县知县;弟弟王昆仑是著名革命家及《红楼梦人物论》的作者。王兰1920年2月17日入北京大学哲学系第一年级为旁听生,史称北大"第一个女学生"。王兰在北大旁听了三个学期。后曾担任北京一所职业学校的校长。

◎ 川岛(1901—1981),原名章廷谦,字矛尘,浙江绍兴人。毕业于北京大学哲学系,后投身于教育事业。1924年参与组织语丝社和创办《语丝》周刊。曾任教于西南联合大学、北京大学中文系。长期担任民主促进会中央常委等职。著有《月夜》《和鲁迅相处的日子》。

◎ 魏建功(1901—1980),字天行,江苏如皋人。1925年毕业于北京大学中文系。历任中法大学、北京大学、西南联合大学教授。抗战胜利后,任"台湾省国语推行委员会"主任委员,在台湾主持推行国语的工作。1950年主持编写《新华字典》。1959年在北京大学中文系创办古典文献专业。

◎ 冯省三（1902—1924），山东平原人，北京大学文科预科生，1920—1921年在校。北大预科辍学后，在鲁迅、钱玄同等人帮助下筹办北平世界语专门学校，并从事世界语教学工作。1924年5月至6月，曾短期任教于国立广东大学。编有《初级世界语读本》。

◎ 冯至（1905—1993），原名冯承植，河北涿州人。1921年考入北京大学预科，1927年德文系本科毕业。参与创立浅草社和沉钟社。1930—1935年留学德国。归国后任教于西南联合大学外文系。后历任北京大学西语系主任、中国社会科学院外国文学研究所所长。有《冯至全集》12卷。

◎ 徐世昌（1855—1939），字卜五，号菊人，因祖籍天津，又号东海。晚清翰林，北洋派元老。1918年10月至1922年6月任中华民国大总统。

◎ 段祺瑞（1865—1938），字芝泉，安徽合肥人，人称"段合肥"。北洋政府实力派人物。在担任国务总理期间，力主对德宣战，并指使曹汝霖等人对日大举借款。1924年年底任"中华民国临时执政"。

◎ 曹汝霖（1877—1966），字润田，上海人。早年留学日本，后成为北洋政府中亲日派的主要成员之一，参与签订对日"二十一条"、西原借款等。"五四"时任交通总长。

◎ 章宗祥（1879—1962），字仲和，浙江吴兴人。清末留日学生，后任北洋政府驻日公使，参与多项对日条约的签订。

◎ 陆宗舆（1876—1941），字闰生，浙江海宁人。北洋政府亲日派之一，曾任驻日公使，参与对日借款事宜。"五四"时任制币局总裁。

◎ 陆徵祥（1871—1949），字子欣，上海人。曾多次出任北洋政府外交总长。1919年初受命为中国政府赴巴黎和会代表团首席专使。

◎ 顾维钧（1888—1985），字少川，上海人。职业外交家。巴黎和会时为中国专使之一。后任民国政府外交总长。1965年后在海牙国际法庭任职。

◎ 傅增湘（1872—1950），字沅叔，四川江安人。中国近代著名教育家。"五四"时任北洋政府教育总长。

◎ 吴佩孚（1874—1939），字子玉，山东蓬莱人。清末秀才，后参加北洋新军。"五四"时任北洋第三师师长。

◎ 梁启超（1873—1929），字卓如，号任公，别号饮冰室主人，广东新会人。以《时务报》主笔成名。因戊戌变法失败避难日本，先后主编《清议报》《新民丛报》等刊物。民国后，历任司法总长、财政总长，并参与反对袁世凯称帝与张勋复辟清室之役。晚年以著述、讲学为主，系清华学校研究院国学门四大导师之一。著作收入《饮冰室合集》。

◎ 林长民（1876—1925），字宗孟，号双栝庐主人，福建闽侯（今福州）人。日本早稻田大学毕业。清末任福建谘议局书记长。入民国，先后任临时参议院秘书长、众议院秘书长、司法总长以及国民外交委员会事务长等职。著有《铁路统一问题》等。

◎ 汪大燮（1859—1929），字伯唐，浙江钱塘（今杭州）人。清季历任留日学生总监督，出使英、日大臣。民国后，做过平政院院长、参议院副院长，以及教育、交通、外交、财政各总长，并曾兼署总理。晚年致力于慈善事业。主持编纂《分类编辑不平等条约》等。

◎ 刘崇佑（1877—1941），字崧生，福建闽侯（今福州）人。日本早稻田大学毕业。回国后历任福建谘议局副议长、福建省民政司次长、参议院议员、中华民国宪法起草委员会委员、众议院议员。后专以律师为职业。译有《法学通论》。

◎ 康有为（1858—1927），字广厦，号长素，广东南海人。戊戌变法的主要领导人。变法失败后逃往海外。民国后主张复辟帝制。

◎ 孙中山（1866—1925），名文，字德明，号逸仙，广东香山人。资产阶级革命家，长期领导反清斗争。辛亥革命后首任中华民国临时大总统。

◎ 章太炎（1869—1936），字枚叔，名炳麟，浙江余杭人。国学大师、革命家。有《章氏丛书》及《续编》《三编》。

◎ 严复（1854—1921），字又陵，又字几道，福建侯官人。思想家、翻译家。有《严译名著丛刊》八种。

◎ 林纾（1852—1924），字琴南，号畏庐、践卓翁、蠡叟等，福建闽侯人。古文家、翻译家。有文集三种，译作一百七八十种，笔记数种。

◎ 邵飘萍（1884—1926），字振青，浙江金华人。清末曾参加南社，任《申报》特约通讯员。民国后，任《汉民日报》主笔，创办《新闻编译社》《京报》。1926年被军阀张作霖杀害。主要著作有《实际应用新闻学》《新闻学总论》等。

◎ 王光祈（1892—1936），笔名若愚，四川温江人。1918年中国大学毕业后任《群报》《川报》驻京记者，并与李大钊等发起成立"少年中国学会"。"五四"后从事工读互助的"新生活"实验。1920年留学德国，兼任《申报》和《新闻报》驻德记者。著有《西洋音乐进化论》《东西乐制之研究》等。

◎ 鲁迅（1881—1936），原名周树人，浙江绍兴人。1899—1902年就读于江南路矿学堂。1902年赴日本留学。1909年回国。1912年1月赴南京，在蔡元培任总长的教育部任职。1918年4月，在《新青年》上发表第一篇白话文小说《狂人日记》。1920年8月，担任北京大学国文系的兼任讲师。1926年8月，南下赴厦门大学任教。1927年起定居上海，从事文学创作与翻译工作。

参考资料

报刊：

《北京大学日刊》，1919—1922。

《晨报》，1919—1924。

《大公报》，1919。

《公言报》，1919。

《国故》，1919。

《国民公报》，1915—1919。

《每周评论》，1919。

《民国日报》，1919。

《少年中国》，1919—1924。

《申报》，1919—1920。

《神州日报》，1919。

《时事新报》，1919。

《新潮》，1919。

《新青年》，1916—1919。

《新申报》，1919。

《政府公报》，1919。

书籍：

《北京大学与五四运动》，萧超然著，北京：北京大学出版社，1986。

《北京高等教育史料》，第一集，吴惠龄、李壑编，北京：北京师范学院出版社，1992。

《北京乎》，姜德明编，北京：生活·读书·新知三联书店，1992。

《北京历史地图集》，侯仁之主编，北京：北京出版社，1988。

《冰心文集》，第1—6卷，冰心著，上海：上海文艺出版社，1982—1993。

《冰心研究资料》，范伯群编，北京：北京出版社，1984。

《蔡元培年谱长编》，高平叔著，北京：人民教育出版社，1996—1998。

《蔡元培全集》，第三卷，高平叔编，蔡元培著，北京：中华书局，1984。

《草儿》，康白情著，上海：亚东图书馆，1922。

《潮流与点滴》，陶希圣著，北京：中国大百科全书出版社，2009。

《陈独秀文章选编》，陈独秀著，北京：生活·读书·新知三联书店，1984。

《陈独秀传》，任建树著，上海：上海人民出版社，1989。

《川岛选集》，川岛著，北京：人民文学出版社，1984。

《大同书》，康有为著，郑州：中州古籍出版社，1998。

《帝京岁时纪胜　燕京岁时记》，潘荣陛、富察敦崇著，北京：北京古籍出版社，1981。

《段祺瑞》，沃丘仲子编，上海：广文书局，1920。

《冯至评传》，蒋勤国著，北京：人民出版社，2000。

《冯至全集》，第1—12卷，冯至著，石家庄：河北教育出版社，1999。

《冯至与他的世界》，冯姚平编，石家庄：河北教育出版社，2001。

《傅斯年选集》，傅斯年著，天津：天津人民出版社，1996。

《伏园游记》，第一集，孙伏园著，北京：上海：北新书局，1926。

《古史辨》，顾颉刚编著，上海：上海古籍出版社，1982。

《顾颉刚评传》，顾潮著，南昌：百花洲文艺出版社，1995。

《顾颉刚日记》，顾颉刚著，北京：中华书局，2011。

《顾维钧回忆录》，顾维钧著，北京：中华书局，1983。

《胡适文集》，胡适著，北京：北京大学出版社，1998。

《康有为》，宋青蓝著，南京：江苏人民出版社，1983。

《梁实秋散文》，梁实秋著，北京：中国广播电视出版社，1989。

《梁漱溟》，王宗昱著，台北：东大图书股份有限公司，1992。

《梁漱溟全集》，第1—4卷，梁漱溟著，济南：山东人民出版社，1989。

《林琴南文集》，林纾著，北京：北京市中国书店，1985。

《刘半农文选》，刘半农著，北京：人民文学出版社，1982。

《刘半农研究资料》，鲍晶编，天津：天津人民出版社，1985。

《刘申叔遗书》，刘师培著，南京：江苏古籍出版社，1997。

《六十年来中国与日本》，第一册，王芸生编著，北京：生活·读书·新知三联书店，1981。

《鲁迅全集》，鲁迅著，北京：人民文学出版社，1981。

《鲁迅传》，林志浩著，北京：十月文艺出版社，1991。

《罗常培纪念论文集》，北京市语言学会编，北京：商务印书馆，1984。

《罗常培文集》，第1—10卷，罗常培著，济南：山东教育出版社，1999—2008。

《马寅初传》，杨勋著，北京：北京出版社，1986。

《毛子水全集》，第1—5卷，毛子水著，台北：台湾大学中文系，1992。

《秘笈录存》，北京，中国社会科学出版社，1984。

《民国人物碑传集》，卞孝萱、唐文权编，北京：团结出版社，1995。

《民国人物小传》，刘绍唐主编，上海：上海三联书店，2017。

《民国人物传》，北京：中华书局，1986。

《民国之精华》，第一辑，佐藤三郎编，北京：北京写真通信社，1916。

《欧洲十一国游记》，康有为著，长沙：岳麓书社，1985。

《钱玄同年谱》，曹述敬著，济南：齐鲁书社，1986。

《清末北京志资料》（即《北京志》中译本），服部宇之吉主编，北京：燕山出版社，1994。

《邵飘萍传》，华德韩著，杭州：杭州出版社，1998。

《邵飘萍传略》，旭文编著，北京：北京师范学院出版社，1990。

《石屋余渖》，马叙伦著，上海：上海书店出版社，1984。

《孙伏园怀思录》，绍兴县政协文史资料工作委员会、绍兴鲁迅纪念馆编，内部出版，1994。

《孙伏园评传》，吕晓英著，北京：中国社会科学出版社，2011。

《孙中山全集》，孙中山著，北京：中华书局，1981。

《孙中山传》，尚明轩著，北京：北京出版社，1979。

《所思》，张申府著，北京：生活·读书·新知三联书店，1995。

《所忆：张申府忆旧文选》，张申府著，北京：中国文史出版社，1993。

《陶希圣的前半生》，贺涵著，北京：新星出版社，2017。

《魏建功文集》，魏建功著，南京：江苏教育出版社，2001。

《闻一多年谱长编》，闻黎明等著，武汉：湖北人民出版社，1994。

《我的回忆》，张国焘著，北京：东方出版社，1998。

《我在六十岁以前》，马叙伦著，北京：生活·读书·新知三联书店，1983。

《吴佩孚传》，章君毅著，北京：新华出版社，1987。

《五四爱国运动》，北京：中国社会科学出版社，1979。

《五四爱国运动档案资料》，北京：中国社会科学出版社，1980。

《五四历史演义》，蔷薇园主著，北京：书目文献出版社，1980。

《五四时期的历史人物》，胡华主编，北京：中国青年出版社，1979。

《五四时期的社团》，北京：生活·读书·新知三联书店，1979。

《五四时期期刊介绍》，北京：生活·读书·新知三联书店，1979。

《五四新文化的源流》，陈万雄著，北京：生活·读书·新知三联书店，1997。

《五四运动：现代中国的思想革命》，周策纵著，周子平等译，南京：江苏人民出版社，1996。

《五四运动回忆录》（上、下），北京：中国社会科学出版社，1979。

《五四运动回忆录》（续），北京：中国社会科学出版社，1979。

《五四运动与北京高师》，北京：北京师范大学出版社，1984。

《五四运动在北京》，彭明著，北京：北京出版社，1979。

《西潮》，蒋梦麟著，昆明：云南人民出版社，2016。

《徐世昌》，沃丘仲子著，上海：崇文书局，1918。

《严复集》，严复著，北京：中华书局，1986。

《颜惠庆日记》，第一卷，颜惠庆著，北京：中国档案出版社，1996。

《杨晦评传》，詹冬华著，合肥：黄山书社，2016。

《杨晦选集》，杨晦著，上海：上海文艺出版社，1987。

《杨振声选集》，杨振声著，北京：人民文学出版社，1987。

《一代宗师魏建功》，马嘶著，北京：文化艺术出版社，2007。

《一个美国外交官使华记》，芮恩施著，北京：商务印书馆，1982。

《一个虚无主义者的再生——五四奇人朱谦之评传》，张国义著，北京：中国文联出版社，2008。

《饮冰室合集》，梁启超著，上海：中华书局，1936。

《增补燕京乡土记》，邓云乡著，北京：中华书局，1998。

《张申府访谈录》，舒衡哲著，李绍明译，北京：北京图书馆出版社，2001。

《章太炎先生自定年谱》，章太炎著，上海：上海书店出版社，1986。

《章太炎年谱长编》，汤志钧著，北京：中华书局，1979。

《郑观应集》，上册，郑观应著，上海：上海人民出版社，1982。

《郑振铎年谱》，陈福康著，北京：书目文献出版社，1988。

《郑振铎文集》，郑振铎著，北京：人民文学出版社，1985—1988。

《知堂回想录》，周作人著，石家庄：河北教育出版社，2002。

《中国的启蒙运动》，薇拉·施瓦支著，李国英等译，太原：山西人民出版社，1989。

《中国近代不平等条约选编与介绍》，梁为楫、郑则民主编，北京：中国广播电视出版社，1993。

《中国近代教育史资料》，舒新城编，北京：人民教育出版社，1961。

《中国近代教育史资料汇编·教育思想》，璩鑫圭、童富勇编，上海：上海教育出版社，1997。

《中华民国史》，北京：中华书局，1987。

《中山先生轶事》，《团结报》中山先生轶事编辑组编，北京：中国文史出版社，1986。

《中央公园廿五周年纪念刊》，北京：和平印书局，1939。

《周作人日记》，周作人著，郑州：大象出版社，1996。

《周作人传》，钱理群著，北京：十月文艺出版社，1990。

《朱谦之文集》，第1—10卷，朱谦之著，福州：福建教育出版社，2002。

《朱自清全集》，第1—12卷，朱乔森编，朱自清著，南京：江苏教育出版社，1996—1997。

《追忆蔡元培》，陈平原、郑勇编，北京：中国广播电视出版社，1997。

《最完整的人格：朱自清先生哀念集》，俞平伯等著，北京：北京出版社，1988。

单篇文章：

《北大收纳女生之由来》，静观著，载《申报》1920年2月24日。

《北京大学男女共校记》，徐彦之著，载《少年世界》1920年7月1日。

《陈独秀先生在红楼的日子》，罗章龙著，载《新华文摘》1983年第8期。

《东京之三年》，章宗祥著，载《近代史资料》总38号，1978。

《康南海史料商榷》，王益知著，载《文史资料选辑》第31辑，北京：中华书局，1962。

《鲁迅先生与北新书局》，李小峰著，载《出版史料》1987年第2期。

《马寅初传略》，杨勋等著，载《中国当代社会科学家》，北京：书目文献出版社，1986。

《邵飘萍》，孙晓阳著，载《新闻界人物》第一集，北京：新华出版社，1983。

《"五四运动"何以爆发于民八之五月四日？》，叶景莘著，载《大公报》1948年5月4日。

《西原借款回忆》，西原龟三著，载《近代史资料》总38号，1978。

《新潮社的始末》，李小峰著，载《文史资料选辑》第61辑，北京：中华书局，1979。

《中华民国内阁篇》，张国淦著，载《近代史资料》总第35期，1965。

后　记

去年9月，我在中大念研究生时的学长、现任广州出版社副总编辑的王家声来访。茶过三巡，话题逐渐严肃起来，最后竟集中在学术书籍能否"图文并茂"上。老同学见面，无须客套，我当即高谈阔论一番。没想到话音刚落，王兄"拍手叫好"的同时，从口袋里掏出一纸"'鲜活的五四'策划草案"。原来人家是早有预谋，我的出色表现，纯属自投罗网。好在"五四"我有兴趣，"图文"我也有兴趣；至于如何运作，王兄说，一切都好商量。几乎没有多少犹豫，我就将出版社的主动策划，变成自家的研究课题。

说实话，我对出版社咄咄逼人的"策划"，历来抱怀疑态度，认定其必然限制研究者的独立与自由。可这回有点不一样，除了"五四"与"图文"这两个基本要求，出版社不设任何边界。对于王兄以及具体负责此书的小余、小朱的充分信任，我十分感激。从最初设计理论框架与操作规划，到昨日书稿尘埃落定，半年间，思路几经反复，出版社始终给予理解与支持。

对于我和我的研究生来说，五四新文化运动，乃题中应有之义，无论如何绕不过去。让他（她）们借助这部书稿的写作，触摸那段至今仍令人神往的历史，是个难得的好机会。至于如何保证书稿的学术质量，则有赖夏晓虹君的加盟。相对来说，我更多地关注全书的总体设计，各章节的具体写作主要由夏君负责指导与把关。尤其是本书所使用的"老照片",除出自博物馆及相关图册外,不少是夏君率领学生们在清末民初的书籍与报刊中钩稽而来。倘若不是这一番琐碎而卓有成效的"寻寻觅觅",本书"复原"历史场景的努力,将大打折扣。历尽千辛万苦,浮现这些视觉效果不甚理想的"历史图景",主要目的不是为了"好看",而是希望帮助读者"回到现场"。

在《总说:触摸历史与进入"五四"》的第三部分,我写下这么一段话:"没有无数细节的充实,五四运动的'具体印象',难保不'一年比一年更趋淡忘了'。没有'具体印象'的'五四',只剩下口号和旗帜,也很难让一代代年轻人真正记忆。提供足以帮助读者'回到现场'的细节与画面,对于'五四'研究来说,并非可有可无。因而,本书之选择图像与文字相配合的表述方式,不全是为了愉悦读者——也包括对历史研究方法的反省。"这话说来容易,真正实践起来,可是颇费周折。比如,我们曾确定一个原则,不纯从审美角度"插图",对历史图像的选择,尽可能贴近五四运动这一规定情景;人物照片则大致不出事件前后十年。就是这么一个"简单"的要求,也都让我们费尽心机,而且至今无法完全实现。本书之图文配合,虽远离了时下盛行的"海阔天空",仍多有不如人意处。

至于借四组人物活动呈现"五四"风貌,并进而强调其对于现代中国历史命运的决定性影响,本书只是"意到"而已,因体例所限,无法深入展开。这点,只好敬请读者谅解。

参加本书写作的诸君,均为北大在读或已经毕业的中国近现代文学及历史专业的研究生。由于特殊的学术背景,各人问学有先后,能力有大小,但都对八十年前的这场运动充满敬意,因而,也都能尽力而为。其中,供职中国历史博物馆的苏生文,在选择照片方面用力甚勤;而现在三联书店工作的郑勇,则为本书的后期制作投入了大量精力。

在本书的写作过程中,我曾带领包括本书作者在内的若干研究生,沿着当年北大学生的游行路线,用将近五个小时的时间,从沙滩红楼一直走到因被学生"火烧"而名扬天下的赵家楼。一路上走走停停,指指点点,不时以历史照片比照或补充当下景象,让思绪回到八十年前那个激动人心的春夏之交。此举说不上有何深刻寓意,只是希望借此触摸那段已经永远消逝的历史。

  本书的作用,大概也不过如此。

陈平原

1999年3月18日于京北西三旗

2009年版后记

十年前，撰写《"触摸历史"之后》（参见北京大学出版社2009年增订版《老北大的故事》）时，火气很大，因那时正经历着一些风波。好在风波很快就荡散开去，焦点一转移，书没事了，而且还获了奖（广东省第四届"五个一工程"奖，2001），我就不想再多说什么了。

自家有病自家知，文章中有一段话，属于自我批评，十年后的今天，仍然必须认真面对："应该说，此书大致实现了我原先的设想，比如说，回到现场、触摸历史、宏大叙事与小品笔调结合、图像与文字互相阐发等。但作为作者，毕竟有自知之明，因时间太紧，未能仔细琢磨，留下不少遗憾。在整体构想上用力较多，而具体章节则颇有不尽如人意者。另外，个别错字，令人难堪，如关于罗章龙那一节，'亢慕义斋'竟被改成了'康慕义斋'，这对于专业研究者来说，是不应该有的错误。至于学术上最大的遗憾，则是图文之间的巨大张力，没能得到很好的发挥。如果只是追求'图文并茂'，还勉强说得过去；可我的愿望是由图文的对峙与互补，引发出更大的思维与阐释空间，这一意图则没有得到很好的落实。相对来说，'总说'部分好些，具体人物部分，大都变成了点缀性质的'插图'。关于图像与文字的关系，我一直很在意，可就是没能找到很好的理论框架与操作方法。"另外，原书第68页左下角那张注明陈独秀的照片有误，还有刘崇佑的图像资料不太理想，以及非常重要的作者之一赵爽姓名的遗漏等，诸如此类的问题，在此次北大版的制作中，得到了某种程度的修补。

毕竟是十年前的著作，而且成于众人之手，无法做大规模的修整，会有一些无法弥补的遗憾。好在"五四"这个话题，常说常新。包括我本人，在《触摸历史与进入五四》（北京大学出版社，2005）一书中，也都有进一步的发挥。

本书的八位作者均出身北大，仅以此微薄的小书，献给为母校带来无限光荣的五四运动九十周年。

陈平原
2009年4月1日于京西圆明园花园

2019年增订本后记

本书的写作缘起及传播效果，在初版后记及新版后记中都有交代，这里从略。

为纪念五四运动一百周年，商务印书馆希望重刊《触摸历史：五四人物与现代中国》，征求版权时，我当即答应。因为，这是个好机会，可让原本胎死腹中的续编计划重获新生。

当初新书出版后不久，我就发现一个问题，学生部分相对单薄。虽选择了傅斯年等十三人作为代表，但与"青年运动"的历史定位相比，明显还是不够。于是，我请早年的学生王风教授担纲，负责筹划续编工作。努力了好一阵，发现文章体例不一，数量也不够，于是，一搁多年。

趁着这回旧书重刊，出版社希望有所修订，我决定小修大补，请王风教授将已成文部分，删去重复或不太重要的，略做修订，附在此书中，成为单独一辑（具体操作得到季剑青研究员的协助）。此新增的十六篇（按传主生年排列），与原先"横空出世"辑的十三文合观，兼及政治立场的左中右，还有思想、文艺、学术、出版等不同领域，这场青年运动的面目无疑更为丰满。

此书由我和夏晓虹合编，从初版本到这回的增订本，撰稿者均为我们培养的研究生。受制于图文并茂、雅俗共赏的编写理念，本书在专业上不算出色。但花三十年时间，率领年轻学者一次次"触摸历史"，与"五四"

展开不懈的对话，这与其说是学问，不如说是姿态与心情。

十三年前，我出版《触摸历史与进入五四》（北京大学出版社，2005），在"导言"中提及："人类历史上，有过许多'关键时刻'，其巨大的辐射力量，对后世产生了决定性影响。……对于20世纪中国思想文化进程来说，'五四'便扮演了这样的重要角色。作为后来者，我们必须跟诸如'五四'（包括思想学说、文化潮流、政治运作等）这样的关键时刻、关键人物、关键学说，保持不断的对话关系。这是一种必要的'思维操练'，也是走向'心灵成熟'的必由之路。"

多年后，我又在《作为一种思想操练的五四》（北京大学出版社，2018）第一章中，做了进一步的发挥："我的基本立场是：尊重古典中国的精神遗产，但更迷恋复杂、喧嚣却生气淋漓的五四新文化。我曾说过：就像法国人不断跟1789年的法国大革命对话、跟1968年的五月风暴对话，中国人也需要不断地跟五四等'关键时刻'对话。这个过程，可以训练思想，积聚力量，培养历史感，以更加开阔的视野，来面对日益纷纭复杂的世界。在这个意义上，对于今日的中国人来说，'五四'既非榜样，也非毒药，而更像是用来砥砺思想与学问的'磨刀石'。"

不管是"思想操练"还是"磨刀石"，都只是比喻，且只可意会难以言传。不过有一点，当我这么表述的时候，与其说是对学界的要求，不如说是对自己的期待。实际上，我和我的学生们正是在与"五四"的不断对话中，逐渐提升自己的学问及精神境界。

有鉴于此，谨以此增订版献给五四运动一百周年。

陈平原
2018年7月31日草于漠河北极村